王勇　主編

『齊魯先賢家譜整理研究』叢書

《棲霞名宦公牟氏譜稿》整理研究（下）

王海鵬　編著

齊魯書社
·濟南·

卷五

六房八世

道行（一）居後牟家疃，徙南門裏。

字兆可，號濟川，又號兩屏。萬曆辛卯（二）舉人。任河南宜陽知縣，升直隸真定府同知；誥授奉政大夫，崇祀名宦。詳家傳及邑乘。

配馬氏，大同府通判負式女，誥封宜人。子二：鏜、周畿。女一適荆紫埠光禄寺署丞林宸；一（三）適庠生林正行，列邑乘賢媛；一適李世家，列邑乘節孝。皆詳藝文。

葬西祖塋。

九世

鏜（四）居南門裏。

字夔田，號魯臺。順治己丑（五）歲貢。選授霑化訓導，未仕；贈文林郎。詳家傳及邑乘。

配郝氏，光禄寺署丞夢柱女，考授通判貞國學生愈胞姊，贈孺人。子八：國玠、國璞、國璋、國瓚、國球、國琛、國瑾、國瓏。女一適觀東廩生王化原長男嵩生；一遭亂不屈遇害（六），事列邑乘，詳藝文。

葬東祖塋。

十世

國玠（七）居南門裏，晚居後牟家疃。

字錫韓，號鳳伯。康熙丙午（八）舉人，長山教諭，壬戌進士。贈修職郎，兩舉鄉飲正賓，詳家傳及邑乘。著有《體恕齋詩文集》。

配李氏，招遠歲貢生篤生女，庚戌進士篤培侄女，贈孺人；繼何氏，蓬萊景允女，舉人爾震孫女，夫歿，以烈殉，贈孺人，入祀節孝祠。詳邑乘。嗣子慎。

葬西祖塋。

十一世

慎 居後牟家疃。

字曾嚴，號愚齋。康熙乙丑（九）歲貢。任高密訓導，授修職郎。鄉飲正賓。

配孫氏，敕封孺人。子三：曰篤、曰廣、曰旦。

葬西祖塋。

十二世

曰篤 居南門裏故宅。

字天培，號宗子。雍正己酉（一〇）歲貢。任掖縣訓導，授修職郎。

配王氏，蓬萊候選州同政永女，丙戌翰林一驥孫女，贈孺人；繼滕氏，招遠橫障增生如竹女，庠生姬嗣孫女，封孺人。子五：守傳、薪傳、祇傳、善傳，王出；承傳，滕出。

葬西祖塋。

曰廣 居牟家疃新宅。

字清音，號默菴。太學生，考授州同。

配郝氏，廩生懋德女，

六房八世	
九世	
十世	
十一世	
十二世	節孝詳邑志。子遺傳。女適萊陽太學生趙起相，節孝，撫嗣子鈞彤、孫時皆成進士。贈孺人。 葬西祖塋。 **曰旦**〔一一〕居後牟家疃西宅。 字希周，號待菴。優增生。孝友列邑乘。 配王氏，金山泊子庠生王宏作女；副配馬氏。子四：適傳、代傳、習傳，王出；師傳，馬出。 葬西祖塋。

六房八世

九世

十世

作孚（一二） 居城南門裏路東，下同。

原名國璞，字信萬，號麟仲。廩生。誥贈奉政大夫，崇祀鄉賢。詳傳文及邑乘。

配李氏，繼陳氏。子恒。女適泉水店增生王宏圖。

葬西祖塋。

十一世

恒（一三）

字聖基，號述齋。康熙三十三年（一四）進士。仕至陝西道監察御史，欽命巡視南城。鄉飲正賓。詳家傳及邑乘。

配孫氏，桃村歲貢生大嵩衛教授公僑女；繼曲氏，旌表節孝，及邑志；副配王氏。子二：曰筥，孫出；曰筣，王出。

葬西祖塋。

十二世

曰筥

字明馨，號岱麓。邑庠生。

配王氏，金山泊子庠生王宏翼女。二十二歲而寡，守節三十六年，旌表節孝。嗣子顥。

曰筣

字桂林，號乾峯。附貢生。

配林氏，務滋夼舉人、銅陵知縣仲懿女。子三：頫、顈、顥，顥出嗣。

葬西祖塋。

六房八世

九世

十世

國璋（一五） 徙居前泥都。

字亞奉，又字禮南，號龍叔。廩生。卓行載邑乘，詳藝文志。

配李氏，牟平東留疃廩生永修女。子四：恂、慎、忱、協，慎出嗣。女適荊紫埠庠生林岱。

葬西祖塋。

十一世

恂 居前泥都。

號坦齋。廩生。

配郝氏，繼孫氏。子二：曰箕、曰策。

葬西祖塋。

忱 徙居臧家莊。

字迪九，號易齋。邑庠生。

配林氏；繼夏氏（一六），節孝載邑志。子曰箴，林出。

俱葬西祖塋。

十二世

曰箕 里居失考。

邑庠生。

配喬氏。子二：苾、芷。

葬西祖塋。

曰策

字青史。邑庠生。

配林氏，繼楊氏。子二：芳、芬。

葬西祖塋。

曰箴（一七） 徙居後泥都。

字自西，號新村。府學廩生，乾隆丙辰（一八）歲貢。任海豐訓導。孝事繼母，載邑乘，詳藝文志。

配欒氏，副配張氏。

子三：可久、可傳，欒出；可復，張出。

長房八世	
九世	
十世	
十一世	**協**（一九）居前泥都，下同。 字同三，號桐齋。附貢生。義行列邑乘，詳藝文志。 配衣氏，前陽窩衣璟女，庠生孔震孫女，歲貢生膠州教諭應運曾孫女。子二：曰範、曰筠。 葬西祖塋。
十二世	葬西祖塋。 **曰範** 字禹五，號誠菴。雍正丙午（二〇）舉人。 配孫氏，廩生大器女，庠生錝孫女。子華。 葬西祖塋。 **曰筠** 字竹有，號勁菴。太學生。 配滕氏，福山增生國善女。子三：菼、蓴、莊。女四，一適畢郭陳廷琦，一適荆紫埠增生林江，一適庠生欒士教，一適高瑄。 葬西祖塋。

六房八世

九世

十世

國瓚 居城內，下兩世里居失考。

字裸玉，號鵬季。庠增生。

配范氏，嗣長房國澍子惟。

葬西祖塋。

國球 徙居燕子夼，下同。

字廷搢，號次伯。郡廩生。

配李氏，邑庠生復初女，歲貢生高唐州學正一科孫女。子二：恬、㥄。

葬西祖塋。

十一世

惟

字思存，號心齋。庠生。

配林氏，繼楊氏。子四：曰簡、曰恭，林出；曰曾、曰箴，楊出。

葬西祖塋。

恬（二一）

字莊侶，號澹齋。增生，敕贈文林郎。

配史氏（二二），邑庠生僚女，歲貢生、利津訓導世銓孫女，贈孺人。事姑孝，詳邑志。子三：曰笏、曰管、曰箌。女二，長適郡庠生欒國安

十二世

曰簡 缺嗣。

曰恭

邑庠生。卒年二十一，缺嗣。

曰曾

卒年二十一，缺嗣。

曰箴

字萊公。

配楊氏，繼傅氏。子彤，傅出。

俱葬西祖塋。

曰笏（二三）

字品執，號育之。雍正元年、二年（二四）聯捷進士，任河南光山知縣。

配林氏，南邱林若懈女，邑庠生瑾孫女。嗣子大年。

葬西祖塋。

六房八世

九世

十世

十一世

男漢，次適務滋介舉人林仲懿男增生謨。
葬西祖塋。

十二世

曰管（二五）
字宜竹，號子才。雍正癸卯（二六）舉人，任鄒平教諭。
配林氏，城内拔貢仲愚女，通許知縣瑁孫女；繼張氏。子三：祈年、大年、綏年，大年出嗣。
葬西祖塋。

曰篈（二七）
字洪菉，號荆湖。乾隆十三年（二八）聯捷進士，任陝西涇陽知縣，左遷濟南教授、德州學正。著有《荆湖文稿》，待梓。
配張氏，子櫺年。女適務滋介林眉齡。
葬西祖塋。

六房八世	九世	十世	十一世	十二世
		國琛（二九） 居城裏。 字公寶，號又仲。增生。孝友列邑乘，詳家傳。 配孫氏（三〇），桃村歲貢生、汾西知縣以約孫女，廩生聲遠女，武進士	**慛**（三一） 居西門裏。 字企聖，號念齋。康熙己亥（三二）歲貢，恩縣訓導。孝友載邑乘，詳藝文志。 配林氏，副配劉氏。子曰篆，劉出。女適荆紫埠進士林嵘男佳植，節孝載邑志；一適荆紫埠前莊子林謨。 葬西祖塋。	**曰篆** 居失考。 字鐵崖，號藏柱。武庠生。 配林氏，子字純，缺嗣。 葬西祖塋。
			惘 居城東門裏。 字覺生，號仁齋。康熙庚午（三三）經魁，考授內閣中書，改歸班候選知縣。 配孫氏，庠生錝女；繼林氏（三四），荆紫埠歲	**曰簪**（三五） 居北宮。 字前借，號良籌。乾隆庚午歲貢，任陽谷訓導。有孝行，詳家傳。 配張氏，儒士耿光女，廩生應熹孫女；副配□氏。子四：晥、暄、

六房八世

九世

十世

歲貢生、大嵩衛教授公僑胞姊，列邑志賢媛；繼衣氏，隱君在東女。子三：惆、心仰、性，衣出；性出嗣。女適楊礎庠生李泳霖。事翁姑孝，詳藝文志。（三六）

葬西祖塋。

十一世

貢、陽信訓導調鼎女，進士、泰興知縣嶸、庠生岱胞姊，旌節孝。子曰箸、位箸，林出。女適北門裏庠生林訥。

心仰（三七） 舊譜居燕子夼，邑志居蛇窩社，考待。

原名悛，字漢武，號安齋。廩生。孝友列邑乘，詳藝文志。

配王氏，泉水店王憲長女；繼趙氏，節孝詳邑志。子二：佐箸，王出；佳箸，趙出。女二，長適北門裏增生林諄，次適北門裏林誴。

葬西祖塋。

十二世

昭，張出；昑，早亡，庶出。

葬西祖塋。

位箸（三八） 居北宮。

字儆其，號凝菴。庠生。孝友詳家傳。

配欒氏，庠生國安女。子四：晛、晧、矚、曙。

葬西祖塋。

佐箸

字説巖，太學生。

配林氏，豹山口廩生林仲忞女；繼張氏。嗣子昀。女適務滋夼林頤齡。

葬西祖塋。

佳箸

字玉階。

配林氏，繼林氏，北門裏林如蒼女。子曉、昀，繼出。昀出繼。

六房八世	
九世	
十世	**國瑾** 居城内十字口，下同。 字元美，號再叔。府學歲貢。 配林氏，荆紫埠；繼姜氏，牟平。嗣子性。 葬西祖塋。 **國瓏**（三九） 居城内悦心亭。 字作霖，號重季。康熙三十年（四〇）進士。任南宮知縣，己卯（四一）順天鄉試同考官，鄉飲正賓。義行、宦績詳邑志及家傳。 配孫氏（四二），廩生中繩女；繼林氏（四三），處士振林女。子二：恢、
十一世	**性** 字若齋，增生。 配王氏（四四），觀前里廩生澤滯女。節孝詳邑乘。子曰聘。 葬西祖塋。 **恢**（四五） 居悦心亭。 字仁廬，號宏齋。廩貢生，詳家傳。 配郝氏，增生琮女。詳邑志孝婦賢媛；副配□氏。子之儀，郝出。女三，庶出，長適舉人、萬安知縣林誥，次適牟平楊門，三適萊陽孫門。 葬西祖塋。
十二世	**曰聘** 字上珍，號席菴。附貢生。 配史氏，花園史嚴維女。子二：延緒、令緒。 葬西祖塋。 **之儀**（四六） 徙居古鎮都。 字周六，號度菴。增生，贈文林郎。義行詳邑志及家傳。 配林氏（四七），務滋介舉人、銅陵知縣林仲懿女，贈孺人。子五：緒、綬、組、綏、繂。女二，一適萊陽張，一適掖縣林。

六房八世

九世

十世

孫出。女三，長適荊紫埠廩生林調羹長男巒，節孝詳邑志；次適泉水店庠生王弘經，孫出；三適福山王尚書曾孫臬。

葬西祖塋。

十一世

悌（四八）居悦心亭，下同。

字義亭，號遜齋。廩貢生。義行詳邑志及家傳。

配林氏，林家亭庠生林瑾女。子三：之健、之仔、之倜。女適務滋岕增生林藹。

十二世

之健

字體乾，號力菴。例貢生，選授山西五台縣巡檢，未任。

配張氏，舉人、易門縣知縣張鈖女；副配安氏。子七：成己、成猷、成名、成敦、成杰，張出；成勛、成象，安出。成名出嗣。

之仔

字荷村，太學生。

配李氏，副配趙氏。子二：式穀，李出；杳，趙出。女適北門裏林如茝。

之倜

字超民，號蜀四。庠生。

配李氏，嗣子成名。

六房八世

九世

周鐩 居城東門裏，下同。

原名鎬，以字行，號海嶠，增生。

配史氏，子邦彥。

葬萬家溝西北[山冓]。

十世

邦彥

字英粲，號東牟。候選州同。

配呂氏，子三：惇、忭、悏。女適萊陽視稼樓甲午舉人、天河知縣趙弦，敕封孺人。

十一世

惇

字坤載，號厚齋。庠生。

配林氏，林家亭武庠生林璇女，拔貢履祥孫女。嗣子曰箚，自老二分大丁家枇名下繼入。

忭

字谷若，號容齋。太學生。

配張氏，子曰管。

悏

字晶華，號省齋。太學生。

配衣氏，繼趙氏。子爲箕，趙出。

十二世

曰箚

號酉山。

配吳氏，子柱，缺嗣。

曰管

字洪瞻，號逸園。附貢生。

配王氏，福山古現。子二：震先、泰先。

爲箕

號史臣，太學生。

配姜氏，子太原。

【校注】

〔一〕道行：字兆可，又字青槐，號濟川。牟時俊之六子，牟家疃人，後徙居棲霞城南門裏。生於明隆慶二年（一五六八）八月二十九日巳時，二十四歲（萬曆十九年）中舉人，後屢試禮部不第。四十七歲（萬曆四十二年），經謁選出任河南宜陽縣知縣，晋階奉政大夫，直隸真定府同知。萬曆四十六年（一六一八）十一月初三日巳時卒於官，享年五十一歲。居鄉時，創修棲霞縣第一部縣志，典雅可觀。逢災年，農民交不上田賦，多次代納一社丁銀，不責償，時人稱頌。後主宰宜陽，因治行顯著，宜陽人亦亟稱之，并有『神君父母』之稱號。主要治行有三：第一，宜陽人久受水災之苦，田地荒廢，民多積欠。父死責其子，兄亡捕其弟。每逢限比，銀鐺累累。道行莅任後，見之悲痛不忍，慨捐俸銀，代納田賦。爲治水害，巡邑中，察地勢，於黄澗口、魚兒泉、韓城鎮、水兑村、神後等多處鑿山阜、開溝渠、决淤塞、築堤壩。歲澇，則泄田水入河；歲旱，則引河水灌溉，禾壯糧豐，流民復返。收田賦不用催逼，積極交納，民歌四野。第二，創立宜山復社書院，延名師授課。且十日親臨一課，與諸生問難，并對學生發放津貼，勵生勤學。後，生多有成就，學風興焉。第三，宜陽舊有養濟院，人多舍少，或數姓同居一堂，或露處庭外，不避風雨。爲此，特增置屋舍四五十間，按户分給，使鰥寡孤獨者得有所居。故被稱爲『神君父母』。治宜陽五年，離任後，被宜陽人祀供於七賢祠。自明朝萬曆四十二年至清朝康熙三十九年，歷時近百年，宜陽人思慕不忘，請於朝廷，崇祀宜陽名宦，政績由此可知。於宜陽閑暇時，常登翠屏山絶頂，慨然有懷，因故鄉白洋河畔亦有翠屏山，兩覽其勝，自號『兩屏』。在真定府任上，長兄子鉦爲歸德府通判時，常遣人將朝服送歸德，讓侄兒親紉兩袖，以示戒污。此家教，族人樂道。後裔被稱爲『老八支六房』。

〔二〕萬曆辛卯：萬曆十九年，一五九一年。

〔三〕一：即老八支六房牟道行次女，適大明庠生林正行。姑舅將近九旬，卧病在床。竭力奉養，久無倦意。飲食豐潔，且聽所與。有遺穢或倉卒，均以手承之。用藥時親嘗而後進，卒治喪尤盡禮。

〔四〕鏜：山東霑化縣未仕訓導。字夔田，號魯臺，老八支六房九世長房，棲霞城南門裏人。生於明萬曆三十三年（一六〇五）六月二十五日寅時，自幼聰慧。嗜讀書，一目十行，作文不必起草，被先生稱之曰：『此吾門小顔回也。』然於少補博士弟子後，數赴省試不第，僅以年資貢入太學。順治五年（一六四八）選授霑化訓導，未仕。生八子，爲教子成材，親自授課，讀無虛日。每以家課命題後，必外出，與邑中諸士大夫比酒會詩，燈後始歸，逐一檢查，或評其甲乙第次，或親筆寫出範文，令子傳誦。此後，八子中兩人中進士，其餘也皆有成就。時人稱譽『能教善誨』。終生樂善好施，逢荒年，煮粥賑饑；逢人討錢，傾囊與之，久此貧而不悔。順治九年（一六五二）八月二十二日午時因疾而卒，享年四十八歲。配郝孺人，光禄寺署丞夢柱之女。幼在父母家，言笑不苟，嘗言夢神人贈以蓮花八柄，應於後來生八子，人以爲异。孺人寬御下人，常命小女婢坐己身旁，諸子曾以此勸説母親，孺人曰：『爾父常説，奴婢雖賤，亦人子也。我以天爲天，彼以我爲天，我不虐人之子，天必佑我之兒。』自始至終，不變初衷。孺人與夫同年生，先夫一年而卒，享年四十七歲，合葬於蛇窩泊東祖塋。

〔五〕順治己丑：順治六年，一六四九年。

〔六〕此處所述爲烈女牟氏，老八支六房九世長房牟鏜次女。生於一六二五年，死於一六四三年。明崇禎十六年（一六四三）二月十二日，清兵攻破棲霞城後，入宅索酒食銀錢，睹花顔月貌而將其掠去，回營辱而不從，縛馬上，向東南馳去，且泣且罵，直至東南店村後，尋機自馬上撞下，全節烈之名，時年十九歲。葬於燕子夼北山西麓。先稱『姑娘塋』，後稱『姑姑塋』。

〔七〕國玠：進士。字錫韓，號鳳伯，老八支六房九世長房牟鏜之長子，棲霞城南門裏人。生於明崇禎三年（一六三〇）十月初五日，卒於清康熙三十五年（一六九六）九月初九日，享壽六十七歲。十六歲舉博士弟子，郡邑皆已知名。二十三歲，父母先後早逝，時仲弟國璞（作孚）二十歲，三弟國璋十九歲，四弟國瓚十八歲，五弟國球十六歲，六弟國琛十三歲，七弟國瑾十二歲，八弟國瓏八歲。一家貧寒，困苦不堪。爲改變窘况，自主家政，令仲弟率先攻讀，爲衆弟師表。九年後，因于七案牽連，兄弟八人中七人繫臬獄三年。獄中，與諸弟相約，讀書不懈，遂獲釋回家。康熙丙午（一六六六）以近不惑之年領鄉薦，又十五年舉進士。在此之前，曾任長山縣教諭八年，後受縣令胡璘之命，續修《棲霞縣志》，至老手不釋卷。晚作《體恕齋家訓》《鳳伯公遺命》，堪爲邑中文學之冠。元配李氏，繼配何氏，皆稱賢内助，尤以持家務、撫幼弟聞名。後裔被族人稱『小八支長房』。

〔八〕康熙丙午：即康熙五年，一六六六年。

〔九〕康熙乙丑：即康熙二十四年，一六八五年。

〔一〇〕己酉：原文爲『壬戌』，有誤，應爲『己酉』。即雍正七年，一七二九年。

〔一一〕曰旦：優增生。字希周，號待菴，老八支六房小八支長房，牟家疃人。生於康熙三十九年（一七〇〇）九月十五日，卒於乾隆五年（一七四〇）二月初八日，得年四十一歲。一生對父母極孝，繼而又撫養孤侄遺傳如子。名列邑乘。

〔一二〕作孚：原名國璞，字信萬，號麟仲，老八支六房九世長房。生於明崇禎六年（一六三三）七月十五日卯時，卒於清康熙四十一年（一七〇二）正月二十八日辰時，享壽七十歲。甫弱冠，父母俱卒，除自力於成外，更勖勉諸弟，既擬親命以命己，又擬親命以命諸弟。曰『抑驕』『制矜』『教義』『帥正』；曰『鼓舞以作其勤』『撻記以戒其惰』。伯兄國玠詩之曰：『人有百行，孝爲之首，親其往矣，孝乃在友。幼弟無成，惟我之咎，先訓如在，銘心誦口。』又曰：『人有百行，孝爲之首，親其往矣，志昌厥後。身爲白丁，云胡不慟，先訓如在，銘心誦口。』嗣後，八弟國瓏與子恒皆成進士，族人皆謂：『家訓之報也。』牟恒後爲朝廷名御史，於是，尚書、大學士、總督、修撰、侍郎、中書舍人等紛紛撰文稱頌。邑志、家乘『傳略』『贊銘』之多，列一邑一族之首。其後裔稱『小八支二房』。

〔一三〕恒：清康熙時著名監察御史。字聖基，號述齋，老八支六房小八支二房牟麟仲子，棲霞城南門裏人。生於順治十五年（一六五八）十二月廿九日丑時，卒於雍正四年（一七二六）九月十七日巳時，享壽六十九歲。自幼聰穎，善撰文章。十五歲補博士弟子員，三十三歲中舉，三十七歲中進士。初任内閣中書，歷户、禮二部郎中，監督寶泉局鑄製銅錢。廉潔清正，康熙帝大悦，特賜《周易孝經》以示鼓勵，并旋提監察御史。進督察院後，時時以古良臣爲鑒，興利除弊，一絲不苟，多次『代天巡狩』。晚年，因病隱退還鄉，棲霞縣官一時不敢爲所欲爲。曾開家塾，親課諸子侄，并資助八叔國瓏增修《棲霞縣志》，廣傳家訓，爲牟氏家族之興盛竭盡暮年。然一生命運不濟，四歲時受于七案牽連，伯叔七人繫臬獄三年。六歲喪母，與弱妹共受孤苦。四十七歲，獨子曰管婚後即逝。五十歲喪妻，繼妻曲氏連生四子皆夭；又娶副配王氏，六十歲生子曰箹，續嗣。

〔一四〕康熙三十三年：一六九四年。

〔一五〕國璋：字亞奉，又字禮南，號龍叔。老八支六房九世長房。國玠、麟仲之弟。棲霞城南門裏人，後徙前泥都。生於明崇禎七年（一六三四）閏八月初十日，卒於清康熙二十七年（一六八八）十月十一日。居鄉有厚德，嘗開别業於亭口。初購時券已具，原業主對之哭泣。以爲後悔，欲將地契退還。其人曰：『非然也，祖先艱苦創業，又守經數世，至吾身竟蕩弃，上愧對先人，下愧對子孫，故恨泣耳。』聞之，以其人窮而有天良，在舉價之外，又將若干金與之。後，此事傳遍鄉里，皆稱贊璋君有『厚德』。後裔被稱爲『小八支三房』。

〔一六〕夏氏：老八支六房小八支三房十一世牟忱之繼室。牟忱卒後，氏年十九歲，奉姑盡孝，視前室子曰箴如己出，後，曰箴由歲貢出任訓導，均全賴夏氏苦節撫育而成。

〔一七〕曰箴：廣東海豐縣訓導。字自西，號新村，老八支六房小八支三房，中泥都人。生於康熙二十五年（一六八六）六月廿八日，卒於乾隆十九年（一七五四）二月初七日，享壽六十九歲。四歲失母，八歲喪父，幼年全靠繼母夏氏與叔父牟協教養。先爲府學廪生，後於乾隆元年（一七三六）考中歲貢，出任廣東省海豐縣訓導。在隨繼母生活五十多年間，問視無缺，深受稱贊，名列邑乘。乃中泥都牟氏第一代祖先。

〔一八〕乾隆丙辰：即乾隆元年，一七三六年。

〔一九〕協：附貢生。字同三，號桐齋，老八支六房小八支三房國璋公之季子，前泥都人。生於康熙九年（一六七〇）十月初二日，卒於乾隆二年（一七三七）四月十三日，享壽六十八歲。胞侄曰箴，四歲失母，八歲喪父，與繼寡母夏氏居威家莊，兩地相距百里。出於垂憐，常親臨探視，曰：『在此孤户零丁，有緩急而無依靠，不如回泥都同住一起好。』經允後，慷慨出資將嫂侄接回泥都，并供侄讀書。曰箴學業日進，後出任廣東省海豐縣訓導。事迹載邑乘。

〔二〇〕雍正丙午：即雍正四年，一七二六年。

〔二一〕恬：增生。字莊侶，號澹齋，老八支六房小八支五房，燕子夼（今南石岔）人。生於康熙九年（一六七〇），卒於乾隆五年（一七四〇）。牟國球長子，敕贈文林郎。所生三子，兩中進士，一中舉人，曾被人稱『一門三進士』。

〔二二〕史氏：老八支六房小八支五房、燕子夼十一世牟恬之妻。事姑至孝，每承顔意。先姑晚而脅痛，至寢食不安，經旬衣不解帶，以侍左右。幼子病危，因奉姑而不暇顧及。後三子中兩登甲科，一薦賢書，『人以爲孝德之善報』。

〔二三〕曰笏：河南光山縣知縣。字品執，號育之，老八支六房小八支五房，燕子夼人。生於康熙二十八年（一六八九）五月二十九日，卒於乾隆六年（一七四一）八月二十八日，得年五十三歲。家雖貧寒，却喜攻讀，於雍正元年（一七二三）中舉，次年聯捷進士。

〔二四〕雍正元年、二年：雍正元年，即一七二三年；雍正二年，即一七二四年。

〔二五〕曰管：山東鄒平縣教諭。字宜竹，號子才，老八支六房小八支五房，燕子夼人。生於康熙三十二年（一六九三）十一月十三日，卒於乾隆二十三年（一七五八）五月十七日，享壽六十六歲。家雖貧寒，亦喜攻讀，於雍正元年與伯兄曰笏同科中舉，後屢舉進士而不第，乾隆朝被大挑二等，只出任鄒平縣教諭而終其身。

〔二六〕雍正癸卯：即雍正元年，一七二三年。

〔二七〕曰箌：山東濟南府教授、德州府學正。字洪蕖，號荆湖，老八支六房小八支五房，燕子夼人。生於康熙五十年（一七一一）十月十九日，卒於乾隆四十年（一七七五）八月二十一日，享壽六十五歲。雖貧寒，攻讀不輟，乾隆十二年（一七四七）中舉，翌年聯捷進士。初任陝西涇陽知縣，左遷濟南府、德州府出任前述之職，著有《荆湖文稿》，未梓。兄弟三人曰笏、曰管、曰箌曾被人稱『一門三進士』。

〔二八〕乾隆十三年：一七四八年。

〔二九〕國琛：增生。字公寶，號又仲，老八支六房九世長房牟鏜之六子，國璋弟，棲霞城南門裏人。生於明崇禎十三年（一六四〇）三月二十九日，卒於清康熙三十六年（一六九七）閏三月十三日，享年五十八歲。爲人嚴正樸誠，岸然猶長者，於兄弟子侄間友愛篤甚。小弟國瓏疾，親調藥餌，且抱持數月不眠。于七反清，羅織冤獄，兄弟八人遭誣繫臬獄者七人。家人送去新棉衣，總是讓與長兄和小弟，自己甘着敗絮。事平之後，見侄年恒有异才，便盡心教之，終於使其登第，後爲名御史。對其餘少孤之侄如年恬等，視若親生，或代理家務，或親授詩書，鄰人竟莫辨子侄。一生臨財不苟。晚著家訓，題曰《樹德務滋》，以貽子孫。後裔被稱爲『小八支六房』。

〔三〇〕孫氏：老八支六房小八支六房年國琛妻，桃村著名武進士孫靄之姊。生於明崇禎十一年（一六三八）十月初一日，卒於清康熙三年（一六六四）十月初九日，得年二十七歲。夫兄弟七人幽囚臬獄，氏鬻其婢女以供衣食，迨釋歸，氏已病殞。兄國玠哀悼追憶云：『辛丑歲（順治十八年）邑遭變，吾兄弟俱被逮羈省城，獨孚幸免。吾琛弟之妻孫氏與孚議謀所以衣食予者，曰：「吾陪嫁止一婢，不暇自顧矣。乃鬻之，以供吾兄弟患難用。」越二載，吾兄弟歸，而弟婦乃不起矣。嗚呼！痛哉！』

〔三一〕幢：恩縣訓導。字企聖，號念齋，老八支六房小八支五房國球公之次子，棲霞城西門裏人，生於康熙十四年（一六七五）二月二十四日，卒於乾隆二年（一七三七）二月初一日，享壽六十三歲。康熙己亥（一七一九）歲貢生，出任恩縣訓導。性耿直而不入時俗，與骨肉兄弟相處甚誠。長兄年恬家貧，節衣縮食以周濟，有美味輒留之，持至五里外燕子夼與兄共嘗。并時常資助學費，供長兄三個兒子（曰箹、曰管、曰筣）攻讀。後三兄弟兩中進士，一中舉人，傳爲美談。平時從子弟課業怠惰者，泣而笞之。事迹載邑乘。

〔三二〕康熙己亥：即康熙五十八年，一七一九年。

〔三三〕康熙庚午：即康熙二十九年，一六九〇年。

〔三四〕林氏：老八支六房小八支六房十一世舉人牟惆繼室，惆卒時年方二十八歲，事孀姑頗孝，教子甚嚴，故曰箸、位箸皆能守身力學，家聲遂震。

〔三五〕曰箸：山東陽谷縣訓導。字前借，號良籌。老八支六房小八支六房，棲霞城北宫（今縣府大門東）人。生於康熙三十五年（一六九六）正月初九日，卒於乾隆三十六年（一七七一）八月二十八日，享壽七十六歲。十歲時，弟位箸三歲，父母俱喪，依孀母王氏就學於觀耕館。後孀母有病，兄弟二人相偕侍護，爲防驚擾，常脱鞋近前。乾隆十五年（一七五〇）歲貢生，二十八年（一七六三）出任前述之職。後以孫貴，敕贈中憲大夫、工部虞衡司主事。

〔三六〕此指老八支六房小八支六房牟國琛女事。女適楊礎庠生李泳霖，事姑舅甘旨必親調，舅没，與姑同寢，得知姑目疾至盲，求良藥，浣拭之時或舐以舌，後竟復明。

〔三七〕心仰：廪生。原名慢。字漢武，號安齋，老八支六房小八支六房國琛次子。生於康熙十四年（一六七五）三月十一日，卒於雍正十年（一七三二）九月二十七日，得年五十八歲。

幼年失父，事母至孝。視兄姊同手足，兄嫂故後遺幼女，視爲親生，嫁時妝資豐厚；姊適萊陽董氏，生子人鶴，貧而聰穎，特爲延明師誨教，後成名士。與鄰里相處和睦，常爲排難解憂，德名於邑内盛傳。

〔三八〕位箸：庠生。字敬其，號凝菴，老八支六房小八支六房，棲霞城北宫人。生於康熙四十二年（一七〇三）九月十四日酉時，卒於乾隆四十四年（一七七九）十二月十八日辰時，享壽七十七歲。自幼父母雙亡，依嬸母王氏就學於觀耕館。少時，與兄曰箸學同舍，游同方，長而與兄同奏塤篪之雅，邑共稱之。嬸母病，兄弟并侍，至孝。暮年仍對白首兄弟思念不止。終生與人無競，與己無矜，善解人難，傳爲美談。

〔三九〕國瓏：直隸省南宫縣知縣。字作霖，號重季，老八支六房九世長房牟鏜之八子。清順治二年（一六四五）九月十六日丑時生於棲霞城南門裏故宅『牟家大廳』。七歲喪母，逾年喪父，由長兄、嫂撫養。十七歲因于七案株連，與六個兄長繫臬獄三年。出獄後，二十二歲補爲博士弟子，三十七歲中舉，四十四歲晉進士，五十二歲出任直隸南宫縣令。南宫傍鄰漳河，西境有八村百姓頻受其害。上任伊始，便請示省府免去灾民三成田賦。不久，又解囊代灾民墊賠皇銀一千餘兩。爲鼓勵農耕，又從官倉借穀給農民千餘石，灾民無糧償還，又用俸銀代還，竟至己困無計，遂設館講學，賴束脩以維生計，亦政亦教。此舉受到直隸巡撫于成龍嘉獎，當地百姓皆稱頌不已。爲官剛直不阿，斷案秉公執法，某權貴之親屬污辱乳母，被繩之以法。康熙三十八年，出任順天鄉試同考官時，被某權貴挾恨誣陷營私舞弊訟於吏部，於康熙三十九年解職歸田。因無儲蓄，賴弟子們捐資方歸。回故里後，在棲霞城西門裏住宅東建『悦心亭』，邀友評點史籍、講學論文。倦則瀹茗植花，或焚香静坐，聊以自娱。有詩云：『清風兩袖意蕭蕭，三徑雖荒興自饒。世上由他競富貴，山中容我老漁樵。』後雖昭雪，亦不復出。晚年，參與纂修《棲霞縣志》，并代本社百姓納丁徭銀二年。康熙五十二年（一七一三）正月十二日卯時謝世，享壽六十九歲。南宫縣紳民聞訊，數百人不顧千里迢迢，來棲霞吊唁。後裔被稱爲『小八支八房』。

〔四〇〕康熙三十年：一六九一年。

〔四一〕己卯：即康熙三十八年，一六九九年。

〔四二〕孫氏：考諱中繩。生於順治二年（一六四五）四月初二日未時，卒於康熙二十八年（一六八九）七月十五日卯時，得年四十五歲。

〔四三〕林氏：生於康熙七年（一六六八）三月二十七日戌時，卒於乾隆二年（一七三七）二月十四日戌時，享壽七十歲。

〔四四〕王氏：老八支六房小八支七房十一世增生牟性妻。性卒，年方二十五歲，孝事孀姑，撫子曰聘成貢生，旋即子亦歿，遺孫延緒、令緒，又與孀媳史氏撫之，苦節數十年，終使二孫成爲太學生和恩貢生。

〔四五〕恢：廪貢生。字仁盧，號宏齋，老八支六房小八支八房牟國瓏長子，棲霞城里悦心亭人。出生於康熙十九年（一六八〇）臘月十四日申時，卒於雍正元年（一七二三）二月二十六日子時，得年四十四歲。雖出身於官宦人家，因家教甚嚴，從不沾紈絝惡習。三十四歲主家政，勤儉持家。朝，各領所事；夕，核其所成。自奉粗糲，衣食皆有定制。外交不雜，惟有諸兄弟、親戚一兩家時常登門，只一具酒食而已。一生儉樸，惜天不與壽，壯年而逝。

〔四六〕之儀：增生。字周六，號度菴，老八支六房小八支八房，棲霞城裏悦心亭人。生於康熙四十五年（一七〇六）六月初六日戌時，卒於乾隆十五年（一七五〇）冬月十一日子時，得年四十五歲。十八歲，父逝後，與叔悌同居，事叔如父。年届而立，承叔命與叔分居，三十七歲由悦心亭偕妻林氏及兩雙兒女徙古鎮都，始建牟氏莊園。平生居簡守拙，孝友是從。閉門不聞世事，教子尤嚴。後以子貴，贈修職郎、萊蕪教諭；以孫貴，封文林郎、肥鄉知縣。

〔四七〕林氏：大務滋夼舉人、銅陵知縣林仲懿女，生於康熙四十四年（一七〇五）八月二十五日未時，卒於乾隆四十七年（一七八二）七月十六日辰時，享壽七十八歲。夫婦合葬於蛇窩泊西祖塋。

〔四八〕悌：廪貢生。字義亭，號遜齋，老八支六房小八支八房牟國瓏次子，棲霞城裏悦心亭人。生於康熙二十二年（一六八三）十月二十五日，卒於乾隆十一年（一七四六）十一月二十日，享壽六十四歲。父母早逝，對繼母極孝。兄喪，撫育孤侄，慈而有方。平生好義輕財，族黨中承蒙受周濟者，不計其數。或有人因貧賣女，代而贖之；業師後裔，家貧不支，出銀助之，後舉孝廉。義行事載邑乘。

世	
十三世	【曰篤長子】 **守傳** 居楚留，下同。 號南屏，太學生。 配林氏，荆紫埠。子二：四穆、媚穆。
十四世	**四穆** 赴遼東。 配郝氏，城内後窪子；繼林氏，荆紫埠。子敬禮。 **禎瑞** 原名媚穆。 配郝氏，繼尹氏，子三：啟明、啟昌、啟昭。女適荆紫埠庠生林綸男書奎，道光壬辰（二）解元，揀選知縣。贈孺人。
十五世	**敬禮** 赴遼東。 **啟明** 配周氏，子儀。 **啟昌** 配郝氏，子儼。 **啟昭** 配林氏，子仁。
十六世	**儀** **儼** 配張氏，子二：永江、永水。 **仁** 配李氏，子三：永河、永海、永山。
十七世	**永山** 嗣珠子承枝。

十八世	**承枝** 配林氏，荆紫埠。
十九世	
二十世	
二十一世	
二十二世	

【校注】

〔一〕道光壬辰：即道光十二年，一八三二年。

十三世	十四世	十五世	十六世	十七世
【曰篤次子】 **薪傳** 遷莊頭，下同。字衣紹，號郢柱。庠生。配郝氏，子三：肅穆、友昆、清穆。	**肅穆** 配郝氏，城内後窪子。子逢泰，早亡。嗣子世昌。	**世昌** 配于氏，子仙。	**仙** 配馮氏，小流口。子三：仁起、仁治、仁傑。仁治赴遼東。	**仁起** 配林氏，馬家疃。子二：江、棠。
	友昆 配王氏，繼王氏。子二：定昌、世昌，元配出，世昌出嗣。	**定昌** 配孫氏，子二：珍、璽。		**仁傑** 配劉氏，院頭。子二：扶琴、雙琴。
	清穆 字神静，號逸叟。配林氏，東荆夼。子吉昌。	**吉昌** 居南門裏。字復盛，號瑞亭。配徐氏，嗣子鐲仁。	**鐲仁** 配孫氏，子景陽。	**景陽** 配劉氏，子二：長、維屏。維屏出繼景周，雙承。
【曰篤三子】 **祇傳**（一） 居南門裏，下同。	**思聰** 號聰遠。	**申保** 原名帝佐，字心簡，	**玉潤** 太學生。	**全盛** 配張氏，繼王氏。嗣

十三世

字欽哉，號賓圖。庠生。

配欒氏，大欒家欒浩女。詳邑志賢媛。子三：思明、思聰、思忠。思明、思忠俱赴遼，居山羊島。

十四世

配林氏，林沂女。詳邑志賢媛。子三：申保、申佑、申命。

十五世

號衡阿。

配田氏，油家夼；副配沈氏、侯氏。子二：玉潤、玉峯，侯出。

申佑

原名帝佑，字咸啓，號右人。庠生，鄉飲介賓。

配衣氏，釜甑。嗣子玉琢。女適桃村太學生孫力田。

申命

原名帝眷，字選以。太學生。

配張氏，張家溝。子二：玉藻、玉琢，玉琢出嗣。

十六世

配張氏，張家溝。子全盛。

玉峯

太學生。

配郝氏，郝家樓；繼李氏、馬氏。繼子景周。

玉琢

配郝氏，郝家樓郝應蘭胞姊。子三：景福、景武、景周，景周出嗣。

玉藻

配郝氏，郝家樓。子景堯。女適桃村孫博文。

十七世

子書太，自黃崖底五房繼入。

景周

字紹南，太學生。

配林氏，林家莊。嗣雙承子維屏。

景福

景武 俱缺嗣。

景堯

配李氏，上宋家。

十八世	維屏 配王氏，子三。
十九世	
二十世	
二十一世	
二十二世	

十三世

【曰篤四子】

善傳 居釜甑河北，下同。

字秉初，號韶義。太學生。

配張氏，黄縣。子二：思義、思超。

十四世

思義

字懷德，號城霞。

配馬氏，嗣子毓翀。

思超

字會遠，號景班。庠生。

配王氏，城内十字口太學生王炳女。子四：毓翽、毓翹、毓翮、毓翀，

十五世

毓翀

字騰霄，號鵬九。太學生。

配李氏；繼高氏，吉格莊。子鐲𡺸。

毓翽

字彩年，鄉飲耆賓。

配崔氏，子二：鐲嶼、鐲嶠，鐲嶼出嗣。女適赤口巷賈門。

十六世

鐲𡺸

字堯峯，郡庠生。

配李氏，楊礎。子二：蔭桐、蔭棠。女二，一適大咽喉衣門，一適泥溝孫門。

鐲嶠

字允偉。

配衣氏，佛落頂。子二：蔭梓、蔭梅，蔭梓出嗣。

十七世

蔭桐

號雲琴，庠生。

配杜氏，子三：維江、維漢、維浩。女三，長適楊家圈李門，次適尹家莊劉門，三適吉格莊高門。

蔭棠

從九品。

配王氏，店西溝；副配蔡氏。子維泗，蔡出。

蔭梅

嗣子維清。

十三世	
十四世	毓翀出嗣。
十五世	**毓翹** 原名學适，嗣子鐲嶼。 **毓翮** 字鵬翼，太學生。配李氏，子鐲崐。
十六世	**鐲嶼** 字中洲。配衣氏，釜甑。子二：蔭桂、蔭松。女適楊家圈李門。 **鐲崐** 配衣氏，前陽窩。旌節孝。嗣子蔭梓。
十七世	**蔭桂** 配林氏，文石。嗣子維洛。 **蔭松** 配王氏，店西溝。子三：維波、維洛、維清；維清、維洛皆出嗣。 **蔭梓** 太學生。配孫氏，丁家寨。子二：維瀾、維渙。女適瓦屋衣門。

十八世	**維江** 配丁氏，十里莊；繼劉氏，馬家河。子二：廷秉、廷溪，劉出。女二，劉出，長適初家疃馮門，次適院頭窑張門。 **維漢** 赴遼東。 配鄒氏，山北頭；繼劉氏，大埠後劉茂公姊。子廷瑞。 **維浩** 赴遼東。 配陳氏，陳家。子廷訓。 **維泗** 配王氏，觀東。子二：廷煌、廷輝。
十九世	**廷秉** 一名廷德。 **廷溪** 一名廷炘。 **廷瑞** 一名廷熙。 **廷煌** 配林氏，子平均。
二十世	**平均** 字尚一，號平君。 配李氏，繼周氏，吉格莊周發寬女。
二十一世	
二十二世	

十八世	**維清** 嗣子廷煦。 **維洛** 赴涿州。配□氏，子振聲。 **維瀾** 配汪氏，汪家溝；繼王氏，公山後。子四：廷烟、廷灼、廷順、廷煒。
十九世	**廷輝** 配劉氏，巨屋。子芝蘭。 **廷煦** 配魯氏，朱留魯儻女。 **廷烟** 配李氏，西東行。子平基。女適東南莊郝門。 **廷灼** 配閆氏、蔣氏，繼馮氏。 **廷順** 配李氏，楊家圈。 **廷煒** 配李氏，楊家圈。子二：平坤、平堂。
二十世	**平坤** 配曹氏，涿州曹家莊。
二十一世	
二十二世	

十八世	十九世	二十世	二十一世	二十二世
維渙 配魯氏，朱留魯雲岫女。子二：廷煦、廷照，廷煦出嗣。女二，長適陽窩衣門，次適菴裏賈門。	**廷照** 配路氏，徐家溝。子二：仁和、進和。			

十三世

【曰篤五子】

承傳 居南門裏祖宅。字允執，又字聖徒，號紹先。配徐氏，子嘉勳。

十四世

嘉勳 字秉鈞，號正夫。配王氏，金山泊子王淑孔女。詳邑志賢媛。子英奎、英儒。

十五世

英奎[二] 遷居古鎮都，下同。原名耕，字星甫。道光己亥[三]武舉。配王氏，豐粟。子鎮鏞、信元。

英儒 居南門裏祖宅。字聘之，衍聖公賫奏廳。

十六世

鎮鏞 配于氏，寨裏于家。子保祥、保運。

信元 配韋氏，韋家溝。子保緒、保敏、保龍。

宗成 居南門裏。號集堂，邑庠生。配郝氏，郝家樓武生

十七世

保祥 配宫氏，西陡崖子。

保運 配隋氏，隋家集。子進來、進喜。

保緒 配王氏，岩子口。子大進、大德。

保敏 配孫氏，謝家溝。

保龍 配孫氏，李家溝。子二：松子、安莊。

十三世

【曰廣子】

遺傳 居後牟家疃。

字經一，號振元。附貢生。

配林氏，荊紫埠；繼姜氏、孟氏。子三：嘉賴，姜出；嘉榮、嘉頎，孟出。女適海陽城裏趙門，林出。

葬西祖塋。

十四世

嘉賴 居埠梅頭，下同。

字淮南，太學生。

配趙氏，海陽城。子三：洒緝、洒緯、洒綺。

葬西祖塋。

十五世

配柳氏，大莊頭。子二：宗成、宗仁。女三，長適黃縣城寶華，次適郝家樓郝探驪，三適楊礎李鴻誥。

洒緝

字青選，號敬山。太學生。

配孫氏，桃村太學生克諧女。子五：芹秀、芝秀、蘭秀、芸秀、葵秀，芝秀、葵秀俱出嗣。

葬西祖塋。

十六世

進龍女。子松年，雙承。女適招遠賀甲莊舉人楊淑蔭仲子廩生枰。

宗仁 現居視稼樓。

號文軒。

配趙氏，萊陽視稼樓敦化知縣敦誠女。嗣子松年，雙承。

芹秀（四）

字雪園，號泮林。卓行詳邑志。

配林氏，荊紫埠。子三：煜、燿、爅。女三，一適桃村孫門，一適桃村庠生孫宗岱之子，一適野夼于門。

葬西祖塋。

十七世

煜

配孫氏，桃村增生孫逢吉女。子四：星聚、星文、星海、星連。女二，長適土堆，次適野夼于門。

葬西祖塋。

燿

配衣氏，城北關。子三：星杓、星機、星樞。

十三世	
十四世	
十五世	
十六世	**蘭秀** 配孫氏，桃村。子三：烜、爑、烇。女適張家泥都張夢清，旌表節孝。
十七世	女適朱留魯慎中。葬十字道。 **爅** 字庭輝，號尤林。恩榮壽官。詳邑志卓行。配韋氏，韋家溝韋順女。子二：星啟、星會。葬北塋。 **烜** 配于氏，篋箕港。子三：星明、星辰、星貴。葬十字道。 爑 配孫氏，桃村庠生孫書田女。子二：星雷、星平。女適嵐店王門。 **烇** 配林氏，繼孫氏，桃村。子星奎，孫出。女

十三世

十四世

十五世

迺緯
從九品。
配項氏，老泊。繼子芝秀。女適集前林門。
葬西祖塋。

十六世

芸秀
配魯氏，朱留。子二：炘、爀。

芝秀
配馮氏，崮山。子二：炣、焌。女二，一適集前林門，一適桃村孫森。
葬西祖塋。

十七世

一，林出，適北馬莊隋門。
葬十字道。

炘
配王氏，唐山。子三：星芹、星茂、星東。女二，長適撞里李門，次適河崖林門。

爀

炣
配馮氏，上莊頭。子二：星弼、星池。女四，長適楊家圈李門，次適欒格莊于門，三適野夼于門，四適楊家圈李門。
葬村東。

焌
配林氏，唐山。子三：

十三世	
十四世	**嘉榮** 居後牟家疃，下同。原名嘉顒，號洛東。邑庠生。配趙氏，萊陽城裏；副配李氏。子奎齡。女
十五世	**迺綺** 字尚文。配王氏，牟平。繼子葵秀。葬西祖塋。 **奎齡** 原名迺紳，號春亭。配林氏，荆紫埠；繼劉氏，大帽頂。繼子莢秀。葬西祖塋。
十六世	**葵秀** 配林氏，繼郝氏，子二：煐、焯。葬十字道，林葬村北。 **莢秀** 配林氏，井子窪。繼子翾。女一，適崔家孫門。葬西祖塋。
十七世	星顯、星光、星乙。女二，長適河北于門，次適院上鍾門。 **煐** 配林氏，繼林氏，河崖。子三：星榮、星德、星興，繼出。葬十字道。 **焯** 配劉氏，柳口；繼林氏，蛇窩泊。子三：星田、星福、星元。女適大埠後劉門。葬十字道。 **翾** 配李氏，鶴山後李道深姊。子五：華南、華高、華山、華文、華經。葬十字道東。

十三世

十四世

三，長適喬家泊龍門，次適萊陽城西關，趙出；三，李出，適萊陽城南村趙門。

葬西祖塋。

嘉頎 居牟家疃，下同。

字頡侣，號河東。

配張氏，柳林莊癸酉舉人、易門知縣張鈖曾孫女。子二：洒繽、洒紓。女三，長適萊陽姜家莊姜門，次適萊陽李家泊子李門，三適海陽城裏廪生趙光禄。

葬西祖塋。

十五世

洒繽

字鵬搏，太學生。

配宮氏，萊陽赤山；繼王氏，野家埠子。子五：苓秀、荚秀、菖秀、荃秀，宮出；蘅秀，王出。荚秀出嗣。女五，長適萊陽枯柳墅趙門，次適桃村太學生孫登屺，三適南觀王門，四適萊陽小吕疃宋門，宮出；五適杄山後庠生林倬章，王出。

葬西祖塋。

十六世

苓秀

字芷芳，太學生。

配王氏，吼山。子三：翹、翱、翻，翻出嗣。

葬西祖塋。

菖秀

配宮氏，牟平青山。

十七世

翹

字少芳，精醫學，有《傅青主女科仙方詳注》，待梓。

配王氏，繼王氏，均吼山。子三：華墀、華浦、華域，繼出。

葬西祖塋。

翱

配李氏，李家泊子。子三：華川、華亭、華岳。

翔

配林氏，林家莊。子

十三世	
十四世	
十五世	
十六世	子四：翔、翻、耀、習。 **荃秀** 原名茜秀，字香軒。太學生。
十七世	二：華春、華清，華清出嗣。女一，適北莊子劉鳳崗。 葬西祖塋。 **翻** 配徐氏，繼子華清。 **耀** 字光遠。 配孫氏，萊陽城南道口庠生孫靖南姊。子一，華翰。 葬村後新阡。 **習** 配李氏，子一，華堂。 葬西祖塋。 **䎖** 字彦侶。 配劉氏，杅家疥劉杏

十三世

十四世

十五世

十六世

配林氏，蛇窩泊貢生林彝倫女。嗣子翻。女二，長適杅山後林門，次適城東門裏庠生米椿齡。

葬祖塋。

蘅秀

原名菓秀，字一峯。太學生。

配張氏，柳林莊；繼林氏，東荆夼。子四：麟瑞，張出；作人、作舟、作霖，林出。麟瑞出後泥都用臧嗣。女三，長適蛇窩泊林浩，張出；次適燕子夼廩生米少章長子、太學生樹人，旌表節孝；三適桃村庠生孫書屏子曰峯。

十七世

春女。子一，華英。女二，長適西槐山于會泉，次適海陽季家莊季中桂。

作人

字如樸。

配林氏，二十里舖庠生林一桂女；繼王氏，杅林頭。子華昆。女四，長適黃家莊柳門，次適豹山口王門，三適東荆夼林門，四適東荆夼林門，皆王出。

葬西祖塋。

作舟

配林氏，後野林紹先

十三世

十四世

十五世

十六世

葬祖塋。

十七世

姊；繼連氏，連家莊連宏聲女。嗣子華國。女適唐山林維，連出。

作霖

字雨臣。

配林氏，荊山後；繼李氏，下漁稼溝李呈瑞女。子三：華封、華國、華卿，李出。女二，一適唐山林萃芳，林出；一適杍山後林門，李出。

【校注】

〔一〕祇傳：前文作『祇傳』，前後不一致，具體情况待考。

〔二〕英奎：邑著名武舉。原名耕，字星甫，老八支六房小八支長房，古鎮都人。道光己亥（一八三九）武舉。爲救未婚妻王氏於水火，曾率武林衆友大鬧豐粟河『搶親』，名震登州。長子鎮鏞行爲不端，則大義滅親。

〔三〕道光己亥：即道光十九年，一八三九年。

〔四〕芹秀：老八支六房小八支長房，埠梅頭人。有胞弟四人，五弟葵秀出嗣胞叔。與諸弟析産時，相謂曰：『五弟出嗣，雖有應得之産，但也是我同胞手足。父母遺産不得分潤，親心何安？』經諸弟同意，遂分與膏腴田八畝。百餘年後，葵秀子孫依舊指其田相誡曰：『此乃讓地，永不能賣，留此作當年孝友紀念。』

十八世

星聚

字紫坦，邑增生。

配林氏，河崖；繼衣氏，陽窩衣仁全女，旌表節孝。子子駿。

葬村北。

星海

配蔣氏，唐山蔣德女。子子騮。女適張家莊庠生張廷燮。

星連

配孫氏，孫家崖後；繼孫氏，黃燕底。子子驊，早亡。女字蛇窩泊呂夢柱，詳邑志貞烈。

十九世

子駿

字德堂，師範畢業生。

配姚氏，大姚格莊。子五：長仁、好仁、有仁、學仁、守仁。女適河崖林門。

葬村北。

子騮 赴遼東。

二十世

長仁

配馬氏，柞嵐頭馬祥雲女。

學仁

配崔氏，蛇窩泊。

守仁

配柳氏，辛家夼；繼張氏，本村。子世南，張出。

二十一世

二十二世

十八世	**星杓** 嗣子巽三。 **星機** 配董氏，董家院。子三：振三、餘三、捷三。 **星樞** 配魯氏，朱留魯正宗女。子三：巽三、耕三、友三，巽三出嗣。
十九世	**巽三** 配王氏，木蘭夼王福林女。子彭祥。 **振三** 配王氏，官道。子二：祥兒、祥恩。 **餘三** 配孫氏，丁家寨。子壽恩。 **捷三** **耕三** 配林氏，蛇窩泊林長玉女。子三：大祥、連祥、小祥。 **友三** 配楊氏，解家溝臨江女。
二十世	**連祥** 配孫氏，磚園。
二十一世	
二十二世	

十八世	十九世	二十世	二十一世	二十二世
星敨 配衣氏，小姚格莊；繼李氏，蛇窩泊。子三：德三、成三、殿三，繼出。女三，繼出，長適磊山後李門，次適磚園孫門，三適初家疃李門。	**德三** 配于氏，野夼于瑞麟女。子三：鳳詔、鳳皋、鳳梧。 **成三** 配吴氏，胡家莊。子鳳仁。女四，長適蛇窩泊李門，次適張家泥都張門，三適磚園孫門，四適院頭窑李門。 **殿三** 配修氏，蒲格莊。子三：鳳憲、鳳雲、鳳亭。	**鳳詔** 配朱氏，老樹夼。子二：世卿、世訓。 **鳳仁** 配張氏，院頭窑。		
星會 配姚氏，大姚格莊姚克展女。子四：祝三、寶三、甲三、畏三。女一，適澤頭李門。	**祝三** 一名子國，字齊東，號華民。例貢生。精醫術，著有《醫學釋義》，待梓。	**鳳樓** 字造五。 配林氏，唐山林鳳五女。		

十八世

十九世

配林氏，集前林式之女；繼林氏，北杅疃。子鳳樓，繼出。女鳳芝，繼出，未字。

寶三

配姚氏，大姚格莊；繼劉氏，蒲格莊。子二：鳳章、鳳郊，劉出。

甲三

配修氏，修家蒲格莊。

畏三

配張氏，北馬家張瑞江女。子鳳鸞。

二十世

鳳章

字文伯。

配張氏，北馬家。子世齋。

鳳郊

字文叔。

配修氏，修家蒲格莊。

鳳鸞

字文仲。

配王氏，同里王文典女。子世診。

二十一世

二十二世

十八世	十九世	二十世	二十一世	二十二世
星明 配李氏，水頭。女三，長適埠後劉門，次適台上孫門，三適水頭劉門。 **星辰** 配李氏。 **星貴** 配于氏，簸箕港。子二：慶三、仲三。女適磚園孫門。 **星雷** 赴遼東。 **星平** 赴遼東。 **星奎** 配劉氏，窩洛劉德明女。女適新店柳門。	**慶三** 配李氏，中疃。子仁領。 **仲三** 配盧氏，盧家。子三：登閣、登域、登和。			

十八世

星芹

配于氏，子尊三，兼承星東嗣。

星茂

配吕氏。

星東

配杜氏，黄口。嗣子尊三，雙承。

星弼

配楊氏，解家溝。子二：中坦、中坊。

星池

字昆明。

配劉氏，院頭窑。子中戊。女適集前林門。

十九世

尊三

配孫氏，台上。

中坦

配朱氏，老樹夼。子雲强。女適磚園孫門。

中坊

配隋氏，石角夼。女適楊家圈李門。

中戊

一名浴德，字潤生。

配劉氏，楊礎。子雲亭。女適蛇窩泊林門。

二十世

雲强

配范氏，北莊子。

雲亭

配周氏，周家溝。子二：士選、士适。

二十一世

士選

配衣氏，釜甑。

士适

配林氏，河崖。

二十二世

十八世

星顯 配林氏，集前。

星光 配林氏，石角夼。子中坤。

星乙 配林氏，西凰跳。子中均。

星榮 赴海參崴。

星德 赴海參崴。

星興 配于氏，大咽喉。子中賓。

星田 配王氏，葦城。子中芝。女適帽頂劉門。

星福 配鍾氏，院上鍾毓鼎女。子二：中山、仁山。

星元 配林氏，杆柳前。

十九世

中坤 配于氏，清江口。子虎亭。

中均 配劉氏，尹家莊；繼王氏。子四：鳳岐、鳳林、上任、大隱。

中賓 配隋氏，大咽喉。子本立。

中芝 配王氏，小莊。子三：鳳洲、鳳陽、有利。

中山 配劉氏，柳口。子民衆。

二十世

鳳岐 配林氏，河崖。子世磬。

二十一世

二十二世

十八世	十九世	二十世	二十一世	二十二世
華南 配劉氏，大帽頂。子四：經、續、純、練。女適汪家溝王孟春。 **華高** 配郝氏，郝家泊子郝春芳女；繼張氏，徐格莊；劉氏，回兵崖。子三：縉、結、羅，劉出。	**經** 配王氏，解家溝。嗣子鳳儀。 **續** 配范氏，城西關。子二：鳳儀、鳳鳴，鳳儀出嗣。 **純** 配王氏，鶴山後。 **練** 配尚氏，長沙堡舉人尚德元孫女。子一，鳳山。 **縉** 配宋氏，赤山。子鳳如。 **結** 配李氏，澤頭。 **羅** 配王氏，嵐店。	**鳳儀** 配林氏，集前。		

十八世	十九世	二十世	二十一世	二十二世
華山 配王氏，赤山。子二：繩、維。 **華文** 配劉氏，大砦劉永福姊。子四：繕、紳、繡、紅。女適烏邊頭潘門。 **華經** 配連氏，連家莊連文濤女；繼王氏，嵐店王仲熙姊；祁氏。女二，長適長沙堡尚門，次適帽頂劉門。	**繩** 配王氏，赤山。 **維** 配林氏，東荆夼。子鳳書。 **繕** 配劉氏，張家泥都。 **紳** 配徐氏，鷺翔。子二：鳳藻、鳳巢。 **繡** 配王氏，解家溝。			

十八世

華墀 配劉氏，馬家河。子終。

華浦 配林氏，蛇窩泊林浩女。

華域

華川

華亭 赴遼東。

華岳 赴遼東。

華春 配李氏，李家莊。子三：約、紾、素。

華清 配劉氏，埠梅頭。子二：綆、紛。女適西河南呂門。

十九世

終 配劉氏，窩洛。

紾 又名奎。配劉氏，蒲格莊。

素 配劉氏，柳口。

綆 赴遼東。

二十世

二十一世

二十二世

十八世	十九世	二十世	二十一世	二十二世
華翰 字維周，師範講習所畢業。配孫氏，北水頭孫雲龍女。子三：紹、緡、紟。女四，長蘭卿，初小畢業；次瑞卿，高小畢業；三殿卿，高小畢業；四季卿，初小肄業。	**紹** 字復先，高小畢業。配楊氏，解家溝楊德芳女。 **緡** 字仲綸，高小畢業。配林氏，西上莊庠生林春芳孫女。 **紟** 字叔繐。			
華堂 配柳氏，辛家夼。子紝。				
華英 字仲民。配隋氏，石角夼隋福成女。子二：綸、繐。	**綸** 字經堂，高小畢業。配林氏，蛇窩泊林玉華女。子鳳岐。	**鳳岐** 字鳴山。		

世	
十八世	**華昆** 配林氏，文石。子紘。 **華國** 配李氏，漁稼溝。子緋。 **華封** 配孫氏，道口。 **華卿** 配王氏，萊陽城王伯園女，名受梅，師範畢業。
十九世	**繐** 字綬堂，高小畢業。配劉氏，徐家店劉子午女。 **緋** 高小畢業。配魯氏，朱留。
二十世	
二十一世	
二十二世	

十三世

【曰旦子四】

適傳 居後牟家疃。

字士元，號務滋。太學生。

配林氏，北門裏增生林諱女。子一，嘉樹。

代傳

字直期，號益滋。庠生。

配林氏，荆紫埠；繼趙氏，海陽城。嗣孫于甸。

習傳 居牟家疃，下同。

字悦心，號碩滋。庠生。

配林氏，北門裏林誠女；繼王氏，海陽。子

十四世

嘉樹 徙居劉家河。

字武有，號棠封。

配林氏，荆紫埠。子五：于野、于傑、于郊、于甸、于保。于甸、于保出嗣。

嘉植

配段氏，寨裏。子于疆、安吉，安吉出嗣。

嘉相

字梅庭，庠生。

十五世

于野 居劉家河。

配隋氏。

于傑

于郊 俱缺嗣。

于甸 居海陽史家疃。

配于氏，子觀運。

于疆

配孫氏，子三：觀其、觀所、觀由，觀其出嗣。

安吉

配□氏，嗣子觀其。

十六世

觀運 赴遼東。

觀所 居後泥都，下同。

配□氏，子珠。

觀其 赴遼東。

配陳氏。

十七世

珠

配宋氏，蛇窩泊。子枝，兼承楚留永山嗣。

十三世

二：嘉植，林出；嘉相，王出。

師傳 居馬耳夼。

字心法，號尼滋。太學生。

配林氏，後野；繼趙氏，牟平。子嘉言，趙出。

【曰管嗣子】

顥 居木蘭夼。

字希程，號有朋。

配李氏，子二：相翬、相翼。

十四世

配王氏，泉水店庠生王炯女。嗣子安吉。

嘉言 居南門裏。

字孔彰，號慶常。太學生。

配李氏，李家泊子。嗣子于保。

相翬 居牟家疃。

字子羽，恩榮壽官。

配黄氏，子三：援、扶、振，扶出嗣。

十五世

于保

配李氏，子二：從龍、從虎，俱赴遼東。

援 遷居上孫家，下同。

配楊氏，刁崖前。子二：光禄、光福。女二，長適瓦屋衣門，次適老龍灣王門。

十六世

光禄

配劉氏，東宋莊。子三：江、海、傳。女二，長適西劉家劉門，次適城内侯門。

十七世

江

配張氏，小觀。子二：承基、新基。承基雙承，新基出嗣。女適北張家莊張門。

海

嗣子新基。

傳

雙承子承基。

十三世

十四世

相翼（一） 自木蘭夼遷居南砦，下同。
字皇路，號鵬九。候選縣右堂。
配劉氏、任氏；副配季氏。嗣北宮昌瑞子玉堂。
葬西祖塋墻外西南。

十五世

振 居牟家疃，下同。
配馮氏，子鴻來。

玉堂
嗣子福來。

十六世

光福
配楊氏，台下村。子屺。

鴻來
配喬氏，繼曲氏、姜氏。子二：萬清、安清，姜出。

福來
從九品。
配林氏，宋家埠，旌表節孝，詳邑志。嗣老二分金甌子涵星。女適河崖林門。

十七世

屺
配王氏，子三：平基、丕基、振基。女三，長適唐山頭李門，次適橋子李門，三適古鎮都王門。

萬清 缺嗣。

安清

涵星（二）
字硯甫，邑庠生。卓行詳邑志。
配林氏，文口。子三：逢熙、逢煦、逢樵。女四，長適萊陽城內李香山，次適萊陽寨頭呂承先，三適海陽秋口舉人姜忠樾子厚培，四適朱留魯仰山。

【校注】

〔一〕相翼：牟恒曾孫，字皇路，號鵬九，老八支六房小八支二房，南砦人。生於乾隆四十三年（一七七八）十月初七日亥時，卒於道光二十七年（一八四七）八月十七日未時，享壽七十歲。家境雖貧，却樂善好施。曾傾家産救免一被繫官司者，致使自己無立錐之地，只得赴吉林謀生。後經商致富，又救活誤入邪教者五百餘衆。知縣方傳植欲創建書院，愁無房舍，遂將祖産『察院府』捐於縣府，自己居南砦。後，又將在南門裏所買王姓之一處閑房捐縣府建文昌宫。一時傳爲美談。

〔二〕涵星：邑庠生。字硯甫，原爲五世老二房後裔，後出嗣老八支六房小八支二房，由蛇窩泊遷居南砦。爲人極孝善，孝繼父如親父，視侄雲肪如親生，侄家貧嗜學，無力完成學業，鼎力資助，終成廪生。民國十年（一九二一）九月二十七日，南砦突遭火灾，受害者二十餘户。自發率村民奮起救火，帶頭捐資，助受灾户重建家園，村民感懷不忘。

十八世	**承基** 配潘氏，邱格莊潘又功女。子五：明昆、明春、明珍、明鑫、明賓。女二，長適西衣家孫中，次適前陽窩衣門。
十九世	**明昆** 配張氏，栗里張成雲姊。子四：鴻奎、鴻恩、鴻翔、同枝。 **明春** 配林氏，店西溝林運女。子鴻勳。 **明珍** 配衣氏，前陽窩衣維新女。 **明鑫** 字亮弼。配王氏，野家埠王德有女。子鴻誥。 **明賓** 配范氏，北夼范貴女。
二十世	**鴻奎** 配林氏，暘谷。子新良。 **鴻恩** 配馮氏，上莊頭。 **鴻勳** 配魯氏，朱留魯維周孫女。
二十一世	
二十二世	

十八世

新基
配趙氏，西合子趙明德女。

平基
配張氏，馬疃張連女。

丕基
配孫氏，劉家河；繼王氏，野家埠。子二：明義、明興。

振基
配姜氏，黑陡硼；繼婁氏，黄夼婁家。

逢熙
字皞如，師範講習所畢業。
配林氏，蛇窩泊太學生林浭女；繼項氏，項家勞泊項詔起女。子擢

十九世

擢庠
配路氏，路家黄夼路恭遠女。子義生。

二十世

二十一世

二十二世

十八世	十九世	二十世	二十一世	二十二世
庠，林出。女二，長適路家夼周言良，次適集前林騰五，項出。 **逢煦** 字鶴軒。 配劉氏，西山叫。子四：擢序、擢庚、擢廳、擢廣。女五，長適大疃姜門，次適徐家店劉芹章，三適下屋莊冷麟甲，四適吴家疃姜詩進，五適塹頭趙世庭之子。 **逢樵** 子魚山，號愚之。 配姜氏，姜家秋口姜忠榆女。子四：擢庭、擢庸、擢塵、擢廉。	**擢序** 配董氏，黄崖底董以三女。子奎賓。 **擢庭** 配張氏，下張家張邦基女。子鹿琴。 **擢庸** 配鍾氏，院上鍾振書女。			

十三世

【曰⿱竹科子二】

顓 居牟家疃，下同。

號雅光。

配姜氏，子綿宗。

葬西塋。

顡 居蛇窩泊。

字悟人，號希白。

配林氏，子三：成宗、繼宗、衍宗。

十四世

綿宗

配劉氏，嗣子扶。

成宗 居蛇窩泊，下同。

原名岳令。

配李氏，缺嗣。

繼宗

配王氏，缺嗣。

衍宗 居蛇窩泊，下同。

配夏氏，子技。

葬始祖塋後，下同。

十五世

扶

配李氏，子三：喜來、福來、庶來。福來出繼，庶來缺嗣。

技

字應千。

配林氏，河崖林財堯姊。子二：鵠來、鶴來，鵠來缺嗣。

十六世

喜來

配林氏，蛇窩泊。子萬枝。

鶴來

字仙崖。

配鄒氏，下張家；繼趙氏，趙家溝趙元修女。子二：志泰、志謙，趙出。女四，長適大榆家夼劉鏡清，次適西河南林善德，三適韋家溝

十七世

萬枝

配李氏，子弼，缺嗣。

女適唐山蔣門。

志泰

字文伯。

配林氏，東荆夼林誦三女。女二，長女桂馨，霞光高初畢業，適海邑西坊塢張廷秀；次女桂圃。

志謙

字吉占，一字益之。

十三世

【曰箕子二】

苾　配□氏，子三：四知、四端、四教。葬西祖塋。

芷　邑庠生。配崔氏，子四勿。葬西祖塋。

十四世

四知　居篁，下同。赴遼東。配李氏，子喜。

四端　赴遼東。

四教　赴遼東。配于氏。

四勿　配李氏，貧赴遼東。遺産惟破屋數椽，與一破酒榨耳。同高祖兄其椗愍大宗嗣絶，以仲子容帶産出繼；容子用開

十五世

喜　赴遼東。在遼生有二子，一居莊河，一居牟家屯。清末年，其玄孫庚西客煙，曾便道來棲，至泥都認宗，并至祖塋省墓。距今四十餘年，又復不通音問矣。

容　居前泥都，下同。原名所願，號學孔。葬西祖塋。配張氏，萊陽城裏張汝荔女，節孝詳邑志。子用開。女適赤山宫門

十六世

韋鵬，四適海陽槐山李用田。

用開　原名泰忠，字信吾。從九品。配步氏，上步家步希聖女。嗣泰亨子諧。葬蛇窩鎮東。

十七世

配衣氏，城北街衣濯清女。子舜五。女三：蘭齡、芳齡、芸齡。

諧　字皆言，太學生。配王氏，海邑塚後王汝霖女。子三：式堃、式坡、式圻。女適萊陽渚麓例貢生崔兆魁。

十三世

【曰策子二】

芳 配李氏，子本立。葬西祖塋。

芬 缺嗣。葬西祖塋。

十四世

善治生，漸成小康家。遺命孫輩析產，先除祭田、家祠祠祀，并及此房。凡缺嗣者，前則已免。庭堅不祀忽諸之嘆，後則孫曾玄繼起林立，亦復如瓜瓞綿綿矣。

本立 赴遼東。配李氏。此支居筐，自何世徙筐，由何處，皆失考。

十五世

男士煦。葬蛇窩泊鎮東新阡。

十六世

十七世

葬雪窩鎮東。

十八世	**式堃** 字子厚，太學生。 配張氏，柳林莊丙子進士、户部員外郎張懋澄女。子二：荆瑞、鴻瑞。女三，長適蛇窩泊林與桐，次適山前店唐綬亭，三適渚麓崔門。 **式型**（二） 字儀亭。 配宮氏，赤山宮士煦女。子三：麐、麒、麔。女適朱留魯紹庭。
十九世	**荆瑞** 縣立高小畢業。 配于氏，清江口于鑑林女；繼林氏，集前林丙昌女。子永保。女二，長恩榮，初小肄業；次靜霞，高小肄業。 **鴻瑞** 配吴氏，南務；繼林氏，集前林肇檀女；魯氏，朱留魯希聖女。 **麐** 原名麟瑞，字祥生。舊制中學畢業。 配林氏，蛇窩泊寧崗縣長林景澍女。女二，長普寧，省立第二鄉師肄業；次佩玉，霞光初
二十世	
二十一世	
二十二世	

十八世

式圻

字畫三。

配嵇氏，萊陽神山後乙卯武舉嵇連魁女；繼郝氏，西郝家莊。子五：可人，嵇出；廛、廛、

十九世

小肄業。

麒

原名麒瑞。

配李氏，後撞李會文女；繼魯氏，朱留魯東周女。子日昇，李出；問昇，魯出。

廛

原名聖瑞，省立師範畢業。

配林氏，集前廩貢生林經女。子連昇。

可人

配江氏，萊邑山子江孔殷侄女。子承志。

廛

原名仲瑞，省立第一師範畢業。

二十世

二十一世

二十二世

十八世	十九世	二十世	二十一世	二十二世
麗、麓，郝出。麗出式均嗣。女三，長，嵇出，適北蔣家莊杜墨林；次淑芳，初小畢業；三淑瑩，初小畢業。	配鍾氏，院上鍾振書女。子竹亭。 **麈** 配劉氏，徐家店。子義亭。 **麓** 初小肄業。			

十三世

【曰箴長子】

可久 居後泥都，下同。

字孝思，號徵圃。

配孫氏，桃村庠生孫枝芳女，祀節孝祠。子二：禹謨、益謨。

葬西祖塋。

十四世

禹謨

字迥甲。

配李氏，楊礎李璜女。子清。女三，長適楊礎李冠儒，次適荊夼林門，三適朱留魯廷標。

葬西祖塋。

益謨

字隆甲。

配王氏，店西溝；繼

十五世

清

字維直，庠生。

配隋氏，大咽喉；繼王氏，觀裏鎮；陳氏，招遠畢郭。子二：興門、充門，陳出。

濯

庠生。

配欒氏，大欒家。

十六世

興門

配蔣氏，唐山；繼劉氏，榆家夼。嗣子錦標。

充門

配李氏，楊礎李進德女。嗣雙承子錦春。

得同

配郝氏，棗林莊；繼李氏，楊礎李尚志女；

十七世

錦標

耆儒。

配張氏，張家泥都張傳女。子三：毓楨、毓榦、毓翰。女三，長適榆子林遂，次適埠梅頭鄒詳，三適史家寨張蘭廷。

錦春

配隋氏，大咽喉隋材女。子五：毓峋、毓嶠、毓峻、毓嶓、毓嶼。女二，長適石角夼隋連登，次適王家黃口王橋東。

十三世	十四世	十五世	十六世	十七世
	蔣氏，唐山；林氏，荆紫埠。子三：濯、浴、湑，林出。女適務滋夼廪貢生林泰來，林出。	子三：得同、大同、有同。	王氏，泉水店。子錦春，王出，雙承充門嗣。女二，長適小觀史門，次適南寨曲門。	
			大同 字節和，庠生。 配魯氏，朱留魯廷標女。嗣子鵬翮。	**鵬翮** 配郝氏，郝家泊子；繼林氏，河崖。子二：毓崎、毓嶙。女二，長適衣家泊子衣琴，次適朱留魯成熙。
			有同 配欒氏，子二：鵬程、鵬翮，鵬翮出嗣。	**鵬程** 配曲氏；繼史氏，小觀史玉女。子毓崙。女適小莊王門。
		浴 庠生。 配張氏，張家泥都張元奐女；繼毛氏，毛家。	**善同** 配林氏，蛇窩泊。雙承子錦堂。	**錦堂** 配張氏，柳林莊張成基女。子三：毓峯、毓巒、毓岱，毓岱出嗣。

十三世

十四世

十五世

子三：善同、志同、會同，毛出。女四，長適蛇窩泊林芳芝，次適丁家寨孫延緒，三適接家莊接勤道，四適福山門樓，王出。

湑

號盛厚。

配林氏，林家崖後林雲龍女。子三：果同、杰同、材同。

葬西祖塋。

十六世

志同

會同 俱缺嗣。

果同

恩榮壽官。

配史氏，史家莊庠生史元諧女。子二：錦標、錦堂。錦標出嗣，錦堂雙承。

杰同

恩榮壽官。

配林氏，河崖；繼劉氏，窩洛。子錦章，林出，雙承。

十七世

錦章

配隋氏，黑磊子；繼隋氏，大咽喉隋璧女；魯氏，朱留魯堂女。嗣子毓岱。女三，繼隋出，長適閣子張門，次適磚

世	
十三世	
十四世	
十五世	
十六世	**材同** 號希旦。 配劉氏，唐家泊劉登生女；繼李氏，萊邑姜家莊。子錦章，雙承。
十七世	園孫門，三適寧海留疃。 葬村東。

十八世

毓楨
配衣氏，釜甑衣羣英女，旌表節孝。嗣子秀柏。

毓榦
配修氏，蒲格莊修仁魁女。子二：秀柏、秀菊。秀柏出嗣。

毓翰
配孫氏，泥溝子孫希豪女，旌表節孝。子三：秀樸、秀栲、秀新。

毓峋
配柳氏，西荊夼柳文玉女；繼林氏，河崖林

十九世

秀柏
配劉氏，窩洛。子榮歸。

秀菊
配佟氏，埠梅頭。子世紀。

秀樸
配林氏，文石。

秀栲
配林氏。

秀新
配林氏，文石。子二：世賴、世緡。

秀椇
配蔣氏，蔣家莊。子三：世儒、世仙、世俠。

二十世

榮歸

二十一世

二十二世

十八世	十九世	二十世	二十一世	二十二世
俊女。子秀棟。 **毓嶠** 配戰氏，東半泊戰國政女。子秀枡、秀梧。女適唐山林耀南。	**秀**枡 配高氏，小莊鋪；繼徐氏，爐上。子世儀，徐出。 **秀梧** 配李氏，後撞李聯和女。			
毓峻 配隋氏，大咽喉隋仁山女。嗣子秀楦。女適山口張門。 葬村南。	**秀楦** 配林氏，文石。			
毓嶓 配劉氏，楊礎劉玉奎女。子秀枋、秀楦、秀桂，秀楦出嗣。	**秀枋** 配柳氏，辛店。子世保。 **秀桂** 配劉氏，大呰。子二：			

十八世

毓嶼 配隋氏，北水頭隋守先女。子秀栻、秀桴。

毓崎 配衣氏，衣家泊子衣勤妹。子二：秀桓、秀梃。

毓嶙 配魯氏，朱留魯雲郊女。子二：秀橓、秀棕。

毓崙 配林氏，河崖林景芳女。子秀江。

十九世

世偲、世僖。

秀栻 配林氏，文石。子世修、世仁。

秀桴 配譚氏，宅夼。

秀桓

秀梃 配隋氏。子二：世豪、世高。

秀橓 配盛氏，子世傑、世昌。

秀江 配劉氏，帽頂。

二十世

世傑 配劉氏，院上。

世昌 初小肄業。

二十一世

二十二世

十八世	十九世	二十世	二十一世	二十二世
毓峯 配林氏，河崖林貞女。子二：秀檀、秀栽。秀栽出嗣。女適木蘭夼王門。 **毓巒** 配張氏，柳林莊；繼李氏，李家莊李岱女。嗣子秀栽。 **毓岱** 配林氏，東荆夼。子三：秀岐、秀岵、秀峻。	**秀檀** 配蔣氏，蔣家莊蔣永玖女。 **秀栽** 配李氏，李家莊李如松女。子世纓。 **秀岐** 配鍾氏，鍾家院鍾殿卿女。子二：世銘、世緹。 **秀岵** 配張氏，東院頭張文光女。 **秀峻** 配孫氏。			

十三世

【曰箴仲子】

可傳 居後泥都，下同。號暢圃，庠生。配林氏，榆山後；繼丁氏。子二：皋謨、廷謨，林出。

十四世

皋謨 字登申，庠生。配林氏，繼宋氏，萊陽趙格莊。子湘，宋出。

廷謨 字書甲，號柴坡。歲貢生。鄉飲正賓。配夏氏，城內；繼宋氏，趙格莊。子二：湜、汲，宋出。

十五世

湘 原名瀼，字瀟雲，業儒。配欒氏，子用臧。女二，長適臧家莊張傑，次適萬家莊。

湜 字雲衢，太學生。配柳氏，甕留；副徐氏、李氏。子三：朝綱、鴻綱，徐出；鰲元，李出。女適萊陽東關于門，柳出。

十六世

用臧 號光吉，從九品。配林氏，蛇窩泊卓行林彝訓女；副董氏。嗣後牟家疃蘅秀子麟瑞。女四，長適于家溝李門，次適曲裏杜夢奎，三適門樓子王門，林出；四適東宋莊劉門，董出。

用行 原名朝綱。配王氏，福山古現。子二：璽玉、金玉。女二，長適柳林莊張門，次適東院頭衣門。

十七世

麟瑞 配米氏，燕子夼廩生米少章女。子三：毓濤、毓洛、毓溶。

璽玉 配林氏，唐山林得三女。子三：毓渙、毓江、毓海，毓海出嗣。

金玉 配劉氏，大帽兒頂。嗣子毓海。

十三世

十四世

十五世

汲
字綆修，號香泉。庠生。
配林氏，榆山後。子用文。女三，長適海陽港裏姜門，次適水岔武庠王冠軍，三適萊陽良好泊進士于成麒長男、庠生華齡。

十六世

用達
原名鴻綱。
配劉氏，大帽兒頂。子獻瑞。

用武
原名鰲元。
配馮氏，上莊頭。子三：呈瑞、光瑞、兆瑞。

用文
配左氏，萊陽南嵐歲貢生左惠來女；繼林氏，東荆夼。子三：公瑞、鳳瑞、垚瑞，林出。女四，長適西荆夼武生柳紹展，次適榆山後林瑞蘭，三適萊邑山前店

十七世

獻瑞
配蔡氏，刁崖後庠生蔡凌雲女；繼連氏，連家莊連瑞元女。子三：毓濱、毓鳳、毓臣，連出。

呈瑞
配田氏。

公瑞
配張氏，張家泥都太醫院吏目張焰霄女。子三：毓渭、毓沂、毓汾。女適徐家店王門。

鳳瑞
配王氏，岩子口王華庶女，庠生海峯姊。子

十三世	
十四世	
十五世	
十六世	唐門，旌表節孝，左出；四適朱留魯廷芹，林出。
十七世	二：毓溱、毓沼。 **垚瑞** 配劉氏，邱格莊劉海女。子毓泙。

十八世	十九世	二十世	二十一世	二十二世
毓濤 配李氏，子四：秀硤、秀碑、秀碧、秀磫，秀碧、秀磫出嗣。 **毓洛** 配盧氏，萊邑石河頭。繼子秀碧。 **毓溶** 配林氏，蛇窩泊林壽永女。繼子秀磫。 **毓海** 配林氏，文石村。子一，秀傑。 **毓濱** 配連氏，連家莊連鳳誥女。	**秀硤** 配劉氏，張家泥都劉南女。子二：世基、世型。 **秀碑** 配臧氏，子二：世勳、世勤。 **秀碧** 配劉氏。 **秀磫** 配李氏。			

世次	
十八世	毓鳳 配林氏，文石。 毓渭 配張氏，張家泥都。 毓沂 配林氏，子秀才。 毓汾 配蔣氏，子秀本、秀志。 毓沼 配劉氏，子三：秀枝、秀福、秀秋。 毓泙 配徐氏，子秀强。
十九世	
二十世	
二十一世	
二十二世	

世次	
十三世	【曰箴三子】 **可復** 居後泥都，下同。 號陽圃，武生。 配林氏，荆紫埠。子四：稷謨、丕謨、王謨、契謨。女適龍旺莊接門。
十四世	**稷謨** 字希甲。 配張氏，柳林莊張洵女。子二：浄、洗。女適大咽喉隋門。
十五世	**浄** 號荷栻，庠生。 配張氏，柳林莊張世泰女。子維价。女二，長適萊陽姜門，次適海陽山東夼周門。 **洗** 號澹遠。 配林氏，荆紫埠；隋氏，大咽喉。子二：維倬、維信，隋出。女適崖東夼。
十六世	**維价** 配郝氏，郝家泊子；繼郝氏，郝家樓；王氏，東荆夼。女四，長適楊礎李門，元配出；次適唐山蔣門，三適連家莊連鳳苞，四適台上孫門，王出。嗣子鴻圖。 **維倬** 號卓人。 配林氏，解家；繼王氏，赤巷口庠生王文綱女。子二：麟圖、鳳圖。
十七世	**鴻圖** 配隋氏，子三：毓荃、毓藻、毓芸。 **麟圖** 字銘閣，庠生。 配姚氏，大姚格莊；副孫氏。子毓瀛，姚出。女三，長適楊家圈李錫，次適上蒲格莊劉門，姚出；三適鍾家院鍾門，孫出。

十三世

十四世

丕謨
字中甲。
配林氏，子注。

十五世

注
配郝氏，城内。子二：得望、得心。女適東荆夼林門。

十六世

維信
配張氏，張家泥都。子二：燕圖、鴻圖，鴻圖出嗣。女適大咽喉隋門。

得望
配郝氏，朱留。嗣子質。女二，長適張家莊杜寬，次適北水頭傅門。

得心
配張氏，張家泥都。子二：質、自成，質出嗣。女三，長適北蔣家

十七世

鳳圖
原名麟閣。
配魯氏，朱留魯和女。子毓熙。

燕圖
配張氏，子三：毓君、毓杰、毓燾。

質
配林氏，小砦；繼連氏，連家莊連起元女。子二：毓梅、毓桂，連出。女二，長適張家莊杜門，林出；次適埠梅頭鄒門，連出。

自成
配劉氏，埠梅頭。子三：毓藤、毓茵、毓蕖。女適盧家盧門。

十三世

十四世

王謨

字連甲，武生。

配林氏，荊子埠；繼王氏。嗣子桂元。

十五世

桂元

武生。

配接氏，接家莊；繼李氏，鐵口。子三：德隆、德邵、德運，李出。女適大帽兒頂劉門，李出。

十六世

莊杜門，次適大帽兒頂武生劉琢玉，三適後野林紹先。

德隆

配林氏，河崖林喬女；繼孫氏，台上孫廷佐女。子友三。女適爐上徐門。

德邵

配李氏，盤子澗。女適唐山蔣門。嗣子益三。

德運

配隋氏，石角夼隋桃林女；繼蔣氏，唐山蔣興女。子二：益三、進三，蔣出，益三出嗣。女二，長適東院頭衣門，次適文石林門，蔣出。

十七世

友三

配劉氏，子二：毓芳、毓昌。女適埠梅頭鄒楫。

益三

嗣子毓蘭，雙承。

進三

配于氏，簸箕港。子毓蘭，雙承。

十三世

十四世

契謨 字盈甲，庠生。配李氏，楊礎；繼林氏，西凰跳。子三：渥、潢、桂元，林出。桂元出嗣。

十五世

渥 配接氏，接家莊。子四：肇基、成基、得基、始基。

潢 配林氏，迎旭埠林士開女。子開基。

十六世

肇基 配周氏，海陽山東夼。雙承子松三。

成基 配王氏，店西溝。雙承子魁三。

得基 配林氏，河崖。子松三，雙承。女適埠後劉門。

始基 配李氏，後撞李洛女。子魁三，雙承。女三，長、三俱適大帽兒頂劉門，次適東野張永清。

開基 配孫氏，孫家崖後。子貞三。女二，長適文石林門，次適大咽喉隋門。

十七世

松三 配林氏，陽谷林東生女。子毓芝。

魁三 配林氏，唐山。子二：毓廷、毓苞。

貞三 赴遼東。原名貞。配隋氏，蛇窩泊。毓芝，兼承。女適大柴劉登郡。

十八世	十九世	二十世	二十一世	二十二世
毓瀛 配楊氏，南榆疃楊進才女。嗣子秀林。 **毓熙** 配張氏，柳林莊；繼孫氏，桃村孫垚女。子二：秀林、秀樟，孫出。秀林出嗣。	**秀林** 配朱氏，過駕埠頭朱本王女。子二：世經、世純。 **秀樟** 配劉氏，石河頭庠生劉玉海女；繼尉氏，崔格莊尉甲增女。子三：世縉、世紳、世纘，尉出。	**世經** 配衣氏，瓦屋衣玉香女。子四：緒武、君武、憲武、建武。 **世純** 配柳氏，徐家莊柳虎文女。 **世縉** 配王氏，子繩武、允武。 **世紳** 配鍾氏。 **世纘** 配徐氏，磊山後。	**緒武** 小學肄業。 **君武** 小學肄業。 **憲武** 小學肄業。 **建武** **繩武** 小學畢業。 **允武** 小學肄業。	

十八世

毓梅 配張氏，柳林莊。子秀鐸。

毓桂 字香九。

毓藤 配姜氏，黑土硼姜仲友女。子三：秀鑑、秀鏡、秀梅，秀梅出嗣。

毓茵 配鍾氏，鍾家院。子秀鎮。

毓蕖 配王氏，院頭窑。嗣子秀梅。

毓芳 配林氏，子秀楓。

毓昌 配鍾氏，繼李氏、張氏。

十九世

秀鐸 配隋氏，子四：世絢、世綍、世賴、世卿。

秀鏡 配劉氏，帽頂。

秀鎮 配劉氏，上劉家。

秀梅 配劉氏，帽頂。

秀楓 配衣氏，杜家黃口。

二十世

世絢 配王氏，埠梅頭。

二十一世

二十二世

世次	
十八世	**毓蘭** 配劉氏，初家疃。 **毓芝** 配劉氏，大埠後；繼林氏，河崖林廣女。子三：秀臣、秀君、秀亭，林出。 **毓廷** 配張氏，南崮上；繼孫氏。子二：秀高、秀格，孫出。 **毓苞** 配連氏，繼唐氏、林氏。子秀蓮。
十九世	**秀臣** 配隋氏，大咽喉隋温女。子三：世綱、世綸、世皇。 **秀君** 配林氏，河崖。 **秀亭** 配林氏，河崖林廷舉女。
二十世	
二十一世	
二十二世	

十三世

【曰範子】

華 居前泥都，下同。

字美質，號光圃。太學生。

配姜氏，子二：其淳、其浣。

葬蛇窩泊東。

十四世

其淳

字嵎谷，恩賜九品。

配林氏，子章。女五，長適萊邑核頭店于門，次適萊邑紅土崖郭門，三適萊邑南門裏張門，四適海邑菜園朱守續。

葬蛇窩泊東。

十五世

章

原名長繼，號青田。太學生。

配于氏，海邑郭城于廷珣女，庠生中探姊。子三：文林、翹林、泮林。女四，長適萊邑鶴山後王門，次適荆紫埠林門，三適招邑李家疃王門，四適桃村孫登屺。

葬村南。

十六世

文林

配李氏，楊家圈李櫺胞姊。子選。女二，長適萊邑懷古莊庠生柳鳳昌，次適萊邑褚家疃褚門。

翹林

配林氏，繼林氏、郝氏，郝家樓郝應蘭姊；副陳氏。子逮，陳出。

泮林

配林氏，林家寨；副王氏。子二：邃，林出；遜，王出。女二，長適萊陽城東關庠生于蘭溪，林出；次適萊邑臧

十七世

選

配王氏，泉水店。子二：春元、連元。連元出嗣。女二，長適漁稼溝庠生李春訏嗣子，次適萊邑西門裏劉振穀。

逮

配林氏，荆子埠；繼于氏，萊邑夏格莊于壽山姊。嗣子連元。

邃 赴遼東。

字深齋，業儒。

配李氏，東李家莊庠生李毓秀女，庠生逢珂姊。子二：經元、當元。女適十字善李門當元，

十三世	十四世	十五世	十六世	十七世
	其浣 字匀泉，號仁堂。太學生。配接氏，子四：⿰立堯、竲、竴、竟。女適蛇窩泊林彝訓。	**⿰立堯** 原名朝升，號樹寶。耆儒。配李氏，子三：維伸、維佃、維伋。維伋出嗣。	家疃庠生周維杕，王出。 **維伸** 配李氏，寧海東留疃；繼姜氏。子二：旋，李出；旃，姜出。 **維佃** 配吳氏，萊邑南務。子存誠。女二，長適海邑郁都蕭門，次適海邑嵐店王門。	赴遼東。 **遜** 赴遼東。配林氏，唐山。子貢元。女適萊邑褚家疃褚殿訓。 **旋** 配楊氏，鳳凰崖，事翁姑以孝聞。子二：盈科、捷科。 **旃** 配蔣氏，唐山。子玉科。 **存誠** 配林氏，蛇窩泊廩生林兆蘭胞姑。子福元。

卷五

十三世	十四世	十五世	十六世	十七世
		𨖼 原名書升，號崇望。耆儒。配于氏，海邑郭城附貢生于廷揆女，庠生中行胞姊。子維傑。女二，長適萊邑郝家泊子郝門，次適萊邑龍旺莊接門。	**維傑** 配張氏，萊邑赭埠；副楊氏。子二：旆、於，楊出。	**旆** 配林氏，河崖；繼衣氏，小河北衣敬元女。子三：兆科，林出，赴遼東；應科、信科，衣出。女二，長適榆柳前周門，次適唐山蔣門。
				於 配林氏，河崖；繼王氏，小莊王敬之女；郝氏，西郝家莊。子二：恩科、同科，郝出。
		遵 原名連升，號鼎重。配接氏，龍旺莊。嗣子維伋。女適小觀史麟經子清明。	**維伋** 配林氏，蛇窩泊林彝倫女；副萬氏。子𣄃，萬出。女適集前林保安，萬出。	**𣄃** 配王氏，小莊王敬之女。子四：世科、元科、名科、四科。女適馬家河劉斛。

世	
十三世	
十四世	
十五世	**竟** 原名階升，號鎮東。耆儒。 配郝氏，郝家泊子；繼林氏，務滋夼。子四：維任，郝出；維僖、維修、維紹，林出。女四，長適花園泊，次適塚後王汝霖，三適後店朱門，四適帽頂庠生劉瑞東。
十六世	**維任** 配蔣氏，唐山。嗣子旌。 **維僖** 配鄒氏，埠梅頭鄒作義女。子旗。女五，長適萊陽後店朱門，次適埠梅頭鄒鳳岐，三適萊陽榆山後劉門，四適城裏李門，五適小莊王門。 **維修** 配林氏，蛇窩泊；繼劉氏，北莊子。子二：旌，林出；旒，劉出。旌出嗣。女適唐山蔣門，劉出。 **維紹** 赴遼東。 配蔣氏，唐山。
十七世	**旌** 嗣子義科。 **旗** 配馮氏，崮山。子三：榮科、擢科、連科。 **旒** 配孫氏，台上孫延佐孫女。子二：義科、洪科。義科出嗣。

十八世

春元

字正甫。

配朱氏，海邑菜園；繼王氏，海邑核頭樹。子二：秩、稿，王出。女二，長適牛蹄夼李門，朱出；次適八田李門，王出。

連元

配譚氏，上漁稼溝。子稪。女二，長適西荆夼柳門，次適南柴劉門。

經元

配林氏，集前林綉姊；繼張氏，上張家。子五：秤，林出；稄、穩、祕、穲，張出。女二，長適東李家莊李門，次適衣家莊姜門，張出。

十九世

秩

配朱氏，菜園朱政女。子筱增，雙承。

稿

雙承子筱增。

祕

配王氏，衣家莊；繼衣氏，前陽窩衣華玉女。子方增、永增，衣出。

穲

配楊氏，蛇窩泊。

二十世

筱增

配李氏，牛蹄夼。子二：挺、授。

二十一世

二十二世

十八世	**貢元** 居萊陽城。 配孫氏，萊陽城裏。 嗣子繖。 **盈科** 赴遼東。 相傳在遼已立有家室，未得其詳。 **捷科** 赴遼東。 配丁氏，丁家溝。捷科赴遼，終不返，氏事其姑，生養死葬，克盡厥職，人咸稱之。子衾。 氏葬蛇窩泊東南。 **玉科** 衾兼承。 **福元** 衾兼承。
十九世	**繖** 配李氏，柳行。 **衾** 配李氏，磊山後李一德女。氏年十八于歸，衾已四十餘矣。氏主中饋，兼助衾努力田間，未嘗怨言。夫老家貧，稱道者以謂其家三世賢媛。子全增。女二，長適蛇窩泊梁門，次適張家泥都張門。
二十世	**全增** 聘譚氏，宅科。
二十一世	
二十二世	

十八世

應科
家貧不娶，以傭值養父，務期飽暖。兼爲弟娶，生子袈，繼以爲嗣。

信科
配范氏，子袈出嗣。

恩科
配林氏，河崖林耀東女。子四：袋、袤、表、袁。女適吉格莊高門。

同科
配王氏，榆柳前王升蘭女。子二：裝、裏。

世科
嗣子襄。

元科
嗣子衷。

十九世

袋
配李氏，李家莊。

裝
小學肄業。

二十世

二十一世

二十二世

十八世	十九世	二十世	二十一世	二十二世
四科 配田氏，朱蘭田崑玉女。子二：襄、衷。 **義科** 配徐氏，鷺翔。子三：裘、裔、裒。 **榮科** 配李氏，李家莊李敬女。子襲。女一適羅家羅門，一適范家溝李門，一適東荆夼林門，一適郭家埠頭劉門，一適老龍灣李門。 **擢科** 配王氏，西半泊。 **洪科** 配譚氏，宅科。	 **襲** 配李氏，李家莊。			

十三世

【曰篤長子】

菼 居前泥都，下同。

字繡圃，號超元。太學生。

配林氏，東荆夼。子三：其梴、其梓、其桂。女二，長適萊陽汪格莊尉門，次適迎旭埠庠生林士俊。

葬村南新阡。

十四世

其梴（二）

字特出，邑庠生，義行詳藝文志。

配于氏，海邑郭城太學生于恪女；繼郝氏，郝家泊子郝峻女，庠生大邦孫女。子三：初願、所願、足願，所願出嗣。女適大岩林燿。

葬村南祖塋，下同。

十五世

初願

字極泉。

配唐氏，萊邑山前店。子二：泰義、泰禮。女二，長適北門裏歲貢生李彙源，次適筐裏張門。

足願

字樂園。

配李氏，楊礎李元嘉女，雲漢妹。子選青。女適楊礎李青選。

十六世

泰義

配李氏，城裏；繼王氏。子警，王出。

泰禮

配周氏，子譬。女三，長適萊邑朱省董贊廷，次適程子溝衣克來，三適東野張門。

選青

字子萬，號瑞朝。邑庠生。鄉飲介賓，河工報舉六品銜。

配林氏，荆子埠林鶯

十七世

警

配張氏，張家泥都張孟學姊。子五：式勤、式儉、式序、式金、式福。女適唐山蔣門。

譬

配楊氏，楊家圈。子三：式純、式修、式程。女三，長、次適楊礎李騰，三適下步家步門。

葬蛇窩泊北嶕麓新阡。

諭

原名庚，字維西。

配張氏，張家泥都張福堂女。子二：式南、式翰。式翰出嗣。

十三世

十四世

其梓

字良材。葬邃東。

配張氏，畢郭河西。子素願。女二，長適劉家莊劉門，次適畢郭陳門。

張氏葬村南祖塋。下同。

十五世

素願

配衣氏，東院頭。子三：泰昌、泰亨、泰康。女適荆紫埠林克峻。

十六世

廷女。子二：論、詠。女四，長適大岩林英田，次適曲里杜夢江，三適帽兒頂劉詳，四適南岩子口王珍。

泰昌

配林氏，河崖。子六：誠、誌、讚、詢、詔、諦。女適葦場程門。

十七世

詠

原名庸，字次中，又字以韶，號村西。

配林氏，肖嶺介貢生林紹庭女。嗣子式翰。

誠

配魯氏，朱留魯寅女。子式垟。女適上莊頭馮門。

誌

配張氏，張家莊；繼孫氏，王格莊；劉氏，張家泥都。子二：式安、式全，劉出。女二，劉出，一適東野張門，一適後撞蔡門。

十三世

十四世

十五世

十六世

十七世

讚
配李氏，沙窩。子二：式典、式甲。

詢
配隋氏，蛇窩泊隋興隆女。子二：式玉、式仁。女二，長適大咽喉隋門，次適河西夼隋門。

詔
配楊氏，南榆疃。子式財。女二，長適周家溝周門，次適埠門頭鄒桐。
葬村東南新阡。

諦
配潘氏，葦場。子二：式堂、式坊。式堂出嗣。女二，長適河西夼隋門，次適前柳家李門。

十三世

十四世

十五世

十六世

泰亨

配王氏，十五里堠子。子三：諧、訪、詳，諧出嗣。女二，一適張家泥都張門，一適蒲格莊劉門。

泰康

配衣氏，東院頭衣兆升女，斯邁姊；副丁氏。子鏳，丁出。女適岩子口王門，衣出。

十七世

訪

配林氏，河崖。子式東。女一適海邑泊子王門，一適西馬家溝周門，一適刁崖後林門，一適城裏郝門。

詳

配李氏，李家莊。子式均。女一適李家莊李門，一適吉格莊高門，一適代明宋門，一適解家溝楊門，五適宮家赤山宮門。

鏳

嗣子式堂。

葬村南新阡。

十三世

十四世

其桂

字月香，號雲逵。太學生。

配林氏，荆子埠。子三：寵、宜、審。女二，長適郝家樓郝門，次適清江口于門。

葬村南祖塋，下同。

十五世

寵

原名隨願。

配張氏，嗣子泰春。女二，長適東宅夼陳門，次適海邑孫家油房孫門。

十六世

泰春

配蔣氏，唐山。子二：訾、諺。女三，長適尹家夼蔣紹桓，次適帽兒頂劉門，三適林家崖後林夏。

十七世

訾

原名雍。

配崔氏，史家莊。子二：式甲、式第，式第出嗣。女三，長適張家泥都張門，次適南務吴門，三適唐山蔣門。

諺

配隋氏，蛇窩泊隋興隆女。侄女生九日失恃，蒙氏哺育至成人，適蔣門。子二：式九、式三。女四，長適後撞李同文，次適朱留魯希聖，三適東院頭衣珮德，四玉齋高小畢業。

葬村東南原新阡。

十三世	十四世	十五世	十六世	十七世
		宣 原名如願，字仲烜。太學生。 配王氏，南水頭；副韓氏，旌表節孝。子三：泰祥、泰盛、泰吉，韓出。女四，長適山東夼周門，次適帽兒頂劉門，王出；三適務滋夼林門，四適文石林門，韓出。	**裕春** 原名泰祥，字瑞伯，號鄰圃。太學生。 配蔣氏，萊邑黄崖底。子二：訓、訥。女二，長適西荆夼武生柳紹展，次適西河南庠生林鳳鈞仲子。 葬埠梅頭村南新阡，下同。 **泰盛** 赴遼東。 配蔣氏，子詁。女二，長適埠梅頭鄒門，次適郝家疃劉門。 **泰吉** 改名譽青。	**訓** 字掌道。 配林氏，東荆夼林作泮胞妹。子二：上達、士達。女五，長適南門裏庠生米光弼，次適鍾家院鍾門，三適曲里杜紹琨，四適後撞李門，五適上劉家劉文獻。 **訥** 字子言。 配蔣氏，黄崖底。子三：特達、豁達、善達。 **詁** 赴遼東。 **誥** 配林氏，唐山。子福燕。

十三世

十四世

十五世

審 原名應願。配劉氏，萊邑沐浴。子三：泰春、泰發、泰清，泰春出嗣。女適郝家樓郝應蘭。

十六世

配林氏，河崖。子四：誥、論、詔、語。葬村南祖塋。

泰發 配崔氏，史家莊崔諺女；繼鍾氏，鍾家院；林氏，榆子。子三：暑、讓、譪，林出。女二，長適紀家莊汪門，次適東院頭衣中江。

十七世

論 配孫氏，馬家河。

詔 赴遼東。

語 配孫氏，後撞。子三：義達、雲達、明達。女字東荆夼林門。

暑 配劉氏，帽兒頂。子二：式蘭、式垚，赴遼東。

讓 配李氏，范家溝。子二：式本、式傳。女適榆家壙劉門。

譪 赴遼東。配林氏，文石。子式金。女二，一適柳連河傅門，一適榆山後傅門。

十三世	
十四世	
十五世	
十六世	**泰清** 原名陽春。 配于氏，水頭。子詮。女三，長適泥溝子孫門，次適榆子林門，三適唐家泊高門。
十七世	**詮** 配劉氏，榆家夼。嗣子式第。女六，長適小河北戴門，次適小河北戴門，三適劉口劉門，四適黃口丁門，六適南水頭于門。

【校注】

〔一〕式型：前文有『式坡』，無『式型』，未知孰是，存以待考。

〔二〕其椗：邑庠生。字特出，老八支六房小八支三房，前泥都人。一生慷慨好義，胞伯曾祖父、邑廪生牟恂，生子曰箕，孫牟芷，家産蕩盡，其曾孫四勿赴遼東謀生，致家中無産無後，因憫大宗嗣絶，遂命仲子牟容帶産出繼四勿，以奉祀胞伯，延續其曾祖爲族之大宗（長子長房）。

十八世	十九世	二十世	二十一世	二十二世
式勤 配林氏，院頭西山；繼王氏，小莊泥都。子三：代、仙、伸。女適戰家溝戰門。	**代** 配林氏，榆子。子逢陽。 **仙** 配衣氏，前陽窩衣華青女。			
式儉 配王氏，小莊泥都。子侹。女適朱留魯振卿。	**侹** 配李氏，李家莊。子逢鰲、逢志。	**逢鰲** 小學畢業。		
式序 配陳氏，埠梅頭。子二：儲、供。女二，一適連家莊連國軍，一適沙窩姜門。	**供** 配蔣氏，唐山。子逢樂。			
式金 配蔣氏，唐山蔣琳女。子偶。女三，一適西荆夼柳門，一適釜甑衣門，一適下步家步門。	**偶** 配林氏，唐山林學女；繼周氏，周家溝。子逢栽，周出。			

十八世	**式福** 配宋氏，辛莊宋立德女。子三：住、修、僚。女二，一適連家莊連國雲，一適張家泥都張可云。 **式純** 配張氏，張家泥都；繼林氏，陽谷。 **式修** 配蔣氏，唐山。子二：信、侙。 **式程** 配徐氏，萊邑寨頭；繼李氏，楊礎；戰氏，戰家溝戰慎女；林氏，
十九世	**信** 配王氏。子三：逢唐、逢漢、逢世。 **侙** 配隋氏，石角夼。子二：逢印、逢綬。 **伶** 配戰氏，戰家溝。 **偉** 配王氏，榆柳前。
二十世	
二十一世	
二十二世	

十八世

觀泊林垚女。子三：伶、偉、億。女適朱留魯連德。

式南

字紹堂。

配孫氏，北水頭孫雲龍女。子三：价民、俊民、仁民。女適陳家疃歲貢生徐宗孺曾孫德懋。

式翰（二）

字文林，號静軒；又字甫庭，改名相儀。省立八中畢業，任本縣民衆教育館長。

配李氏，楊礎李澤福妹；繼孫氏，澇都孫靖和女。子二：華民、英

十九世

价民

配傅氏，五叫山傅紹純女。子逢書。

俊民

配李氏，李家莊李商林孫女。子二：逢文、逢章。

仁民

初中畢業。

華民

縣立初中畢業。

配杜氏，杜家黄口杜蕙女。

英民

高小畢業。

配魯氏，朱留魯魁文女。

二十世

二十一世

二十二世

十八世

民，孫出。女淑民，肄業高小，孫出。

式垤

配劉氏，張家泥都。子二：儐、倬。

式安

配王氏，上步家。子三：僖、偬、儸。

式全

配徐氏，爐上。子三：但、佽、休。

式典

雙承子侵。

十九世

儐 赴遼東。

倬

配蔡氏，後撞。

僖

配王氏，小莊泥都。子一，逢原。

偬

配林氏，凰跳。

儸

配劉氏，柳口劉聚女。子逢南。

但

配李氏，小柳家。

佽

配楊氏，南榆疃。

二十世

二十一世

二十二世

十八世

式甲
配李氏，子侵，雙承。

式玉
配王氏，上步家。子大起、二起，俱早亡。

式仁
配鍾氏，鍾家院。

式財
配程氏，葦場。子三：仞、价、俊。

式坊
配馮氏，辛家夼。子四：伎、優、僬、偲。

十九世

仞
配李氏，楊礎。子二：逢年、逢時。

价
配馮氏，崮山；繼林氏，西河南。

俊
配劉氏，柳口。

伎
配傅氏，水頭西山。

優
聘李氏，小柳家。

二十世

逢年
初小畢業。

二十一世

二十二世

十八世	十九世	二十世	二十一世	二十二世
式東 配周氏，海陽山東夼。子佩。 **式均** 配朱氏，萊邑石河頭朱純一女。繼式圻子儷。 **式堂** 配楊氏，南榆疃楊振法女。子偵。女二，長適南榆疃楊門，次適徐家店劉門。 **式甲** 原名光甲。 配丁氏，十里莊丁永成女。子三：侃、侗、位。女適上曲家馬門。	**儷** 亦名麗。高小畢業。 配唐氏，代明。 **偵** 亦名奉。 配于氏，清江口。 **侃** 配王氏，葦頭王德新女。子二：逢吉、逢恩。 **侗** 配林氏，蛇窩泊林堯女。子二：逢吾、逢志。 **位** 配姜氏，榆格莊。			

十八世	十九世	二十世	二十一世	二十二世
式九 配王氏，下步家王傑女。子僩。女適後擅李書閣。 **式三** 配劉氏，榆家夼。 **上達** 字伯君。 配蔣氏，萊邑黄崖底；繼李氏，楊礎庠生李燮臣長女。子二：勤功、勤務，李出。 **士達** 字冠三，高小畢業。 配王氏，小莊泥都。 **特達** 字仲章。 配董氏，萊邑黄崖底；	**僩** 高小畢業。 配李氏，邱格莊。 **勤功** 小學畢業。 **勤業** 小學畢業。			

十八世

繼劉氏，海邑徐家店。子勤業，董出。

豁達

字叔度。

配李氏，前柳家李成南妹。子勤勇。

善達（二）

字得三，號奭標。省立第八中學畢業。

配劉氏，海邑大窑劉明述女，瑞田妹。子勤民。

福燕

配李氏，後撞。子二：有恩、有德。

義達

配李氏，李家莊。

雲達

配唐氏，唐家莊。

十九世

勤勇

配劉氏，柳口劉印九女。

勤民

小學畢業。

二十世

二十一世

二十二世

十八世	十九世	二十世	二十一世	二十二世
明達 小學畢業。 **式蘭** 缺嗣。 **式本** 配張氏，蛇窩泊。 **式第** 原名光第。配姜氏，黑土硼姜仲友女。子三：儀、僑(三)、佇。女一適官道祁逢田，一適上劉家劉文炳。	**儀** 配衣氏，釜甑衣進修			

【校注】

〔一〕式翰：字文林，號静軒，又字甫庭，改名相儀，老八支六房小八支三房，前泥都人。山東省立第八中學畢業。曾任棲霞民衆教育館館長。

〔二〕善達：字得三，號奭標，老八支六房小八支三房，前泥都南長興人。《棲霞名宦公牟氏譜稿》祖塋平面圖繪製者。清光緒二十七年（一九〇一）二月生，民國三十二年（一九四三）八月卒，得年四十三歲。民國九年（一九二〇）畢業於山東省立第八中學，先後在烟臺、占疃、小柳家、百荆夼等學校任教。民國二十一年（一九三二）出任棲霞縣縣立第二小學校長，民國三十一年（一九四二）出任棲霞縣抗日民主政府參議員。翌年春，日寇大『掃蕩』，遭追捕，驚嚇成疾，是年八月謝世。任二小校長時，培養的學生有衣福軒（老紅軍）、林紹漢（西南鄉革命發起人之一）、蔡章（中央交通部公路設計院書記）、周寶實（高幹）、李曉東（中央醫藥局局長）等。任縣參議員期間，積極參加抗日活動，爲掩蓋抗日身份，被派往前泥都任小學教員，白天上課，晚上開會，組織抗日團體。爲與日僞軍周旋，學生皆備兩套課本，敵人一來，以日僞課本掩飾，敵人一走，就讀抗日課本。家有地窖，常轉存《膠東大衆》《膠東文藝》，馬克思、恩格斯、列寧、斯大林，毛澤東、朱德、劉少奇、周恩來的畫像及各種抗日宣傳品。民國三十一年春，日僞軍蠶食膠東，與兒子勤民相配合，趁夜間向外轉送革命同志。家中也經常掩護革命同志進行地下抗日活動，影響頗深。

〔三〕底本此處原載式第前兩子爲『侯、伉』，據新版家譜改爲『儀、僑』。

世	
十三世	【曰篤仲子】 **萼** 居前泥都，下同。 字津樹，號顯圃。乾隆甲辰(一)歲貢。 配林氏，荆紫埠太學生佳模女，庠生潛修、增生純修胞姊。子其棫。女三，長適郝家樓郝光琬，次適海陽二王家王世璣，三適宋家埠林思穎。 葬蛇窩泊東南原新阡。
十四世	**其棫** 字扳斯，號如倬，原名其秋。邑庠生，鄉飲介賓。 配張氏，張家泥都從九品淑女，太學生百忍孫女，康熙辛酉(二)舉人、雲南易門縣知縣紛化曾孫女。子四：寀、寯、寰、騫。女三，長適招遠下官舖李令望，次適東荆夼林贊元，三適小觀史麟書。 葬同上。
十五世	**寀** 字執亮，號型方，原名異衆。邑庠生。 配于氏，海邑郭城鎮歲貢生、昌樂訓導廷瑞女，處士中溥、中言、庠生中探胞姊。子春化。 葬同上。 **寯** 字俊才，號壓方，原名愛衆。太學生。
十六世	**春化**(三) 字官李，號雨亭，原名英發。邑庠生，鄉飲大賓。鄉謚孝安，詳邑志卓行。 配郝氏，萊陽郝家泊子恩榮八品錫彤女。子贊。女二，長適大榆莊太學生任雲南金江知事張廷恩，敕封孺人；次適後徐村太學生姜桐封。 葬蛇窩泊東原新阡。 **翔鑾**(四) 字金坡，號杏園，原名全發。廪貢生，詳邑
十七世	**贊** 字至堂，號紹陸。邑增生，鄉飲大賓。 配于氏，海陽郭城鎮邑庠生于岳南女，庠生中行孫女，庠生修己（改名浩，任浙江義烏縣典史）胞姊。子三：翰邦、經邦、殿邦。女適花園丁肇基。 葬同上。 **賡**(五) 字虞臣。從九品。詳邑志卓行。

十三世

十四世

十五世

配李氏，萊邑鶴山後嘉慶甲子(六)舉人李德一姊；繼林氏，迎旭埠庠生林士俊女。子二：翔鑾、祥發，祥發出嗣。女適蛇窩泊貢生林彝倫子瑶芝，旌表節孝。撫子溱爲恩貢生。

葬同上。

寰(七)

字鏡清，號威遠，原名威衆。郡增生，鄉飲介賓，詳邑志義行。

配林氏，荆紫埠林天乙女，庠生潛修孫女；

十六世

志卓行。

配林氏，務滋夼林恕來女；副配宋氏。子賡，宋出。女六，長適海陽姜家秋口舉人姜式申長男、太學生忠栻，次適北橋庠生宫鵬程，三適交毛寨潘芹，四適秋口庠生姜忠楊，五適塚後庠生王沐霖子采翰，六適榆山後林際逵子汶心。

葬海邑秋口北山新阡。

祥發

號芝園，耆儒。

配林氏，榆山後林際邁姊；繼林氏，荆紫埠庠生林振羽女，拔貢生林澤曾孫女。子二：賱、

十七世

配于氏，郭城庠生于中探孫女，振翰女。子三：憲邦、榮邦、宗邦。女三，長適花園丁德基，次適萊陽辛未翰林周悦讓長孫衍緒，三適萊陽孫家夼孫元清。

葬海邑秋口北山羅圈嶺左坡。

賱

配孫氏，孫家秋口，旌表節孝。嗣子達邦。女二，一適後撞李會文，一適桃村孫門。

十三世

十四世

十五世

副王氏。嗣子祥發。女二，一適海陽山東夼周紹型，旌表節孝，撫子欽翰爲庠生，林出；次適萊陽東關于門，王出。

葬同上。

鶱（八）

字騰霄，號聲遠，原名從衆。工畫，詳邑志技術。

配李氏，萊陽鶴山後李德莊姊。子二：濬發、新發。女二，一適海陽嘴子後王林楚，一適萊陽朱省董苞。

葬同上。

十六世

貽，繼出。

葬同上。

濬發

字禹川。

配接氏，萊陽龍旺莊接堂女，庠生接尚騰姊。子質。女三，長適柳林莊張寅清，次適萊陽塹頭崔中試，三適蛇窩泊林浦。

葬同上。

十七世

貽

配衣氏，後陽窩衣學堯女。子二：達邦、仁邦，達邦出嗣。

葬同上。

質

字韞撲。

配張氏，張家泥都張侃女，曰忠姊；繼林氏，林家寨林慶枝女。子三：綏邦，張出；家邦、萬邦，林出。女四，長適郝家樓郝凌雲，次適塹頭郡增生崔聲長，三適城裏歲貢生米松齡三子，四適務滋夼林松，皆林出。

葬同上。

十三世

十四世

十五世

十六世

新發

字志澄，號方川。工畫。

配于氏，海陽郭城于中言女。子二：賢、贊。女二，長適萊陽大山後庠生張燕廷，次適桃村孫修來。

葬同上。

十七世

賢

字奎五，號槐村。耆儒。

配李氏，楊礎庠生李銘恕、銘恩胞姊。子三：尹邦、靖邦、式邦，靖邦出嗣。女適萊陽桃源莊歲貢生王燮理長男。

葬同上。

贊

字襄臣。

配李氏，楊家圈李櫺女；繼孫氏，招遠崔家。嗣子靖邦。

葬同上。

【校注】

〔一〕乾隆甲辰：即乾隆四十九年，一七八四年。

〔二〕康熙辛酉：即康熙二十年，一六八一年。

〔三〕春化：邑庠生。字官李，號雨亭，老八支六房小八支三房，前泥都人。鄉飲大賓，鄉謚孝安。初應童試，即嶄露頭角，府試受知錢塘諸菊塍先生賞識。因係獨子，唯以得親爲己任，遂弃科考，授生徒於十五里外河北村。秉性寬厚，善養氣，遇拂意事，皆退步思考。教人文行并重，曾曰：『讀書當求實踐，但求工文藝以獵取功名，豈不誤人子弟！』後，諸弟子多有成就，且終生不忘師教。

〔四〕翔鑾：廩貢生。原名全發，字金坡，號杏園，老八支六房小八支三房，前泥都人。胞弟祥發出嗣胞叔，不久蕩産洗貧，時時周濟之。侄女失母，携回家撫育之，情逾親生。

〔五〕賡：字虞臣，從九品，有父遺風。叔家貧益甚，堂嫂孀居，便以良田數畝讓叔，以資養老，田銀已納，以叔老爲期。待叔殤後，又憐孀嫂，直到嫂子去世後，始收田歸。

〔六〕嘉慶甲子：即嘉慶九年，一八〇四年。

〔七〕寰：郡增生。字鏡清，老八支六房小八支三房，前泥都人。爲人大度，常周人之急。一次，設帳別業時，遇一佃人三十餘歲，談話中知其家户零丁，已單傳三世。佃人無錢，以至無妻無子。遂將館金四十餘兩全部送與，使其置産成家，後生數子。

〔八〕騫：墨色花卉畫家。字騰霄，又字凌萬，號竹蜂居士。老八支六房小八支三房，前泥都人。自幼讀書，應童子試屢列前茅，然而院試皆落第。遂弃科考，學習繪畫。對自元以來各名作無不精心研摩。獨好海陽詹道人所作，遂拜爲師。後來，所作墨色花卉與師無匠异，偶題師名，雖識者莫能辨出。子新發，號方川，亦工畫，人謂家傳。

十八世	十九世	二十世	二十一世	二十二世
翰邦 原名鎮邦，字職三。詹事府供事。 配李氏，萊陽大明店李可經女。子三：敍、敏、畋。女三，長適馬家窑廉生馬桐芳次子英麟，次適萊陽漁池頭高棫長子文軒，三適清江口于鑑林仲子、任本縣視學所長厚起。 葬蛇窩泊東原。	**敍** 字百揆。 配姜氏，海邑龍口姜崇恩女。子保泰，嗣子保頤。 **敏**（二） 字勛哉。山東優級師範畢業，任本縣初中校長。 配姜氏，後徐村姜鴻儀女，太學生桐封孫女。子保艮。女二，長粹瑜，青州後期師範畢業；次粹琳，高小畢業。 **畋** 字季田。 配董氏，黃崖底董湖	**保泰** 配楊氏，李家莊楊春女。嗣子興衡。 **保頤** 配李氏，上河李務曜女。子興衡出嗣。 **保艮** 又名棟高。肄業青島大學。 配劉氏，徐家店劉直齋女。子阿衡、元衡。 **保咸** 配于氏，郭城法政畢業于寅修女。	**興衡** 初小肄業。 **阿衡** 初小肄業。	

十八世

經邦
字茲三，又字緯卿。甲辰歲貢。
配馮氏，上莊頭馮文政女，庠生硯山胞妹。子二：政、敨。女適萊陽張家觀張樞安子煥文。

奠邦（二）
亦名殿邦，字叔安，亦字菽菴，號福泉，亦

十九世

清女。子二：保頤、保咸，保頤出嗣。女粹璡。

政
字正民。濟南高等肄業。
配姜氏，龍口姜崇賢女；副王氏。子保豐，王出。女粹韞，姜出，高中畢業。

敨
字迪生。
配張氏，張家觀；繼張氏，張家泥都張進明女。子保均，元配出。女粹蓉，繼出，初小肄業。

澂
字竹川。
配孫氏，桃村孫鍾珂

二十世

保豐
高小畢業。
配李氏，城東門裏庠生李厚愷孫女。

保均
配孫氏，桃村孫毓蘭女。

保乾
高中肄業。
配孫氏，桃村孫毓茂女。

二十一世

二十二世

十八世

號茀荃。增生。

配劉氏，城北關太學生劉檀女；繼孫氏，桃村孫會文女；林氏，蛇窩泊集前庠生林秀翹女。子六：潡、倣，孫出；斆、攽、皦、斂，林出。女自修，林出，高小畢業。

十九世

初中畢業。

倣

字坎林。濟南農林學校預科畢業。

配孫氏，桃村庠生孫鍾緒女。子二：保隨、保震。

斆

字明之。

配于氏，郭城庚子辛丑并科舉人于廉基女。子保賁、保坤。女鳳仙，初小肄業。

攽

亦名禄庭，以字行。北京大學文科歷史系畢業。

配連氏，連家莊連夢魁女，醫士連文遠孫女。子保萃。

二十世

保震

高小肄業。

保賁

初中畢業。

保萃

小學肄業。

二十一世

二十二世

十八世

憲邦

字斌章。

聘孫氏，桃村孫修來女；繼配林氏，後野林紹先女。子三：敷、敉、教。

榮邦

字滋生。

配連氏，連家莊連文

十九世

曒

字恒如，原名肇。北方中學高中畢業。

配丁氏，花園丁鴻基女。子保漸。

斂

字蔚庭。

配林氏，務滋夼林松女。子保蒙。

敷

配于氏，沐浴于福海女。

教

省立第七鄉師肄業。

徽

配衣氏，郭落莊衣桂星女。子保帥。

二十世

保帥

小學肄業。

二十一世

二十二世

十八世	十九世	二十世	二十一世	二十二世
成女；繼配劉氏，帽頂劉謙女。子五：徽、攸、黴，連出；敀、澈，劉出。黴出嗣。 **宗邦** 字叔屏。濟南正誼中學肄業，充縣建設局事務員。 配魯氏，朱留魯伯喬女。子二：璬、激。女三：芳梅，高小肄業，適朱留魯連督；芳桂，初小肄業，適泥溝子孫樹人；芳椿，初小肄業。 **達邦** 配范氏，子收。	**攸** **敀** 高小畢業。 **澈** 小學肄業。 **璬** 小學肄業。 **激** 小學肄業。			

十八世

綏邦
配李氏，楊家圈李樗孫女，書田女。子二：赦、玫。女適萊陽城内廪生劉振翰子汝惠。

家邦
配林氏，務滋夼林政孫女。子啟。女適海陽菜園冷鳳奎。

萬邦
配王氏，道宿王經貴女。子二：敦、檄。女字河崖林門。

尹邦
亦名問魁。
配林氏，蛇窩泊林淘女。子敷。

十九世

赦
配李氏，院頭窑李景蘭女。子二：保通、保綴，保綴出嗣。

玫
配李氏，後撞。

啟
聘林氏，文石林青雲女。嗣子保綴。

敦
配張氏，崮上。

檄
小學肄業。

敷
配王氏，鶴山後；繼李氏，李家莊李如賓女。子保庸、保中。

二十世

保通
小學肄業。

保綴
小學肄業。

保庸
小學肄業。

二十一世

二十二世

世	
十八世	**式邦** 配林氏，河崖林耀東女。子三：數、敌、儆。 **靖邦** 配王氏，上漁稼溝王天增女。子三：敫、玫、斂。女桂秀，高小肄業，適桃村孫毓潔。
十九世	
二十世	
二十一世	
二十二世	

【校注】

〔一〕敏：牟敏，字勖哉，老八支六房小八支三房，前泥都北樂天人。生於光緒九年（一八八三），卒於民國三十四年（一九四五）。山東優級師範畢業，曾出任棲霞縣立高等小學及縣立中學校長。抗戰初期，在本村辦過義務教育。抗戰後期，應邀出席過牙山解放區會議。任教期間，爲國家培養了許多優秀人才，如周樞、牟宗三、王培祚（河北師範大學教育系主任）、韓及宇、韓執生（孟圭，大韓家人）、韓碩（新中國成立前後曾出任山東省税務局局長）等，均經其栽培，堪稱棲霞縣新時期教育事業的開創者。執教中知人善任。自身對古文和作文有很深的造詣，親自授課，教學認真嚴格，一絲不苟。如：講古文時高聲朗誦，有腔有調，抑揚頓挫，一字一珠，講解透徹，感染力極强；强調學生寫作文，必須用工整小楷，并規範學生言談舉止。既教書又育人，積極領導學生參加革命運動。民國八年（一九一九）北京五四運動消息傳至棲霞，組織學生在棲霞城進行了一場轟轟烈烈的學生運動，全體師生列隊到縣城大街游行。一方面高喊口號：『外争國權，内懲國賊！』『打倒賣國賊章宗祥、曹汝霖、陸宗輿！』一方面令學生手抄袁世凱賣國『二十一條』發給市民，揭露賣國罪行，進行愛國宣傳。并聘請省立八中學生杜道武到現場作痛斥賣國賊的演講，大大激發了學生們的愛國熱情，很好地對學生們進行了一場愛國主義思想教育。擅長書法。楷書工褚（遂良）薛（曜），瘦勁奇偉，雍容婉暢，用筆斬釘截鐵，有『瘦金書』之譽；行書清勁飄逸，更加奇妙；隸書工漢隸，遍臨《史晨》《曹全》《乙瑛》《禮器》《孔彪》《石門頌》《西狹頌》《封龍山頌》等幾十種碑帖，後專攻《石門頌》，形成古樸豪放的藝術風格；草書初學『二王』，臨習過《十七帖》，贊賞祝允明、王鐸書風；其後專攻大草，研習過懷素《自叙帖》，并有獨特見解。不極意尋求飛揚跋扈、劍拔弩張之所謂『顛狂』，而是以嫻熟技法爲載體，抒發胸中之情。大草别具一格，如行雲流水，如龍蛇争鬥，千奇百怪，奔放跌宕之情出之毫端。

〔二〕奠邦：棲霞著名書法家。亦名殿邦，字叔安，亦字菽菴，號福泉，亦號苐荃。清末增生。老八支六房小八支三房，前泥都北樂天人。生於清咸豐十一年（一八六一）六月十三日，卒於民國三十四年（一九四五）春，享壽八十五歲。思想進步，學識淵博，是續修《棲霞名宦公牟氏譜稿》的發起人，與河西村牟焕齋、上孫家牟紹周同爲民國時期對家族有特殊貢獻者。出生時，正當中華民族危機四伏之時。成年後，全國各地義軍此起彼伏，辛亥革命的成功，中華民國的誕生，促使其思想由忠於清王朝轉變到反對清王朝。清末民初，因與老同盟會會員于洪起和林景澍有世交和親戚關係，常在家庭中接受革命宣傳，閲讀進步書籍，很快成爲進步人士。辛亥革命後，面對殘餘清軍勢力的反撲，不怕殺頭，毅然剪掉辮子，并説服衆子侄剪去辮子。對竊國大盗袁世凱刺殺宋教仁、承認日本提出的『二十一條』、準備做皇帝的反動行爲表示極大的憤怒；對孫中山先生組織護法軍討伐出任國務總理、拒絕恢復《臨時約法》和國會的奸賊段祺瑞的英雄壯舉表示積極的擁護；對一九一九年五月四日北京學生提出『外爭國權，内懲國賊』、火燒趙家樓、痛打章宗祥的革命行動表示堅决的支持；對賄選當上總統的直系軍閥曹錕極端鄙視；對致力民主革命、因公殉職的孫中山先生表示沉痛哀悼。積極反對軍閥張宗昌在山東的横徵暴斂，堅定地維護孫中山『三民主義』的政治主張，以國民黨員的身份奔走鄉里，廣泛宣傳孫中山的政治主張。民國二十二年（一九三三）前後，應棲霞縣政府聘請，主編《棲霞縣志》，不顧古稀之年，竭盡全力，夜以繼日，疾書不止，終於成書，可謂鞠躬盡瘁，死而後已（手稿後遺失）。二十世紀三十年代，爲搶修《棲霞名宦公牟氏譜稿》，將牟焕齋搜集到的全部資料進行了歷時三年的文字整理。民國三十二年（一九四三）在上孫家牟紹周的協助下，譜稿得以付梓，保持了牟氏家族全族歷史的完整，彰名於後世。業餘嗜好書法，長於隸書和大草，對聯『結幔亭而梯月，開瓊筵以坐華』現存牟氏莊園管理處。

十三世	十四世	十五世	十六世	十七世
【曰篤三子】 **莊** 居前泥都，下同。 字端圃，恩榮九品。 配欒氏，大欒家。子二：其模、其梅。女二，長適福山城内謝門，次適福山褚家疃滕門。 葬蛇窩泊東南。	**其模** 字廊式，號雲路。郡增生。 配接氏，子宜。女二，長適小觀史麟經，次適海陽城内趙門曾孫鴻猷，順天舉人。	**宜** 字佐之。耆儒。 配林氏，榆山後庠生林德盛女。子允開。	**允開** 配林氏，務滋夼廩貢生林泰來女。子煥。	**煥** 配周氏，山東夼庠生周欽翰姊。子寶壇。女三，長適蛇窩泊林紹武，次適大寨史門，三適吼山王門。
	其梅 字占魁，號雲亭。 配林氏，子六：守、寬、寮、寉、寘、宙，出亡。	**守** 配張氏，張家泥都庠生張元熯女。子允閑。女適海陽路家夼周門。	**允閑** 配姜氏，萊陽姜家莊。子二：爤、灼。女適大咽喉隋守進。	**爤** 配柳氏，大柳家；繼林氏，解家。子二：寶泉、寶林。 **灼** 配林氏，河崖林茳女。子二：寶坊、寶坤，早亡。
		寬 配接氏，子四：允閥、允閔、允關、允閣，允	**允閥** 配唐氏，南務。子二：熙、燧，燧出嗣允關，	**熙** 配荆氏，萊陽小店。子寶云。

十三世	
十四世	
十五世	閔、允閣出嗣。 **寮** 赴遼東。配林氏，荆紫埠。嗣子允閲。 **鶴** 配蔣氏，唐山。嗣子允閣。
十六世	兼承允閣。 **允關** 配孫氏，孫家秋口。嗣子燧雙承。女適吼山武庠生王子久。 **允閲** 配顧氏，萊邑埠前。子炆。女二，長適小河北馮門，次適陽谷林門。 **允閣** 配于氏，清江口。嗣子燧，雙承。女適榆家夼劉震川。
十七世	**炆** 配王氏，海陽吼山。子五：寶横、寶書、寶欽、寶實、寶青。女四，長適葦夼韓太仁，次適沙窩衣景田，三適唐山蔣門，四適葦夼李門。 **燧** 配王氏，海邑上莊。子二：寶堂、寶亭。女適牛蹄夼李邦偉。

十八世	十九世	二十世	二十一世	二十二世
寶壇 配林氏，河崖。子馴。				
寶泉 配王氏，磊山後。子二：砧、碣，砧、碣俱雙承。女適大埠後劉門。	**碣** 聘周氏，榆柳前。			
寶林 嗣子碣雙承。				
寶坊 嗣子砧。	**砧** 配于氏，清江口于翠林女。子書紳。			
寶云 配于氏，石河頭于德興女；繼趙氏，汪連口趙瑞徵女。嗣子礞。女三，長于出，適李家莊李文興；次適東荊夼林	**礞** 亦名碤。 配李氏，李家莊李賡和女。			

十八世

德桂，三適朱留魯連德，趙出。

寶書 赴遼東。

寶欽 居李家莊。
配隋氏，李家莊隋希令女。子確。

寶青
配蔣氏，唐山。子二：磯、碉。

寶棠(一)
配張氏，榆科頂。子三：礤、研、硎，礤、研出嗣。女適唐山蔣門。

寶丹
原名寶亭。
配王氏，遲家溝；繼譚氏，宅夼。嗣子研。女，王出，適清江口于門。

十九世

確 居李家莊。
配柳氏，辛家夼柳田女。子名紳。

硎
配鄒氏，埠梅頭鄒枝女。子垂紳。

研
配林氏，板夼林國祥女。子搢紳。

二十世

二十一世

二十二世

十三世	十四世	十五世	十六世	十七世
【曰箴子】 **彤** 居木蘭夼。 字丹崖。 配李氏，東門裏。子榮光。 葬西祖塋。	**榮光** 居赤山。 字思職。 配王氏，嵐店。子二：琳、連官。	**琳** 居河西，下同。 配薛氏，膠州。子二：喜朋、喜魁。女二，長適荊山後林門，次適徐家崖後徐門。 **連官** 缺嗣。	**喜朋** 配李氏，辛家夼。子二：藹、蕊。女適西荊夼柳門。 **喜魁** 鄉飲耆賓。 配姜氏，唐山姜法女。子三：芝、苓、菁。女適張家泥都張悅。	**藹** 配董氏，黄崖底董仁賡姊，旌表節孝。子鳳章雙承。 **蕊** 配隋氏，隋家崖後。雙承子鳳章。 **芝** 兼承子鳳文。 **苓** 配蔣氏，西蔣家莊蔣良女。兼承子鳳文。 **菁** 字莪生。 配姜氏，岔河姜華女。子鳳文兼承。

十八世

鳳章 配徐氏，莘莊徐德女。子四：雲吉、春、春田、運田。

鳳文 配劉氏，北窩落劉文堯女。

十九世

雲吉 配林氏，唐山。

春 配徐氏，辛莊徐德孫女。

二十世

二十一世

二十二世

十三世

【曰笏嗣子】

大年 自燕子夼遷新安。號嵩齡，恩榮壽官。配姜氏，子二：适、選。女適城内東石子口庠生王春塘。

【曰管長子】

祈年 居燕子夼，下同。字迢祝，號延慶。配沙氏，子迢。

十四世

适 居新安。配李氏，嗣子廣嗣。

選 居新安。字寓西。配史氏，嗣子鳴旭。

迢 字千里。配郝氏，子二：鳴崗、鳴岐。葬東南店村後新阡。

十五世

廣嗣 遷燕子夼，後遷東院頭。配李氏，楊礎。子貴仁。女適杜家黄口衣景山。

鳴旭 赴遼東。配史氏，小觀。

鳴崗 配黄氏，子佺。葬東南店新阡。

十六世

貴仁 遷楊礎，下同。配張氏，崮上。子三：壽根、壽東、壽山。女三，一適硯石莊王門，一適杜家黄口丁門，一適十五里堠子王門。

佺 出外。配慕氏，子詩。

十七世

壽根 缺嗣。

壽東 字毓三。配潘氏，柳家河潘士義女。

壽山 字振卿。配衣氏，西柳衣殿爲女；繼林氏，文石。

詩 配王氏，榆林頭。子三：平南、化南、國南。女適店西溝郝門。葬東南店。

十三世	
十四世	
十五世	**鳴岐** 配張氏，子三：佳、偕、伓。
十六世	**佳** **偕** **伓** 俱缺嗣。
十七世	

世	
十八世	**平南** 配王氏，蘆子泊。子三：勤、新、盛。 **化南** 配王氏，老龍灣。子田。女適十里莊丁門。 **國南** 配王氏，草夼。子五：温、良、恭、儉、培基。女適東柳李門。
十九世	**勤** 配李氏，靈山李有女。子逢朋。女適店西溝李門。 **新** 配米氏，南坊米德厚女。子逢元。 **盛** 配馬氏，西河子馬芳女。子逢仁、逢義。 **田** 配衣氏，柳家溝衣正女。子逢友。 **温** 配姜氏，黑土硼姜興女。子三：逢昌、逢江、逢海。
二十世	**逢朋** 配李氏，靈山。 **逢元** 配李氏，後撞裏。 **逢友** 配杜氏，張家莊。 **逢昌** 配丁氏。
二十一世	
二十二世	

十八世

十九世

良
配馮氏，老龍灣馮發有女。子逢喜。

恭
配高氏，河北高功奎女。子逢山。

儉
配王氏，榆林頭王鵬鰲女。子逢泰。

培基
配李氏，河北。子逢河。

二十世

二十一世

二十二世

十三世	【曰管三子】 **綏年** 居燕子夼，下同。 字萬豐，號克后。庠生。 配欒氏，繼林氏。子迅，林出。 葬東南店，下同。 【曰鋝子】 **橒年** 居燕子夼。 字華林，號文木。太學生。 配高氏；繼李氏，海邑埠後。子三：長宗、繩宗、朝宗。
十四世	**迅** 配宮氏，子二：鳴盛、鳴旭，鳴旭出嗣。 **長宗** 配楊氏。缺嗣。 **繩宗** 自燕子夼遷東院頭。 字過庭，號崑源。邑庠生。 配王氏，子三：廣化、廣嗣、廣順，廣嗣出嗣。女二，一適仙人埠張門，一適大欒家欒門。
十五世	**鳴盛** 配林氏，繼喬氏。子二：儒、儐，喬出。 **廣化** 居東院頭。 配馮氏，崮山。子三：立仁、安仁、三仁。女二，一適牛蹄夼李門，一適張家泥都張門。
十六世	**儒** 配衣氏，子升子。 **儐** 外出。 **立仁** 居水晶泊，缺嗣。 **安仁** 居水晶泊，下同。 配史氏，史家寨。子二：福義、禄義。 **三仁** 居渾村北百草溝。 配□氏，子六兒。
十七世	**升子** 出外。 **福義** 配李氏，楊礎李玉恩女。子二：進才、奎三。 **禄義** 配衣氏，窩落衣龍女。子二：進德、進卿。 **六兒** 居百草溝。

十三世	
十四世	**朝宗** 居東院頭，下同。號石園，恩榮壽官。太學生。配黃氏，招遠草店。子廣元。女適林家寨林南梅。
十五世	**廣順** 僑居省城内鵲華僑。配林氏。 **廣元** 配李氏，海邑埠後。子二：本善、本立。
十六世	**本善** 配劉氏，前紙坊；繼孫氏，瓦屋。子二：壽益、壽恩，壽恩出嗣。 **本立** 配衣氏，本村衣兆女。繼子壽恩。
十七世	**壽益** 配楊氏，吼山；繼衣氏，萊邑窩落衣鴻女。 **壽恩** 配孫氏，桃村孫文峯姊。女適西荆夼柳焕章。

世系	
十八世	**進才** 配衣氏，卧龍村。 **進德** 配王氏，卧龍王云江女。子云亭。 **進卿** 配衣氏，卧龍。
十九世	
二十世	
二十一世	
二十二世	

十三世	十四世	十五世	十六世	十七世
【曰箸長子】 **晥** 居徒崖，下同。 字星烟，號華陽。邑增生。 配林氏，子三：昌宗、昌本、昌會。	**昌宗** 號烟甫，庠生。 配范氏，繼柳氏。子四：祐，范出；昇、昂、冕，柳出。祐出嗣。女二，長適泉水店崔門，次適福山小姜家姜門。	**昇** 配王氏，子守典。 **昂** 配陳氏；繼韓氏，榆格莊店韓言姊。子式典。 **冕** 配蔡氏，大蔡家；繼刁氏，榆格莊店。子尊典，刁出。	**守典** 缺嗣。 **式典** 太學生。 配衣氏，浧橋；繼丁氏，丁家溝。子藻。女二，長適楊家圈李門，衣出；次適趙格莊吴門，丁出。 **尊典** 太學生。 配喬氏，喬家喬文巽姊。子二：平、泮。女適百家宅科于門。	**藻** 字泮林，太學生。 配王氏，笏山王成雲女；繼范氏，城北街范丕芝姊；王氏，笏山王成雲女。子三：雲梯，元配出；雲書，范出；雲峯，繼王出。女二，長適趙格集東溝吴克垚，次適上馬家馬洪均。 **平** 配王氏，丁家溝王田女；繼張氏，笏山。子鴻臣，張出，雙承泮嗣。 **泮** 配欒氏，郝家疃。嗣

十三世	
十四世	**昌本** 配王氏，嗣子祐。
十五世	**祐** 配馬氏，子二：玉人、璧人。
十六世	**玉人** 配馬氏，任留。子二：田、垠。 **璧人** 居蛇窩泊，下同。 配林氏，集前林介祉女，欽賜翰林芸漢、歲貢生彙東胞姑。子三：嵰、嵮、嵾。
十七世	子鴻臣雙承。女二，長適笏山劉玉奎，次適下馬家馬殿公。 **田** 配潘氏，大流口。子四：金玉、金福、金法、金有。女三，長適回邴崖劉國恩，次適趙家菴鍾昆，三適流口潘士榮。 **垠** 缺嗣。 **嵰** 配孫氏，泥溝子。嗣子春芳。女適河崖林門。 **嵮** 配衣氏，古鎮都。子二：春英、春芳，春芳出嗣。女適桃村孫景緒，旌表節孝。

十三世

十四世

昌會 居徒崖，下同。
號本初，太學生。
配劉氏，孟家溝。子
四：棠、檀、晃、晏。

十五世

棠 赴遼東。
配李氏，子崇典。女
適小山口姜門。

檀
配衣氏，繼孫氏、范
氏。女，衣出，適觀東
劉門。缺嗣。

晃
配王氏，缺嗣。

晏
配崔氏，笏山。子二：
振西、振東。女三，長
適黃縣小姜家姜門，次
適笏山崔門，三適觀裏
王門。

十六世

崇典 赴遼東。

振西
鄉飲耆賓。
配衣氏，車夼衣良
姊。子三：松、林、敬。
女四，長適大韓家韓
門，次適笏山張門，三

十七世

嵃
配李氏，萊邑岔河。
子二：春茂、春華。女
適埠前于門。

松
太學生。
配劉氏，葦頭劉爲
女。子五：金城、金海、
金鰲、金奎、金龍。女
三，長適任留孫門，次

十三世	
十四世	
十五世	
十六世	適艾口崔門，四適古鎮都吳門。
十七世	適車夼王門，三適紫現頭李門。 **林** 配喬氏，范家莊喬開孫女。子五：宗清、宗田、宗理、宗舉、宗祥。女三，長適班山口趙福理，次適崔家莊崔景順，三適大韓家韓門。 **敬** 太學生。 配孫氏，十里舖孫平女；繼劉氏，回郈崖劉應女。子五：鴻均、鴻賓、鴻山、鴻仁、鴻義，劉出。女適榆格莊店隋門。

十三世

十四世

十五世

十六世

振東

配王氏，艾山口王瑞姊。子欽。女四，長適南岩子口王門，次適大韓家韓門，三適笏山崔門，四適范家莊王門。

十七世

欽

配崔氏，笏山崔景玉女。子三：順成、順章、順興。女二，長適哨上董門，次適汪家溝張文漢。

十八世	十九世	二十世	二十一世	二十二世
雲梯 配馬氏，上馬家馬玉林女。子三：苞、茂、蓮。 **雲書** 配李氏，靈山。 **雲峯** 配王氏，笏山王仁山侄女。 **鴻臣** 配馬氏，上馬家馬春開女；繼崔氏，艾山湯崔仁德女。子五：芳、元、明、訓、誥。女二，	**苞** 配吴氏，趙格莊東溝吴克明女。 **茂** 配王氏，徐家溝。 **蓮** 配王氏，台前王垚女。 **芳** 配宋氏，回邴崖宋岱女。 **明** 配郝氏，棗林莊郝世			

十八世

長適下馬家馬玉崑，馬出；次適笏山崔門，崔出。

金玉

配韓氏，榆格莊店。子紅。

金福

配韓氏，大韓家；繼宮氏，本村宮連開女。子三：信、義、忠。女適蓬夼范有。

十九世

誥女。

訓

配周氏，本村周鳳廷孫女。子同齋。

誥

配婁氏，黄夼婁家婁進山女。

紅

配崔氏，同里崔合女。

信

配左氏，左家左進明女。子三：龍海、龍江、龍川。女適馬蹄夼劉門。

義

配王氏，下閃上王安女。子二：才、法。

二十世

二十一世

二十二世

十八世

金法 遷居口子，下同。

配馬氏，下馬家馬殿太姊。子三：得、江、强。女五，長適口子王壽法，次適周家莊宋門，三適艾山湯崔門，四適棗林莊王門，五適路家溝王門。

金有 居徒崖。

配高氏，高家黄岕。子九。

春芳 居蛇窩泊，下同。

配李氏，後撞李藻女。子二：儒仁、寶仁。寶仁出嗣。

十九世

忠

配宋氏，徐家溝宋應春女。子當吉。

得

配吴氏，葛家溝。子起。

江

配馬氏，下馬家。子同起。

儒仁

配王氏，蘆子泊王克太女。子四：言鴻、言更、言江、言周。

二十世

言更

配隋氏，大咽喉。

言江

配王氏，蘆子泊。

二十一世

二十二世

十八世

春英

配隋氏，石角夼。嗣子寶仁。

春茂

恩榮壽官。

配潘氏，辛家夼；繼柳氏，辛家夼柳國女。子二：作仁，潘出；仲仁，柳出。女二，一適上寨村，潘出；一適桃村孫毓嶢，夫死以烈殉，柳出。

十九世

保仁（二）

配馬氏，本街馬顯德女。子言同。女二，一適東院頭衣門，一適張家溝張門。

作仁

配李氏，太平莊；繼孫氏，泥溝子。子二：言廷、得月。女三，一適下河高門，一適台下，一適柳口劉萬花。

仲仁

配潘氏，辛家夼潘中福女。子三：言榮、言宗、言耕。女適上范家溝王門。

二十世

言周

配步氏，上步家。

言同

配劉氏，柳口。子鋒繩。

言榮

配董氏，黃崖底董工女。子庚喜。

言宗

配潘氏，辛家夼。子雙喜。

二十一世

鋒繩

字子兮。

配王氏，唐山頭。

二十二世

十八世	十九世	二十世	二十一世	二十二世
春華 配柳氏，辛家夼柳國女。子仕仁。女一適集前林門，一適林前林淑禮。 **金城** 居徒崖，下同。 配宋氏，車夼宋金太女。子三：杏、桃、法。 **金海** 配姜氏，廟東夼。子陳。 **金鰲** 配王氏，笏山王鍾升女。女適鄒家。	**仕仁** 字紹學。 配柳氏，辛家夼柳志女；繼張氏，埠梅頭張文清女。子言各，張出。女長適宅科劉鳳令，次適范家溝李松，三適劉家崖後劉門。 **杏** 配隋氏，榆格莊店。子犬。 **陳** 配楊氏，任留。子蘭滋。	**言耕** 配孫氏，同里孫信女。 **言各** 高小畢業生。 配季氏，季家莊。子樹三。		

十八世	十九世	二十世	二十一世	二十二世
金奎 配宋氏，車夼宋翦女。子各志。 **宗清** 配隋氏，榆格莊店隋景和女。子行。 **宗舉** 配馬氏，黃夼馬春令女。 **鴻均** 配劉氏，回郈崖劉同陽妹。子顯。 **鴻賓** 配路氏，小路家路科令女；繼王氏，鄒家王垚妹。子儒學，王出。 **順成** 配馬氏，下馬家馬各女。子二：昆之、孟相。				

十八世	**順章** 配劉氏，孟家溝。子清海。 **順興** 配韓氏，大韓家韓殿法女。
十九世	
二十世	
二十一世	
二十二世	

【校注】

〔一〕寶棠：前文爲『寶堂』，前後不一致，具體情况待考。

〔二〕保仁：前文爲『寶仁』，前後不一致，具體情况待考。

十三世	十四世	十五世	十六世	十七世
【曰箸仲子】 **暄**（一）居北宮，下同。 字旭升，號和陽，又號温如。乾隆庚辰（二）舉人，誥贈中憲大夫。詳家傳。 配林氏，豹山口歲貢嶧總訓導林甦女；繼林氏，南邱庠生林諝女。俱贈恭人。子三：昌裕，元配出；昌倫、昌瑞，繼出。 葬西祖塋。	**昌裕**（三） 字啓昆，號松巖，又號雪崖。乾隆丁酉（四）拔貢，本科舉人，庚戌進士，翰林院庶吉士，順天鄉試同考官。歷任江南、雲南、河南道監察御史，欽命巡視南城。授中憲大夫，崇祀鄉賢。詳家傳及邑志、通省志。 配王氏，歲貢王學曾女，封恭人。子略。 葬台上村西南新阡。 **昌倫** 字敍彝，號緘崖。邑庠生。	**略**（五） 字駿夫，號懷樸。附貢生。詳邑志卓行。 配鄒氏，副劉氏、李氏。子蘭孫，八歲而殤，詳小傳。兼承子士勱。女適東門裏庠生張廷岳。 葬台上西南。 **維戊** **廣生** 俱士勱兼承。	**士勱** 配郝氏，公山後。子二：艮、禎。女適楊家圈李門。	**艮** 配□氏，繼子達鰲。 **禎** 配劉氏，北關。子二：鴻鰲、達鰲。達鰲出繼。女適任留馬門。

十三世

十四世

配李氏，繼林氏、李氏。子二：維戊，林出；廣生，繼李出。

昌瑞 字奎園，號鐵崖。邑庠生。配欒氏，繼欒氏，林氏，務滋夼庠生林瑞齡女。子四：昣、審、昇、睬，林出。睬改名玉堂，出嗣南柴相翼。

十五世

昣 配林氏，生士勷，兼承。

審

昇 士勷兼承。

十六世

十七世

世次	
十八世	**達鰲** 赴陝西。 **鴻鰲** 配王氏，沈家黄夼王田女。子克勤，兼承達鰲嗣。
十九世	
二十世	
二十一世	
二十二世	

【校注】

〔一〕暄：棲霞著名孝廉。字旭升，號和陽，又號温如，老八支六房小八支六房，棲霞城北宫人。牟曰箸次子。生於雍正元年（一七二三）九月初七日，卒於乾隆四十六年（一七八一）三月初七日，享年五十九歲。十八歲補博士弟子，乾隆庚辰（一七六〇）中舉，後兩試禮部不第。未出仕，而以教誨諸子侄讀書爲己業，生活貧困却平安。子昌裕，由拔貢舉於鄉，後成進士，選授庶吉士。因早逝，未睹子榮。

〔二〕乾隆庚辰：即乾隆二十五年，一七六〇年。

〔三〕昌裕：清朝著名監察御史、九省軍門總漕部堂，字啓昆，號松巖，老八支六房小八支六房，牟暄之子，棲霞城北宫人。生於乾隆十二年（一七四七），卒於嘉慶十三年（一八〇八）。乾隆四十二年（一七七七）拔貢，又中本科舉人。乾隆五十五年（一七九〇）中進士。因學業突出被欽點爲翰林院庶吉士。又三年，由散館改主事，簽分禮部儀制司行走。逾年選授工部虞衡司主事，勤於職守，視公事如家事。後又歷任都水司主事，營繕司員外郎、郎中，順天鄉試同考官，江南道、雲南道、河南道監察御史，署理九省軍門總漕部堂等職。在任期間，不爲矯激之論，能言别人所不能言，無論認識與不認識者皆曰：『牟君真御史也。』爲宦他鄉，又重鄉情，嘉慶九年（一八〇四）署理漕運總督，暮春游白雲觀時，在丘處機畫像上端曾題詩贊頌鄉杰，落款爲：『九省軍門總漕部堂、棲霞縣牟昌裕。』《山東通志·人物志》録爲『名臣』。

〔四〕乾隆丁酉：即乾隆四十二年，一七七七年。

〔五〕略：附貢生。字駿夫，號懷樸。老八支六房小八支六房，棲霞城北宫人。名御史牟昌裕之子。父卒於官，宦囊蕭然，故心血費盡始得扶柩歸里。父舉鄉賢，以費用不貲而奔波，稱貸年餘，始獲旨而辦。牟氏家譜年久未修，念父志未酬，毅然己任，分支列派，繕寫《譜稿》五卷、《藝文》兩卷，使世系井然有序，賴以存傳。

十三世

【曰箸三子】

昭 居北宮。

字義問，號六章。

配林氏，務滋夼增生林藹女。子六：昌熙、昌燕、昌勳、昌鷺、昌衡、昌鰲。女三，長適萊邑朱省董門，次適豹山口林門，三適務滋夼林門。

十四世

昌熙 遷陡崖子，下同。

字緝光，邑增生。

配林氏，務滋夼太學生林百齡女。子二：質、賓。

十五世

質

配林氏，阱後。子三：元令、元福、元洲。

十六世

元令

配□氏，繼子秋。

元福

配劉氏，回郍崖劉金典姊。子三：秋、振、蓉。秋出嗣。女二，長適院上崔門，次適回郍崖王克温。

元洲

鄉飲耆賓。

配劉氏，回郍崖。子四：春、常、滕、學。學缺嗣。

十七世

秋

配王氏，繼劉氏。子四：芝山，王出；保山、連山、化山，劉出。

振

配李氏，樓底李焕女。子三：清山、平山、福山。女適回郍崖劉門。

蓉

配衣氏，蘆子泊小莊；繼孫氏，西孫家孫英女。子奎山。

春

配高氏，黄夼河北高明女。雙承子鳳山。女四，長適笏山王連漢，次適本村孫門，三適

世	
十三世	
十四世	**昌燕** 赴遼東。 配史氏，繼林氏、張氏。
十五世	**實** 配徐氏，繼邱氏。子二：大莪、連莪。俱缺嗣。女適艾山湯胡門。
十六世	
十七世	回郕崖王文福，四適窑上王門。 **常** 配馬氏，黄夼河南馬成日女。子鳳山，雙承。 **滕** 配于氏，引家莊于建章姊。子官山。女適左家左其才。

十三世	
十四世	**昌勳** 居上高家，下同。字秋浦，號定遠。庠生。配劉氏，上生鐵劉家。子賀。
十五世	**賀** 配鄒氏；繼曲氏，蓬夼。子元壽。女二，長適道村李門，次適北莊劉門。
十六世	**元壽** 配王氏，石口子。子四：春喜、春興、春奎、春芳。女二，長適田家黃景月，次適小欒家欒門。
十七世	**春喜** 配潘氏，客落潘家潘高女。子鳳吉。女五，長適小欒家欒發枝，次適北莊侯徐興，三適靈山夼柳玉林，四適生鐵劉家劉中臣，五適小舖汪得先。 **春興** 配宮氏，嵐蔚夼宮民姊。子四：鳳庭、鳳泰、鳳山、鳳儀。女適生鐵劉家劉朝儀。 **春奎** 配鄒氏，山北頭鄒成起女。子鳳章。女適河南夼王儒香。

世次	
十三世	
十四世	**昌鷺**（一）居北宫。 字定民，廩膳生。工楷書，詳邑志技術。 配衣氏，子夢書。 **昌衡**（二）居北宫，下同。 字蒼碩，號平橋。嘉慶辛酉（三）拔貢，樂安縣教諭。著有《左傳辨章》。載邑乘文藝。 配林氏，豹山口林本庸女，歲貢生甦孫女；副丁氏，十里莊。子二：保、儒。保，林出；儒，丁出。女二，林出，長適萊邑趙家埠子趙門，次適阿東夼王門。
十五世	**夢書** 赴遼東。 **保** 字卑牧，邑庠生。 配崔氏，松山。嗣子元海。旌表節孝。女適杏家莊謝門。
十六世	**元海** 字永川。 配林氏，城北七里莊；繼王氏，本城。子四：相、樞，林出，俱缺嗣；蔭棠、桊，王出。女三，王出，長適招邑鴻障滕家滕堯祖，次適萊邑翰林周悦讓子墀，三適馬崖口周門。
十七世	**春芳** 配馬氏，小夼馬敬姊。子二：鳳岐、鳳唐。女適下門樓王鳴立。 **蔭棠** 庠生。 配張氏，招邑路家。子二：芥練、芥芬。女適招邑欒虎莊徐仁林。 **桊** 居吉林省哈爾濱。 配王氏，艾山前鄒家。

十三世

十四世

昌燾 居舒家窪，下同。
原名昌鰲。
配董氏，朱省。子四：貫、員、賢，貴。女適陳家窪。

十五世

儒 居趙家埠子。
字仲通。
配趙氏，趙家埠子趙開第女。子二：瀛海、文海。女適孫家莊子盧門男文光。
葬蛇窩泊西老塋。

貫
配史氏，大丁家。子二：星海、元海。元海出嗣。

十六世

瀛海 自趙家埠子寄居城內。
字仙洲。
配呂氏，萊邑泉水呂尊女。子三：榞、桱、粉。女二，一適西凰跳林門，一適槐山于門。

文海
字子舟。
配楊氏，萊邑吴格莊。
葬北宮北嶒。

星海 居招邑温家泊子，下同。
配張氏，路家莊張中梅姊。子二：蔭柏、蔭槐。女適羅家閻門。

十七世

蔭柏
配許氏，許家窪許芳林姊。子鏡鰲，雙承。女三，長適下董家董門，次適磁家李春茂，三適路家楊振聲。

十三世

十四世

十五世

員

配陳氏，招邑老馬嘶。子元槐。

賢

配□氏，嗣子係海。

貴

配于氏，龍旺窪于松女。子四：光海、學海、係海、振海。係海出嗣。女適河北傅國斯。

十六世

元槐

配盧氏，萊邑慎家。子世德。

係海

字寶川。

配于氏，龍旺窪于成鐸女。子二：壬梧、壬丑。壬丑出嗣。

光海 缺嗣。

學海

字行川。

配方氏，方家方爲希姊。繼子壬丑。

振海

配梁氏，許家梁傑女。子壬春。女適張家孫門。

十七世

蔭槐

雙承子鏡璥。

世德

配王氏，許家王令女。嗣子方甲。女適温家泊子。

壬梧

配孫氏，南埠孫仁章女。

壬丑

配程氏，程家莊程子明女。子寬。

壬春

配方氏，畢郭方進財姊；繼盧氏，解家盧慶女。

十八世

芝山 配韓氏，西店上韓文香侄女。

鳳山 配劉氏，馬蹄夼劉敬彥女；繼蘇氏，蘇家店蘇丕英女。女適笏山張門，劉出。

鳳吉 居上高家。配王氏，客落王家王進利女。

鳳章 配鄒氏，山北頭鄒言利姊。

鳳岐 配劉氏，生鐵劉家劉德女。

十九世

二十世

二十一世

二十二世

世	
十八世	**芥鍊**（四） 居北宮。北平大學畢業。配周氏，安徽人；副范氏。子俊福。 **芥芬** 居北宮。天津大學畢業。配李氏，招遠霞窪庠生李瑞侄女。 **鏡璥** 居温家泊子。配劉氏，大曲莊劉得一女。子蓮卿。 **芳甲**（五） 居舒家窪。配戰氏，楊格莊。子枝。
十九世	
二十世	
二十一世	
二十二世	

【校注】

〔一〕昌鷟：書法家。字定民，老八支六房小八支六房，廪膳生，棲霞城北宫人。精楷書。所臨《黄庭經》《樂毅論》《洛神賦十三行》，直上窺晋人堂奥，其時，邑人習小楷書者皆奉爲楷式，字風爲之一變。事迹載邑乘《技術》，今牟氏莊園藏有墨迹。

〔二〕昌衡：字蒼碩，號平橋，老八支六房小八支六房，棲霞城北宫人。嘉慶辛酉（一八〇一）拔貢。著有《左傳辨章》一書。

〔三〕嘉慶辛酉：即嘉慶六年，一八〇一年。

〔四〕芥銶：前文作『芥練』，前後不一致，具體情况待考。

〔五〕芳甲：前文作『方甲』，前後不一致，具體情况待考。

十三世

【位箸長子】

晛（一）居北宮，下同。

字象懸，號冬陽，又號雪堂。庠生。貤贈文林郎、陝西三水縣知縣。詳邑志卓行。

配林氏，荆紫埠庠生林嘉模女；繼李氏，庠生李武静女。俱貤贈孺人。子昌齡，林出。女適楊礎李元嘉。

十四世

昌齡

字夢錫，號壽朋，又號瀛客。贈文林郎、陝西三水縣知縣。

配李氏，楊礎李廣業女，贈孺人。子三：霱、霑、雯，霑出嗣。女適萊陽馮格莊道光壬午（二）進士、禹州知州孫德升，敕封安人。

十五世

霱

字官雲，號虞卿。庠生。

配郝氏，棗林莊。子奉高，雙承。女適荆子埠道光壬辰（三）解元、揀選知縣林書奎，封孺人。

雯（四）

字太樸，號雲圖。嘉慶二十二年（五）進士，任陝西三水縣知縣，署邠州知州。詳邑志宦績。

配李氏，萊陽瓦屋莊；繼李氏，萊邑李家

十六世

奉高

字承先。

配董氏，朱家村；繼韓氏，于格莊店；副李氏。子二：棋，李出；槵，韓出。

十七世

棋

配李氏，楊礎；繼侯氏。嗣陡崖子瑛子平章。女二，一適汪格莊，李出；一適城子林門，侯出。

槵

配杜氏，曲里庠生杜振麟女。雙承子平章。

十三世	
十四世	
十五世	泊子；俱封儒人。雙承子奉高。 葬北宫村後。
十六世	
十七世	

十八世	十九世	二十世	二十一世	二十二世
平章 字政卿。配劉氏，蘆房庠生劉庭相胞妹；繼周氏，周家莊周方如女。子鳴岐，周出。				

【校注】

〔一〕晛：邑庠生。字象懸，號冬陽，又號雪堂。老八支六房小八支六房，棲霞城北宫人，牟位箸長子。生於雍正四年（一七二六）六月二十日辰時，卒於嘉慶十九年（一八一四）三月十二日巳時，享壽八十九歲。曾自云：『小子幼承庭訓，長無所就。』乾隆五十一至五十二年（一七八六—一七八七）之間，家境日艱。爲追念先父之言行，曾組織編録《明發》一集，當疾痛呼：『父母之義，遺我子孫。』垂暮之年，閑居多暇，欲附前人之德行，上繼先志，下啓後生，遂輯《牟氏世譜》於長春人山館。卒後，以孫（雯）貴，敕贈文林郎、三水縣知縣。事載邑乘《卓行篇》。

〔二〕道光壬午：即道光二年，一八二二年。

〔三〕道光壬辰：即道光十二年，一八三二年。

〔四〕雯：陝西三水縣知縣。字太樸，號雲圖，老八支六房小八支六房，棲霞城北宫人。牟晛孫。嘉慶丁丑（一八一七）科進士，曾任三水縣知縣，後升邠州直隸州知州。一生仕途平順。曾曰：『安静之吏，悃愊無華，法久弊生，去其弊補其偏可也。動輒更張，百病叢生矣。死者不能復生，刑獄尤不可率意。』治三水縣時，據實情爲死刑軍犯數人平反，被譽爲『青天』。事迹載邑乘《人物志·宦迹》。曾自費爲清中期修撰的《棲霞名宦公牟氏世譜》付梓，分贈給族人，此譜今尚存，備受族人世代敬重。

〔五〕嘉慶二十二年：即一八一七年。

十三世	十四世	十五世	十六世	十七世
【位箸仲子】 **皓** 居陡崖。 字寅賓。七品壽官。 配張氏，萊邑張家觀。子昌言。	**昌言** 自陡崖子遷北宮，下同。 配林氏，荆紫埠。繼子霑。	**霑** 字同雲，號雨臣。 配李氏，李家泊子，旌表節孝。子膺高。	**膺高** 配陳氏；繼王氏，金山泊子，旌表節孝。子二：柵、楠。	**柵** 字闌庭。 配李氏，楊家圈李樗女；繼范氏，甕留范家范特民女。子炳章，雙承。女四，長適務滋介林梴，李出；次適董紹廷；三適宋家溝宋召勳；四適董義昌，皆范出。 **楠** 字金山。 配李氏，北洛湯；繼魯氏，朱留魯尌女，旌表節孝。繼子炳章，雙承。女適西馬疃張明雲。

世次	
十八世	**炳章** 字子久。從九品。配張氏，馬疃。女適蓬夼李錫三。嗣子紹業。
十九世	**紹業** 居上孫家。配林氏，務滋夼林榳女。子四：逢信、美、意、逢起。
二十世	
二十一世	
二十二世	

十三世

【位箸三子】

矚 居北宮，下同。

字昭臨。

配林氏，北門裏增生林諱女；繼沙氏，蓬萊城內。子二：昌祺，林出；昌順，沙出。

十四世

昌祺

字介以。庠生。

配王氏，泉水店王秉元女。子二：霽、芝。

昌順（一） 居北宮，下同。

字企周，號墨莊。歲貢生。著有《讀書堂文稿》。詳邑志藝文志。

配李氏；繼李氏，楊礎李克嘉女。子鼐，繼出。

十五世

霽

配林氏，泗水，旌表節孝。嗣子探桂。

芝 居北宮，下同。

字六之，號竹坡。庠生。

配張氏；繼韓氏，大韓家。子二：探桂、攀桂。探桂出嗣。

鼐

字大鼎。庠生。

配趙氏，萊陽趙家埠子。子華封。

十六世

探桂 遷居陡崖，下同。

配林氏，蛇窩泊。嗣子陳蒼，自上孫家繼入。

攀桂

配宋氏，回郍崖。子修。女適丁家溝丁門。

華封 遷陡崖子，下同。

字祝三。庠生。

配李氏，策里賈家歲貢生李培運妹。子瑛。女二，長適古鎮都吴門，次適兑子院崔門。

十七世

陳蒼

配張氏，笏山。子二：振德、金德。女四，長適艾山湯崔門，次適回郍崖宋門，三適鄒家王門，四適孟家溝李門。

修

配左氏，左家。子鴻章。女適黄邑小紀家范門。

瑛

字光甫。庠生。

配丁氏，城北丁家溝丁書韓姊。子四：倬章、成章、平章，奎章。平章雙承北宮棋、楒嗣。

十八世

振德

配衣氏，馬士莊衣蘭芝女。子二：剛、雲。女二，長適周家莊周門，次適徐家溝徐門。

金德

配王氏，徐家溝王化三姊。嗣子紹齋。

鴻章

配衣氏，笏山衣丕用女。

倬章

配崔氏，同里崔琴妹。

成章

配呂氏，山宿夼呂守鑑女。子二：燦、爛。女二，一適回郝崖劉門，

十九世

剛

配崔氏，艾山湯崔有長女。

雲

配賈氏，賈家莊賈易翰女。

二十世

二十一世

二十二世

世	
十八世	一適吕家吕門。 **奎章** 字星垣。配王氏，西棗行庠生王作忠女。
十九世	
二十世	
二十一世	
二十二世	

【校注】

〔一〕昌順：鄉飲大賓。字企周，號墨莊，老八支六房小八支六房，棲霞城北宫人。嘉慶丙子（一八一六）貢生。著有《讀書堂文稿》，未梓。

十三世

【位箸四子】

曙 自北宮遷上孫家，下同。

字向辰。

配林氏，北門裏萬安縣知縣林誥女。子六：昌顯、昌頖、昌碩、昌頌、昌頫、昌顒。

十四世

昌顯

配李氏，楊礎。嗣子芸。

昌頖

配林氏，子二：芸、葵。芸出嗣。

十五世

芸

配王氏，野家埠；繼韋氏。嗣子逢運。女四，長適蛇窩泊林門男海賓，次適二十里舖林門男天福，三適牛蹄夼李建應，四適隋家崖後隋門男守序。

葵

配衣氏，馬兒崖。子二：開運、逢運。逢運出嗣。女二，長適靈山夼楊門，次適松山店于門男同心。

十六世

逢運

字吉齋。鄉飲耆賓。

配周氏，前柳家。子鶴清。

開運

字文伯。鄉飲耆賓。

配林氏，蛇窩泊；繼魯氏，朱留。子四：中清、鏡清、會清、桂清，林出。女二，林出，長適柳家溝陳門子堂，次適吉格莊高振鑑。

十七世

鶴清

字松壽。太學生。

配陳氏，留家溝陳朴女。子二：焕章、焕珍。女二，長適城裏李門子世訓，畢業職業學校；次適東門裏米門。

中清

字石泉。鄉飲大賓。

配高氏，吉格莊高振鑑妹。子四：焕文、焕勛、焕曾、焕彩。女二，長適段莊劉門，次適朱留孫門。

鏡清

字心若。詩禮堂啓事。

世	
十三世	
十四世	
十五世	
十六世	
十七世	配王氏，野家埠子王忠代姊。子三：焕新、焕春、焕奎。女三，長適城北街范門，次適柳林莊張代霖，三適南門裏歲貢生米松齡之子。 **會清** 字應聚。詩禮堂啓事。 配于氏，城裏于慶女。子三：焕庭、焕然、焕政。女二，長字唐山庠生林若漢子銘金，次適對子院崔門。 **桂清** 字香五。太學生。 配張氏，栗里張燕豊女。子焕宗。女六，長適慕家店慕門，次適吉

十三世	
十四世	**昌碩** 字笠阿。配林氏，子二：緝、綽。 **昌頌** 配譚氏，古宅崖。子藎。
十五世	**緝** 配衣氏，子效遠。 **綽** 配衣氏，子法遠。 **藎** 配郝氏；繼路氏，黄夼路家。子迎運。女三，長適大咽喉隋門，次適上劉家劉門，三適朱留魯錫。
十六世	**效遠** 配譚氏，古宅崖。子三：壽田、喜慶、喜年。喜年出繼。 **法遠** 缺嗣。配衣氏，撞里。 **迎運** 配徐氏，爐上武生徐化南胞姑。子三：鳳祥、鳳開、鳳崗。女適西棗行庠生李騰霄。
十七世	格莊高聯功，三適瓦屋武生衣德成子，四適張家莊杜門男墨林，五適朱遠溝民國大學畢業王啓箴，六適馬疃北平中國大學畢業張銘庚。 **壽田** 缺嗣。 **喜慶** 缺嗣。 **鳳祥** 太學生。配林氏，北夼林祥鳳女；繼范氏，城北街范丕芝姊。子永奎。女適路家黄夼路門。

世	
十三世	
十四世	**昌頫** 配王氏，子絡。 **昌願** 居北宮，下同。配張氏，繼丁氏，子荃。
十五世	**絡** 配張氏，仙人埠。子三：大柱、承運、英田。英田出榆柳前春嗣。 **荃** 配林氏，子元吉。
十六世	**大柱** 缺嗣。 **承運** 缺嗣。 **元吉** 改名志遠。配李氏，繼尤氏，子二：清、萬春。
十七世	**鳳開** 配□氏，繼子永德。 **鳳崗** 字刃千，武生。配劉氏，上劉家劉寶田女。子二：永文、永德。永德出嗣。 **清** 配劉氏，子四：金枝、煥章、正南、從善。 **萬春** 缺嗣。

十八世

焕章 字文甫。例貢生。配高氏，吉格莊高洪達女；繼宮氏，藍蔚夼宮希清女。子五：紹翰、紹敏、紹文、紹儀、紹卿。女一適觀裏庠生張鳳翰之子，一適觀裏王維翰之子，三未字。

十九世

紹翰 字佃平。配陳氏，陳家武生陳元三女；繼衣氏，邱格莊衣鵬女；郝氏，城内郝國瑞女。

紹敏 字勖亭。配魯氏，王家黄口魯守格女。子雲修。

紹文 配柳氏，西荆夼柳昌仁女。女淑静。

紹儀 字承九。配李氏，後撞李聯德女。

二十世

二十一世

二十二世

十八世

煥珍

字子儒。

配曲氏，南寨曲振玉女。

煥文

從九品。

配董氏，城北街董春耕女。女五，長適上劉家劉志祥，次適蛇窩泊林與樸，三適劍脊山郭光照子，四適桑樹夼八中畢業宮虎章，五適宋格莊初中畢業周葆琦。

煥勛

配張氏，城內張寶賢女。子紹芳。

十九世

紹卿

字儐五，縣立高小畢業生。

紹芳

字秀堂。

配謝氏，巨屋謝鴻逵

二十世

二十一世

二十二世

十八世

煥曾
字省三。
配劉氏，南柴劉餘三女；繼衣氏，東院頭衣中式姊。子紹武。女二，長適馬嘶莊衣門，次適玉林頭陳門。

煥彩
字鳳五。
配孫氏，劉家河孫丹齡女。子三：紹先、紹勤、紹晉。女適喬家王門。

煥新
配丁氏，花園丁千孫

十九世

孫女。子三：全磬、書磬、質磬。

紹武
配王氏，王格莊；繼李氏，城內庠生李白圭孫女。

紹先
配王氏，觀東王德培女。子二：竹梅、竹本。

紹勤
配馮氏，榆林子馮紹周女。

紹晉

紹逵
配林氏，蛇窩泊集前

二十世

二十一世

二十二世

十八世	十九世	二十世	二十一世	二十二世
女。子三：紹業，出嗣；紹逵、紹棠。女三，長適窩落劉門，次適蔣家莊蔣門，三適蛇窩泊恩貢生林溱之孫程萬。 **焕春** 字仲殷。 配李氏，七里橋子廩生李商芝女。子三：紹周、紹凱、紹榮。女一適清江口王門，一適西荆夼柳門，一適桑樹夼宫門。	林肇越女。子三：官佩、閣佩、福壽。 **紹棠** 配張氏，大榆莊張人橋姊；繼李氏，城北關李文海女。子二：逢賓、登高。 **紹周**（一） 字子明，山東法政專門學校畢業。曾任該校教授、青島律師公會會長、全國律師協會常務委員、青島市青年會董事長、肅清烟毒委員會委員、自治籌辦委員會委員、法律扶助會會長、慈幼會主席。 配林氏葆真，蛇窩泊	**希鵬** **希古** **希天**		

十八世

煥奎

字叔文。

配石氏，石家莊石毓秀女；繼李氏，楊礎李澤福妹。子紹光，石出。女適城內米門，石出。

煥庭

配閻氏，花園泊閻原

十九世

集前林丙昌女。子三：希鵬、希古、希天。

紹凱

字崇山。

配杜氏，張家莊庠生杜若洲侄孫女。

紹榮

字叔華。

配宮氏，百里店宮樹寶女。子樹景。

紹光

配連氏，連家莊連夢魁女。子二：書升、升民。

紹經

字述五。

二十世

二十一世

二十二世

十八世	鎮女；繼范氏，范家黃夼范廷云女。子三：紹經、紹祺，閻出；紹英，范出。 **煥然** 配于氏，西柳武庠生于占鰲女；繼李氏，後庵庠生李炳燧女。子三：紹馨，于出；紹斌、紹璞，李出。 **煥政** 配姜氏，海邑姜家秋
十九世	配魯氏，王家黃口魯守樸女；繼林氏，蛇窩泊林玉液女。 **紹祺** 居陡崖子。 配米氏，同里米和孫女。子二：學、書琴。 **紹馨** 字德軒。高小畢業。 配魯氏，朱留魯維德女。子書傳。 **紹斌** 配米氏，燕子夼米寶翠女。 **紹璞** 配劉氏，城内法政專門畢業劉漢鳳侄女。
二十世	
二十一世	
二十二世	

十八世

口庠生姜忠楊女；繼王氏，葉家埠子王鏡中女。子三：紹齋，姜出；紹祿、紹吉，王出。女適釜甑衣伯言子。

焕宗

號海山。太學生。

配崔涵瑛，辛店庠生崔樹棠女。子二：紹俸、紹彭。

十九世

紹俸

號廉清。內政部警官高等學校暨中央警官學校高級班畢業。

配張毓仁，蓬萊城內張運璇女。子三：昇亞、督亞、巡亞。

紹彭

號壽民。北京大學法科學院畢業。

配王彩玉，海陽萬家夼王華南女。子令亞。女文嬌。

二十世

昇亞

初中畢業。

督亞

高小畢業。

二十一世

二十二世

世	
十八世	**永奎** 配劉氏，小河北劉金年妹。 **永德** 配李氏，萬家溝李有女。子二：攀林、秉林。女適路家溝范秀春之子。 **永文** 配衣氏，釜甑衣樹棠女；繼姜氏，岔口灣姜中利女；宋氏，榆格莊宋寶升女；慕氏，劉家河慕鴻玉女；王氏，吉格莊王得勝女。子子遠，王出。
十九世	**攀林** 配劉氏，上劉家劉代齡女。 **秉林** 配王氏，喬家王振海女。
二十世	
二十一世	
二十二世	

世	
十八世	**金枝** 居北宮，後同。 配李氏，圈裏。子嫚子。女三，長適棗林子，次適金山劉門，三適辛莊。 **煥章** 配隋氏，金山。子二：寶卿、導福。女四，一適北關林門，一適徐家窪鄒門，一適蓬夼楊門，一適北關吳門。 **正南** 配李氏，老樹夼。 **從善** 配李氏，楊礎。
十九世	**寶卿** 配劉氏。
二十世	
二十一世	
二十二世	

【校注】

〔一〕紹周：民國時期山東省國民政府參議會參議員。字子明，老八支六房小八支六房，上孫家人。牟焕春長子。生年不詳，民國十二年（一九二三）畢業於山東法政專門學校，先後任青島律師公會會長、全國律師協會常務委員、青島市青年會董事長、肅清烟毒委員會委員、自治籌辦委員會委員、法律扶助會會長、慈幼會主席等職，并兼貧民法律顧問、抗敵（日）後援會會長及幾處較大企事業單位法律顧問等職務。民國二十六年（一九三七）後，毁家紓難，從青島毅然回鄉參加了中國國民黨抗日游擊隊，出任駐萊陽十三區專員公署（趙保原部）秘書長、萊陽縣長、魯東行署顧問、山東省國民參議會參議等職。民國三十二年（一九四三）慨然出資將《棲霞名宦公牟氏譜稿》續修稿於烟臺出版。與牟焕齋、牟殿邦同爲牟氏家族民國時期三大卓越貢獻者。民國三十三年（一九四四）四月病殁。配林氏葆真，蛇窩泊集前林丙昌女。生三子：希鵬、希古、希天。希鵬曾在青島一工廠任會計，一九八四年去世，終年六十六歲。希古，原山東大學外語系畢業，一九五二年去世，終年二十九歲。希天，原山東大學畢業，工程師，一九八五年退休，現居青島市。

十三世

【佐著子】

昀 自燕子夼遷史家寨，下同。

配林氏，務滋夼增生林藹女。子四：昌吉、昌和、昌培、昌嗣。昌和、昌培、昌嗣俱缺嗣。

【佐著子】

曉 自燕子夼遷西亭。太學生。

配張氏，繼林氏，子三：昌咸、昌哲、昌啓。

十四世

昌吉

配李氏，子二：霖、雷。

昌咸 居北門裏。

配王氏，繼李氏，子二：聞成、進成，俱缺嗣。

昌哲

配馬氏，繼王氏、林氏。

昌啓

配鄒氏，繼林氏、范氏，子三：貴、招、寅生，俱缺嗣。

十五世

霖

配衣氏，西柳衣崇姊。子二：崇有、崇德。崇德出嗣。

雷

配衣氏，西柳。繼子崇德。

十六世

崇有

配崔氏，崔家莊崔永太女。子進堂。

崇德

配范氏，小觀范九齡妹。子進忠。

十七世

進堂

配慕氏，崔家莊慕得書女。子順本。

進忠

配姜氏，小姜家。子二：春庭、春芳。女適初格莊王門。

十三世

【曰聘長子】

延緒 居唐山頭，下同。

字東陸，號山谷。太學生。

配張氏，萊陽雙山。子崧阜。

葬西祖塋。

十四世

崧阜

字中峯，號申甫。附貢生。

配張氏，萊陽城内；副李氏、邱氏、李氏。子五：殿三、魁三、甲三，李出；曜三，邱出；省三，李出。女一適城子林門，一適招遠城裏王門，一適荆紫埠林門，張出；一適荆紫埠林門，李出；一適萊陽南嵐左門，邱出。

葬西祖塋。

十五世

殿三

字步庭，號嘯村。嘉慶己卯武舉。

配欒氏，大欒家。子兆京。女適萊陽柏林莊王門子景嶽，邑庠生孫庭蘭副榜。

葬村北新阡。

十六世

兆京

字尹卿。太學生。

配林氏，榆山後。子七：疆、㼆、塏、基、坤、埒，垚。

葬村北。

十七世

疆

配石氏，石家莊石景雲孫女。子乘榮。女二，一適辛家夼柳連清，一適海陽徐家店。

㼆

字西堂。業儒。

配張氏，張家泥都張侃女。子三：錫椵、錫鴻、錫鶚。女二，長適柳林莊張進東，次適楊礎庠生李燮臣之子。

塏

配李氏，七里橋。子二：天瑞、天鵬。女適廟東夼庠生馬成孚。

十三世	十四世	十五世	十六世	十七世
				基 配王氏，榆柳前王以盛女。 **坤** 配劉氏，下馬家河劉春田女。 **⿰土庌** 配王氏，榆柳前。嗣子芳玉。女三，長適七里莊慕寧，次適邱格莊王全，三適郭落莊衣同增。 **垚** 配王氏，東夼王紹南姊；繼林氏，院頭西山林斗南女。子二：芳玉、芳春。芳玉出嗣。女適上劉家㢚貢生劉芳齡子。

十三世

十四世

十五世

魁三

武生。

配郝氏，郝家樓。子五：漢京、瑤京、秦京、燕京、之京。女二，長適招遠賀甲莊楊門，次適招遠梁家李丹。

葬村西北。

十六世

漢京

配林氏，母山後林成彥女。子二：墀、坊。

瑤京

配王氏，龍村。子春。

秦京

配林氏，務滋夼。嗣子允升。

燕京

配衣氏，杜家黃口衣天成女。子玉聲。女適楊礎李門。

十七世

墀

配連氏。

坊

配林氏，東荆夼。子留住。女二，長適蘆子泊王門，次適十甲潘門。

允升

配李氏，榆柳前李鳳山姊。子芳田。女二，長適花園丁門，次適十里莊丁門。

玉聲

配潘氏，十甲；繼姜氏，栗里。子三：忠成、忠任、同義。

十三世

十四世

十五世

甲三

配周氏，萊陽。子三：海京、紹京、鎬京。紹京出繼。女適榆山後林門。葬村北。

十六世

之京

配孫氏，公山後。子五：允升、允賢、允貴、允祥、允貞。允升出嗣。女三，長適觀泊林垚，次適澤頭李門，三適院頭西山林奎智。

海京

配王氏，前徐村。子二：擢榮、擢楨。女適東野張門。

十七世

擢榮

配郝氏，慕家店；繼李氏，八田；林氏，觀泊林友政女；王氏，王家黄口。子三：芳德、芳洲、芳藻，郝出。女四，長適黄口王景岳，次適城内董門，三適荆山後林門，李出。

擢楨

配王氏，豹山口王治

十三世	
十四世	
十五世	
十六世	**鎬京** 配孫氏，泥溝子孫士友姊；繼孫氏，桃村；王氏，王家黃口；孫氏，泥溝子。子五：擢仁、擢儀、擢俊、擢儐、擢信。女三，長適陳家疃徐門，次適南柴劉門，三適東荆夼林門，俱繼孫氏出。
十七世	溪姊；繼王氏，黃口王善女。子芳桂，王出。女三，長適北宮范春長，次適前陽窩衣臻，三適南七里莊慕門。 **擢仁** 配張氏，南張家莊張玉林姊。子四：芳蘭、芳均、芳蓉、芳庭。女二，長適郝家莊郝文祥，次適後撞李門。 **擢儀** 配林氏，觀泊林垚姊；繼程氏，張家莊程有才女。子騰柯。 **擢俊** 配劉氏，下馬家河劉可盛姊。子三：芳翰、

十三世

十四世

十五世

曜三
武庠生。
配李氏，萊陽李家泊子。子四：文京、魏京、晉京、周京。女四，長適萊陽前水呂門，次適范家莊王門，三適蔣家莊蔣門，四適小觀史門。
葬村東。

十六世

文京
配張氏，萊陽亭山。子地。女三，一適張家泥都張，一適寺口張門，一適小留家。

魏京
配林氏，七里莊。子址。女適小莊舖劉門。

十七世

芳津、芳保。女二，長適辛家夼張門，次適下馬家河劉門。

擢儐
配王氏，蘆子泊王丕昭女。子四：豹、志、合、久住。女適辛家夼柳門。

擢信
配呂氏，呂家黃口。子三：孟養、正養、仲養。

址
配林氏，豹山口。子二：有謨、有烈。

世	
十三世	
十四世	
十五世	**省三** 字介夫。配王氏，城南關；副崔氏。嗣子紹京。女一適黃口王爲成，一適連家莊連芸閣，王出。葬村北。
十六世	**晉京** 配林氏，豹山口。子增。女二，長適文石林門，次適王家黃口王門。 **周京** 配林氏，文石。子四：堦、均、堂，墫。女適上劉家劉門。 **紹京** 字舜廷。太學生。配魯氏，朱留庠生魯凌虛女；繼徐氏，萊邑展口；欒氏，寧海西留疃。子二：擢賢、擢賡，欒出。女二，長適東野庠生張毓芳，次適豹山口庠生王應熙。
十七世	**增** 配王氏，陽谷。子四：循法、則法、效法、約法。 **墫** 配黃氏，黃家莊。 **擢賢** 字德卿，號松菴。邑庠生。配王氏，蔣家莊王勛女。子四：芳山、芳芹、芳若、芳潤。女二，長適台上孫殿元子，次適大榆莊張維翰。

十三世	
十四世	
十五世	
十六世	
十七世	**擢賡** 配林氏，居榆子林份女；繼王氏，東山根。子四：芳津、芳得、芳泉、芳漢。

十八世	十九世	二十世	二十一世	二十二世
乘榮 配李氏，羅家李堂姊。子玉山。	**玉山** 字輝堂。 配魯氏，朱留魯紹賓女。			
錫嘏 配王氏，邱格莊王福儉女；繼衣氏，朱留衣維女。女適張家泥都張可舉，王出。				
錫鴻 字子浦。 配林氏，豹山口林緝熙女。子二：素卿、素秋。				
錫鸚 字子甫。 配林氏，觀泊林若女。子二：玉佩、玉環。女適郭落莊衣門子同禮。	**玉佩** 配喬氏，喬家喬鳳翠女。			

世	
十八世	**天鵬** 配王氏，王家黄口王云章女。子玉璞。 **芳玉** 配林氏，河崖林景壽女。 **芳春** 配王氏，榆柳前王義廷女。 **芳田** 字倬甫。配李氏，楊礎李春芳女。 **芳桂** 配劉氏，窩落劉德裕女；繼李氏，李家莊李樹甲女。子書庭，劉出。
十九世	
二十世	
二十一世	
二十二世	

十八世	**芳蘭** 字香庭。配王氏，同里王松女。 **芳均** 配劉氏，院頭窑劉心女。 **芳庭** 字香圃。高小畢業。 **有謨** 配李氏，楊礎。 **有烈** 配徐氏，蘆上。 **循法** 配楊氏，蛇窩泊。 **芳山** 字潤玉。配林氏，河崖林景禄女。子三：夏、全、宿。
十九世	
二十世	
二十一世	
二十二世	

十八世	十九世	二十世	二十一世	二十二世
芳芹 配王氏。 **芳若** 配王氏，范家莊王樹古女。 **芳潤** 字藝軒。師範畢業生。 配蔣氏，唐山蔣鳳岐女。女荷香。				

十三世	十四世	十五世	十六世	十七世
【曰聘仲子】 **令緒** 居城東門裏十字口，下同。 字貽來，號枴山。乾隆乙巳[1]恩貢。 配樂氏，庠生履泰女；繼李氏，太學生緯女。子秋馥。 葬西祖塋。	**秋馥**[2] 字蒼實，號紉香。嘉慶戊午舉人。著有《蒼實文稿》。 配趙氏，萊陽趙家埠子庠生趙炘女。子盂。	**盂** 字公兆。邑庠生。 配姜氏；繼于氏，曹家于長生姊。子二：雁題、雁長，于出。女三，于出，長適萊陽翰林院庶吉士、禮部主事周悦讓，誥封宜人；次適掖縣舉人、仕至宣化同知加三品銜林牟貽，晋封淑人；三適海陽、禹城訓導姜式申，敕封孺人。	**雁題** 配王氏，占疃。嗣子縉先。女二，長適蓬萊任棲霞把總王連登，次適北門裏傅門。 **雁長** 配衣氏，杏家閣衣桂女。子二：縉先、紹先。縉先出嗣。	**縉先** 出家。 配林氏，艾家溝。女適石角夼林門。 **紹先** 居南柴。 配唐氏，萊陽唐家莊唐繼君女。子三：子翰、子榦、子幹。女二，一適徐家店劉門，一適萬家夼楊門。

十八世	十九世	二十世	二十一世	二十二世
子翰 字瀛洲。配程氏，下朱蘭程奎增女。子二：文鐸、文錡。 **子皞** 字楨臣。配李氏，楊礎李書屏女。子二：文鉢、文鈁。 **子翰** 配戰氏，半泊戰求德姊。				

【校注】

〔一〕乾隆乙巳：即乾隆五十年，一七八五年。

〔二〕秋馥：棲霞著名舉人。字蒼實，號紉香，老八支六房小八支七房，棲霞城東門裏十字口人。嘉慶戊午（一七九八）舉人，未出仕。著有《蒼實文稿》，未梓。

十三世

【之儀長子】

緒 自古鎮都遷西車夼。

字瓚禹，號醇泉。附貢生。

配姜氏，黃縣太學生姜重爵女，壬辰進士、天長知縣重靄侄女；繼孫氏，孫師孔女。子三：天相、金相，姜出；將相，孫出。金相出嗣。

十四世

天相 居西車夼。

字吉甫。武生。

配張氏，萊邑張家觀張文點女，進士、容縣知縣文焻侄女；側室趙氏。子三：碤、碱、硍，趙出。碱出嗣。

十五世

碤 自西車夼遷南埠，下同。

配馬氏，子四：昂霄、從典、洪範、世典。從典出嗣。女適對子院。

十六世

昂霄 赴遼東。

配于氏，松山。子三：松年、彭齡、慶雲。女適祝家夼祝河南。

洪範

配孫氏，前柳家；繼馮氏，寨裏于家。子三：新燕、全福、全吉，馮出。女二，馮出，一適

十七世

松年

配崔氏，松山。子四：蔚俊、蔚峻、蔚傑、鎮東。女二，長適金山店子劉門，次適野子口高門。

彭齡 赴遼東。

慶雲

配呂氏，後亭口。子三：錫、福成、壽中。女二，長適棗林莊范門，次適廟後林門。

新燕

配劉氏，大遼上。子四：鳳海、鳳早、鳳起、鳳德。女二，長適蒲子夼劉門，次適後亭口謝

世	
十三世	
十四世	
十五世	
十六世	松山李門，一適甕留范家范門。 **世典** 字五香。配馬氏，城裏。子三：喜麟、祥麟、瑞麟。女適上門樓王門。
十七世	昌賓。 **全福** 自南埠遷尚格莊。配曲氏，松山。子鳳仁。女四，長適榆林子馮門，次適野子口高門，三適散莊孫門，四適甕留窑王洪。 **全吉** 鄉飲耆賓。配王氏，劉家溝王維申女。子二：鳳玉、鳳儀。女適生鐵劉家劉晏庭。 **喜麟** 自南埠遷楓粟。配崔氏，子三：寶桃、鳳桐、鳳梧。女適徐村王門。 **祥麟** 配劉氏，生鐵劉家。

十三世

十四世

十五世

硍

配宮氏，孟家，祀節孝祠。嗣子從典。

十六世

從典

從九品。

配范氏，甕留范家；繼衣氏，佛落頂衣先妹；副李氏。子五：寶臣、寶章，衣出；寶奎、寶中、寶珍，李出。女

十七世

子四：當意、鳳翰、鳳令、鳳山。鳳翰出嗣。女三，長適生鐵劉家劉忠厚，次適宋格莊任其盛，三適車夼劉世榮。

瑞麟

配張氏，謝家溝。嗣子鳳翰。女二，長適泉水店衣門，次適生鐵劉家劉晏庭。

寶臣

字子卿。鄉飲介賓。

配曲氏，蓬夼。子二：鳴岡、鳳岡。女三，長適紫現頭崔門，次適曲里杜少陵，三適宋格莊車門。

十三世

十四世

將相 自西車夼遷南埠，下同。

字綬帶。武生。貤贈奉政大夫、海寧州知州。

配林氏，務滋夼庠生林瑞令女，貤贈宜人。嗣子碱。女適朱留庠生魯凌漢男葆華，歲貢生。

十五世

碱

字東漢，號蓮亭。太學生。誥贈奉政大夫、海寧州知州。

配崔氏，松山太學生崔天章女，贈宜人。子二：温典、温顯。

十六世

六，長適毛家毛門，范出；次適榆林莊林門，三適刁崖後林門，衣出；四適楓粟李門，五適路旺林芳，六適泉水店衣門，李出。

温典（一）

字册如，號梅岑，又號龍池。道光庚子（二）舉人，歷任浙江松陽、慈溪、奉化知縣，海寧州知州加知州銜，戊午浙江鄉試同考官。誥授奉政大夫。

十七世

寶章

配齊氏，香夼。子五：鳳德、鳳君、鳳南、進清、進才。女二，長適泉水夼于門，次適泉水店衣門。

寶奎 缺嗣。

寶中

配呂氏，小渚村。子成。

寶珍 缺嗣。

華椿

字大年。附貢生。

配王氏，福山古現舉人王應賢女。子二：恩鴻、贊鴻。

瀛椿

字世卿。武生。

配杜氏，曲里庠生杜

十三世

十四世

十五世

十六世

配欒氏，大欒家庠生欒斐卿女；副王氏，陡崖子；王氏，浙江人；俱封宜人。子七：華椿、瀛椿，欒出；才三、聰四、星五、逢六，王出；衡玉，繼王出。女四，長適北橋庠生宫丕恩，欒出；次適辛店庠生崔樹棠，三適南寨曲忠陽，王出；四適甕留窑柳坦，繼王出。

十七世

振麟女。子恩召。女三，長適哨上崔應麟，次適萊陽代明鄭義德，三適曲里杜紹武。

才三

字贊可，號階平。附貢生。

配崔氏，騷志庠生崔甲三女。子雲誥。女二，長適福山門樓劉子敬三子，次適福山城裏法政大學畢業謝得建。

聰四

字君達，增生。報捐布政司理問。

配祕氏，直隸省河間府故城縣人，庚子舉人、蕭山知縣、歷任上海兵

十三世

十四世

十五世

十六世

十七世

備道祕雲書女；繼林氏，廟後林運新女；李氏；李氏。子五：初乾、秉乾、和乾、如陵、健乾，林出。女四，長適上格莊劉門，次適福山沙霸子，祕出；三適柳林莊張門，四適唐家泊大學畢業蕭鴻順。

星五

字紹汝，又字聯珠，號奎垣。歲貢生。就職教諭，保升直隸州知州。

配柳氏，福山高疃；繼崔氏，辛店。子四：嘉寬、嘉敏，柳出；嘉禾、嘉治，崔出。女三，長適榆山後林心齋，次

十三世

十四世

十五世

十六世

十七世

適福山門樓郭門，柳出；三適松嵐子妻門，崔出。

峯六（三）

字笠仙，武都騎尉。

配王氏，福山城裏王維城女；繼郝氏，路旺武生郝中魁女。子三：敏鼎、炳烈、乃鼎，郝出。女三，長適南莊于壽昌，王出；次適蓬萊城内吴成夫，三適榆山後林次元，郝出。

衡玉（四）

字紹政，太學生。布政司理問。

配劉氏，橋子舉人劉曰義孫女，庠生劉希祖

十三世	十四世	十五世	十六世	十七世
			溫顯 字叔達，號耀堂。武生，報捐守備銜。配宮氏，藍蔚介；繼王氏，店西溝王玉來姊。子三：榮椿、庚、膺，王出。女適後亭口謝鳳韓，宮出。	女。子三：炳光、錫田、鎮展。女適福山朱叢庠生趙仁祚子。 **榮椿** 自南埠遷趙家溝。字向甫。附貢生，報捐主事。配姜氏，徐村太學生姜文藻女；繼王氏，福山澤園東莊庠生王蕚女。子五：延譽、濯漢、作霖，姜出；延洪、霈林，王出。女適榆山後庠生林紹蕡子。 **庚** 居南埠。字次伯。武生。配崔氏，辛店武生崔志晉女；繼孫氏，牟平萊山孫瑩王女。子五：延和、慶和、承恩，崔出；寶恩、悦和，孫出。

十三世

十四世

十五世

十六世

十七世

膺

字受之。廪生。

配林氏，北城子庠生林儒女；繼李氏、李氏，俱馬陵塚；鄒氏，山北頭鄒成來女，夫死殉節，入邑志。子二：裕恩，李出；景和，鄒出。女四，長適東宋莊任本縣教育局局長劉鴻均，次適南莊于魁昌，李出；三適尚格莊劉保瑞，四適騷誌庠生崔維藩子。

世	
十八世	**蔚俊** 配于氏，松山。嗣子春芳。女五，長適朱遠溝王門，次適五林莊林門，三適帽頂劉門，四適祝家夼祝門，五適店西溝王殿卿。 **蔚峻** 配崔氏，松山。子三：方得、春芳、義芳，春芳出嗣。女二，長適荆家于門，次適蘆房劉門。 **蔚傑** 配劉氏，蓬夼劉堯女。子二：桐芳、桂芳。女三，長適下生鐵留家劉蓬生，次適南莊侯元茂，三適紫現頭崔雲和。
十九世	**春芳** 配高氏，野子口。子三：繼昌、勳章、述昌，勳章、述昌皆出繼。女一適棗林子吕門，一適河南夼王門，一適高格莊欒門。 **方得** 配劉氏，金山店。嗣子勳章。 **義方** 嗣子述昌。 **桐芳** 配李氏，蓬萊蘆洋集李少孟妹。子四：日昌、奎昌、耘昌、瑞昌。女二，長女適下生鐵留家劉永才，次女適南莊侯作東。
二十世	**繼昌** 配陳氏。 **日昌** 字升欲。 **耘昌** 配姜氏，後徐村姜洪寶女。
二十一世	
二十二世	

十八世

鎮東

配李氏，前亭口。子世芳。女四，長適棗林呂門，次適棗林范門，三適店西溝王門，四適槐樹莊范門。

錫

配王氏，龍村。子三：友芳、永興、蘭芳，永興、蘭芳出嗣。女三，長適陳家陳曰南，次適朱遠溝王門，三適寨裏許士善。

福成

配王氏，松山。嗣子永興。

十九世

桂芳 赴遼東。

世芳

配車氏，宋格莊車剛妹。子二：克昌、文昌。女二，長適北埠郝國山，次適槐樹莊范鳳昌。

友芳

配陳氏，陳家陳堂女。

永興

配左氏，萊陽侯家疃。子三：仁昌、洪昌、順昌。

二十世

克昌

配劉氏，前姜格莊劉云慶女。子真傳。

文昌

配黄氏，棗園子黄德順女。

二十一世

二十二世

十八世	十九世	二十世	二十一世	二十二世
壽中 嗣子蘭芳。 **鳳海** 缺嗣。 **鳳早** 赴遼東。 **鳳起** 赴遼東。 **鳳德** 配劉氏，生鐵劉家；繼潘氏，宋格莊。 **鳳仁** 居尚格莊。 配李氏，西林。子二：振三、振興。 **鳳玉** 配劉氏，蘆芳。子四：恒芳、鴻芳、得中、得欽。女三，長適吉格莊于門，次適蓬夼曲門，三適小欒家欒門。	**蘭芳** 配王氏，口子王寶三女。子行昌。女適陳家陳門。 **振三** 配劉氏，尚格莊劉漢孫女。 **恒芳** 配宮氏，藍蔚夼。子金敞。			

十八世	十九世	二十世	二十一世	二十二世
鳳儀 配于氏，南莊。 **鳳梧** 配衣氏，衣家泊子；繼崔氏，戴家崔仲元女。 **鳳齡**[五] 配劉氏，生鐵劉家。女適生鐵留家。 **鳳山** 配王氏，車夼。 **鳳翰** 配劉氏，生鐵劉家。女適豐粟王其東之孫。 **鳴崗**[六] 配魯氏，朱留魯藺姊。子熙純。女適曲里杜英典。	**熙純** 配吴氏，吴家子滿倉。			

十八世	十九世	二十世	二十一世	二十二世
鳳崗 字梧庭。 配車氏，宋格莊；副□氏。子五：子元、子亨、子利、子貞、子經。 **鳳德** 繼子奎元。 **鳳君** 配王氏，路旺。子二：奎元、子明，奎元出嗣。女二，長適柳黃堡林門，次適中村王門。 **鳳南** 配高氏，百福院高有功女。 **進才** 配王氏，寨桑夼王世蔭女。子三：福意、福太、福來。	子元 配李氏，豐粟李世金女。			

十八世

恩鴻

配王氏，豐粟附貢生王芳林女；繼王氏，古現舉人王應賢孫女。子四：熙光、熙仁，元配出；榮光、熙瑞，繼出。女三，長適百里店宮維照，元配出；次適虎口台李書芬，三適解家口庠生張子銜子，繼出。

十九世

熙光

字敬三。庠生。配姜氏，後徐村廩貢生姜蘭洲女；繼宮氏，中橋歲貢生宮泮藻女。子三：永昌、鳳昌、進昌，宮出。女二，長適下門樓王之安，姜出；次適謝家溝劉門子玉起，宮出。

熙仁

配宮氏，中橋宮鳳山女。子世昌。女二，长適豹家泊劉占鳳，次適蘆房劉曰觀。

榮光

配王氏，後姜格莊庠生王仲山女。子三：壽昌、遠昌、玉昌。

二十世

世昌

配宮氏，中橋。

二十一世

二十二世

十八世	**贊鴻** 字商臣。太學生。 配宮氏，藍蔚亣武生宮馥蘭女；繼韓氏，西林韓履恒女。子三：熙桐、熙咸，宮出；熙堃，韓出。女適後蘆房劉文卿，宮出。
十九世	**熙瑞** 字辑五。師范畢業生。 配王氏，龍村王鶴田女。子德昌。女適小欒家欒門。 **熙桐** 配邢氏，臧家莊邢子美女。子言昌。女二，長適草格莊翟泮藻之孫，次適城裏歲貢生米松齡之孫。 **熙咸** 配李氏，後姜格莊李次孟女。子其昌。 **熙堃** 配韓氏，西林韓國棟女。子三：焕昌、貴昌、盛昌。
二十世	**德昌** 配张氏，解家口。子二：富强、富民。 **焕昌** 配劉氏，上劉家庠生劉文廷孫女。
二十一世	
二十二世	

十八世

恩照〔七〕

字錫山。

配柳氏，小寨。女適藍蔚介宮門。

雲誥

字裕卿，號梅孫。廩膳生，直隸試用州判，山東法政學校畢業生。

配崔氏，騷誌邑庠生崔維藩女。子三：令譽、令安、令辰。女二，長適馬家窑省立八中畢業馬社臣，次適朱元溝北平民國大學畢業王志超。

十九世

令譽

字滕滋。

配陳氏，福山北途山庠生陳功九女。子三：德訢、德周、德漢。

令安

字燕庭。

配林氏，後廟后林友諒女。子二：德中、德茂。

令辰

字明之。北平民國大學畢業。

配郝氏，路旺郝文典女。子德馨。

二十世

德訢

配陳氏，北途山。

德馨

字歡伯。

配陳氏，福山北塗山陳如全女。

二十一世

二十二世

十八世	十九世	二十世	二十一世	二十二世
初乾 號仁亭。 配李氏，藏家莊李福東女；繼林氏，前高格莊林榮訓女；林氏，杏山林文友女。子三：林生，林出；林育、林益，繼林出。 **建乾**（八） 字順琴。 配李氏，福山沙霸子李贊元女；繼孫氏，福山宋州孫丕禄女。子寅生。 **和乾** 字鳳鳴。 配劉氏，車夼庠生劉雲祥女；副楊氏，本村楊萬德女。子四：廷章、				

十八世

廷臣，劉出；廷桂、廷棟，楊出。

秉乾

字學海。

配李氏，丁家寨李作都女；郝氏，荆家郝文祥女。

嘉寬

配劉氏，橋子。

嘉敏

字耐臣。從九品。

配李氏，前姜格莊。

嘉禾

字子朴，號紹三。軍官學校畢業，步兵少校。

嘉治

字子超。

配李氏，高格莊；副

十九世

建武

字漢臣。高小畢業生。

配馬氏，西林。

二十世

二十一世

二十二世

十八世	十九世	二十世	二十一世	二十二世
馬氏，小楊家馬鴻玉女。子三：建武、建威，李出；建閣，楊出。 **毓鼎**（九） 字篆九。 配陳氏，芝罘陳亨道女。 **炳烈** 字承芝，山東省立師範畢業生。 配姜氏，福山北舖姜藹堂女。子殿臣。 **乃鼎** 配王氏，中橋王言蘭女。子二：殿勳、殿仁。	**建威** 字忠周。 配王氏，南陡崖子王作周女。 **建閣** 字效先。 **殿臣** 字鎮三。 配欒氏，小欒家邑庠生、長山縣知事欒鍾垚女。			

十八世	十九世	二十世	二十一世	二十二世
錫珍 字玉堂。法政大學畢業。配姜氏，福山北舖姜志福女。子五：可人、可賓、可文、可法、可立。女適佔疃王精蓉。 **錫田** 字仲農。配權氏，福山權家權玉周女。子四：可成、可學、可信、可意。 **延譽** 居兆家溝，下同。 字子鴻。太學生。配宮氏，北橋庠生宮鵬程女。子四：奉璋、衡瑄、青琳、搢珽，青琳出嗣。女適東泊子庠生潘中濂子。	**可人** 字石英。萊邑鄉師學校畢業。配梁氏，寨頭梁培金孫女。 **可成** 字秋亭。高中畢業。配林氏，北城子林春庭女。 **奉璋** 字宜臣。配宮氏，藍蔚夼宮子和女。子四：雲鵬、雲翮、雲鼇、雲路。女適陳家陳培德。 **衡瑄** 配王氏，龍村王鶴田			

十八世

濯漢

字錦江。

配劉氏，中橋劉格女。子四：錫福、嘉禄、仁壽、德喜。

十九世

女。子三：雲生、雲川、雲卿。

擢斑

字式正。

配孫氏，西珠泊孫玉女；繼李氏，豐粟庠生李業女。子雲和，孫出。

錫福

字孟九。

配王氏，亭口王寶田女；繼李氏，城北門裏李湘蘭女。子二：雲鴻、雲臺，王出。

嘉禄

配王氏，姜格莊王吉庠女。子雲夏。

仁壽

字介眉。

二十世

二十一世

二十二世

十八世

作霖

字雨臣，庠生。

配崔氏，辛店崔立海姊；繼于氏，郭家店庠生于瀛海姊。子四：鍾瀛、鍾岳，崔出；鍾傑、鍾山，于出。女適北橋宮門，崔出。

十九世

配林氏，龍臥堡林貴德女。子雲起。

鍾瀛

字仙洲。

配崔氏，桑樹夼崔奉德女。子二：雲驤、雲志。

鍾岳

字秀峯。

配崔氏，辛店崔松岳女；繼劉氏，馬蹄夼劉秀山侄女。

鍾傑

配劉氏，三叫劉世德女。

鍾山

二十世

二十一世

二十二世

十八世	十九世	二十世	二十一世	二十二世
延洪 字範九。 配李氏，楊礎李誠齋姑。子寶璽。 **霈霖**〔一〇〕 字雨亭。 配丁氏，花園丁煥章女；繼于氏，南莊于淑儀女。子四：寶珩、寶琛、寶善、寶琴，于出。 **延和** 居南埠。 字均堂，號順豐。太學生。 配柳氏，甕留柳探道女。子二：琛、珽，珽出嗣。女適泊子吴長樂子。 **慶和** 字吉齊。 配宮氏，百里店宮樹田姊。子二：珊、瑶。	**琛** 字福東。 配崔氏，嵐子前崔學仁女。子四：仲芳、仲茂、仲蕎、仲芸。 **珊** 配丁氏，花園。	**仲芳** 高小畢業。 配劉氏，上曲家。子劭。		

十八世

承恩

字丕堂。師範畢業。

配米氏，城東門裏附貢生米椿齡女。

保恩（二）

字如九。師範法政兩校畢業。

配謝氏，杏格莊庠生謝佑誥女，庠生鴻燾姊。子璇。女適蛇窩泊林景澍仲子步千。

悦和

字怡堂。

配王氏，福山張格莊王樹玉女；繼權氏，權家權士運女。子三：璋、璉，王出；琳，權出。

十九世

璇

字孟璣。中高小畢業。

配林氏，廟後林書田女。

二十世

二十一世

二十二世

十八世	十九世	二十世	二十一世	二十二世
裕恩 詹事府供事。 配孫氏，萊山孫奎甲女，旌表節孝。嗣子青琳。	**青琳** 改名鎮東。 配宮氏，解家口庠生宮文珊女；副劉氏，牟平萊山。子世麟。			
景和 字春園。 配欒氏，福山張家泊欒言卿女。嗣子珽。	**珽** 高等畢業。 配柳氏，甕留窑柳玉德女；繼林氏，高格莊。子二：嶸、峥。			

【校注】

〔一〕温典：浙江海寧州知州。字册如，號梅岑，又號龍池，老八支六房小八支八房，南埠人。道光庚子（一八四〇）舉人，歷任浙江松陽、慈溪、奉化知縣，因有功於朝廷，升海寧州知州，加知府銜（從四品）用，戊午（一八五八）浙江鄉試同考官。誥授奉政大夫。

〔二〕道光庚子：即道光二十年，一八四〇年。

〔三〕峯六：前文作『逢六』，前後不一致，具體情况待考。

〔四〕衡玉：原文爲『玉衡』，據前文改爲『衡玉』。

〔五〕鳳齡：前文作『鳳令』，前後不一致，具體情况待考。

〔六〕鳴崗：此處『鳴崗』及下文『鳳崗』，前文分别作『鳴岡』『鳳岡』。

〔七〕恩照：前文作『恩召』，前後不一致，具體情况待考。

〔八〕建乾：前文作『健乾』，前後不一致，具體情况待考。

〔九〕毓鼎：前文作『敏鼎』，前後不一致，具體情况待考。

〔一〇〕霈霖：前文作『霈林』，前後不一致，具體情况待考。

〔一一〕保恩：前文作『寶恩』，前後不一致，具體情况待考。

十三世

【之儀仲子】

綏[一] 居古鎮都，下同。

字克猷，號雪泉。優廩生，乾隆辛卯[二]經魁，任萊蕪縣教諭，入邑志孝友，詳家傳。

配姜氏，黄縣太學生姜重霖女、舉人宣孫女、進士其垓曾孫女。子顧相。女適福山舉人王餘莊。

十四世

顧相[三]

字亶夫，號鐵李。庠生。工詩文，著有《小瀨草堂詩文集》，載邑志文學、《山東通志·文苑》。詳家傳。

配李氏，子三：汝琦、汝弼、汝淹。女適海陽七里店李兆鈺。

葬莪蘿村東。

十五世

汝琦

字韓如，號漆園。庠生。

配王氏，子二：在輿、在方。女二，長適荆紫埠林門，次適招遠玉甲村王門男登鰲，恩貢生，候選訓導，例贈孺人。

汝弼 居古鎮都，下同。

字富如。武庠生。

配王氏，子二：允升、在祝。

十六世

在輿 自古鎮都遷母山後，下同。

字倚信，號中立。鄉飲耆賓。

配馬氏，任留；繼王氏，金山泊子王義姊。子開元，王出。女二，長適海陽古現于門，次適藍蔚夼宫門。

在方

字子正。

配王氏，金山泊子。子二：灃山、范山。

允升

武庠生。

配林氏，繼胡氏。缺嗣。

十七世

開元

字陶賡，號舜臣。例貢生。

配李氏，楊家圈李順田姊。子四：藩庭、傅庭、佐庭、榦庭。女二，長適招遠王門，次適辛店崔門。

灃山

配林氏，東荆夼。

范山 赴遼東。

十三世

十四世

十五世

汝淹 居古鎮都，下同。字范如。太學生。配林氏，七里莊。子三：輯、軸、輳。

十六世

在祝 配衣氏，子景雲。女二，長適菴裏賈門，次適南莊子姜門。

輯 字子和。配李氏，城北關。子二：士坤、士英。女二，長適泉水店庠生王公濯，次適赤巷口王門。

軸 配馬氏，子啓。女適劍脊山周門。

輳 配陳氏，畢郭；繼王氏，泉水店。子二：鴻

十七世

景雲 配孫氏，王格莊。子立庭。

士坤 遷居母山後。配王氏，城南關。子偉人。女二，長適松山崔門，次適赤巷口崔門。

士英 赴遼東。配馮氏。女適南坊米志新。

啓 赴遼東。

鴻臣 遷居廟東夼。配于氏，大窩落。子三：朋漢、連朋、成德。

十三世	
十四世	
十五世	
十六世	臣，陳出；逢春，王出。
十七世	**逢春** 缺嗣。

十八世

藩庭

字介人，號介伯。庠生。

配李氏，漁稼溝李人瑞妹；繼郝氏，北埠郝光舉女。子集生，李出。女一適蔣家莊庠生蔣德潤子，一（四）適王格莊庠生孫書景孫。

傅庭

字信人，號巖山。

配崔氏，艾山湯崔玉德女。子二：華生、嶽生。女三，長適小河北劉門，次適龍窩舖林門，三適菴裏賈門。

十九世

集生

字益三，號會文。

配于氏，松山于萬壽女。子三：錫琳、錫祺、錫昌。

華生

字仲夏。

配范氏。

嶽生

字崧山。

配馬氏，馬家疃。

二十世

錫琳

字伯珩。

配崔氏，辛店崔子明女。

錫祺

字吉甫。

配賈氏，口子村。

錫昌

字奎五。

二十一世

二十二世

十八世	**佐庭**〔五〕 字作人，號輔衡。配李氏，漁稼溝庠生李春韶女。子五：潤生、民生、廣生、春生、篤生。女適店西溝李門。
十九世	**潤生** 字雨臣。配宋氏，車夼宋科女。 **民生** 字勸堂。配馬氏，馬疃。子錫官。 **廣生** 字厚之。配潘氏，客落潘家潘興江妹。子錫龍。 **春生** 字芳齋。配崔氏，辛店崔連洲女。 **篤生** 字培之。
二十世	
二十一世	
二十二世	

十八世

榦庭 字佃人，號楨甫。配郝氏，郝家樓郝志温女。子三：荷生、厚生、桂生。女適洛疃衣門。

立庭 居古鎮都。配高氏，子二：建培、福連。

十九世

配郝氏，郝家樓郝文福女。

荷生 字蓮台。配吕氏，杜家莊子。子錫惠。

厚生 字坤載。配郝氏，艾山湯郝樹功姊。子二：錫禄、錫施。

桂生 字香齋。配崔氏，子錫祜。

二十世

錫惠 配王氏，公山後。

二十一世

二十二世

十八世	**偉人** 居母山後。配王氏，店西溝。子仁生。 **成德** 配周氏，車夼。子二：安、頓。
十九世	**仁生** 配馬氏，黃夼河南馬進喜女。
二十世	
二十一世	
二十二世	

【校注】

〔一〕綏：山東萊蕪縣教諭。字克猷，號雪泉，又號桃夢。老八支六房小八支八房，古鎮都人。牟之儀仲子，辛卯（一七七一）舉人。生於雍正六年（一七二八）十月初九日亥時，卒於乾隆五十六年（一七九一）四月二十八日午時，享壽六十四歲。一生以孝敬、德行、文章卓然昇聞。弱冠喪父，事祖母郝孺人、母親林孺人備極謹慎，凡兩孺人所欲，無不承奉。後，郝孺人病，正值鄉試濟南，孺人仰天視曰：『人壽長短，自是命耳，但願少延旦夕，待吾孫歸，足矣。』林孺人患衄血虚憊，厭聞人聲，與妻姜孺人晝夜在側，雖髮已斑白，爲博母親歡笑，常扮小兒作嬉，歷時一百六十天後愈。曾對妻曰：『我們二人侍母疾，心血俱枯，元氣耗盡，當少活十年。』後，母親林孺人又病，適以舉人進京赴考，未能服侍，不久林孺人去世，留下終身遺憾。以至每提母事，總是嗚咽流涕，故姻親聚談，必私下相誡，不言林孺人之事。平素與兄弟、族人、鄉里亦善相處，極遵仁信。乾隆二十四年（一七五九）在濟南從學於德州宋弼先生，甚得先生稱贊。乾隆三十五年（一七七〇），登州府太守監考棲霞童子生，唱名畢，向應試者曰：『棲邑城北牟生，立德可敬，爾輩當效法。』乾隆五十年（一七八五）出任萊蕪教諭。六年中，礪節操，守窮困，『所得只一「好」字耳』。學使胡公莅臨泰安府，諸生有誤解《經》書者，學使提議『讓牟綏指正』，公即挺身立於學使案下，手持卷，口摘其誤，每一節畢，學使必高聲稱是。因教人善以法度爲師，凡違其意旨者試必有失，凡從意旨者試必有得。故一時登門求教者，爲舉於鄉者，第於禮部者，不暇顧及。識與不識之衆，皆异口同贊。曾受言傳身教之侄貞相考中進士，庭相成名士，子願相成文學家。配姜氏，乃黄縣進士姜其垓曾孫女，封孺人，生於雍正七年（一七二九）九月二十四日丑時，卒於乾隆五十九年（一七九四）七月二十五日戌時，享壽六十六歲，合葬蛇窩泊西祖塋。

〔二〕乾隆辛卯：即乾隆三十六年，一七七一年。

〔三〕願相：山東著名古文家。字亶夫，號鐵李。老八支六房小八支八房，牟綏之子，古鎮都人。邑庠生。生於乾隆二十五年（一七六〇），卒於嘉慶十六年（一八一一）。自號『鐵李』，以示追懷遠祖李黼公。中年隨父居萊蕪六年，與當地張墨賓等四子友善，所作詩文，成爲有時代風土特徵之文獻。一生體弱多病，僅得年五十二歲。所著《小澥草堂詩文集》，於逝後四十二年（一八五三）由海陽七里店其婿李玨刊行，高密單爲鏓作序：『夫艾山之靈秀，著於海濱，得其氣者往往爲名士，爲偉人。先生與陌人先生角立特出，豈非鍾毓之獨厚者歟！』

〔四〕一：底本原作『女』，據文意改。

〔五〕佐庭：字作人，號輔衡，老八支六房小八支八房，母山後人。一生喜助人爲樂，急人所難。民國某年，本村林樹國、林樹階被土匪綁票，慨然出錢贖回。公山後村王某因生活所迫偷方瓜被逮，不但未責，還許諾按需來取。王某深受感動，此事傳爲美談。

世	
十三世	【之儀三子】 **組**[一] 居古鎮都。 字篚楚，號竹溪。庠生，贈文林郎、直隸肥鄉縣知縣。 配林氏，北門裏太學生林諴女；繼蕭氏，福山庠生蕭劭女；俱贈孺人。子三：貞相、廷相、家相，蕭出。
十四世	**貞相**[二] 自古鎮都徙東悅心亭。 字含章，號鶴峯。乾隆四十三年[三]進士，任直隸肥鄉縣知縣，詳家傳及邑志宦績、《山東通志·人物志·循吏》。 配蕭氏，福山進士、清鎮知縣蕭旃年女，贈孺人。子所。女適掖縣庠生林培厚，以男牟貽舉人、宣化府同知加三品銜，晉封淑人。孫鍾柱，光緒己卯[四]舉人。
十五世	**所**[五] 字無逸，號一樵。乙酉拔貢，丁酉舉人，工部鉛子庫主事，河防同知。工書法，詳邑志。贈朝議大夫。 配劉氏，橋子舉人蘭陽知縣劉曰義女，贈恭人。子二：萬澄、苞澧。
十六世	**萬澄** 自東悅心亭遷馬耳旺。 號嚮衢。 配李氏，海邑馬家莊。子三：垠、垢、塡，垢出嗣。 **苞澧** 自南悅心亭遷馬耳旺。 改名錫誥[六]。附貢生，任兵部車駕司主事。
十七世	**垠** 字先伯。鄉飲耆賓。 配慕氏，黃家莊。嗣子效曾。女適黃夼范家范春花。 **塡** 字叔坤，改名均。庠生。 配劉氏，大柳家劉明齋姊。子四：效文、效武、效曾、效祖，效文、效曾出繼。女適花園丁成基。 **堃** 字厚菴。捐六品銜。 配繆氏，北平人。子三：德芳、德水、德馨。

十三世

十四世

廷相（七）自古鎮都徙西悦心亭。

字默人，號陌人，後改名庭。乾隆乙卯（八）優貢，任觀城縣訓導。

十五世

扈

字農正，號岫航。庠生。

配林氏，繼孫氏。雙承子白圭。

十六世

配王氏，前徐村王兆可姊；副李氏。子二：堃，王出；圻，李出。女，王出，適徐村王兆可之子。

寶澍

邑庠生。原名白圭。

配□氏，嗣子垢。

十七世

女二，長適黃土壤婁金山，次適黃家莊黃桂山。

圻（九）寄居北平前門內後石瓦場。

字樹滋。入順天籍，丁酉科優貢生，朝考一等第二，七品小京官。工書，詳邑志技術。

配李氏，繼陳氏、劉氏，俱北京人。子四：光宇、光明、光浩，李出；光民，陳出。

垢

配□氏，嗣子效文。

十三世

十四世

鄉飲正賓，祀鄉賢祠。著作甚富，詳家傳及邑志、通省志、清史列傳。

配楊氏，招遠郝家莊增生楊停女，廩生培元姊，舉人鍾泰胞姑。子二：扈、房。女二，長適黃縣趙州知州王立中，敕封安人；次適太學生欒桓。

葬釜甑山東麓。

家相 自古鎮都徙中悦心亭。

號介園。太學生。

配趙氏，海陽城内廩貢生、任長蘆興國鹽大

十五世

房〔一〇〕

字農星，號香海，又號述人。嘉慶戊寅〔一一〕舉人。任長清、青城、高密、恩縣訓導，報舉卓异。任浙江會稽、安吉縣知縣。有《牟公案牘存稿》。詳邑志宦績。贈文林郎。

配林氏，增生林尚勛女，封孺人。子白圭，雙承。

葬釜甑山東麓。

庫

字生民，號仙喬。丙子舉人，揀選知縣。

配李氏，楊礎太學生李讜女，歲貢生冠羣姊。

十六世

官盛

配□氏，缺嗣。

十七世

世系	
十三世	
十四世	使趙炎女，進士、項城縣知縣銘彝胞姑。子庠。女適榆山後庠生林逢昶男倬章，庠生。葬古鎮都村北。
十五世	子官盛。女適萊陽張家觀張門。
十六世	
十七世	

【校注】

〔一〕組：老八支六房小八支八房。名士牟庭之父。字篚楚，號竹溪，庠生。生於雍正九年（一七三一）二月十七日，卒於乾隆四十七年（一七八二）十月二十日，享年五十二歲。葬古鎮都村後。生三子，長貞相，進士，肥鄉縣知縣；次庭相，名士，著名學者；三家相，太學生。因子貴，贈文林郎、肥鄉縣知縣。

〔二〕貞相：直隸肥鄉縣知縣。字含章，號鶴峯，老八支六房小八支八房，牟之儀之孫、願相從兄，原爲古鎮都人，後徙居悦心亭。生於乾隆二十年（一七五五），卒於乾隆五十七年（一七九二）。乾隆甲午（一七七四）科舉人，戊戌（一七七八）科進士，授肥鄉縣知縣，後調署滿城縣。乾隆五十七年（一七九二）四月五日，期滿回肥鄉，行至定州清風店，暴病而卒，僅得年三十八歲。生前爲官，一切獄訟皆細心辦理，人命大案皆親驗之，清廉有甚，誠信莫加。事迹載《山東通志・人物志・循吏》。

〔三〕乾隆四十三年：一七七八年。

〔四〕光緒己卯：即光緒五年，一八七九年。

〔五〕所：著名書法家。字無逸，號一樵，老八支六房小八支八房，貞相獨子，悦心亭人。生於乾隆五十七年（一七九二），卒年不詳。甫生父殞，由母親蕭氏（福山進士蕭旃年女）撫育成人。

道光乙酉（一八二五）拔貢，丁酉（一八三七）舉人。性孤傲，不善交際，自幼嗜金石、工翰墨。書法初宗顔魯，晚參晋魏，縱横離奇，自成一家，遐邇聞名，多方争購，片紙隻字貴如珠寶。曾被道州何紹基稱之爲『山左書法第一』。道州何紹基游濟南時，經學使引薦，曾與何氏切磋書藝，并同題一軸，得存於後裔手中百餘年。先後充任工部鉛子庫與都水司主事。補南河同知，授五品銜。晚年官場失意，卒於官。書曰：『今但欲守陋巷，教養子孫，時時與親舊話離闊，陳説平生，濁酒一杯，彈琴一曲，志願畢矣。』道光二十九年（一八四九）曾爲舅母吴太宜人『具呈報學轉詳奏請旌，奉旨准建專坊』。

〔六〕錫誥：正四品加四級兵部車駕司主事。原名苞澧，附貢生。老八支六房小八支八房，牟所次子，原悦心亭人，後徙馬耳旺。

〔七〕廷相：著名經學家。後改名庭，字默人，號陌人。老八支六房小八支八房，貞相胞弟。原爲古鎮都人，後徙居悦心亭。生於乾隆二十四年（一七五九）九月初八日未時，自幼天資聰穎，就讀於『小瀰草堂』家塾。十九歲補諸生，被山東學使趙鹿泉稱爲『山左第一秀才』。然而成優貢之後，却屢試不第。做了一任觀城縣訓導，便因病辭職。終生著書立説，先後積累下五十餘部手稿；代表作爲《同文尚書》，費四十年心血，依文風辨真僞，解决了尚書學上今、古兩派相争的成案，開創了牟氏一家的『尚書學』。《詩切》從語言、文字、語法、詞彙、地理、歷史、制度、文物八個方面對詩三百首進行剖析，指出『毛詩有七害一迂』，『七害不除，詩不可得而治也』。著述雖豐，生前却未能出版，至二十世紀初，梁啓超將《周公年表》列爲近三百餘年來學術名著之列。一九八一年齊魯書社影印出版了《同文尚書》，一九八三年又影印出版了《詩切》，均收録於《山左名賢遺書》中。道光十二年（一八三二）三月二十二日未時卒，享壽七十四歲。

〔八〕乾隆乙卯：即乾隆六十年，一七九五年。

〔九〕圻：著名書法家。字樹滋，老八支六房小八支八房。著名書法家牟所之孫。父錫詒宦京師，後隨父寄居北京前門内後石瓦場。丁酉（一八九七）科優貢生，朝考一等第二名，七品京官。工書法，墨迹與祖父近，并擅習各體，不拘一格。有子四：光宇、光明、光浩、光民，皆入北京籍。

〔一〇〕房：浙江安吉等諸縣知縣。字農星，號香海，又號述人，老八支六房小八支八房，牟庭仲子，悦心亭人。嘉慶戊寅（一八一八）科舉人。初任長清、高密、恩縣等縣訓導，報舉卓异，又歷任浙江會稽、安吉等縣知縣。一上任，便拿訟師，禁夜戲，焚小説，毁淫祠，社會治安立時好轉。安吉曾有溺女惡習，到任後即出告示嚴禁，凡違者罪坐家長與左右鄰；出首者則賞之，隱情不報加罪。布告後，其風頓息，全活女嬰甚衆。後有兩位老邑紳刻《牟公案牘》以示頌揚，一時爲之紙貴。太平軍興，曾上書浙江巡撫，辭去知縣，率領所練團丁從軍。後因病卒於途，致欲出版先父文集之志未能遂願。贈文林郎。

〔一一〕嘉慶戊寅：即嘉慶二十三年，一八一八年。

十八世	十九世	二十世	二十一世	二十二世
效曾 字玉廷。 配劉氏，南柴劉餘三女。子二：瑞、瑛。女適黃夼呂德尊。	**瑞** 字文祥。 配衣氏，莊頭衣守業女。子振世。			
	瑛 字明芝。中學師範畢業。 配林氏，城北街林豐女。			
效武 字子承。 配衣氏，釜甑武生衣錦相女。子瑍。女適蘆上徐門。	瑍 字文精。 配孫氏，王格莊孫勤女；繼王氏，占疃王茂官女。子二：振東，孫出；光義，王出。			
效祖 字春芳。 配王氏，新安王紹曾	**瑢** 配周氏，宋格莊。子長生。			

世	
十八世	女。子瑢。女適榆林頭王周。 **德芳** 字炳麟。 配韓氏，大韓家。子琰。 **德水** 字仁溪。 配衣氏，前陽窩衣得鈞女。子四：珍、璉、瑚、珂。 **德馨** 配馬氏，上馬家馬閣茂女。子成。 **效文** 配桑氏，上莊子桑榆女。子三：璥、珉、瓊。
十九世	**琰** 字序東，號樵玄。初中畢業。 配徐氏，舒家窪。 **璥** 配王氏，占疃王茂德女。子二：振國、振華。
二十一世	
二十一世	
二十二世	

十八世	女一適山口張延生，一適東馬耳夼張門。
十九世	**珉** 字潤之。 配黄氏，黄家莊黄照機女。子二：振漢、明材。 **璸** 中學師範畢業。 配吴氏，黄夼吕家。
二十一世	
二十一世	
二十二世	

十三世	十四世	十五世	十六世	十七世
【之儀四子】 **綬** 居東夼。 字韍維，早卒。嗣子金相。	**金相** 遷南埠，下同。 字琢章，號麗占。太學生。 配林氏，豹山口太學生林本庸女；繼林氏，務滋夼太學生林百齡女。子書。女適路旺林門，俱繼林出。	**書** 字尊經。太學生。 配林氏，豹山口。子得仁。女適亭口李門。	**得仁** 字澤仁。太學生。 配欒氏，小舖村。子三：兆吕、兆傅、兆欒。女五，長適福山高疃柳門，次適福山欒家疃于門，三適務滋夼林春林，四適蓬萊山後陳家王門，五適蓬萊城裏葛門。	**兆吕** 字夢卜。庠生。 配王氏，福山黃屋。子雲漢。女四，長適小欒家廩貢生欒書銘，次適煙臺奇山所劉門，三適福山高疃王門，四適福山史家莊史門。 **兆傅** 配林氏，荆紫埠；繼王氏，福山古現。繼子仲成。 **兆欒** 太學生。 配王氏，福山古現；

十三世	
十四世	
十五世	
十六世	
十七世	繼林氏，高格莊。子五：禮成、玉成、仲成、季成、經成，林出。仲成出嗣。

世次	
十八世	**雲漢** 居大欒家。 配欒氏，大欒家。
十九世	
二十世	
二十一世	
二十二世	

十三世

【之儀五子】

綍（一） 居古鎮都，下同。

字經猷，號清江。太學生。詳邑志義行。

配李氏，繼姜氏，子墨林。

十四世

墨林（二）

字松野。太學生。卓行詳邑志。

配李氏（三），李承景女，以賢孝登邑志；副劉氏、王氏、張氏、曲氏。子四：援，劉出；振，王出；擢，曲出；採，張出。女六，一適萊邑黃格莊進士周坊，一適萊陽東關于門孫子漢，一適萊陽劉家都劉門，劉出；一適海陽行村壬戌舉人、河南知縣車翹，敕封孺人，一適黃縣王門，王出；一適

十五世

援

字子良，號屏南。太學生。

配李氏，楊礎。女適萊陽趙格莊庠生宋維坤。嗣子宗植。

振（四）

字作亭。太學生。候選直隸州知州。詳邑志卓行。

配陳氏，畢郭。子二：宗植、宗樸，宗植出嗣。女四，長適福山柿子夼拔貢生、陝西通關道鹿澤長子、廩生元俊，次適萊陽良好泊進士于

十六世

宗植

字培生。太學生。

配鹿氏，福山柿子夼拔貢、陝西通關道鹿澤長女；副劉氏。子炅，劉出。

宗樸（五）

字子儒，號茂卿。廩貢生，歷任禮部郎中。

配鞠氏，海陽進士鞠捷昌女；繼張氏，蓬萊城內張運璇姊；副王氏、張氏、閻氏。子三：玟，王出；琨、珖，閻出。女適馬家窑進士馬桂芳孫馬季堯，王出。

十七世

炅

字書軒。太學生。

配姜氏，黃縣城內庠生姜聘三妹。子紹堃，繼子衍毅、衍祥。女適黃縣城丁品南子。

琨

字遜生。

配李氏，馬凌塚山西沛縣縣知事李硯豐女。子二：建業、建仁。

玟

字瑜佩。

配于氏，蓬萊城內河北省主席于學忠妹。子鵬志。

十三世

十四世

蓬萊庠生孫恒謙，張出。

十五世

成麒仲子、庠生芳齡，三適黃縣城内山承祉，四適黃縣丁門。

擢

字英甫。太學生，捐六品銜。

配左氏，萊陽莪蘭莊；繼湯氏，蓬萊城内湯金功姊；王氏，福山古現王省三女。子二：宗夔、宗彝，湯出。女三，湯出，長適萊陽進士李瀛瑞子、副貢生方保，次適招遠進士王聲溢子、舉人鍾荃，三適萊陽院里進士王樹玉子家烈。

十六世

宗夔

字耕齋。太學生。

配張氏，蓬萊城内拔貢張世豐女；繼姜氏，黃縣。子煜。

宗彝

字鳳崖。邑庠生。

配陳氏，福山芝罘島。子三：煒、烜，陳出；椿，劉出。

十七世

珧

字振芝。

煜

字旭東。

配欒氏，掖縣欒榮光姊。子三：衍禄、衍穀、衍壽，衍穀出嗣。女適唐山庠生林榮科子温浦。

煒

配梁氏，張格莊。

烜

配丁氏，黃縣城裏。

椿

配張氏，烟臺所城裏張廣禄之妹。生二子：夢穩、夢麟。

十三世

十四世

十五世

採

字子翰。太學生，捐知府銜。

配李氏，高格莊副榜李方焌妹，進士、甘肅高臺知縣應壽胞姑。子二：宗棨、宗梅。女四，長適蓬萊城内張運璇，次適招遠邵家拔貢邵際泰，三適黄縣單家單承基，四適蓬萊草泊趙門。

十六世

宗棨（六）

字式方。太學生，候選鹽課司提舉。

配王氏，黄縣小欒王福源姊；繼劉氏，烟臺奇山所劉道忠姊；于氏，福山欒家。子二：炆、澤家，王出。

宗梅

字景福，號壽亭。附貢生，捐訓導。

配王氏，福山縣東關；繼梁氏，福山張格莊。子四：烔、炘、煻、燡，王出。女適大廟後大學畢業林簡齋，王出。

十七世

炆

字焕卿。

澤家

字輝庭，號謙光。

配宋氏，蓬萊宋爵帥慶侄曾孫女。子三：衍桐、衍經、衍新。

烔

字琅軒。

配王氏，夫亡殉節，福山喧場王堯庭姊。子二：衍田、衍祥，衍祥出繼。

炘

字炳軒，號少亭。

配孫氏，牟平崖子孫錫五女。子三：衍、恒、

十三世

十四世

十五世

十六世

十七世

威麟。

熺

字靜軒。北平民國大學畢業。

配梁氏，福山璣珠村梁靖臣女。子三：衍道、衍達、衍述。

燡

字明軒。烟臺省立八中畢業。

配宋氏，蓬萊大趙家宋大紳女。

十八世	十九世	二十世	二十一世	二十二世
紹堃 配李氏，馬陵塚李碩豐孫女。 **衍毅** 字涵剛。高小畢業。 配孫氏，烟臺奇山所孫占九女。 **衍祥** 字承信。高小畢業。 配劉氏，青島劉松山女。 **衍禄** 配張氏，觀裏張鳳西女。 **衍桐** 字玉生。 配宋氏，蓬萊城裏宋景陶女。子三：世增、世昌、世丕。				

十八世	衍田 配王氏，海陽。子世榮。
十九世	
二十世	
二十一世	
二十二世	

【校注】

〔一〕綍：太學生。字經猷，號清江，老八支六房小八支八房，牟之儀第五子。生於乾隆九年（一七四四）四月十二日，卒於嘉慶十九年（一八一四），享壽七十一歲。據史籍載：『性和平，與物無競，嘉慶間歲祲賑粟，全活甚衆。其子墨林，恪遵父訓，急公好義。』

〔二〕墨林：牟氏莊園主人。字松野，老八支六房小八支八房，牟庭堂弟，古鎮都人。清嘉慶間太學生。生於乾隆五十四年（一七八九），卒於同治九年（一八七〇），享壽八十二歲。高祖國瓏原居悦心亭，祖父牟之儀徙居古鎮都，始建牟氏莊園，後分爨於二伯父牟綏，由堂兄願相繼承，願相啬貧，將牟氏莊園賣給墨林，墨林遂成牟氏莊園的主人。此後，不斷發展擴大，以至成爲全國有名的地主莊園。

〔三〕李氏：牟墨林妻，李承景女。性端淑，不苟言笑，事舅姑以孝聞，與夫敬順無違，待諸妾飲食衣服不吝與，諸妾子女視若己出，有恩。恤羸憐貧，樂善好施，遠近稱之。

〔四〕振：太學生，候選直隸州知州。字作亭，老八支六房小八支八房，松野仲子。古鎮都人。邑乘《人物志·卓行》載：院頭窑與范家溝兩村之間山脉過狹處，泥沙細膩宜製陶器，歷經挖掘，山脉幾斷，振慷慨於此處買地三十餘畝，保護其地。以斯地捐作牟氏祖塋祭田，塋中立有碑記。其他事迹不詳。

〔五〕宗樸：字子儒，號茂卿，廪貢生。老八支六房小八支八房，古鎮都人。牟墨林次孫。生於同治八年（一八六九），卒於民國十九年（一九三〇）。捐花翎三品，升銜兵部車駕司行走郎中加三級。清末，在棲霞城爲殯户當『點主官』。辛亥革命後，出任棲霞商會會長。二十世紀二十年代後期，軍閥興富户捐，首當其衝，家境日益衰落。民國十九年（一九三〇）病故，享壽六十二歲。

〔六〕宗棨：太學生，候選鹽課司提舉。字式方，老八支六房小八支八房，牟墨林第五孫。古鎮都人。一生樂善好施，并愛好京劇。

十三世

【之健子六】

成己 居西門裏，後同。
字叔原。庠生。
配林氏，子三：聯奎、雙奎、鼎奎。
葬蛇窩泊西祖塋。

成猷
字艾南，號芑原。
配王氏，繼李氏，子兆奎，李出。

成數（一） 赴遼東。
字晝原。
配林氏。

成杰（二）
字芝原。庠生。
配王氏，子徵吉。
葬蛇窩泊西祖塋。

十四世

聯奎
配林氏，嗣子焯。

雙奎
配陳氏，嗣子焕。

鼎奎
配張氏，子三：焯、焕、炳，焯、焕出嗣。

兆奎 遷居海陽豆疃，俟考。
配李氏。

徵吉 遷王家營子，俟考。

十五世

焯 缺嗣。

焕 缺嗣。

十六世

十七世

十三世	**成勛** 缺嗣。 **成象** 配張氏，子澤留。
十四世	**澤留** 自西門裏遷柳口，下同。鄉飲耆賓。配林氏，子二：煌、燦。
十五世	**煌** 雙承子雲海。 **燦** 配吴氏，子雲海，雙承。
十六世	**雲海** 太學生。配崔氏，繼子芝。
十七世	**芝** 遷居古鎮都。配王氏，老龍灣王光才女。嗣子邦仁。女適黄夼周仁熙。

十八世	十九世	二十世	二十一世	二十二世
邦仁 居古鎮都。 配鄒氏，山北頭。女四，長適呂家黄口呂敏，次適蓬夼曲學，三適七里莊林門，四適徐家窪王門。				

世	
十三世	**【之仔子三】**[三] **式穀** 居西門裏。 字懷方，號貽孫。 配王氏，缺嗣。 **告** 字箎初，號叙忠。庠生。缺嗣。 **沓** 配林氏，缺嗣。 **【之偶子】** **成名** 居西門裏，下同。 字梅園，號竹原。太學生。 配趙氏，子二：榮輝、榮耀。
十四世	**榮輝** 字玉含，缺嗣。 **榮耀** 字介岩。 配孫氏，子賓。
十五世	**賓** 字燕山。 配劉氏，蒲子夼。子二：錫德、錫恩。
十六世	**錫德** 配丁氏，窑溝。子四：芸、若、莪、萱，芸、若出嗣。女適呂家泊子王門。
十七世	**莪** 配米氏，子二：邦偉、邦臣。女三，長適老龍灣馮門，次適上劉家劉門，三適後夼趙門。

十三世	十四世	十五世	十六世	十七世
			錫恩 遷居臧家莊，下同。 字惠田。從九品。 配崔氏，紫現頭。嗣子若。	**萱** 配于氏，子邦英、邦信。 **若** 字欽堂。布政司理問。 配李氏，後姜格莊李文沛姊。子三：邦儼、邦雋、邦傑。女二，長適台上張萬川子，次適東山莊武生林如椿子。

十八世

邦英

配孫氏，王格莊孫方有女。子二：大有、連有。

邦儼

字敬如。布政司理問。

配李氏，西林李學成姊。子二：良、恭。女適前徐村王經武子。

邦雋

字子才。太學生。

配張氏，仙人埠張寶敬侄女；繼欒氏，大欒家欒培第女。子温，張出。女六，長適同里李廷生，次適馬陵塚李至玉子，三適李廷生，四

十九世

良

配吕氏，水道觀吕英勛女。

温

配馬氏，西林馬玉山女。

二十世

二十一世

二十二世

十八世

適高格莊林維釜之子，張出；五適引家夼蔣沐塵之子，六適西林李墨池之子，欒出。

邦傑（四）

亦名傍潔，字英忱，一字應塵，號佃俗子。高等小學畢業，任兩次區長。

配王氏，同里武生王耀德女；繼劉氏，橋子劉會九女。女適城內初中畢業李文賢。

十九世

二十世

二十一世

二十二世

【校注】

〔一〕成斅：前文作『成數』，前後不一致，具體情况待考。

〔二〕成杰：前文作『成杰』，前後不一致，具體情况待考。

〔三〕之仔子三：此處説之仔有式轂、告、咨三子，而前文之仔仅有式轂、咨二子，具體情况待考。

〔四〕邦傑：亦名傍潔，字英忱，一字應塵，號佃俗子。老八支六房小八支八房，臧家莊人。生年不詳，一九四七年去世。高等小學畢業，曾出任過校長、區長、縣參議員，保護過八路軍幹部。又爲民國族譜付梓效力。德高望重，然無善終。

世	
十三世	**【曰管長子】** **震先** 居東門裏。 字誦清，號長人，又號西堂。 配張氏，子二：希尚、希古，希古出嗣。 葬蛇窩泊，下同。
十四世	**希尚** 遷主格莊，下同。 字隱磻，號春齊。 配李氏，楊礎。子二：郁雅、彬雅。
十五世	**郁雅** 配陳氏，陳家。子四：昂、晶、昇、顯。 葬王格莊南疄，下同。
十六世	**昂** 配隋氏，大咽喉。子五：彩雲、瑞雲、青雲、慶雲、立雲。女適赤巷口賈門。
十七世	**彩雲** 配潘氏，小流口。子瑁。女二，長適杜家莊杜文山，次適城西十里舖。 **瑞雲** 配楊氏，楊格莊。子三：琛、瑶、瑗。女適草菴子徐慶。 **青雲** 配徐氏，潘子箭；繼林氏，務滋夼。子五：任起、起、景山、松、楓，林出。女適王格莊孫門，林出。 **慶雲** 配高氏，吉格莊高福

十三世	
十四世	
十五世	
十六世	**晶** 配李氏，林家莊李玉琢姊。子二：景雲、彤雲。女二，長適觀東庠生王子浴，次適榆格莊王門。
十七世	興姊。子齡。 **立雲** 配李氏，上宋家。子二：求、財。女二，長適上劉家劉振海，次適南岩子口王鐸。 **景雲** 配林氏，文石林中桂女；繼蔣氏，唐山。子琳。女適朱遠溝王鴻志。 **彤雲** 配隋氏，南關；繼王氏，丁家溝王安姊。子三：臻、璋、海，王出。女二，王出。長適邱格莊衣開，次適豹山口王裕合。

十三世

十四世

十五世

彬雅　配衣氏，子四：晉、誠、芳、訥。女五，長適張家泥都張門，次適大流口潘門，三適回龍夼衣門，四適杜家黃口杜門，五適隋家咽喉隋門。

十六世

昇　配王氏，野家埠子。子淩雲。女適野家埠子王門。

顯　配王氏，野家埠子。子鴻雲。女適黃夼范家范門。

晉　配李氏，楊礎。嗣子海雲，雙承。女四，長適回龍夼衣門，次適大流口潘門，三適張家泥都張門，四適野家埠子王門。

十七世

淩雲　配王氏，野家埠子王中興姊。子三：玳、玖、琴。女適城內傅浪。

鴻雲　配衣氏，郭落莊衣文清女。子四：璿、璥、恩、斑。女適黃夼盛家馬金章。
葬蛇窩泊東原。

海雲　配衣氏，朱留衣長工姊。子三：珂、樂、琨。女二，長適唐山頭王門，次適朱遠溝王門。

十三世	
十四世	
十五世	
十六世	**誠** 配衣氏，東院頭衣郎姊。子海雲，雙承。 **芳** 配林氏，北七里莊。子鳳雲，雙承。 **訥** 配衣氏，嗣子鳳雲雙承。
十七世	**鳳雲** 配馬氏，黄夼盛家馬文第姊。子七：堂、河、君、璽、英、令、誼。女三，長適陳家陳元周，次適岩子口王允江，三適朱遠溝王門。

十八世

瑁

配崔氏，艾山湯。子榮田。女適郭落莊衣同安。

琛

配李氏，羅家李判女。子四：元興、元珩、樹芳、元亮。女四，長適吕家吕儉，次適鄒家盛門，三適吕家吕門，四適十里莊丁門。

瑶 居黄夼范家。

配孫氏，任留；繼潘氏，西十里舖。子二：

十九世

榮田

配曲氏，南寨。女三，一適棗行徐進升，一適回炳崖劉明玉，一適林家亭林相起。

元興

配張氏，栗里張明臣女。子挺。

元珩

配馬氏，小馬家馬鳳閣女。子公庭。

樹芳

配丁氏。

元亮

配郝氏，城内郝寶善女。

友

配馬氏，黄夼。

二十世

二十一世

二十二世

十八世	十九世	二十世	二十一世	二十二世
友、樹楓。女五，長適草菴徐門，次適王格莊孫維青，三適路家路門，四適赤巷口賈門，五適西十里鋪孫門。 **瑗** 繼孫式，雙承。 **起** 配李氏，老龍灣李化雲女。子榮奎。 **景山** **松** 配李氏，城東門裏李化濤女。子三：榮齋、榮林、三。 **楓** 配林氏，城内林争女。子美。	**樹楓** 配衣氏，西馬夼衣寸孫女。子式，雙承。 **榮奎** 配陳氏，陳家陳元經女。			

十八世

齡
配欒氏，欒家溝欒鴻賓姊。

求
配王氏，南岩子口王綸姊。子二：榮江、榮嘉。

財
配馬氏，黄夼盛家馬廷女。子榮山。

琳
配張氏，觀東張悦女。子榮芹。女三，長適後靈山夼柳玉德，次適郭落莊衣門，三適七里莊林門。

臻 居西關。
配徐氏，草菴子徐正惠女；繼王氏，公山後

十九世

榮江
配劉氏，上劉家劉文德姊。子二：侔、夏榜。

榮嘉

榮芹
配張氏，觀東張恪孫女。子道。

瑞麟
配李氏，上曲家李仁臣妹。

二十世

二十一世

二十二世

十八世	王振東女。子瑞麟。女適郝家莊郝維周，皆王出。 葬蛇窩泊東原。 **璋** 配姜氏，任留店姜元明女；繼王氏，泉水店王作熙女。子三：重美、連姜、潤姜，王出。 **海** 居西關南街。 配林氏，西亭林壽益女。子榮芬。 **玳** 配張氏，張家泥都張進德姊。子二：應太、春海。女適靈山李門。 **玖** 配趙氏，范家趙明通女；繼婁氏，婁家黃夼
十九世	**榮芬** 配李氏，七里橋子李長順女。 **春海** 配王氏，榆林頭。子三：連、望、梁傳。 **江海** 配劉氏，小石嶺劉長得女。
二十世	
二十一世	
二十二世	

十八世	十九世	二十世	二十一世	二十二世
婁進經姊。子三：江慶，趙出；江海、江山，婁出。女三，長適王格莊孫愛，次適東南店韓鳳信，三適河南夼王璉。 **琴** 配衣氏，釜甑。子二：江義、永慶。女適陳家陳門。 **瑨** 字子衡。 配林氏，西二里店林維桁女；繼王氏，龍村王文朴女；路氏，路家路學先姊。子三：玉泉，王出；玉芳、玉興，路出。 **璥** 配范氏，交毛寨范文章女。子秀泉。女二，	**秀泉** 配劉氏，回炳崖。			

十八世

長適戰家崔日新，次適城北街李國義。

恩

斑

字玉卿。

配王氏，南岩子口王斑女。子秀林。

珂

配隋氏，朱留隋鴻訓姊。子二：金生、金玉。

樂

配馬氏，黃夼盛家馬廷女。子榮國。女二，一適黃夼高家高門，一適紫現頭崔進民。

十九世

金生

配郝氏，城内郝國聚女。子法。

金玉

配王氏，唐山頭王占魁女。子四：讚應、讚勞、讚登、讚有。

榮國

配王氏，葉家埠子王全女。子仁。

二十世

仁

配趙氏，黃夼范家趙朋女。

二十一世

二十二世

十八世

琨　配林氏，西關林友女。子三：金保、金光、金齋。女適西二里店林門。

堂　配陳氏，陳家陳焕女。子志勝。女適西十里鋪范門。

河　配王氏，豹山口王海雲女。子二：景春、景山。

君　配衣氏，前陽窩衣維業女。子三：壯賓、壯卿、壯星。

十九世

金保　配孫氏，泥溝子孫鴻筵女。

景春　配孫氏，王格莊孫書理女。子江。

景山　配隋氏，後靈山夼隋興孫女。

壯賓　配李氏，十五里堠子。子思。

二十世

二十一世

二十二世

十八世	**璽** 配柳氏，靈山夼柳文源女。子玉廷。 **英** 配林氏，林家莊林榮春女。
十九世	
二十世	
二十一世	
二十二世	

十三世

【曰管仲子】

泰先 居主格莊，下同。

字冲如，號受人。

配張氏，子希恕，嗣子希古。

十四世

希恕

字推赤，號矩絜，又號溥泉。早亡。嗣子君雅，雙承。

十五世

君雅

原名爾雅。

配衣氏，東院頭。子二：旭、徑。女三，長適大山口徐成，次適野家埠子王門，三適引家夼辛酉科拔貢、隆德知縣蔣於，贈孺人。

十六世

旭

配蔣氏，唐山。子卿雲。女三，長適邱格莊劉門，次適柳林莊太學生張懋深，三適回郍崖劉門。

徑

配陳氏，陳家。子五：祥雲、開雲、吉雲、春雲、順雲。女適東院頭衣門。

十七世

卿雲

配蔣氏，引駕夼蔣云壽女。子六：環、志、珍、田、華廷、臣。女三，長適邱格莊劉賓，次適引駕夼蔣門，三適觀東王門。

祥雲

配張氏，張家泥都。子本。女三，長適柳林莊張門，次適百里店丁門，三適陳家陳門。

開雲

配李氏，林家莊子李玉琢女。嗣子争。女適楊礎李泰。

十三世

十四世

十五世

十六世

十七世

吉雲

配衣氏，莊頭。子三：爭、雙才、興，爭出嗣。女二，長適後靈山夼孫長清，次適十里舖范門。

春雲

配范氏，黄夼盛家范玉合女。子二：江、海。女四，長適陳家陳元長，次適潘子箭曲門，三適黄夼范家范，四適河南夼王門。

順雲

配衣氏，郭落莊。子二：用、熙。女二，長適喬家林門，次適大流口潘門。

十三世	十四世	十五世	十六世	十七世
	希古 字睿恩，又字宣哲。 配張氏，張家泥都從九品張淑女，癸酉舉人、易門知縣張鈖曾孫女。子君雅，雙承。			

十八世	十九世	二十世	二十一世	二十二世
環 配譚氏，宅夼譚長安女。子五：榮文、義方、榮芝、榮芳、榮丹。女二，長適陳家陳克堂，次適上劉家劉文應。 **志** 配林氏，河崖林順妹。子榮桂。女四，長適邱格莊王門，次適小流口潘門，三適郝家樓郝門，四適城東溝林門。 **珍** 配陳氏，陳家陳好女；繼杜氏，引駕夼杜紹若女。子六：榮賓、榮義、榮禮、榮智、榮信、榮仁，杜出。	**榮賓** 配謝氏，觀裏謝日清女。			

十八世	十九世	二十世	二十一世	二十二世
田 配邢氏，李家夼邢江女。子二：榮棠、榮良。女適引家夼李門。 華廷 配周氏，車夼周玉海女。 臣 配馬氏，下馬家馬儀鳳女。女二，長適觀東王廷烈，次適喬家喬門。 本 配陳氏，陳家陳元喜姊。子二：永心、永春。女二，長適陳家柳門，次適回郍崖劉門。	永心 配劉氏，回郍崖劉睦作女。子連歌。女適杜家莊杜門。 永春 配劉氏，邱格莊劉業女。子二：拉歌、崇基。			

十八世	**爭** 配趙氏，黃夼范家趙明九女。子二：喜、懼。女適松山崔門。 **雙才** 配陳氏，陳家。 **江** 配陳氏，陳家陳好女。
十九世	
二十世	
二十一世	
二十二世	

世系	
十三世	【爲箕子】 **太原** 乘俗入道。 字禹修，號既軒。 配姜氏，缺嗣。
十四世	
十五世	
十六世	
十七世	

六房現在里居户數與入譜者人數

十世長房：牟家疃二十户，埠梅頭三十一户，河北十户，莊頭三户，古鎮都三户，城内二户，楚留一户，視稼樓一户。共七十一户〔一〕，入譜者三百十八人。

十世二房：上孫家九户，南砦三户，蛇窩泊二户。共十四户，入譜者六十六人。

十世三房：前泥都七十户，後泥都四十户，萊陽城一户，李家莊一户。共一百十二户，入譜者六百十二人。

十世四房：河西二户，入譜者二十人。

十世五房：燕子夼九户，水晶泊二户，東院頭一户，楊礎一户，濟南一户。共十四户，入譜者七十二人。

十世六房：陸崖三十户，蛇窩泊七户，上孫家二十四户，城北宫七户，上高家四户，史家寨二户，舒家窪一户，温家泊子一户。共七十六户，入譜者三百九十五人。

十世七房：唐山頭三十户，榆子一户，南砦一户。共三十二户，入譜者一百十五人。

十世八房：南埠五十户，兆甲溝十一户，古鎮都十六户，母山後十二户，馬夼十户，臧家莊二户，豐粟一户，大欒家一户，北平一户，上格莊一户。共一百零五户，入譜者四百二十九人。

九世二房：主格莊三十五户，西關二户，黄夼范家一户。共三十八户，入譜者一百六十三人。

共計四百六十四户〔二〕，入譜者二千一百九十人〔三〕。舊譜三百六十七人。

【校注】

〔一〕七十一户：原文爲『七十户』，有誤，應爲『七十一户』。

〔二〕四百六十四户：原文爲『四百六十三户』，有誤，應爲『四百六十四户』。

〔三〕二千一百九十人：原文爲『二千二百人』，有誤，應爲『二千一百九十人』。

卷六

世	
八世	**道中** 以下里居失考。 庠生。 配劉氏[一]，旌表節烈。 子鍈。 葬七里莊北山。
九世	**鍈** 字敷文。庠生。 配林氏，子國琅。 葬五里地堠北山。
十世	**國琅** 配張氏，子三：浩、汗、潔。 葬七里莊北山。
十一世	**浩** 庠生。 **汗** 配衣氏，子二：習之、習禮。 **潔** 配張氏，子四：大朋、二朋、三朋、四朋。 葬水頭西山。
十二世	**習之** 配謝氏，子斌。 **習禮** 赴遼東。 **大朋** 配于氏。 葬水頭西山。 **二朋** **三朋** **四朋** 以上四名俱赴遼東。

【校注】

〔一〕衛萇纂修《乾隆棲霞縣志》收入『烈婦』條，記曰：『劉氏，庠生牟道中妻。』

十三世	**斌** 居城南七里莊。 配郭氏，繼八世五房云誠子蓮生。
十四世	**蓮生** 自七里莊遷南坊。 原名繼昌。 配董氏，子三：崇、華、崒。
十五世	**崇** 改名泱。 **華** 改名浚。 **崒** 改名淳。 俱失考。
十六世	
十七世	

八世

道平 自牟家疃遷河西。配衣氏，子五：鋒、銃、錀、鐸、錝。葬蛇窩泊東老塋。

九世

鋒 居河西，下同。配姜氏，子二：國泓、國漶。葬河西西疄。

銃 居河西，下同。號新華。配孫氏，子二：國瓛、

十世

國泓 配馬氏，子二：校、桃。

國漶 配劉氏，子三：振、悅、忻。

國瓛 配劉氏，缺嗣。以侄曾孫嶟等奉祀。

十一世

校 配林氏，嗣子作新。

桃 配周氏，子三：維新、作新、日新。作新出嗣。

振 配崔氏，子二：學賜、學由。學由出嗣。

悅 嗣子學由。

忻 配閻氏，繼高氏。子學顏，閻出。

十二世

作新 配郝氏，入祀節孝祠。子屺。

維新 配林氏，子岫。

日新 配林氏，子峪。

學賜 配謝氏，子七：嵋、豳、嵮、嵐、嵚、嵊、崧。

學由 配楊氏，子嶕。

學顏 配李氏，子二：峒、嵑。

八世	九世	十世	十一世	十二世
	國珏。 葬蛇窩泊東老塋，下同。	**國珏** 配宋氏，赤山村。子二：㥠、柏。	**㥠**（一） 號德齋。庠生。詳邑志孝友。 配張氏，繼林氏，副安氏。子方中，安出。女適城裏南台子、廣東惠州府典史林振嗣子、歲貢生霞舉。 **柏** 號殷以。 配林氏，觀泊。子二：曰簟、方煦。	**方中** 號隰苓。太學生。 配林氏，西鳳跳；繼林氏，榆子，旌表節孝。子二：夢魁、夢祥。女二，長適萊邑丁格莊姜門，次適榆子林門，俱元配出。 **曰簟** 號華亭。太學生，候選縣丞。 配衣氏，子嶟、岠。女適張家泥都從九品張淑。 葬東老塋外，下同。 **方煦** 遷禾稼莊。 字曉初。太學生。

八世

九世

鑰 居河西，下同。配劉氏，子二：國珻、國璽。葬河西西塋。

十世

國珻 配孫氏，子二：愷、悌。

國璽 配馬氏，子格。

十一世

愷 配劉氏，子文耀。

悌 配張氏，子五：志芬、志德、志範、志純、志新。

格 號筠衡。敕贈修職郎、

十二世

配稽氏，萊邑神山後舉人稽宗孔姊。子二：克生、克勤。

文耀 原名問蕘。配祁氏，子[山后]。

志芬 配□氏，嗣子[山羊]。

志德 配王氏，子[山旱]。

志範 缺嗣。

志純 配劉氏，繼徐氏。子二：[山羊]、嶂。[山羊]出嗣。

志新 缺嗣。

三益 字正求。庠生，敕贈

八世

九世

十世

葬河西南塋。

十一世

聊城縣教諭。

配劉氏，萊邑下蒲格莊，敕贈孺人。子四：三益、名世、自玉、問言。

葬河西南塋。

十二世

修職郎、魚臺縣教諭。

配劉氏，敕贈孺人。子三：岱、密、嶠。

葬河西南塋。

名世（二）

字期生，號臨四。雍正癸卯（三）恩科經魁，授直隸（四）真定府靈壽縣知縣，以資項不充未就；尋授東昌府聊城縣教諭，敕封修職郎。

著有《吾盧集》《僑燕集》《氈餘集》，詩載《山左詩續抄》。

配史氏，大丁家史亮采女；繼林氏，蛇窩泊林柱林女；董氏；俱敕

八世

九世

鐸 自河西遷唐山，下同。

字學斯。

配林氏，子三：國泰、國昌、國科。

葬泊集後老塋。

十世

國泰

配王氏，子和，雙承。

十一世

和

配馮氏，子二：志學、志盛。

十二世

贈孺人。子峨，史出。

葬河西南塋。

自玉

字尚質。

配林氏，子三：峻、嶆、峘。

葬河西南塋。

問言

號裕庵。增生。

配衣氏，繼林氏，河崖。子四：岢、嵻、嶔、嵈，林出。

志學

配王氏，繼朱氏。子沖，朱出。

志盛

配衣氏，子二：寧、順。

八世

九世

鍒 居河西，下同。
號尊華。
配萬氏，子三：國瑄、國璉、國璥。
葬泊集東老塋。

十世

國昌
國科
俱雙承子和。

國瑄
配林氏，繼朱氏。子四：愜，林出；愉、憏、達，朱出。

十一世

愜
號素齋。
配何氏，子志仁。

愉
配李氏，子四：志忠、志厚、志芳、志潔。

十二世

志仁
號應六。太學生。
配衣氏，繼劉氏，副唐氏。子三：碩，劉出；礀、磻，唐出。

志忠
配孫氏，子嵀。

志厚
配林氏，子三：崒、岫、崝。

志芳
配張氏，繼孫氏。子四：嵓，張出；岯、崚、嶸，孫出。岯出嗣。

志潔
配張氏，繼尚氏。子崗，張出。

八世

九世

十世

國璉　號西山。配劉氏，子二：恪、寧。葬泊集東老塋。

十一世

憏　配崔氏，繼徐氏。子二：志述、志遠，崔出。

達　武生。配馮氏，子志道。

恪　武生。配崔氏，子志誠。

寧　字以齋。配林氏，三里店；繼劉氏，觀東；柳氏，大柳家。子二：志信，林

十二世

志述　配林氏，子二：岷、岩。

志遠　配林氏，子二：慶意、連意。

志道　嗣子峘。

志誠　字建山。配王氏，子二：純、繡。

志信　配郝氏，繼尹氏。子克明，郝出。

志貞　字源清。

八世

九世

十世

國璥

配李氏，子五：惺、愓、憬、悟、惓。

十一世

出；志貞，柳出。女適海邑港裏姜門，柳出。按邑志云，柳氏于歸(五)之日，翁姑皆没。前室遺一子尚幼，無如己出；生一子一女而夫亡。家貧窶，謀生課子，暇則以紡績爲事，終身劳瘁，備歷艱辛，已請旌表。

葬河西西南塋。

惺

配林氏，子三：涵、曰賢、曰毅。

十二世

配連氏，連任女，直邑庠生繼先孫女，直隸延慶州(六)拔貢、任棲霞知縣、入籍居連家莊城璧(七)曾孫女。子作楫。女適大柴劉門。

葬河西村南新阡。

涵

缺嗣。

原名曰强。

曰賢

配楊氏，繼王氏。子萇，王出。

曰毅

配孫氏，嗣子嶢，自

八世	九世	十世	十一世	十二世
			惕 配王氏。 **憬** 配林氏。 **悟** 配左氏。 **惓** 以上俱曰賢兼承。	八世分支四房牟家疃汝喜名下繼入。

【校注】

〔一〕愔：庠生。號德齋，老八支八房九世二房，牟家河西村人。家境初貧，遂習貿易，獲田千畝。弟牟柏自立無能，終身與之共居，凡衣食之需，子侄均等。家室窮窘，奉母育弟，關懷備至；家室殷實，又濟人急，姻族賴以成家者數不枚舉。名列邑乘。

〔二〕名世：山東聊城縣教諭。字期生，號臨四，老八支八房九世三房，牟家河西人。雍正元年（一七二三）恩科經魁，授直隸省靈壽縣知縣，因資項不充未就。後尋授東昌府聊城縣教諭，敕封修職郎。著有《吾廬集》《僑燕集》《氈餘集》，詩入《山左詩續抄》。由於教子有方，子孫多有名望，如子牟峨，孫牟應震、牟應龍等，皆名噪鄉里。

〔三〕雍正癸卯：即雍正元年，一七二三年。

〔四〕直隸：原文爲『直肄』，應爲『直隸』。明成祖朱棣建都北京以後，真定府直隸於京師。清雍正元年（一七二三）爲避胤禛諱，改『真定』爲『正定』，真定府和真定縣從此改稱正定府、正定縣。雍正二年（一七二四）開始調整政區體系，將原來由各府管轄的州升爲直隸於省的直隸州。正定府轄領正定、獲鹿、井陘、平山、藁城、行唐、靈壽、元氏、贊皇、無極、欒城、新樂、阜平十三縣。靈壽縣即屬直隸正定府管轄。

〔五〕于歸：指女子出嫁。

〔六〕延慶州：明永樂十二年（一四一四）三月置。明成祖朱棣北巡，駐蹕團山（今延慶舊縣鎮團山），以嬀川平坦，土地肥沃，設隆慶州，轄永寧、懷來二縣，移民屯墾，直隸京師宣府；隆慶元年（一五六七）爲避穆宗年號，改爲延慶州。一九一二年，全國廢州改縣，延慶州改爲延慶縣。

〔七〕據衛萇纂修《乾隆棲霞縣志》卷五《官师志》記載，連城璧順治十年在任，延慶人，貢生。

十三世

【作新子】

屺（二） 居河西，下同。

字瞻鞠。增生。工詩，詩載《山左詩續抄》。

配劉氏，子三：純熙、純瑕、純修。

十四世

純熙

配劉氏，旌表節孝，詳邑志。嗣子鳳詔。

純瑕

配林氏，子三：鳳儀、鳳彩、鳳來。

純修

庠生。

配隋氏，子二：鳳鳴、

十五世

鳳詔

改名詔。

配隋氏，大咽喉隋學姑。子二：裕來、隋來。隋來出鳳起嗣。

鳳儀

配隋氏，繼王氏、杜氏。子三：運興、運起、運盛。運起出嗣，杜出。

鳳彩 赴遼東。

鳳來

配魯氏，嗣子運起。

鳳鳴

改名現。

配史氏，子二：殿

十六世

裕來

配衣氏，東院頭；繼丁氏，常家溝丁官女。子二：緒初、貴初，丁出。

丁氏旌表節孝。

運興 赴遼東。

運盛

配喬氏，子還初。

運起

配謝氏，缺嗣。

殿魁

配劉氏，柳口。雙承子連初。

十七世

緒初

配隋氏，大咽喉隋守正妹。子三：賡堯、賡舜、賡雲。女適上范家溝王鳳崗。

貴初 缺嗣。

還初 居吉林省東關。

配李氏，八田李全妹。子四：賡虞、賡夏、賡商、賡周。

連初

配修氏，萊邑上蒲格莊修玉殿女。子三：世

十三世	
十四世	鳳詔。鳳詔出繼。
十五世	魁、殿元。
十六世	**殿元** 配楊氏，寨頭；副尉氏。子連初，雙承，尉出。
十七世	基、世業、世忠。

十八世	十九世	二十世	二十一世	二十二世
廣堯 字咨卿。嗣子泳。 **廣舜** 配楊氏，柳口楊文元女。子二：泳、游，泳出嗣。女四，長、三下范家溝，次適北水頭隋門，四適大咽喉隋門。 **廣雲** 配林氏，蛇窩泊林松女。 **廣虞** 居吉林東關。 **廣夏** **廣商** **廣周** 居同上。	**泳** 配隋氏，大咽喉隋温女。子勝。 **游** 配鍾氏，鍾家院鍾明義女。子三：廣、三、果。	**廣** 配劉氏，柳口；繼出南柴胡乃文女。		

【校注】

〔一〕屺：字瞻鞠，老八支八房九世長房，牟家河西村人，增廣生員，工詩，其詩作載《山左詩續抄》。

世	
十三世	【維新子】 **岫** 居河西，下同。 配劉氏，繼林氏。子四：純學、純仁，劉出；純德、純心，林出。
十四世	**純學** 赴遼東。 配王氏，子八桂。 **純仁** 配劉氏。子二：五桂、鳳起，鳳起兼承。
十五世	**八桂** 赴遼東。 **五桂** 缺嗣。 **鳳起** 配徐氏，嗣子隋來。
十六世	**隋來** 字易占。從九品。 配丁氏，常家溝。子三：珏、珩初、榮貴。女適河崖林門孫殿邦。
十七世	**珏** 字於斯。太學生。 配徐氏，寨頭徐修女，旌表節孝。子二：虞韶、賡武。女適河崖庠生林紹賡。 **珩初** 配于氏，萊邑窩洛。子二：賡春、賡言。女二，長適唐山蔣門，次適修家蒲格莊修門。 **貴初**（二） 配李氏，萊邑大山後。

世	
十三世	
十四世	**純德** **純心** 配朱氏，副周氏。俱鳳起兼承。
十五世	
十六世	
十七世	子四：賡筌、賡元、賡同、賡興。女適唐山蔣門。

十八世	十九世	二十世	二十一世	二十二世
賡韶 居河西，下同。 字春亭，號成甫。耆儒。 配郝氏，城裏北郝宅舉人郝應震孫女。繼子震川。	**震川** 配徐氏，寨頭徐仁興女；繼盛氏，李家莊盛枚妹。子二：同希、同德，盛出。女適郭家埠頭劉門，徐出。			
賡武 配徐氏，寨頭徐林一女。子三：閣、震山、震川，震川出嗣。女三，長適唐山蔣稿，次適崗上張門子心喜，三適唐山王門。	**閣** **震山** 俱同希兼承。			
賡春 配隋氏，大咽喉隋可觀女。子二：豪、濱。女二，長適張家泥都張	**豪** 配王氏，東夼王永年女。子振亭。	**振亭** 配徐氏，籔箕港；繼李氏，後撞。		

十八世

門，次適海邑西槐山于恒興子。

賡言 赴遼東。配劉氏，八止溝劉翰貴女。子滋。

賡筌 兼承子注。

賡元 兼承子注。

賡同 兼承子注。

賡興 配徐氏，爐上；繼徐氏，徐家莊徐本玉女。子注兼承，繼出。

十九世

濱 配林氏，粮食市。子代學。

滋 赴遼東。

二十世

二十一世

二十二世

十三世	十四世	十五世	十六世	十七世
【日新子】 **峪** 居河西。 配徐氏，子二：純一、純全。	**純一** 赴遼東。 配程氏，子紫金。	**紫金** 赴遼東。		
	純全 赴遼東。 配王氏，子寶金。	**寶金** 赴遼東。		
【學錫長子】 **嵋** 自河西遷方山西大劉家，下同。 配李氏，子三：純陽、純和、純質。	**純陽** 配劉氏，子二：勁、勉。	**勁** 雙承子世真。		
		勉 自劉家遷居萊邑胡家莊。 配門氏，子世真雙承。	**世真** 配賈氏，缺嗣。	
	純和 居大劉家，下同。 配方氏，子四：勤、忠、勣、助，忠出嗣。	**勤** 配衣氏，兼承子世財。		
		勣 配孫氏，繼吴氏、樂氏。子二：世振、世財，世振出繼。	**世財** 配張氏，宋格莊張致姑。子茹。	**茹** 配郝氏，八家福郝玉雍女。子四：元昌、其昌、鴻昌、錫昌。女二，長適泥都小莊王門，次

十三世	
十四世	**純質** 配劉氏，嗣子忠。
十五世	**助** 兼承子世財。 **忠** 配于氏，嗣子世振。
十六世	**世振** 配韓氏，萊邑趙家庵；繼賈氏，北庵裏；宋氏，北關。子二：苓，賈出；荃，宋出。苓出嗣。
十七世	適北喬家喬門。 **荃** 配趙氏，潘家嶺趙仁昌女。子五：繼昌、德昌、殿昌、泰昌、永昌。

十八世	十九世	二十世	二十一世	二十二世
元昌 配程氏，程家莊程志道妹。子芝田。	**芝田** 配戰氏，塔山戰温女。子錫三。女三，長適王家莊王貴端，次適楊樹泊于門，三適閻家莊閻門。	**錫三** 配謝氏，謝家謝日早妹。		
其昌 **鴻昌** 字竹三。 配張氏，南西留張公女。子惠田。女四，長適欒格莊慕鴻起，次適東南莊張得顯，三適城裏董志康，四適山西夼劉文臣。	**惠田** 配張氏，栗里張銘魁女。子錫榮。女二，長適城裏李門，次適張家莊蔣門。	**錫榮** 配馬氏，小院。子春成。		
錫昌 配閻氏，招遠朱家莊閻福田女。子芸田。女	**芸田** 配姜氏，大疃姜得玉女。子錫品。	**錫品** 配史氏，大寨。子春光。		

十八世

適山後泊于官子。

繼昌

配史氏，大寨史修身女。

德昌

配衣氏，古村衣俊女。子勝田。女四，長適林家寨林門，次適楊樹泊林殿紅，三適對子院崔門，四適大疃姜門。

殿昌

配王氏，上劉家王希隆女。子三：仁田、福田、宜田。女二，長適河南王寶信，次適花園泊閻作魁。

十九世

勝田

配于氏，韋家溝于悅女。子二：錫均、錫臣。

仁田

配李氏，王太後李世科女。子四：錫琳、錫玉、錫芳、錫福，錫琳出嗣。

福田

配劉氏，慕家莊劉壯

二十世

錫均

配慕氏，欒格莊慕文成女。

錫臣

配吴氏，觀裏吴令孫女。

錫玉

配姜氏，大疃。

二十一世

二十二世

十八世	十九世	二十世	二十一世	二十二世
泰昌 配孫氏，小院孫魁女。子三：心田、鶴田、順田。 **永昌** 配史氏，大丁家史鳳雲女。子二：開田、增田。女四，長適邢家郭史全子，次適苗家苗耕田，三適大寨史門，四適苗家苗門。	孫女。子二：錫馨、錫廣。女適大疃姜門。 **宜田** 繼子錫琳。 **鶴田** 配姜氏，欒家店姜法女。 **增田** 配史氏，大寨。			

十三世

【學賜仲子】

豳 居劉家，下同。配林氏，子四：純姿、純智、純善、純璧。

十四世

純姿 配李氏，子惠。

純智 配劉氏，嗣子功。

純善 配高氏，子二：志、愿。

十五世

惠 配□氏，子守禄。

功 配劉氏，子二：守禮、守仁。

志 遷居欒家店，下同。配侯氏，福山劉家侯封姑。子四：擢林、擢美、擢喜、擢儒。

十六世

守禄 缺嗣。

守禮 赴遼東。配王氏。

守仁 赴遼東。配徐氏。

擢林 配孫氏，小劉家；繼劉氏，萊邑不動山。子鈞，劉出。

擢美 缺嗣。

擢喜 遷居野鷄劉家，下同。配許氏，野鷄劉家。子臣。

十七世

鈞 遷居萊邑劉家。缺嗣。

臣 配許氏，利埠許鴻茂女。子三：鴻軏、鴻賓、鴻文。女二，長適台子王立雲，次適柏木莊宋門。

十三世	
十四世	**純璧** 配劉氏，子二：功、勳，功出繼。
十五世	**愿** 居小欒家店，下同。配孫氏，子三：擢英、擢智、擢淑。 **勳** 配侯氏，缺嗣。
十六世	**擢儒** 配于氏，小姜家莊。 **擢英** 缺嗣。 **擢智** 配王氏，子殿。 **擢淑** 嗣子苓。
十七世	**殿** 配林氏，小愛家溝。子同興。 **苓** 居觀北劉家。配史氏，陑後。缺嗣。

十八世

鴻軏
配陳氏，欒湖莊陳經女。女適丁家莊許春子。

鴻賓
配馬氏，丁家莊。子二：興、法。

鴻文
配孫氏，思格莊孫勤女。

同興 居小藍家店。
配徐氏，駝山徐青女。子三：光田、德田、玉田。女二，長適龍旺溝李進才，次適大丁家劉賢。

十九世

光田 遷居駝山。
配王氏。

玉田
配王氏，徐家莊。

二十世

二十一世

二十二世

十三世	十四世	十五世	十六世	十七世
【學賜三子】 **⿰山夏** 居河西，下同。 配衣氏，子二：長春、純錦。	**長春** 配王氏，嗣純功，子明。	**明** 配解氏，東院頭。子四：璇、珝、理、琇。	**璇** **珝** 配□氏，子喜初。 **理** **琇** 兼承俱喜初。	**喜初** 缺嗣。
	純錦 配曲氏，兼承子明。			
【學賜四子】 **嵐** 配林氏，子純良。	**純良** 配劉氏，子二：成政、成業。	**成政** 配王氏，子智。	**智** 配張氏，柳林莊。子如初。	**如初** 配孫氏，黄崖底。子四：景山、豐山、樂山、秀山。
		成業 配林氏，子四：昌、果、藝、貴。女適集前	**昌** 配王氏，繼林氏，西凰跳。子復初。女三，	**復初** 配李氏，沐浴店李序班女。子唐，兼承。女

十三世

十四世

十五世

太學生林選繼室，旌表節烈，載藝文志。

十六世

長、三適朱省董門，次適集前林門，俱林出。

果

配徐氏。

藝

俱復初兼承。

貴

配于氏，萊邑石橋夼。子意初。女適海邑高家。

十七世

三，長適萊邑寺源頭董門，次適寨頭徐門，三適蒲格莊劉進達。

意初

配林氏，陽谷林功全女。子二：其東、續東。

十八世	十九世	二十世	二十一世	二十二世
景山 配□氏，子曉，兼承。 **欒山** 曉兼承。 **鳳山**〔二〕 配林氏，糧食市。子二：旭、昕。 **秀山** 曉兼承。 **唐** 配戰氏，南柴戰詳女。子二：振南、振國。	**曉** 配蔣氏，唐山蔣連成女。子全枝。 **旭** 配劉氏。 **昕** 赴遼東。	**全枝** 配董氏，萊邑郝家泊子。		

十三世	十四世	十五世	十六世	十七世
【學賜五子】 **⿰山欣** 居河西，下同。 配王氏，子純功。	**純功** 配戰氏，子五：祉、明、禮、禧、祜，明出繼。	**祉** 配林氏，嗣子龍。	**龍** 失考。	
【學賜六子】 **⿰山重** 配林氏，子四：純本、純用、純元、純賴。	**純本** 配王氏，副王氏，嗣攀桂子宜保。	**宜保** 赴遼東。 配李氏，下范家溝李友諒女。雙承子文林。	**文林** 嗣萬興子仁慶。	**仁慶** 配林氏，院頭西山。
	純用 配林氏，子三：承德、發、承安。	**承德** 配王氏，缺嗣。		
		發 配林氏，觀泊；繼蔣氏。子二：啓明、啓宇。	**啓明** 缺嗣。	
			啓宇 配孫氏，蛇窩泊孫孝先姑，雙承子仁慶。	
		承安 出口。		

十三世

【學賜七子】

崧 配林氏，東荆夼，邑庠生林仲慤孫女；繼林氏。子三：純函、純臣、純信。

十四世

純元 配林氏，院頭西山；繼欒氏。子泰，雙承，欒出。

純賴 缺嗣。配林氏，雙承子泰。女適下蒲格莊。

純函 配王氏，子鴻。

十五世

泰 配盧氏，孫家莊子；繼董氏，萊邑火山後。子文林，雙承，董出。女三，長適唐山蔣門，次適清江口于門，盧出；三適鞍子夼王門，董出。

鴻 配孫氏，子四：霑、法、萬興、萬春。女適後陽窩衣門。

十六世

霑 缺嗣。

法 嗣子成田。

萬興 配董氏，萊邑茆茨場

十七世

成田 赴遼東。

世	
十三世	
十四世	
十五世	
十六世	董作求姊。子三：成田、仁慶、克法，成田、仁慶出嗣。 **萬春** 配張氏，萊邑張家溝。子三：景達、成德、景山。女三，長適柳林莊張門，次適北莊子范門，三適朱留魯門。
十七世	**景達** 雙承子，全生。 **成德** 配劉氏，萊邑葦家溝；繼林氏，西上莊。子全立，繼出。 **景山** 配劉氏，小莊鋪。子全生，雙承。女適唐山蔣門。

十三世	十四世	十五世	十六世	十七世
	純臣 配王氏，繼周氏，子從和。	**從和** 配劉氏，小莊鋪。子一，失名。		
	純信 配徐氏，繼李氏，子祥。	**祥** 兼承孫景達。		
【學由子】 **嶕** 配李氏，子二：孟姓、連城。	**孟姓** 缺嗣。			
	連城 缺嗣。			
【學顏子二】 **峒** 配譚氏，缺嗣。				
崵 配趙氏，子雲從。	**雲從** 居南西柳。配孟氏，子儀。	**儀** 配柳氏，子自勤。	**自勤** 配□氏，子豪。	**豪** 失考。

十三世

【方中長子】

夢魁 居河西。

號元捷。例貢生。

配林氏，東荊夼庠生林仲慤孫女。子二：奇穎、奇珵。女適萊邑崖東夼喬門。

十四世

奇穎 自河西遷赤山，下同。

候選縣右堂。

配王氏，子竹可。女適招遠崔家孫以生。

十五世

竹可

號瞻淇。太學生。

配林氏，東荊夼；副王氏。子二：振鏞、振玉，林出。女二，長適岩子口王門，林出；次適招遠崔家孫門，王出。

十六世

振鏞

號豐九。

配王氏，石口子；繼董氏，萊邑朱省董苞姊；繼蔣氏，唐山蔣因妹；趙氏，萊邑視稼樓敦化縣知縣趙敦誠妹。子四：弄璋，王出；獻璋，蔣出；殿璋、潤璋，趙出；獻璋出繼。女三，長適翔河李沛德，次適代明宋國楨，三適唐山蔣鳳起。

十七世

弄璋

號伯瑗。

配史氏，小觀史官俊妹。子聲溢。女二，長適南柴劉門，次適埠門頭王門。

殿璋

字叔璞。師範畢業。

配林氏，文石林曰清妹。子四：永東、永慶、永盛、永昌。

潤璋

字季珍。

配蔣氏，唐山蔣苗女。子四：永福、永貴、永茂、永裕。女三，長適萊邑早行周季昌子，次

十三世	
十四世	
十五世	
十六世	**振玉** 配王氏，磊山後王森妹。子二：聯璋、圭璋，嗣子獻璋。女適下漁家溝李庶春。
十七世	適寨頭吕殿選，三適觀裏遲芝之孫。 **聯璋** 配張氏，萊邑板岕張仁鐸妹。兼承子永順。 **圭璋** 配崔氏，萊邑松旺莊。兼承子永順。 **獻璋** 號仲昆。師範畢業。配林氏，東荆岕林桂山妹。子永順，兼承。女三，長適蛇窩泊集前歲貢生林彙東長子，次適黃崖底董鴻業，三適蛇窩泊林膏培。

十三世

十四世

奇理 居河西，下同。

號佩珩。太學生。

配楊氏，萊邑姜格莊；副王氏，木蘭夼。子五：竹苞、竹賢、竹文、竹書，楊出；竹筠，王出。女四，長適務滋夼廪貢生林太來，次適萊邑東趙疃舉人齊東教諭王楷之孫，三適張家觀張培芝，四適鄰格莊劉門。

十五世

竹苞

配王氏，海邑塚後。子二：彭壽、生壽。

十六世

彭壽

配蔣氏，唐山。子四：柏年、歲年、仁年、文年。女適丁家寨李門。

生壽 居老窑溝，下同。

配尉氏，萊邑崔格莊尉長江姊。子二：瑞璋、琢璋，琢璋出振法嗣。女三，長適杜家黄口丁祉，次適茆茨場王連登，三適西河南隋太文。

十七世

柏年

配于氏，清江口于墨林妹。

仁年

配林氏，唐山林曰豐妹。子三：漢邦、漢卿、漢民。女三，長適大埠後劉門，次適李家莊李門，三適丁家寨孫門。

瑞璋

配張氏，崮上張中國姊。子八：創之、倫之、飾之、潤之、先之、慶之、申之、仰之。女四，長適文口林吉，次適徐家崖後徐龍真之子，三適留寺莊北溝趙慶惠之子，四適徐家崖後徐林

十三世	十四世	十五世	十六世	十七世
				恒之子。
		竹賢 居赤山，下同。 配張氏，張家觀；繼趙氏，萊邑城裏舉人趙宗儒妹。子二：振鷺、振麟。女三，長適榆格莊宋貴子，次、三適慕家莊慕秉圭，俱趙出。	**振鷺** 赴遼東。 **振麟** 赴遼東。 配呂氏，萊邑東翔子；副孫氏，遼東雙盛堡南高家堡。子六：鴻璋，呂出；常在、雙在、全在、根在、連在，孫出。女適下范家溝于河南，呂出。	**鴻璋** 配郝氏，萊邑郝家泊子。子五：永樂、永田、永光、永和、永賓。女二，長適萊邑老樹夼朱璣成子，次適榆格莊宋門。 **常在** 居高家堡。 **雙在** **全在** **根在** **連在** 居同上。
		竹篘 居赤山，下同。 號赤崖。 配接氏，萊邑龍旺莊接欽姊。嗣子振興。女	**振興** 配王氏，花園王希升姑。子奉璋。	**奉璋** 配徐氏，萊邑徐家崖後徐山姑。子二：永善、永全。女二，長適解家

十三世	
十四世	
十五世	適務滋夼廩貢生林太來之子。 **竹文** 配張氏，張家觀；副史氏，史家寨。子振法。女二，長適山西夼王門，次適唐山，俱史出。 **竹書** 配姜氏，下蒲格莊姜鴻續姑。子二：振興、振化，振興出繼。
十六世	**振法** 遷老窑溝，下同。配王氏，下步家王壽德曾祖姑。嗣子琢璋。 **振化** 赴遼東。
十七世	溝楊林全子，次適老樹夼朱作賓子。 **琢璋** 配衣氏，杜家黃口衣鴻金姊。

十八世	**磬溢** 號高軒。師範畢業。 配蔣氏，唐山蔣慎言女；繼董氏，朱省董贊廷女。子五：毓賢，蔣出；毓芳、毓化、毓林、毓松，董出。
十九世	**毓賢** 赴遼東。 配步氏，上步家步文思姊。子登科。女三，長適朱蘭韓祈年子，次適崮上張文基，三適門家溝門進忠。 **毓芳** 配史氏，小觀史茂義妹；繼趙氏，趙家埠子趙玉田女。子二：登基，史出；敬嶺，趙出。 **毓化** 配梁氏，蛇窩泊梁福春侄女。子福海。 **毓林** 配張氏，崮上張中良女。
二十世	
二十一世	
二十二世	

十八世

永東

配于氏，清江口于芳齡侄女；繼范氏，下蒲格莊范正善女。子二：寅賓，于出；玉賓，范出。女適下步家王芳子，于出。

永慶

配林氏，姚家溝林國求妹。子二：筵賓、嘉賓。

永盛

配衣氏，卧龍村衣化妹。子二：作賓、樂善。

永昌

配祁氏，官道祁得惠

十九世

寅賓

配劉氏，下步家劉開花女。子二：位筵、壽。

玉賓

配步氏，上步家步騰雲孫女。

筵賓

配徐氏，徐家莊徐真孫女。

嘉賓

配王氏，官道王永吉孫女。

作賓

配王氏，卧龍村王春女。

二十世

二十一世

二十二世

十八世	十九世	二十世	二十一世	二十二世
女。子二：瀛賓、官立。				
永福 配徐氏，徐家莊徐全枝女。				
永貴 配王氏，官道王永盛女。子三：毓英、全芳、全有。	**毓英** 配步氏，上步家步令瑞女。			
永茂 配衣氏，口子後。				
永裕 配姜氏，太平莊姜有女。子光華。				
永順 字式廷。 配尉氏，崔格莊尉起女；繼李氏，磊山後李文章女。子二：毓芹，	**毓芹** 配戰氏，萊邑詳子口戰云廷女；繼徐氏，磊山後徐明剛女。			

十八世

尉出；毓藻，李出。女三，長適馬人口周鴻聚子，次適後店朱欽若子，三適朱省董芸遷子，李出。

漢邦

字繼高。

漢卿

字紹武。

配劉氏，南柴。子紀。

漢民

字勤生。

配鄭氏，唐山鄭還清女。子鴻玉。

創之

配董氏，茆茨埸董作連女。

倫之

配衣氏，卧龍衣鴻枝女。子指漢。

十九世

毓藻

字芳蒲。萊邑鄉師肄業生。

配閻氏，沐浴閻作肅女。子登高。

二十世

二十一世

二十二世

十八世	十九世	二十世	二十一世	二十二世
飾之 配王氏，茆次場王福女。 **潤之** 配劉氏，芹子夼劉云太女。子二：德馨、徐枝。 **先之** 配修氏，北半泊子修復起女。子鳳。 **慶之** 配郝氏，郝家泊子郝得富孫女。子注年一〔三〕。 **申之** 配隋氏，西河南隋鴻文女。 **仰之** 配張氏，崮上張中義女。				

十八世	十九世	二十世	二十一世	二十二世
永善 配李氏，和尚莊李成溪女。子二：華平、華庭。女適小莊舖高門。 **永全** 配王氏，卧龍王雲山女。				

十三世	十四世	十五世	十六世	十七世
【方中仲子】 **夢祥** 自河西遷禾稼莊，下同。 號禎符。太學生。 配林氏，務滋夼江南池州府銅陵縣知縣林仲懿孫女，邑增生藹女。 子二：奇出、奇翊。	**奇出** 號華峯。 配張氏，柳林莊舉人、易門縣知縣張鈖曾孫女，张溥女。繼子笵。 **奇翊**（四） 號玉舟。庠生，司禮堂鄉飲大賓。 配宋氏，萊邑陽關宋公荔裳玄孫女；副王氏，亭夼；劉氏，紙坊劉連祖姑。子二：笵、磐，劉出。笵出嗣。女適海邑龍口太學生姜鶴年男文光，附生，鴻臚寺序班，中式甲午科順天鄉	**笵** 嗣子壽帶。 **磐** 號春岩。詩禮堂啓事，鄉飲大賓。 配接氏，萊邑龍旺莊接欽姊。子三：壽帶、金帶、束帶。女三，長肅真，字文静，親老弟幼，矢志不嫁，舉孝女，入邑志；次適小水岔，王桂登母；三適三叫劉成九。	**壽帶** 配姜氏，龍口姜文光妹。雙承子祥麟。 **金帶** 配于氏，松山于喜東姑。女三，長適三叫大學畢業劉品三，次適觀裏張書坤，三適蔣家莊蔣世全之孫。 **束帶** 配王氏，豐粟，世襲雲騎尉王其東女。子祥麟，雙承。女適觀裏張子承。	**祥麟** 配姜氏，龍口姜文光女。子薪傳。

十三世	十四世	十五世	十六世	十七世
	試舉人。宋氏舉賢孝，詳邑志。			

十八世	**薪傳** 字子厚。高小畢業。配孫氏，桃村孫先夫妹。
十九世	
二十世	
二十一世	
二十二世	

【校注】

〔一〕貴初：前文爲『榮貴』，前後不一致，具體情况待考。

〔二〕鳳山：前文爲『豐山』，前後不一致，具體情况待考。

〔三〕原譜如此，未知何意。

〔四〕奇翊：邑庠生。號玉舟，老八支八房九世二房，禾稼莊人。生於乾隆四十九年（一七八四）八月二十七日，卒於咸豐二年（一八五二）七月十四日，享壽六十九歲。出生八個月父即謝世，由母林氏撫育成人。少穎异，五歲習禮如成人，博客人大悦，稱『翩翩佳公子』。未弱冠，補博士弟子員。初赴秋試，因母病而未應舉，只好就『詩禮堂啓事』職，義不離親。業餘工詩畫，善鼓琴，愛與名流交往。與母同行，貼近相扶，并爲母親繫好風巾。在家時，每天賓客盈門，均偕入前爲母祝福，母欣然一一領之，頗爲歡心。老母享壽八十歲，從未稍怠，閫族稱孝。一生雖不富裕，却慷慨好義，捨施不吝數目。蒙師清貧，生前屢助，卒後終養師母。外戚貧而無嗣，爲之買婢爲妻。一盲人背父行乞，因稱其孝而收養，其父死，又買棺葬之。一好施淪乞者，病卧廢窑，因稱其義而命童僕日送三餐，并請醫療之，逾月而愈。後，子年磐亦繼父風，百餘年來，家族一直被人稱爲『慈善人家』。

十三世

【曰簹長子】

嶟 居河西，下同。

號五峯。

配姜氏，子四：本含、本茂、本浩、本淳。

葬東老塋外，下同。

十四世

本含

號静軒。

配尉氏，繼荆氏。子二：式曾、繼曾，繼曾出嗣。

本茂

號松居。

配李氏，子三：耀曾、輝曾、述曾。

十五世

式曾

字省山，號訓古。增生。

配賀氏，繼林氏，子二：鵬舉、元舉。

耀曾

字瑶亭，號蓮汀。庠生。

配史氏，大丁家。嗣子行舉。

十六世

鵬舉

配隋氏，子二：高明、高陞，高陞出嗣。

元舉

配王氏，嗣子高陞。

行舉

配王氏，磊山後；繼林氏，東荆夼。子四：永賓，王出；永法、永齊、永泗，林出。永賓出嗣。

十七世

高明

配張氏，柳林莊；繼魯氏，朱留；盧氏，路家。嗣子鳳閣。女二，長適石角夼隋門，次適前陽窩衣志。

高陞 赴遼東。

配尉氏，萊邑崔格莊。子三：喜周、喜玉、喜山。

永法 赴遼東。

永齊

配張氏，崮上張法妹。子子元，雙承。女適崮上張門。

永泗

配林氏，蛇窩泊。雙

十三世

十四世

本浩
號其天。
配張氏，嗣子繼曾。

十五世

輝曾
配林氏，子四：衆舉、行舉、賢舉、朝舉，衆舉、行舉出繼。

述曾
配陳氏，嗣子衆舉。

繼曾
配衣氏，子二：鶴舉、雲舉。

十六世

賢舉
配王氏，海邑槐山。子二：永九、永根。

朝舉 缺嗣。

衆舉
配衣氏，西柳；繼李氏，楊礎。嗣子永賓。

鶴舉 赴遼東。
配隋氏，子中矩、中經。

雲舉 失考。

十七世

承子子元。

永九
配李氏，萊邑大山後。子三：喜枝、喜禮、喜樂，喜枝出繼。女適上漁家溝潘門。

永根
配林氏，唐山林得三女。嗣子喜枝。

永賓
配林氏，城裏。女適前陽窩衣門。子化人，缺嗣。

中矩 赴遼東。

中經 赴遼東。

十三世	
十四世	**本醇**[一] 號培出。 配蔣氏，繼史氏。子二：紹曾，蔣出；憲曾，史出。
十五世	**紹曾** 字聞衣，號祇山。道光十年庚寅[二]歲貢。 配張氏，張家泥都張元叟女；繼李氏，楊礎；賀氏，萊邑賀家溝。子鄉舉，賀出。 **憲曾** 鄉飲介賓。 配蔣氏，引駕夼拔貢生、隆平縣知縣蔣於姑，副貢生、署江西南康縣知縣蔣殿甲祖姑。子鴻舉。
十六世	**鄉舉** 耆儒。 配史氏，小觀。子文田，雙承。女適萊邑磊山後王述芳。 **鴻舉** 配林氏，蛇窩泊林丹桂女，庠生林秀翹姑。雙承子文田。
十七世	**文田** 字硯坡。廩生。 配蔣氏，唐山。子三：鳳崗、鳳閣、鳳樓。女適石角夼隋門。

十八世

鳳閣 配賀氏，萊邑賀家溝。子慶東。

喜周 居關東。

喜玉

喜三[三] 居同上。

子元 配韓氏，萊邑葦夼。

喜禮 嗣子子和。

喜樂 配徐氏，徐家莊。子二：子和、子平，子和出嗣。女三，長適徐家莊徐門，次適古宅崖譚門，三適王家黄口杜門。

十九世

子和 配王氏，上漁家溝王梅女。子昆德。

子平

二十世

二十一世

二十二世

十八世	十九世	二十世	二十一世	二十二世
喜枝 配張氏，萊邑菴裏。子子洛。女二，長適張家泥都張門，次適孫家莊子盧門。 **鳳崗** 字梧亭。 配劉氏，下泊劉貞四女。子二：慶南、溱。女二，长適張家泥都張可理，次適南柴劉門。				

【校注】

〔一〕本醇：前文作『本淳』，前後不一致，具體情況待考。

〔二〕道光十年庚寅：一八三〇年。

〔三〕喜三：前文作『喜山』，前後不一致，具體情況待考。

十三世

【曰篔次子】

克昌 居河西，下同。原名岠，號世卜。武生。配陳氏，畢郭。子三：本彝、本立、本舒。葬東老塋外，下同。

十四世

本彝 號太初。太學生。配接氏，萊邑溪渚。嗣子若虛。

本立 號實一。恩榮壽官。配尉氏，萊邑崔格莊。子二：若拙、若愚。女三，長適蛇窩泊貢生林彝倫，次適唐山庠生蔣蕙子，三適北水頭隋門。

十五世

若虛 字生白，號實齋。配朱氏，海邑菜園；繼姜氏，海邑掌裏。嗣子湘雲。

若拙 字巧夫。鄉飲耆賓。配劉氏，榆家夼；繼李氏，楊礎。子鵬雲，李出。

若愚 字則武。

十六世

湘雲 號竹霄。太學生。配閻氏，萊邑寺源頭。子二：朝恩、邵恩。女適萊陽城裏宋門。

鵬雲 字鯤生。恩榮壽官。配林氏，東荆夼。子仁壽。女二，長適黃崖底董門子鴻緒，次適留寺莊林思廣。

同雲 字雨亭。

十七世

朝恩 庠生。配林氏，唐山林得三女。子接仙。女適丹莊劉門。

邵恩 配接氏，萊邑溪渚。子五：天麟、甲麟、文麟、鹿麟、五麟。

仁壽 字鏡軒，號靜山。配董氏，黃崖底董鴻緒姑。子咸五。女適丹莊中學畢業劉鳳池。

迎壽 字南山。

十三世	
十四世	**本舒** 號化長。庠生。配蔣氏，唐山。子三：若谷、若虛、若訥，若虛出嗣。
十五世	配王氏，徐村；繼劉氏，下蒲格莊。子同雲，王出。女適黃崖底蔣門，劉出。 **若谷** 字虛懷。歲貢生，鄉飲大賓。配隋氏，大咽喉；繼王氏，海邑古堆山；姜氏，萊邑草市。子三：泰雲、湘雲，隋出，湘雲出嗣；白雲，姜出。
十六世	配尉氏，崔格莊。子二：迎壽、高壽。女二，長適黃崖底董霂，次適南柴劉祝三。 **泰雲** 配朱氏，萊邑菜園。子三：培恩、承恩、榮恩。
十七世	配潘氏，大流口潘曰剛女。子寰海。女二，長適柳林莊張甘霖，次適大埠後柳景春。 **高壽** 字仰山。恩榮壽官。配林氏，東荊夼；繼李氏，後撞。子二：振海、雪海。女適唐山蔣門，俱李出。 **培恩** 赴遼東。 **承恩** 改名玉山。配衣氏，馬兒崖。雙承子陽春。女適集前林門。 **榮恩** 配蔣氏，唐山。子陽春，雙承。

十三世	十四世	十五世	十六世	十七世
		若訥 配孫氏，桃村增生孫正誼女；繼尉氏，海邑鍾嵐。子二：迎雲、端雲，尉出。女適張家泥都子奎，孫出。	**白雲** 配蔣氏，唐山。子寶田。女適遲家溝。 **迎雲** 缺嗣。 配劉氏，東宋莊；繼王氏，迎門口。女適院上劉門。 **瑞雲**[二] 缺嗣。 配譚氏，古宅崖。女適迎門口。	**寶田** 配林氏，蛇窩泊。子二：錫麟、墨麟。女二，長適大咽喉隋門，次適蛇窩泊孫門。

十八世

接仙
配林氏，榆子林桂姊。子三：芸芳、蘭芳、菊芳。女適孫家莊盧安子。

天麟
配于氏，沐浴。子芹芳。

十九世

芸芳
字陽生。
配董氏，黃崖底。女適王格莊孫欒卿子。

蘭芳
字許昌。
配隋氏，石角夼；繼隋氏，石角夼隋錢龍女。子二：珍、作，繼出。女一適唐山中學畢業林指南子，一適朱留魯門。

菊芳
字陶友。
配劉氏，莊子蒲格莊劉京貴孫女。

芹芳 赴遼東。

二十世

珍
字聘之。中學畢業。
配劉氏，北窩落。子學曾。

二十一世

二十二世

世	
十八世	**甲麟** 配林氏，河崖。子二：荃芳、薇芳。 **文麟** 字西伯，號鴻山。 配趙氏，留寺莊趙長春女。子芝芳。女適大柴劉門。 **咸五** 太學生。 配隋氏，石角夼隋福常女；副高氏。嗣子樹人，自禾稼莊登州名下嗣入。
十九世	**芝芳** 字蘭亭。 配王氏，蛇窩泊；繼韓氏，萊邑旺裹；王氏，沐浴店王桂女；盧氏，孫家莊子盧安女。子三：竹封、書封、瑞封，盧出。 **樹人** 字計長，號果園。高小畢業生。 配林氏，蛇窩泊林汝液女。子三：龍歸、丙龍、丙珩。
二十世	
二十一世	
二十二世	

十八世

寰海

字一清，號子昇。師範畢業。

配杜氏，張家莊杜良女。子允中。女三，長適王家莊王振芳，次適大埠後劉文信，三適朱留魯鴻尊。

振海

字子厚。

配王氏，徐家店王竹溪女。子二：允升、允敬。女適石角夼隋常。

雪海

字香積。

配衣氏，卧龍村。子二：允信、允色。

陽春

配盧氏，缺嗣。

十九世

允中

字宜人，號薪傳。

配張氏，張家莊張澧女。子瑞祥。

允升

配劉氏，下蒲格莊劉文和女。子正先。

允敬

配王氏，南半泊。

二十世

瑞祥

配杜氏，北蔣家莊杜瑞章女。子萊有。

二十一世

二十二世

十三世

【方煦長子】

克生 居禾稼莊，下同。號鳳卜。武生。配林氏，東荊夼庠生林仲慤孫女。子三：才盛、才英、才育。

十四世

才盛 號軼周。太學生。配項氏，海邑項家滂泊。子三：祺衍、禧衍、禄衍。

十五世

祺衍 號菊潭。庠生。配李氏，楊礎。子二：榮懷、榮階，榮階出嗣。

禧衍 字東耷。從九品。配劉氏，榆家夼。子榮愷。女適西三叫劉門。

十六世

榮懷 號介臣。鄉飲介賓。邑庠生。配于氏，清江口；繼林氏，河崖。子二：醇儒、丕儒，于出。女四，長適海邑吼山王門，次適石角夼隋門，三適尹家莊子劉門男庠生劉宗漢，四適東野張門。

榮愷 配孫氏，海邑孫家油坊；副王氏。子三：傄儒，王出；通儒、仿儒，孫出。女適楊家圈李門，

十七世

醇儒 字醉經，號酒泉。庠生。配劉氏，上馬家河。子香芝。

丕儒 號基甫。廩貢生。配尉氏，崔格莊；繼王氏，藍店歲貢生王延齡女。子石芝。女二，長適楊礎李澤福，次適城裏李門。

傄儒 遷居福山。失考。配包氏，孫家莊。子三：作賓、作用、作華。

通儒 配蔣氏，唐山。子二：

世	
十三世	
十四世	
十五世	**禄衍** 字東封。配張氏，張家泥都張元煌女。繼子榮階。
十六世	孫出。 **榮階** 號泰六。鄉飲耆賓。配張氏，張家泥都。子二：孔儒、鴻儒。女適小觀史門。
十七世	芳芝、茹芝。女六，長適撞裏李門，次適劉家崖後劉門，三適蒲格莊劉門，四適沙窩子，五適院上鍾門，六適蒲格莊劉門。 **仿儒** 配柳氏，柳家。子二：田芝、廷芝。女適西山林門。 **孔儒** 字鑄顏，號泗川。配尉氏，野後；繼張氏，張家莊。子四：華芝、仙芝、瑞芝、雲芝。女適窩洛劉門。

十三世	十四世	十五世	十六世	十七世
	才英 武生。 配唐氏，萊邑山前店唐其兆姑。子二：如九、雲山。	**如九** 字兼三。 配蔣氏，唐山。子四：學植、榮顯、榮達、榮喬。女三，長適吼山子王國聚，次適北蔣家莊杜門，三適城裏王門。	**學植** 庠生。 配周氏，海邑山東夼周文炳女。子異三。女適唐山庠生林若漢。 **榮顯** 字宜民。從九品，鄉飲介賓。 配連氏，連家莊連雯次女；繼張氏，北馬家；	**鴻儒** 字儀吉，號雁洲。 配史氏，辛莊；繼劉氏，劉家崖後。子四：彩芝、象芝、秀芝、鳳芝。女適大咽喉隋門。 **異三** 字政伯。耆儒。 配郝氏；繼謝氏，亭口。子三：召南、蔚聚、蔚新。女適榆山後庠生林榮煥。 **維清** 字子熙。從九品。 配王氏，南岩子口。子登州。女適辛店師範畢業柳奎。

世	
十三世	
十四世	
十五世	
十六世	林氏，蛇窩泊；鄒氏，埠梅頭。子六：維清、寅清、魁垣，張出；魁鑫、魁文，魁武。女適柳林莊廪生張式穀。俱鄒出。
十七世	**寅清** 字仲夔。太學生。 配林氏，肖嶺夼；繼林氏，後野林紹先姊。子二：蔚煥、蔚起。女適河崖林門。俱繼出。 **魁垣** 號有之。太學生。 配隋氏，石角夼。子三：蔚宗、蔚高、蔚卿。女二，長適唐山庠生林若漢子，次適東宋莊歲貢生劉廷璧之孫、庠生贊勳子。 **魁鑫** 字麗江。從九品。 配連氏，連家莊連奎

十三世	
十四世	
十五世	
十六世	**榮達** 字政敏。太學生。
十七世	閣女；繼林氏，唐山林鉢女。子三：蔚嶒，連出；蔚嶙、蔚嶸。女適康家王門。俱林出。 **魁文** 配張氏，張家泥都。子三：蔚華、蔚坦、蔚盛。女適唐山蔣門。 **魁武** 配姚氏，萊邑大姚格莊武生姚瑞田妹。子三：蔚豐、蔚德、蔚章。女二，長適萊邑代明店李言亭，次適榆林子馮玉白子。 **鳳琴** 號桐軒。太學生。

十三世

十四世

十五世

十六世

配郝氏，郝家樓。子鳳琴。女二，長適連家莊連文成，次適石子綫李門。

棨喬

字鶴仙。例貢生，鄉飲大賓。誥封奉直大夫。

配周氏，海邑山東夼；繼馬氏，馬家窑。子四：魁一，周出；魁俊、魁仕、魁斌，馬出。女二，長適大帽兒頂劉門，周出；次適丁家寨李實奎之孫。

十七世

配林氏，城子庠生林儒女；繼王氏，福山古縣師長王爲蔚姑；盧氏，孫家莊子；副胡氏。子二：蔚升、蔚海，胡出。女三，長適吉格莊高春松，次適徐家店庠生劉殿琛之孫，盧出；三適刁崖前楊門，胡出。

魁一

號星軒。由供事保舉縣丞，到省後以知縣用，又保舉知州。

配蔣氏，引駕夼拔貢、隆德縣知縣蔣於女，副貢生江西南康縣知縣殿甲姊；繼呂氏，福山劉公村；魯氏，萊邑亭山。子三：璞齋、仁齋，蔣

十三世	十四世	十五世	十六世	十七世
				出；尚齋，魯出。女五，長適蛇窩泊庠生林秀翹子肇鑫，次適小欒家庠生欒伯仁子，三適朱留魯文卿，蔣出；四適唐山中學畢業林桂桐，五適東荊夼中學畢業林惠忠，魯出。 **魁俊** 太學生。 配呂氏，寧邑石疃廩生呂銘新妹。子成齋。女適榆山後林門。 **魁仕** 太學生。 配林氏，東荊夼；繼林氏，林家崖後；蔣氏，

十三世

十四世

十五世

雲山〔二〕
號仙峯。從九品，鄉飲介賓。詳邑志卓行。
配王氏，海邑吼山王壽令姑。子二：玉芝、學修。女適萊邑東關子任鳳舉。

十六世

玉芝
號瑞庵。
配修氏，萊邑源水夼；繼呂氏，牟平石疃庠生呂瑞雲姊；王氏，岩子口。子得忠。女適肖嶺夼庠生林著。俱王出。

學修
號韓堂。太學生，鄉飲介賓。
配王氏，塚後庠生王

十七世

唐山。子二：玉齋，繼林出；同剛，蔣出。

魁斌
配林氏，東荆夼庠生林炳燮女；繼林氏，東荆夼。

得忠
配王氏，塚後庠生王殿元孫女。子三：作肅、作義、作哲。女適蛇窩泊庠生林瀠子滋培。

樹勛
字聲亭，號西園。
配呂氏，牟平石疃呂軒雲女。子二：指南、

十三世	
十四世	
十五世	
十六世	殿元女；繼劉氏，榆家夼劉曰旻女；副董氏。子四：樹勛，王出；魁勛，劉出；元勛、世勛，董出。女四，長適白馬家張選清，次適萊邑趙家埠子武生趙鳳陽子國臣，王出；三適東荊夼庠生林炳爕之子，劉出；四適東荊夼林賡枌之子，董出。
十七世	指遠。女四，長適榆山後林國梁子，次適萊邑火山後庠生王錫榮之子，三適上莊頭馮作賓之子，四適杜家黄口衣門。 **魁勛** 字瑞卿，號荊西。 配門氏，萊邑門家溝庠生門靖邦女。子二：指日、指月。女二，長適北馬家張連青之子，次適東荊夼林義忠。 **元勛** 配林氏，林家崖後庠生林向榮女。 **世勛** 配林氏，東荊夼林松山女；繼孫氏，台上。

十三世

十四世

才育

號桓彰。候選縣右堂。配李氏，萊邑李家泊子。子三：逢辰、逢吉、逢源。女適李家泊子李門。

十五世

逢辰

號星拱。配王氏，海邑吼山。子三：榮發、榮經、榮身。女二，長適萊邑城南姜家莊姜門，次適小觀史門。

十六世

榮發

配唐氏，萊邑山前店，旌表節孝。繼子策勛。

榮經

從九品。配張氏，張家泥都張喬年女。子三：策勛、廷勛、鼎勛。策勛出嗣。

十七世

策勛

從九品。配林氏，後野林紹先妹。子三：蕃永、芝永、尊永。女二，長適東荊夼林門，次適朱留魯門。

廷勛

配林氏，唐山林鉞女。子二：恩永、登永。女適東院頭衣丕文。

鼎勛

字子賢。配王氏，海邑塚後。子四：晳永、荏永、菁永、萃永。

十三世

十四世

十五世

十六世

榮身

字叔潤。庠生。鄉飲介賓。

配郝氏，郝稼樓。子四：丕勳、洪勳、奇勳、崇勳。女三，長適萊邑山前店唐門，次適後疃李門子志文，三適楡家夼劉門。

十七世

丕勳[三]

字績卿。光緒己酉拔貢，著有《稼書軒文稿》，詳邑志卓行。

配戰氏，萊邑戰家溝戰明德女。子二：葆永、薌永。女二，長適徐村姜翰臣，次適海邑項家滂泊北平法政大學畢業項華挺。

洪勳

字仲逵。

配周氏，海邑山東夼。子三：菁永、蒓永、芹永。女二，長適河崖林門，次適丁家寨李門。

十三世	
十四世	
十五世	**逢吉** 號從五。配劉氏，萊邑榆林夼。子二：榮官、榮全。女適東野張門子庠生榮芳。
十六世	**榮官** 配林氏，東荆夼。子二：銘勛、贊勛，贊勛出嗣。女適榆林夼劉門。
十七世	**奇勛** 配林氏，院頭西山；繼劉氏，帽兒頂。子六：蔭永、蘅永、蕙永、藹永、蓴永、蔚永。 **崇勛** 字級高。增生。配林氏，下范家溝林發枝女。子三：萃永、菖永、萱永。女二，長適台上孫德元之子，次適河崖林門。 **銘勛** 字日新。配劉氏，張家泥都劉珠女。子三：菴永、華永、芳永，華永出繼。女適隋家崖後法政大學

十三世	十四世	十五世	十六世	十七世
		逢源 配董氏，黃崖底。子榮鵬。女四，長適萊邑城南姜格莊姜門，次適高格莊林門，三適郝家樓郝門，四適榆家夼劉門。	**榮全** 繼子贊勛。 **榮鵬** 配劉氏，萊邑榆林夼。子二：志勛、紹勛。女適萊邑榆林夼劉門。	畢業王蘊芳。 **贊勛** 繼子華永。 **志勛** 配林氏，文石。子三：葶永、蓮永、苕永。女三，長適唐山林門，次適榆林子馮紹文，三適羅家吴門。 **紹勛** 配劉氏，榆家夼。女適羅家。

【校注】

〔一〕瑞雲：上文作『端雲』，上下不一致，具體情況待考。

〔二〕雲山：字仙峯，老八支八房九世二房，禾稼莊人。生於嘉慶四年（一七九九）正月二十六日，卒於光緒六年（一八八〇）十一月初五日，享壽八十二歲。父病卧十三年，定期省親不懈。後逢災年，鄰里多不舉火，屢屢周濟，活命者甚衆。

〔三〕丕勛：棲霞名儒、拔貢。字績卿，老八支八房九世二房，禾稼莊人。生於同治元年（一八六二）九月初一，卒於民國十七年（一九二八）。自幼家貧好學，十九歲開始外出教書，并着意自修。宣統元年，四十八歲成爲清末拔貢。民國初，受聘於縣立初等小學主事，此後陸續在高等小學、中學和師範兼國文課。一生執教四十餘年，謹言慎行，唯恐誤人子弟。平時擅長書法，尤精於作文，無論説理抒情，均能妙筆生花，故每有作品，廣爲學生抄録傳誦。民國四年（一九一五），在衆弟子請求下匯編成《稼書軒文稿》四卷。思想開明，向往『大同』，擁護共和，早在辛亥年即撰寫過『念二省山河再造，四千年日月重新』的對聯。後又帶領學生積極參與『抵制日貨』等進步活動，頗受敬重。

十八世	十九世	二十世	二十一世	二十二世
香芝 配林氏，中榆疃；繼趙氏，大柳家趙作女。雙承子化吉。 **石芝** 配林氏，蛇窩泊林玉堂妹。雙承子化吉。 **茹芝** 配林氏。 **田芝** 配王氏，大咽喉。子景武。 **仙芝** 配劉氏，北水頭；繼王氏，唐山頭。子應可。女適柳林莊張門。 **瑞芝** 配衣氏，蘆子泊。子	**化吉** 配孫氏，王格莊。子英鰲。 **應可** 配欒氏，萊邑思格莊。 **元可** 配王氏，榆子。			

十八世	十九世	二十世	二十一世	二十二世
元可。 **秀芝** 配隋氏，大咽喉。子二：善哉、連哉。女適萊邑磊山後王門。 **鳳芝** 赴遼東。 **召南** 字伯凱。 配孫氏，桃村庠生孫炎女。子二：瑞可、五月。女二，長適刁崖前楊門，次適海邑郭城河南。 **蔚聚** 配蔣氏，蔣家莊蔣世功女；繼李氏，楊家圈。女二，長適楊家圈李門，次適磚園孫門。	**善哉** 配黃氏，黃家莊。 **連哉** 配衣氏，東院頭。 **五月** 配欒氏，小欒家。			

十八世	十九世	二十世	二十一世	二十二世
蔚新 配張氏，辛店。子經祥。女四，長適榆家夼王志福，次適上劉家庠生劉文甫子，三適杜家黄口丁門，四適玉皇廟後馮堯子。	**經祥** 配張氏，柳林莊張世貞妹。子二：全莊、銀莊。			
登州 字瀛仙。從九品。 配王氏，吼山；繼路氏，路家黄夼路仲山女；林氏，河崖。子四：化吉，路出；樹人、樹可、樹聲，林出。化吉出嗣，樹人出河西咸五嗣。女適朱留魯門，林出。	**樹可** 配劉氏，南柴劉鴻早女。 **樹聲**			
蔚焕 字文彬，號晴川。廩生。	**鳳樓** 配王氏，鞍子夼。			

十八世

配林氏，蛇窩泊歲貢生林彙東女；繼連氏，連家莊連文遠女；王氏，取水崖。子五：志可，連出；鳳樓、貞祥、慈可、允可，王出；志可出繼。

蔚起

配李氏，楊礎庠生李社臣侄女。繼子志可。

蔚宗

字鎮山。

配林氏，務滋夼；繼劉氏，南柴。子二：永祥、慶祥。女適西塚後朱門。俱劉出。

蔚高

字式申。

十九世

貞祥

初中畢業。

慈可

高小畢業。

志可

配李氏，海邑枳實夼李海亭女。子國法。

永祥

配劉氏，大帽兒頂。子應卯。

二十世

二十一世

二十二世

十八世	十九世	二十世	二十一世	二十二世
配林氏，河崖林奎中姊。女一適七里橋子李門，一適東宋莊劉門。 **蔚卿** 自禾稼莊遷院頭窑。 配王氏，東山根。子玉可。女一適蛇窩泊張恩之子，一適朱留魯門。 **蔚嶒** 自禾稼莊遷帽兒頂，下同。 配王氏，磊山後王樹堂女。子四：玉格、玉香、玉楓、玉福。 **蔚嶙** 居禾稼莊，下同。 配王氏，王家黄口王化東妹。 **蔚嶸** 配王氏，葦頭。	**玉格** 配王氏，垛石口子。 **玉香** 配衣氏，東院頭。			

十八世	十九世	二十世	二十一世	二十二世
蔚華 配衣氏，東院頭衣中江女。子歡兒。 **蔚坦** 配衣氏，前陽窩衣振卿女。 **蔚盛** 配孫氏，磚園。 **蔚豐** 配王氏，上范家溝王殿元女。子二：憲可、人可。 **蔚德** 配鍾氏，鍾家院。子萬君。 **蔚章** 配劉氏，史家莊。子銅元。	**憲可** 配孫氏，中馬家河。			

十八世	十九世	二十世	二十一世	二十二世
蔚升 配林氏，蛇窩泊林玉堂妹；繼林氏，東荆夼庠生林炳燮孫女；連氏，連家莊連鳳盛女。子心可，連出。 **蔚海** 配王氏，海邑蒿夼。子採芹。 **璞齋** 字子瑜。由供事任福建安溪縣典史。 配林氏，蛇窩泊林湮女。子二：文祥、麟祥。女適榆林子，馮紹舟侄媳。 **仁齋** 配林氏，後野。子四：吉祥、增祥、通、有。	**文祥** 配袁氏，牙後袁以禄女。 **麟祥** 配張氏，北馬家張選青孫女。子適恩、適興。			

十八世

尚齋

字季超。中央黨務政治大學畢業。現任福建寧洋縣縣長。

配李氏，澤頭李寶寶妹。子呈祥。

成齋

字子民。

配劉氏，帽兒頂劉鴻順姊。子二：致祥、漢蒲。

玉齋

配林氏，東荆介；劉氏，帽兒頂庠生劉振聲侄女；隋氏，蛇窩泊隋玉咨女。

十九世

二十世

二十一世

二十二世

十八世

同剛

作肅

配林氏，榆山後林梅村女。

作義 赴遼東。

指南

字伯車。

配王氏，萊邑望格莊王建中女。

指遠

字仲言。

配宋氏，榆格莊宋茂女；繼柳氏，西荆夼柳鴻玉女。子二：嘉止，宋出；喜禎，柳出。

指日

字子升。高小畢業。

配王氏，輂頭王德公女。

十九世

二十世

二十一世

二十二世

十八世	十九世	二十世	二十一世	二十二世
指月 字子恒。師範畢業。 配林氏，東荆夼林懋修侄女。 **蓍永** 字壽全。 配張氏，張家莊。女適牙後王文海。 **芝永** 字薌齋。 配孫氏，桃村；繼欒氏，院頭窑欒鳳山女。 **尊永** 原名蓁永。 配趙氏，八蜡溝趙仕信女。子二：福萃、福隋。女適唐山頭王門。				

十八世	十九世	二十世	二十一世	二十二世
蒽永（一） 配林氏，文石。子嘉實。女二，長適榆子王門，次適西山林門。 **䔲永**（二） 配李氏，楊礎李進堯妹。子二：嘉栗、嘉梓。 **䓷永** 配林氏，觀泊林堯女。子二：德升、德和。德和出繼。 **萪永** 配王氏，塚後庠生王華林孫女。子用賓。 **菁永** 配孫氏，孫家崖後孫聚女。繼子德和。	**嘉實** 配林氏，河崖。子超羣。 **德和** 配王氏，上步家。			

十八世

䔈永
配王氏，葦頭。子儉。

葆永
字秋實。
配劉氏。西三叫劉子和女，廪生、孝廉方正桂蘊姊。子二：嘉禾、嘉樹。女適桃村孫門。

薌永
字異之。高中畢業。
配連氏，連家莊連文成女。子三：嘉言、進樂、先進。

蒲永（三）
字瑞芝。
配王氏，垛石口子。

十九世

嘉禾
中學畢業。
配張氏，北馬家張選青孫女。子恩波。

嘉樹
中學畢業。
配高氏，吉格莊。子仁波。

嘉言
中學畢業生。

二十世

二十一世

二十二世

十八世	十九世	二十世	二十一世	二十二世
蒓永 字益軒。 配林氏，文石林曰來女；繼隋氏，大咽喉隋漢章妹。 **芹永** 字采庭。後期師範畢業。 配林氏，文石林福開孫女。 **蘅永** 配張氏，東南莊。子二：壽海、壽江。 **蓴永** 配林氏，文石林曰訥女。子福壽。 **萃永** 字兑之。				

十八世	十九世	二十世	二十一世	二十二世
配劉氏，初家疃劉廷蘭女。子普豐。 **菖永** 字獻午。 配林氏，文石林鵬霄女；繼劉氏，柳口劉鑫姊；李氏，水頭李漢賓女。 **萓永** 字樂庭。師範畢業。 配唐氏，觀泊唐吉長女。 **菴永** 字茀齋。 配尚氏，海邑長沙舖尚寶君女。				

十八世	十九世	二十世	二十世	二十二世
芳永 字香亭。中學畢業。 配林氏，榆子林直平女。子二：願和、願政。 **華永** 配王氏，萊邑望格莊王見中女。子二：願序、願席。 **葶永** 配劉氏，尹家莊子；繼劉氏，邱格莊。子二：蒲奎、梅奎。 **蓮永** 字直庭。 配尉氏，埠頭；繼馮氏，榆林子馮紹文妹。	**願序** 高小畢業。 配林氏，林家崖後林鳳鳴孫女。			

【校注】

〔一〕葸永：前文爲『恩永』，前後不一致，具體情况待考。

〔二〕豋永：前文爲『登永』，前後不一致，具體情况待考。

〔三〕蒲永：前文爲『莆永』，前後不一致，具體情况待考。

十三世	【方煦次子】 **克勤** 居禾稼莊，下同。 號精業。太學生。 配李氏，萊邑水南。子才緯。女五，長適海邑徐家店王門，次適引駕夼蔣門孫、拔貢署隆平縣知縣蔣於，三適柳林莊張門，四適榆家夼劉門，五適福山古縣王門。
十四世	**才緯** 號微垣。太學生。 配蔣氏，唐山。子二：庭運、庭連。女適萊邑姜格莊魯門。
十五世	**庭運** 配蔣氏，唐山。子三：榮禧、榮祜、榮逵。女適唐山蔣茵。 **庭連** 字元三。 配王氏，徐家店王華庭祖姑；繼尉氏，崔格莊；劉氏，南柴。子榮瑞，劉出。
十六世	**榮禧** 配林氏，唐山庠生林桐陽姑，庠生維清祖姑。子華齋。女三，長適徐家店王榮經，次適榆家夼劉門，三適張家泥都張玉漢。 **榮祜** 缺嗣。 **榮逵** 赴遼東。 **榮瑞** 號卓田。衍聖宫詩禮堂啓事，恩榮壽官。 配劉氏，大帽兒頂；繼劉氏，宅窠。子三：鳳鳴、鳳岐、天衢，繼出。
十七世	**華齋** 字公西。 配李氏，牛蹄夼李彦妹。子寶珍。女適東院頭衣珮鈞。 **鳳鳴** 配王氏，觀東庠生王自治姊。子二：樹棠、樹森，樹森出繼。 **鳳岐** 配蔣氏，唐山。嗣子樹森。女適石角夼隋門。 **天衢** 赴遼東。

十八世

寶珍

配張氏，張家泥都張元女；繼王氏，徐家店王永壽女。子二：悅音、翰音。

樹棠

配王氏，觀東庠生王自治女。子四：喜和、喜桂、喜花、喜果。女適路家盧門。

十九世

喜和

配張氏，柳林莊。

喜桂

配林氏，西凰跳。

喜花

配蔣氏，蔣家莊。子潤生。

喜果

配魯氏，朱留。子潤起。

二十世

二十一世

二十二世

十三世	十四世	十五世	十六世	十七世
【文耀子】 **峘** 居河西，下同。 配蔣氏，繼張氏、步氏。子四：心樸、心得、心虔、心正，蔣出。	**心樸** 赴遼東。 配祁氏，子寄東。 **心得** 配王氏，子三：上達、上運、上騰。 **心虔** 配劉氏，子三：德、	**寄東** 赴遼東。 **上達** 配修氏，西半泊修功姑；繼劉氏。子二：琢、王德，劉出。 **上運** 配孫氏，子二：管、英。 **上騰** 配劉氏，子仲夏。 **德** 缺嗣。	**琢** 配劉氏，子林姓，雙承。 **王德** 雙承子林姓。 **管** 配柳氏，東院頭。雙承子文存。 **英** 配李氏，雙承子文存。女適木蘭夼王門。 **仲夏** 赴遼東。	**林姓** 配林氏，榆子林盛姑。缺嗣。 **文存** 配蔣氏，唐山蔣江女。子佩。

十三世

十四世

上元、明。女適朱蘭韓門。

心正 缺嗣。

十五世

上元
配衣氏，蘆子泊。子四：洛、闊、賢，韻。女二，長適沙窩張門張鳳祥，次適官道祁門。

明 缺嗣。

十六世

洛
配蔣氏，唐山。繼子文喜。女二，長適萊邑喬家泊王門，次適艾山湯。

闊
配欒氏，蛇窩泊欒宜和女。子四：文發、文喜、文光、文舉。文喜出繼。

賢
配于氏，萊邑王家莊于仁海女。子二：文泰、文申，文申雙承。女四，長適文口林香，次適崮上張門，三適萊邑岔河李門，四適唐山吴德。

韻
雙承子文申。

十七世

文喜 缺嗣。

文發 缺嗣。

文光 缺嗣。

文舉
配唐氏，缺嗣。

文泰 赴遼東。

文申
配吴氏，唐山吴德姊。

世代	
十八世	**佩** 配林氏，唐山。子鴻晏。
十九世	**鴻晏** 配李氏，李家莊。子吉鳳。
二十世	
二十一世	
二十二世	

十三世

【志芬子】
⿰山羊 缺嗣。居河西，後同。

【志德子】
⿰山旱 配林氏，子朝宗。

【志純子】
嶂 缺嗣。

【三益長子】
岱（一） 居河西，下同。
字冠岳。雍正壬子（二）舉人。四川江津縣知縣，改魚臺縣教諭。
配李氏，子三：映奎、映辰、映翼。女適桃村庠生孫子健，敕封孺人。
合葬河西西⿰山冓。

十四世

朝宗
配譚氏，宅窠。子上寬。

映奎
配林氏，繼林氏。子五：澤，元配出；瀚、湜、渤、滌，繼出。

十五世

上寬 缺嗣。

澤
配王氏，子印升。

瀚 缺嗣。
改名澣。

湜
改名池，字維屏，以字行。太學生。
配馬氏，缺嗣。

渤 居魚臺。
配董氏，子文壯。

滌 缺嗣。

十六世

印升 自河西遷陽谷。
配林氏，子臯。

文壯 居魚臺。

十七世

臯 考失。

十三世	十四世	十五世	十六世	十七世
【三益次子】 **密** 居河西。 字秀屏。庠生。 配王氏，繼林氏。子三：映斗、映箕，主作韶；映角，主作稷。	**映辰** 太學生。 配郝氏，子二：紹勛、宜直。紹勛出繼。 **映翼** 庠生。 配范氏；繼孫氏，桃村庠生孫致和女。嗣子紹勛。 **映斗** 赴遼東。 配林氏，子四：溆、温、濟、沂。沂出嗣霞塢應震名下。	**宜直** 原名泳。 配馬氏，子二：中孝、先孝。先孝出嗣東南莊八世分支四房連中名下。 **紹勛** 配王氏，河南夼。子二：珩、亨。亨出嗣霞塢宜醇名下。 **溆** 赴遼東。 配孫氏。 **温** 配林氏，缺嗣。 **濟** 赴遼東。	**中孝** 赴遼東。 **珩** 配林氏，集前林海清姑。子四：吉士、吉人、連順、祥順。	**吉士** **吉人** **連順** **祥順** 俱赴遼東。

十三世

【三益三子】

嶠 居河西，下同。號蓬巒。武生。配王氏，子四：映璧、映軫、映婁、應選。

十四世

映箕 赴遼東。配林氏，子治。

映角 赴遼東。配范氏，繼林氏。嗣子潤。

映璧 配衣氏，子二：澄、潤。潤出嗣。

映軫 配馬氏，繼李氏，子椿。

十五世

治 赴遼東。

潤 配譚氏，子二：振基、興基。

澄 配劉氏，子二：開基、培基。

椿 自河西遷東柳，下同。配于氏，子三：卿來、卿祥、卿齡。卿來出霞塢宜醇嗣。

十六世

振基 配譚氏，子有年。

興基 缺嗣。

開基 配衣氏，西柳。子三：書貴、書仁、書田，書仁出繼化三名下。

培基 缺嗣。

卿祥 配楊氏，太平莊楊秉楨姊。子二：饗、鵬。

十七世

有年 缺嗣。

書貴 配孫氏，子二：喜太、喜東。喜太雙承。

書田 缺嗣。

饗 配盧氏，萊邑沈家。子三：輔之、翼之、振之。女三，長適朱留孫泮階子，次適陽谷林門，三適花園丁門。

十三世	
十四世	**映婁** 配周氏，子三：清泗、清渾、清源。
十五世	**清泗** 居陽谷，下同。配王氏，子二：永安、永喜。永喜出嗣。
十六世	**卿齡** 居關東楊木林子。配趙氏，繼于氏，子四：春芳、鍾芳、豔芳、貴芳。 **永安** 缺嗣。
十七世	**鵬** 配隋氏，石角夼隋文煥女。子三：尚賢、保賢、成林。女五，長適爐上徐門，次適帽兒頂劉中得，三適石角夼隋彭齡，四適楊礎韓門，五適磊山後徐遠志之子。 **春芳** **鍾芳** **豔芳** **貴芳** 以上俱居楊木林。

十三世

十四世

應選 居河西，下同。字擢廷，號萬青。庠生。
配秦氏，子二：清旭、清彥。

十五世

清渾
配□氏，嗣子永喜。

清源
配周氏，後店。子永太。

清旭
配林氏，西凰跳。子四：永達、永通、永開、永成。

清彥 居陽谷，下同。
配劉氏，子三：永平、永康、永吉。

十六世

永喜
配蔣氏，馬家溝。子二：鳳南、鳳山。鳳南出嗣。

永太
配衣氏，嗣子鳳南。

永達 赴遼東。
配步氏，子祥麟。

永通
兼承子同聚。

永開
兼承子同聚。

永成
配于氏，萊邑喬家泊。子同聚兼承。女適西凰跳林門。

永平
配林氏，下范家溝。嗣子鳳崗。

十七世

鳳山

鳳南 缺嗣。
配孫氏，劍脊山。

祥麟 赴遼東。

同聚 遷居陽谷。
配高氏，唐山。

鳳崗
配高氏，子寶成雙承。

十三世	
十四世	
十五世	
十六世	**永康** 居河西，下同。配高氏，小莊舖高登户妹。子三：竹溪、梅溪、蘭溪。 **永吉** 居陽谷，下同。配李氏，李家莊。子三：鳳崗、鳳儀、鳳春，鳳崗出嗣。
十七世	**竹溪** 配劉氏，小莊舖。子二：立之、安之。女二，長適蒲格莊范門，次適蒲格莊劉勝來。 **鳳儀** 配張氏，張家溝。雙承子寶成。 **鳳春** 赴遼東。

十八世	十九世	二十世	二十一世	二十二世
輔之 居東柳，下同。 配史氏，小觀。子鍾華。女三，長適大廟後劉門，次適馬兒崖衣門，三適吉格莊高門。 **翼之** 居東柳，遷河西，下同。 配王氏，上范家溝王任女。子鍾芳。女適上葦城劉玉山。 **振之** 居東柳，下同。 配衣氏，西柳。子三：鍾英、鍾簡、鍾蕙。 **尚賢** 配劉氏，帽兒頂劉作玉女。子鍾堂。女二，	**鍾華** 配王氏，王家黄口。子二：孟訓、得訓。 **鍾芳** 配修氏，萊邑修家蒲格莊修士超女；繼劉氏，中蒲格莊劉中傑女。女適李家莊李門，劉出。 **鍾簡** 配李氏，撞裏。子二：孟、孟起。 **鍾蕙** 配李氏，西霞趾。 **鍾堂**			

十八世	十九世	二十世	二十一世	二十二世
長適西柳衣門，次適辛莊。 **保賢** 自東柳遷河西，下同。 配徐氏，爐上徐化清女。子二：鍾剛、鍾才。女適西山林門。 **成林** 居東柳。 配于氏，城裏縣門前。				

十三世

【名世子】

峨〔三〕 居河西。

號延陵。增生，乾隆癸酉〔四〕薦卷，賚志早卒。敕贈修職佐郎、禹城縣訓導，晋階敕贈文林郎、青州府教授。工詩，著有《蟬吟集》，詩載《山左詩續抄》。

配李氏，招遠大曲莊庠生李偉女。子二：應震、應龍。敕贈孺人。

十四世

應震〔五〕 自河西遷招遠霞塢，下同。

字寅同，號盧坡，又號胡盧山人。乾隆癸卯〔六〕舉人，任濟南府禹城縣訓導，升青州府教授，敕授文林郎。事略詳藝文志、邑志文學、《山東通志·儒林》。

配王氏，招遠李家疃，敕贈孺人。子宜醇，嗣子宜達，自河西映斗名下繼入；宜發，自南柴老四分保泰名下繼入。女二，長適李家疃王門，次適郭家埠傅門曾孫寶善。

合葬招遠齊山之陽。

十五世

宜醇

改名鳳占。太學生。

配王氏，棲霞東河南。嗣子卿成，河西紹勛名下繼入；卿來，東柳椿名下繼入。

合葬齊山之陽。

十六世

卿成

原名亨。

配劉氏，大曲莊劉永合祖姑；繼史氏，大丁家楊氏。子二：心穀、延豐，史出。

卿來

字伴梅。鄉飲耆賓，從九品。

配董氏，下董家董士求女。子三：筵書、清源、清雲。筵書出河西正嗣。女三，長適吴家李門子書林，次適蒼上劉門子尊，三適大劉家。

十七世

心穀 自霞塢遷河西。

配張氏，萊邑菜莊。子二：芳蘭、芝蘭。

延豐 居霞塢。

配王氏，萊邑白馬莊。子三：守仁、守義、守禮。

清源

配巨氏，廟前巨光禮女。子二：桂林、桂枝。女二，長適李家疃王其道，次適杏家邢云成。

清雲

字禮卿。耆儒。

配臧氏，柳前莊臧封魯女；繼姬氏，楊格莊姬文章女。子二：桂芳、

十三世

十四世

十五世

宜達

原名沂，字德三。

配周氏，榆柳前周鵬女。子三：卿常、卿禄、卿裕。女三，長適萊邑南西留，次適畢郭河西張門，三適夏店劉門。

十六世

卿常

鄉飲耆賓，從九品。

配滕氏，招邑滕家滕敦厚長女；繼劉氏，路家劉振禮姑。子三：清蓮、清直，滕出；清淪，劉出。女適滕家滕門，劉出。

十七世

桂芬。

清蓮

配張氏，招邑大曲莊張中義妹。嗣子寶奎。女三，長適大曲莊李門，次適朱家莊閻門，三適塚前陳門。

清直

配秦氏，金家溝秦咸泰女。子二：寶琦、寶善。女三，長適王五莊曲中式，次適陳家窪尹鳳山，三適下董家董門。

清淪

配劉氏，西莊劉經元女。子三：寶魁、寶春、寶興，寶魁出嗣。

十三世	十四世	十五世	十六世	十七世
		宜發 自霞塢遷駝山，下同。 配喬氏，萊邑大水岔喬玉嶺妹；繼姜氏、趙氏，萊邑城裏。繼子卿良，自南柴老四分展之子。女二，長適李家泊子李門子本昭，次適解	**卿禄** 字仲福。 配欒氏，欒格莊欒宜忠妹。子清忠。女二，長適車遠口武生丁紹合，次適嶺上徐吉。 **卿裕** 鄉飲耆賓，從九品。 配尹氏，程家窪尹福忠妹；副董氏。子清田。 **卿良** 配許氏，萊北大劉家許華笙妹。子四：心瑞、心榮、心貴、心全。女適李家泊子李本昭。	**清忠** 配于氏，嵐東于思珍女。子四：壽同、壽山、壽岳、壽永。女二，長適單家溝單門，次適嶺上張壽。 **清田** 配王氏，楊格莊王臻女。子寶臣。女適楊格莊王門。 **心瑞** 配孫氏，逍遥莊孫密女。子三：殿國、殿思、殿忠。女適花園隋遠之子。 **心榮** 配郝氏，八家福郝以江女。子二：進才、連才。

十三世

十四世

應龍（七）居河西，下同。

字乾五。廩膳生。工詩，詩載《山左詩抄》。敕贈修職佐郎。

配王氏，招遠朱家莊。敕贈孺人。子宜樸。

十五世

家林門，趙出。

宜樸

字行素，號鈍夫。廩貢生，歷署德平、昌樂、恩縣、濮州、安邱、諸城、博山訓導。敕授修職佐郎。

配宋氏，萊邑徐格莊，乾隆恩科經魁、江南贛榆縣知縣宋準公女。敕贈孺人。子正。

合葬菴兒𡾊東塋。

十六世

正（八）

字君直，號方山。庠生，工書畫。詳邑志。

配李氏，萊邑後玩底廩生李士著女。繼子筵書，自霞塢卿來名下繼入。

十七世

心貴

配岳氏，萊邑大水岔岳成女。子登文。女二，長適孫疃，次適逍遥莊孫門。

心全 缺嗣。

筵書

字竹軒，號墨亭，又號文山。

配郭氏，招遠程家莊郭喜基女；繼盧氏，路家盧修次妹；戰氏，蛇窩泊戰克文女。子四：景崧、景嶽、景華、景常，戰出。女二，長適磁家，郭出；次適唐山蔣門，戰出。郭氏葬霞塢西南新阡。

十八世

芳蘭
配隋氏，北水頭隋守智女。子二：鍾元、鍾愷。

芝蘭 赴遼東。
配□氏，子鍾寶。

守仁 缺嗣。

守義 缺嗣。

守禮
配姜氏，温家泊子姜廷鳳女。女適嶺上，王升奎媳。

桂林
配曲氏，官立莊曲回元女。子宗伯。女適下董家董門。

十九世

鍾元
配修氏，修家蒲格莊修士儉女。子作舟。

鍾愷
配隋氏，石角夼隋紅女。子孟思。

鍾寶 居遼東。

宗伯
配徐氏，西莊徐桂芳女。子三：祚慧、祚崇、祚明。女二，長適邢家

二十世

祚慧
配邢氏，邢家邢上宫女。子蘭子。

二十一世

二十二世

十八世	十九世	二十世	二十一世	二十二世
	邢門，次適車遠口劉門。	**祚崇** 字子亭。配許氏，萊邑大劉家許慶顯女。子二：注、順子。 **祚明** 配郭氏，廟西夼郭訓女。		
桂枝 配秦氏，荆家溝秦勝女。子宗鰲。 **桂芳** 缺嗣。 **桂芬** 配蕭氏，廟西夼蕭喜元妹；繼李氏，大曲莊武魁李九齡孫女。子二：鍾昆、鍾崙。女二，長	**宗鰲** 配蕭氏，禾木陳家；繼劉氏，路家劉進合女。子二：鳳舉、月明。 **鍾昆** 配温氏，温家泊子温殿德妹。子登山。 **鍾崙** 配董氏，草蒙董作進			

十八世	十九世	二十世	二十一世	二十二世
適蒼上劉門，次適下董家姜鴻恩之子。	女。子登高。			
寶奎 配李氏，大曲莊；繼徐氏，欒虎莊。繼子宗會。	**宗會** 配馮氏，前路家馮遺詔孫女。			
寶琦 配劉氏，車遠口劉文魁女；繼呂氏，紫現。子宗茂。女適沙溝温田之子。俱劉出。	**宗茂** 配董氏，草木董鴻恩女。			
寶善 配程氏，禾木程家程義和妹。子鴻。女二，長適柏木莊王作仁之子，次適朱家莊閻得才之子。				

十八世	十九世	二十世	二十一世	二十二世
寶春 配王氏，温家泊子王心增妹。子四：宗會、宗堯、立人、和宗。會出嗣。女適黄草坡李恒起之子。	宗堯 配馬氏，馬家。			
寶興 配孫氏，張家；繼李氏，嶺上。				
壽同 配孫氏，沙嶺孫令侄女。子鍾聲。女適院上孫門。	**鍾聲** 配姬氏，程子姬學茂侄女；繼陳氏，寨裏陳炳先女。子二：作新，姬出；和，陳出。女適廟子夼郭門。			
壽山 配程氏，禾木程家程以智女。子三：宗喜、宗臣、宗泰。女適草木董鴻均之子。				

十八世

壽岳 配劉氏，大曲莊劉玉鼎女。

壽永 配張氏，路家張合南妹。子二：宗魁、埸。

寶臣 配王氏，嶺上王玉山女。子泰紅。

殿國 居駝山，下同。配柳氏，小欒家店柳世有女。子二：新房、德順。

殿恩[九] 配衣氏，大東莊衣清女。子全德。女適埠上。

殿忠 配程氏，程家莊程以陳女。子德運。

十九世

泰紅 配楊氏，赤山店。

二十世

二十一世

二十二世

十八世

景崧 字伯喬，後改名瑞瀛，字仙洲。配修氏，修家蒲格莊修人魁女。子二：鍾民、鍾申。女適觀裏王中齡。

景嶽 字仲峻。配王氏，海邑古堆山。子三：鍾法、鍾高、鍾奇。

景華 缺嗣。字叔峯。配林氏，唐山林作人女。

十九世

鍾民 配徐氏，老山徐義女。子作□。

鍾申 配祝氏，萊邑寺源頭祝新女。子二：作本、作立。

鍾法 配徐氏，寨頭徐林元孫女；繼崔氏，北水頭；王氏，萊邑茆茨場。

鍾高 配張氏，崮上張世真侄女。

二十世

二十一世

二十二世

世	
十八世	**景常** 字季龍。配董氏，萊邑大爐董振邦女。子鍾賓。
十九世	**鍾賓** 配王氏，萊邑下留。子琬。
二十世	
二十一世	
二十二世	

【校注】

〔一〕岱：字冠岳，老八支八房九世三房，牟家河西村人。雍正壬子（一七三二）舉人。初任四川江津縣知縣，因瀆職被罷官。後任山東魚臺教諭。

〔二〕雍正壬子：即雍正十年，一七三二年。

〔三〕峨：號延陵，老八支八房九世三房，名世子，牟家河西村人。增廣生員。乾隆癸酉（一七五三）薦卷，賫志早卒。工於詩。著有《蟬吟集》。所作《過鉅齒山》曰：『山勢鬱嵯峨，星占天狗過。苦雲屯故壘，寒日帶荒坡。土蝕遺刀缺，田耕斷骨多。至今陰雨夜，怨鬼哭幽阿！』詩載《山左詩續抄》。以子貴，敕贈修職佐郎、禹城縣訓導，晋階敕贈文林郎、青州府教授。

〔四〕乾隆癸酉：即乾隆十八年，一七五三年。

〔五〕應震：字寅同，號盧坡，老八支八房九世三房，牟家河西人。生於乾隆九年（一七四四），卒於道光五年（一八二五）。晚年徙居招遠大霞塢。乾隆癸卯（一七八三）舉人，曾任禹城訓導二十餘年，後升青州府教授。又五年後，弃官歸里，閉門著書，寒暑無間，耄而好學。所著之書，付梓與未付梓者計十餘部。道光五年（一八二五）正月，病中自作墓志銘，神明不亂，意狀從容，惟自云『解《易》未完，抱憾終古』。易簀之夕，猶呼筆硯來，曰：『解

《易》兩爻未安處，當改之。』改畢，命人讀聽，曰：『如此大得！』乃命撤硯，反席而没，享壽八十二歲。

〔六〕乾隆癸卯：即乾隆四十八年，一七八三年。

〔七〕應龍：字乾五，老八支八房九世三房，應震胞弟，牟家河西人。廩膳生，工詩，詩載《山左詩抄》。敕贈修職佐郎。

〔八〕正：字君直，號方山，邑庠生，老八支八房九世三房，牟家河西人。牟應龍長孫，牟宜樸（曾任昌樂、恩縣、諸城、博山諸縣訓導）獨子，工書畫，書仿牟所，常代所應酬筆墨，雖識者莫辨真假。畫工墨色山水。自署曰『呵呵子』。

〔九〕殿恩：前文作『殿思』，前後不一致，具體情況待考。

十三世

【自玉子】

峻 居河西，下同。

配王氏，子毓秀。

十四世

毓秀

配周氏，子二：鶴齡、錫齡。

十五世

鶴齡

配徐氏，爐上；繼尉氏，萊邑郝格莊。子廉正、廉法，廉法出繼。女二，長適萊邑郝家泊子郝門，次適藍蔚夼，俱尉出。

錫齡

鄉飲耆賓。

配李氏，張家莊；繼林氏，河崖。繼子廉法。

十六世

廉正

配郝氏，公山後。子二：鼎、鼐。女二，長適唐山蔣門，次適爐上徐門。

廉法

從九品。

配林氏，唐山林岐孫女。子二：丙離、沛恩。女二，長適蛇窩泊林來安，次適石角夼隋門子化齡。

十七世

鼎 缺嗣。

配張氏，萊邑張家菴張古希女。女三，長適破門口王門，次適李家莊，三適嵩上張門。

鼐

配張氏，張家泥都張孟奎妹。子三：大文、言科、得科。

丙離

字崧南。邑庠生。

配接氏，萊邑龍旺莊郡庠生接尚滕女。子二：海文、俊文。

沛恩

字雲卿。例貢生，鄉

十三世	十四世	十五世	十六世	十七世
				飲大賓。配林氏，蛇窩泊林蘭芝女。子四：俊開、俊修、俊德、永清。

十八世	十九世	二十世	二十一世	二十二世
得科 配劉氏，柳口劉寶女。子二：有、貴。 **海文** 赴遼東。 **俊文** 配林氏，蛇窩泊；繼杜氏，北蔣家莊庠生杜若洲侄女。嗣子立殿。 **俊開** 配林氏，唐山庠生林若漢女；繼張氏，張家泥都。子三：立本、立殿、立嘉，張出；立殿出繼。女三，長適石角夼楊得山，次適同上，三適爐上徐賓年之孫。	**立殿** 配徐氏，爐上徐善山妹。子三：從禮、從民、廷讚。 **立本** 配于氏，清江口于進起女。子吉續。 **立嘉** 配唐氏，萊邑山前店。子辛巳。			

十八世

俊修

配姜氏，海邑敖上村；繼李氏，楊礎庠生李化南女。子立學。女適王家黄口王世孝。

俊德

配徐氏，爐上徐賓年女，旌表節孝。嗣子立志。

永清

字寰堂。

配王氏，王家黄口王汝富女。子二：立朝、立志。立志出嗣。

十九世

立學

配步氏，萊邑步家。子三：鴻賓、鴻見、鴻鳴。

立志

配王氏，萊邑卧龍王殿邦女。

立朝

字獻廷。

配李氏，後撞李連和女。子鴻均。

二十世

二十一世

二十二世

十三世	【自玉次子】 **嵺** 居河西。 配林氏，子二：毓奇、毓良。毓良出嗣。
十四世	**毓奇** 自河西遷馬家莊，下同。 配姜氏；繼林氏，柞嵐頭。子遐齡。
十五世	**遐齡** 改名瑞。 配林氏，小方山劉家。子廉興。
十六世	**廉興** 配孫氏，孫家窪。子二：縉、運。
十七世	**縉** 配韓氏，韓家溝韓成舉女。子二：文芳、文第。 **運** 配史氏，小觀。子文章。

世系	
十八世	**文芳** 遷柞嵐頭，下同。配閻氏，搭兒山。子立功。
十九世	
二十世	
二十一世	
二十二世	

十三世	【自玉三子】 **峘** 居河西，下同。 配林氏，嗣子毓良。 【問言長子】 **岢** 居河西，下同。 號嵐州。太學生。 配接氏，萊邑龍旺莊。 子三：宗翰、槐聲、韻唐。 合葬村南祖塋。
十四世	**毓良** 配林氏，繼林氏，子二：彭齡、九齡。 **宗翰** 字維城。恩榮壽官。 配尉氏，萊邑崔格莊；繼林氏，榆山後。子五：人和，尉出；雲和、保和、靖和、春和，林出。 合葬村南祖塋。
十五世	**彭齡** 配譚氏，子化山。 **九齡** 配馬氏，繼林氏，子二：廉善、廉能。 **人和** 配隋氏，大咽喉隋鏞女。旌表節烈，入祀節孝祠，載邑乘。雙承子真。 合葬村南祖塋。
十六世	**化山** 繼子書仁。 **廉善** 雙承子型。 **廉能** 配王氏，西半泊子。子型，雙承。 **真** 字實夫。 配徐氏，爐上徐法年姑。子五：孝先、壽先、法先、占先、棫芃。女適糧食市林滇。 合葬村南祖塋。
十七世	**進發** 缺嗣。 原名書仁。 **型** 配劉氏，萊邑院上。 子二：鴻賓、鴻驤，俱缺嗣。女適崮上張門。 **孝先** 字奉堂。恩榮壽官。 配衣氏，東院頭衣中鏡姊。子三：伊、供、侯。 合葬村南祖塋。

十三世	十四世	十五世	十六世	十七世
				壽先 配劉氏，海邑徐家店劉鳳翥姊。子伯。旌表節孝。 合葬村南祖塋。 **法先** 字尊李。從九品。 配澹臺氏，城裏澹臺繼昌孫女；繼林氏，文石林秀芝姑。子修。女二，長適石角夼隋門，次適辛店師範畢業柳奎，俱元配出。 **占先** 配林氏，後野林紹先妹。子三：僊、儆、儒。女二，長適東荆夼林門，次適後野林子儒。

十三世	
十四世	
十五世	**雲和** 缺嗣。 配王氏，萊邑王格莊。 **保和** 缺嗣。 配衣氏，東院頭。 **靖和** 字拱臣。 配王氏，王格莊王克明妹。子真，雙承。女三，長適集前林泉子庠生秀翹，次適東荆夼林贊元子德裕，三適觀裏鄒門。
十六世	
十七世	**棫芃** 字歌周。太學生。 配王氏，海邑古堆山王宗寬姑。子三：倫、儀、偉。女適埠梅頭鄒文斌。

十三世

十四世

槐聲 字音木。太學生。配陳氏，畢郭；繼張氏，野房。子二：大成、文成，張出。女適萊邑郝家泊子郝門，陳出。

十五世

春和 配蔣氏，宅夼；繼澮臺氏，城西關澮臺繼昌女。子二：聯芳、聯魁。女適西柳。

大成 字石溪。郡庠生，癸酉科薦卷。配劉氏，徐家店武生劉長齡姑；繼劉氏，徐家店。子三：榮光、耿光，元配出；寶光，繼出。耿光小亡，寶光雙承。

文成 配林氏，中榆疃。女三，長適萊邑朱省董門，次適河崖林門子得三，三適東荆夼林得三，雙承子寶光。

十六世

聯芳 配譚氏，古宅崖。子福裕。

聯魁 缺嗣。

榮光 配王氏，王家黄口；繼周氏，泥溝子周史官姑。雙承子朝勛。

寶光 字達人。耆儒。配李氏，本村庠生李宗高孫女；繼王氏，萊邑黄崖底王大鵬女。子朝勛，雙承，王出。女

十七世

福裕 赴遼東。

朝勛 字世臣。師範畢業生。配林氏，林家崖後林桂枝次女。子三：作華、作述、作舟。女適榆山後中學畢業林緝瑞。

十三世	
十四世	**韻唐** 字堯詠。郡庠生。配林氏，徐村；繼左氏，南嵐；王氏，垛石口子。子三：如驥、如麟、如鯉，王出。女適龍旺莊庠生接埉。
十五世	**如驥** 配張氏，萊邑亭山。子辰星赴遼東，雙承子寶光。 **如麟** 赴遼東。配盧氏，路家。 **如鯉** 赴遼東。
十六世	六，長適萊邑龍旺莊接傳，李出；次適北馬家張福青；三適唐山林若淄；四適徐家店劉鳳翥；五適荊介師範畢業林奉志；六適唐山林若湘。
十七世	

十八世

伊

字六一。太學生。

配董氏，黄崖底董謁女。子茲儉。女二，長適蛇窩泊林汝桓，次適槐山于進清。

供

配衣氏，東院頭衣中清女。子茲舉。女二，長適東院頭衣門，次適北水頭孫門。

侯

字亦卿。

配林氏，蛇窩泊林賓女；繼劉氏，大帽兒頂劉連太女。女適海邑吼山劉門。雙承孫福臻。

十九世

茲儉

配修氏，上蒲格莊修士元女。子福臻，雙承。女適小觀史永臻。

茲舉

配董氏，郝家泊子。

子二：大才、天才

二十世

福臻

配董氏，黄崖底董堯全妹。

二十一世

二十二世

十八世	十九世	二十世	二十一世	二十二世
伯 字讓三。 配徐氏，寨頭徐林元女。子三：茲勤、茲恩、茲蕙。	**茲勤** 原名志勤，字民生。庠生。師範畢業。 配劉氏，大帽兒頂劉化南姊；繼林氏，蛇窩泊。子三：福鼎、福江，劉出；保，林出。女適爐上徐門，劉出。 **茲恩** 配林氏，西凰跳林景盛女。嗣子福盛。 **茲蕙** 配盧氏，崔格莊。子三：顯、福盛、福林，福盛出嗣。女適前陽窩衣明齋。	**福鼎** 配杜氏，北蔣家莊庠生杜廷和女。子二：苛、新秋。 **保** 配林氏，唐山。 **福盛** 配張氏，張家泥都。子二：寬、玉。 **顯** 配尉氏，崔格莊尉得芳妹。子鐸。		

十八世

修

字德廷。

配董氏，黄崖底董謁女。子三：兹芸、兹累、兹虎。女二，長適河崖庠生林紹賡子，次適上范家溝王鳳崗子玉庭。

僊

字山人。

配林氏，東荆夼；繼董氏，黄崖底董貴材妹。

儆

配劉氏，帽兒頂庠生劉振聲女；繼慕氏，西慕家莊慕悦南女。子三：

十九世

兹芸

配林氏，唐山中學畢業林指南姊。

兹累

配于氏，簸箕港于松泰女；繼楊氏。

兹虎

配蔣氏，南榆疃蔣温妹。

兹尚

配董氏，黄崖底董桂枝侄女。子三：福住、福生、福隆。

二十世

二十一世

二十二世

十八世	十九世	二十世	二十一世	二十二世
茲尚，劉出；茲所、茲任，慕出。女適王格莊孫嚴仲子，劉出。 **儒** 配林氏，唐山林同科女。子茲學。女適泥都小莊王門。 **倫** 字序齋。 配劉氏，上蒲格莊劉本精女。子三：茲廷、茲超、茲騰。女三，長適解家溝王天福之子，次適萊邑和尚莊李茂春之子，三適石角夼隋吉。 **儀** 字以田。	**茲學** 配王氏，王格莊王志太女。子福軒。			

十八世

配于氏，清江口于松林姊。子二：茲傳、茲醒。

偉

字韻章。

配林氏，唐山林常增女。子三：茲興、茲宣、茲喬。

作華

字郁周。

配林氏，河崖。子三：餘卿、連卿、餘福。

作述

字監周，號彤九。萊邑省立鄉村師範畢業。

配林氏，文石林曰範女。子餘九、餘吾。

十九世

茲興

配徐氏，寨頭。子二：中書、讀書。

茲宣

配傅氏，柳連河。

餘卿

配林氏，林家崖後林鳳鳴孫女。

二十世

二十一世

二十二世

十八世	**作丹**[二] 字育生，號襄廷。高小畢業。 配林氏，榆山後陽谷縣典史林雨暢女。子餘波、餘香。
十九世	
二十世	
二十一世	
二十二世	

十三世

【問言次子】

⿰山豪 居河西，下同。號西周。恩榮壽官。配林氏，子三：攀桂、登雲、攀瀛。

十四世

攀桂 太學生。配宋氏，萊邑徐格莊乾隆恩科經魁、江南贑榆縣知縣宋準公女；副趙氏。子三：宜尊、宜遜、祚長，祚長出嗣純本，後改名宜保，趙出。女適桃村增生孫正誼，宋出。

登雲 赴遼東。配林氏，子宜煥。

攀瀛 赴遼東。武生。

十五世

宜尊 配趙氏，繼鄒氏。子二：進漢、雙漢，雙漢出嗣。

宜遜 配宮氏，嗣子雙漢。

宜煥 配劉氏，繼馬氏、鄒氏。子三：興詩、立禮、成樂。

宜炳 配隋氏，子連得。

十六世

進漢 缺嗣。

雙漢 配□氏，子來福缺嗣。

興詩

立禮

成樂 俱失考。

連得 失考。

十七世

十三世	十四世	十五世	十六世	十七世
	配欒氏，子二：宜炳、宜耀。女二，一適連家莊連霈，一適連家莊庠生連江。	**宜耀** 失考。		
【問言三子】 **嶔**[三] 居河西，下同。 字峻嶺。庠生。工詩，詩載《山左詩續抄》。 配楊氏，嗣子鳳翔。 葬於南祖塋。	**鳳翔** 字騰九。恩榮壽官。 配李氏，萊邑李家泊子；繼左氏，萊邑水溝頭前疃左述賢祖姑。子三：華祝、松祝、延祝，左出。女二，一適寧海石疃庠生呂門子瑞雲孫庠生銘新，一適鉅夼吴門，李出。 葬於南祖塋。	**華祝** 從九品。 配李氏，子高舉。女適小觀史豐玉。 同上葬所。	**高舉** 太學生。鄉飲介賓。 配朱氏，海邑菜園；繼左氏，萊邑水溝頭前疃左述賢姊。雙承子遂。	**遂** 字茂亭。庠生。 配史氏，小觀史最惺女。子五：壽嵐、壽泉、壽芝、壽樟、壽坤。女二，長適西山叫劉紹賓，次適翔鶴李門。 葬於南祖塋。
		松祝 字小山。歲進士。 配林氏，後野林長春	**振舉** 字舒翹。太學生。 配王氏，磊山後王代	

十三世

十四世

十五世

姑；繼孫氏，茆茨場孫宜增女。子二：振舉，林出；榮舉，小亡，孫出。女二，長適楡山後林門子同心；次適王家黄口王維城，孫出。

延祝

從九品。

配林氏，河崖林法姑。子軒舉。女適唐山子庠生林榮科。

俱葬於北嶠新阡，下同。

十六世

傳女。子遂雙承。

軒舉

從九品。

配宮氏，寧海青山庠生宮錫光女。子适。女三，長適大丁家史門，次適石角夼隋福成，三適萊邑寨頭呂門子殿剛。

十七世

适

原名遜，字心齋。庠生。

配杜氏，北蔣家莊庠生杜若洲妹；繼李氏，翔鶴庠生李樹煌女；孫氏，北水頭孫厚廷姊。子六：壽彭，李出；壽昌、壽山、壽屺、壽仁、

十三世	
十四世	
十五世	
十六世	
十七世	壽岳，孫出。女三，長適朱留魯秉周，李出；次適楊礎李門；三適荊夼林門。

【校注】

〔一〕作丹：前文爲『作舟』，前後不一致，具體情況待考。

〔二〕嶔：字峻嶺，老八支八房九世三房，牟家河西人。增生，工於詩，詩載《山左詩續抄》。後裔皆重學問。

十八世	十九世	二十世	二十一世	二十二世
壽嵐 字煉坡[二]。師範畢業。 配林氏，肖嶺夼林景春女。子三：汝建、汝芳、汝吉。女二，長適北蔣家莊杜文相之子，次適爐上徐門。	**汝建** 字禮堂。 配張氏，東南莊張愷女。 **汝芳** 字益臣。 **汝吉** 字西山。 配張氏，崮上。			
壽泉 字醴源，又字星源。 配林氏，河崖林明堦妹。子汝立。	**汝立** 字筮人。 配林氏，陽谷林長勝妹。子書常。女適西山林門。			
壽芝 字紫亭。 配鄒氏，埠梅頭鄒崑山妹。子汝樸。				

世	
十八世	**壽樟** 字仁塘。配宋氏，南榆疃宋長盛女。子二：汝經、汝展。女適石角夼隋門。 **壽坤** 字簡平。配唐氏，山前店唐守訓侄女。子二：汝欣、汝均。女二，長適榆山後庠生傅熙宇之孫，次適引家莊子劉門。 **壽彭** 配鄒氏，埠梅頭鄒鳳岐女。子四：汝佩、汝代、汝霖、汝嘉。
十九世	**汝經** **汝展** 配林氏，萊邑留寺莊。 **汝欣** 配王氏，留寺莊。 **汝佩** 字錫玉。配孫氏，萊邑寺源頭。子鴻喜。
二十世	
二十一世	
二十二世	

十八世

壽昌

配史氏，小觀庠生史銘膚侄女。子二：虎立、汝殿。女適丁家寨李門。

壽山

配蔣氏，西蔣家莊。女適南半泊子王門。

壽屺

配林氏，河崖；繼劉氏，芹子夼。子二：汝良、汝聚，劉出。

壽仁

配林氏，西河南林紹芳女。

壽岳

配王氏，萊邑南官莊。子志正。

十九世

二十世

二十一世

二十二世

【校注】

〔一〕煉坡：名壽嵐，老八支八房九世三房，萊陽鄉師畢業。生於光緒元年（一八七五），卒於民國三十四年（一九四五）。終生從教，成績顯著。二十七歲時（一九〇一）開始在牟家河西、南榆疃、下張家、古鎮都、東南莊、下漁稼溝、大韓家等村任教，一九四五年病故，終年七十一歲。自光緒三十一年（一九〇五）開始，利用教學之餘，刻苦學習鄭板橋繪畫藝術，善畫蘭草、怪石，藝術造詣頗深，曾去烟臺給『事務堂棧房』等做過專繪，博得客商好評。棲霞牟氏莊園管理處藏有其民國十五年（一九二六）畫的四幅蘭草、怪石，作品秀麗蒼勁，影響深遠。

十三世	十四世	十五世	十六世	十七世
【問言四子】 **嵈** 居河西。 字宗山。太學生。 配尉氏，塚嵐。子鳳翔、鳳鞏，鳳翔出嗣。	**鳳鞏** 改名履端，字像六。太學生。 配王氏，泉水店；繼張氏，萊邑張家觀；史氏，小花園史中清姑；林氏，荆子埠；衣氏。子恒岳，林出。女適鍾家院鍾長龍。	**恒岳** 配周氏，萊陽城裏前司；繼趙氏，趙家埠子。子潭清。女五，長適萊邑董家院董門，次、三適城南村趙門，四適楊礎李汝華，五適黃崖底董鵬令。	**潭清** 配龍氏，萊邑喬家泊進士龍壽長孫女。子應文。	
【志學子】 **沖** 居唐山，下同。 配徐氏，缺嗣。				
【志盛子】 **寧** 配林氏，子守直。	**守直** 缺嗣。			
順 配王氏，子守誠。	**守誠** 缺嗣。			

十三世

【志仁長子】

碩 居河西，下同。號荊石。太學生，恩榮壽官。

配接氏，繼姜氏。子廷瑞，接出。

十四世

廷瑞 字班五，號庚溪。庠生。

配趙氏，萊邑城南村趙謂姑；繼趙氏，趙家埠子。子三：沂、汶、烇，繼出。

十五世

沂 配王氏，黃崖底；繼宋氏，萊邑姜格莊。子曾吾，王出。

汶 配李氏，楊礎。子四：云諶、云諤、云諦、云諴。

十六世

曾吾 配王氏，岩子口。子二：壽春、壽伯。女二，長適海邑廢城，次適朱省董贊廷。

云諶 配林氏，河崖。嗣子庠。女適爐上徐門。

云諤 字一士。從九品。

配衣氏，東院頭衣士鴻姊；繼劉氏，芹子夼劉宗壽女。子康，雙承，劉出。女三，長適萊邑于家店醫士趙鴻奎子，次適山叫劉門，衣出；三適北莊子劉門，劉出。

十七世

壽春 配周氏，馬家溝周堯姊。

壽柏（一） 俱如本兼承。

庠 兼承子如本。

康 字錫侯。

配林氏，東荊夼林日東女。子如本，兼承。

十三世

十四世

十五世

烇

字奎照，號安土，又號坦人。鄉飲耆賓。

配潘氏，大柳口潘長歡女。子云誥。

十六世

云諦

配林氏，河崖，旌表節孝。雙承子康。

云誠

配隋氏，石角夼隋成文女。子二：庠、庚，庠出嗣。女適北張家莊。

云誥

字紫亭，號鳳書。廪膳生。

配王氏，岩子口王揆庶女；繼接氏，龍旺莊庠生接塽女、接佳姑；李氏，西霞趾李士祥女。子二：度、序，接出。女二，長適留寺莊北溝趙門，次適榆山後林門，接出。

十七世

度

字培卿，號斐翹，又號培元子。

配林氏，東荆夼林日東女；繼林氏，後野林長春女。子如同。

序

字友堂，號樂園。師範畢業。

配劉氏，大柴劉希信女。子如會。

十八世	十九世	二十世	二十一世	二十二世
如本 字仙洲。 配徐氏，芹子夼徐人德女。子笙。 **如同** 配步氏，下步家步應西女。嗣子嫚。 **如會** 配劉氏，芹子夼劉以太女；繼張氏，萊邑大山後。子二：嫚、學。女適鶴山後。	**嫚** 配尉氏，崔格莊。			

十三世	十四世	十五世	十六世	十七世
【志仁次子】 **礀** 居河西，下同。 號東石。恩榮壽官。 配劉氏，子廷珍。	**廷珍** 赴遼東。 武生。 配楊氏，子洸、漭。	**洸** **漭** 俱居遼東。		
【志仁三子】 **磻** 號滋泉。 配林氏，子三：廷球、廷琳、廷琅。	**廷球** 出口。 配林氏，子二：臣全、長寧。	**臣全** **長寧** 俱居口外。		
	廷琳 配劉氏，子盛、益。	**盛** 雙承子云姑。	**云姑** 配鄭氏，唐山鄭文女。子二：庤、廞。女適東荆夼辛顯。	**庤** 配隋氏，大咽喉隋功女。子青蕩。
		益 配趙氏，蛇窩泊。子云姑，雙承。		
	廷琅 赴遼東。 配李氏。			

十八世	十九世	二十世	二十一世	二十二世
青蕩 配戰氏，戰家溝。子德。				

世	
十三世	【志忠子】 **荏** 赴遼東。 【志厚長子】 **崒** 居河西，下同。 配林氏，唐山林壎女；繼周氏、林氏。子廷祥。 合葬河西南塋。
十四世	**廷祥** 配林氏，子臻。 葬河西南塋。
十五世	**臻** 配衣氏，釜甑。子二：兆桐、棋桐。女適後撞李霧，旌表節孝。
十六世	**兆桐** 字鳳棲。太學生。 配衣氏，柳家溝；王氏，徐家店。子四：廛、廉、廉，衣出；庵，王出。 **棋桐** 赴遼東。 配劉氏，锺家院。子三：廣、庸、應。女適
十七世	**廛** 赴遼東。 配林氏，東荆夼。子啓疆。 **廉** 赴遼東。 配隋氏，石角夼隋福堂妹。子二：界疆、沿疆。女二，長適北張家莊，次適東荆夼林門。 **廉** 赴遼東。 字奎三。 配史氏，小觀史安疆女。女適榆山後林桐芳。 **廣** 字德堂。庠生。 配隋氏，石角夼隋福

十三世

十四世

十五世

十六世

畢郭韓門。

十七世

同妹。子五：開疆、綏疆、安疆、鎮疆、殿疆。女適東夼王太昌。

庸

配李氏，楊礎李汝華女。子二：培疆、新疆。

應

配步氏，上步家步華侄女。子民疆。

十八世	十九世	二十世	二十一世	二十二世
啓疆 配林氏，蛇窩泊林蘭芝孫女。子提。女三，長適小觀史豐一曾孫，次適官道王英子，三適帽兒頂劉門。	**提** 配林氏，蛇窩泊林書封妹。子書經。	**書經** 配修氏，上蒲格莊。		
界疆 雙承子運雙。 **沿疆** 配戰氏，東半泊戰國先侄女；繼李氏，和尚莊。子運雙，雙承，戰出。 **開疆** 赴遼東。 **綏疆** 赴遼東。	**運雙** 配劉氏，韋家溝；繼劉氏，後牟家疃；張氏，崮上。			

十八世	十九世	二十世	二十一世	二十二世
安疆 赴遼東。 配林氏，蛇窩泊。 **鎮疆** 赴遼東。 配張氏，崮上張明江姊。子本禮、善。本禮出繼。 **殿疆** 配林氏，河崖林振元女。雙承子本禮。 **培疆** 配姚氏，大姚格莊姚克翦女。雙承子本禮。 **新疆** 赴遼東。 配孫氏，泥溝子。雙承子本禮。 **民疆** 雙承子本禮。	**本禮** 配蔣氏，唐山蔣殿甲女。			

十三世	十四世	十五世	十六世	十七世
【志厚次子】 **岫** 居河西，下同。 配林氏，子二：廷澥、廷棟。	**廷澥** 赴遼東。 配林氏，雙承子澥。 **廷棟** 配林氏。女二，長適石角夼隋門孫福同，次適河崖林門。	**澥** 配欒氏，西窩洛欒同姊。子其椅。女適文石林門。	**其椅** 配劉氏，大柴劉希來姊；副徐氏，徐家崖後徐廷棟女。子廱，徐出。女二，長適唐山蔣義，劉出；次適唐山鄭炳唐。	**廱** 配欒氏，西窩洛欒河東女。繼子興。

十八世	**興** 配徐氏，萊邑徐家莊徐崗女。
十九世	
二十世	
二十一世	
二十二世	

十三世	十四世	十五世	十六世	十七世
【志厚三子】				
崝 居河西，下同。配蔣氏，唐山。子廷獻。	**廷獻** 配宋氏，大宗疃宋連山祖姑；繼馬氏，沙窩。子二：魁、洧，宋出。女適蛇窩泊張門孫玉廷，宋出。	**魁** 繼子其三，雙承。 **洧** 配衣氏，釜甑衣殿珠祖姑。子三：其松、其壽、其三，其三雙承。女二，長適唐山蔣門子樹滋，次適唐山蔣門。	**其松** 配林氏，林家莊子。兼承子尚南。 **其壽** 兼承子尚南。 **其三** 配趙氏，東河南。子尚南兼承。	**尚南** 配衣氏，釜甑。子嫚。
【志芳子三】				
㠑 配林氏，子廷琯。	**廷琯** 赴遼東。			
崚 赴遼東。				
嵥 配王氏，子廷吉。	**廷吉** 赴遼東。			

十三世	十四世	十五世	十六世	十七世
【志潔子】 **崗** 配于氏，缺嗣。				
【志述子】 **岷** 配林氏，繼遲氏。子二：廷含、廷機，林出。	**廷含** 配□氏[二]，子舉，雙承。	**舉** 赴遼東。		
	廷機 雙承子舉。			
岩 配劉氏，繼林氏。嗣子廷榮。	**廷榮** 配高氏，子鎖住。	**鎖住** 嗣深子健鰲。	**健鰲** 配劉氏，嗣建仕子國志。	**國志** 配孫氏，大柳家孫樹孟女。
【志遠子】 **慶意** 配王氏，子二：廷珣、廷琪，廷琪出嗣。	**廷珣** 赴遼東。			
連意 配衣氏，子廷榮出嗣。嗣子廷琪。	**廷琪** 赴遼東。			

十三世	十四世	十五世	十六世	十七世
【志道子】 **岻** 配隋氏，城南坊。子廷輔。 以下俱葬村南新阡。	**廷佐** 原名廷輔。 配林氏，河崖；繼連氏，連家莊連轅女；林氏，西亭。子二：萬里，連出；湝，繼林出。	**萬里** 配林氏，南林家莊子。雙承子云誠。 **湝** 配林氏，南林家莊子。子云誠，雙承。	**云誠** 配蔣氏，唐山。子庾。	**庾** 字積堂，號星垣。 配李氏，沙窩；繼劉氏，大帽兒頂。女三，長適辛店柳門，次適爐上徐門，三適大帽兒頂劉門。
【志誠子二】 **純** 自河西遷萊邑夏家，下同。 配李氏，子五：中春、中卓、中梅、中悟、起榮。	**中春** 居夏家。缺嗣。 **中卓** 配張氏，子勤。 **中梅** 配劉氏，子二：準、傳。 **中悟** 赴遼東。 **起榮** 缺嗣。	**勤** 失考。 **準** 居萊邑李家莊，失考。 **傳** 配林氏，失考。		

十三世

繡 居河西，下同。配隋氏，子席珍、奇珍。

以下俱葬南塋。

十四世

席珍 配張氏，子源、深，深出嗣。女三，一適大柴劉門，一適郝家泊子郝門，一適蛇窩泊姜門。

奇珍 配林氏，繼王氏。嗣子深。

十五世

源 配林氏，嗣子建中。

深 配王氏，邱格莊。子四：建中、建勳、建鰲、建仕，建中出繼，建鰲出鎖住繼。

十六世

建中 配林氏，雙承子宗唐。

建勳 配遲氏，窑溝。子宗唐，雙承。

建仕 配吕氏，寨頭。子二：國志、宗禮，國志出繼。女二，長適唐山姜門，次適唐山王門。

十七世

宗唐 配劉氏，韋家溝劉作祥妹；繼唐氏。子四：芹、興、揆、福漢，劉出。女四，長適唐山林喜見；次適唐山蔣門；三適觀泊林和子，劉出；四適韋家溝于門，唐出。

宗禮

十八世	十九世	二十世	二十一世	二十二世
芹 配王氏，萊邑茆茨場。子犬。 **葵**〔三〕 配戰氏，北半泊子。 **福漢** 配林氏，院頭西山。				

十三世

【志信子】

克明 居河西，下同。

配王氏，子朝宗。

以下俱葬村南祖塋。

【志貞子】

作楫

配林氏，榆子。子長年。女四，長適萊邑枯柳樹趙門，次適海邑鍾藍尉㦉，三適城裏廣東惠州府永安縣典史林振之孫、歲貢霞舉之子，

十四世

朝宗

配欒氏，子二：人傑、人靈。

長年

字延生。

配程氏，萊邑西野後程敦命女，仁山妹，廣仕姑；繼林氏，城東溝林鍋孫女，林本毅女。子三：來育，程出；率

十五世

人傑

配張氏，崮上張中良祖姑。子二：大福、連福，連福出嗣。

人靈

配蔣氏，嗣子連福。

來育

配林氏，林家黃夼。子云訥。女適文石林門。

十六世

大福

配孫氏，磚園。子德滋，早卒。雙承子宗海。

連福

配林氏，中榆疃。雙承子宗海。女適石角夼隋門。

云訥 歿遼東。

配林氏，南水頭。子三：宗泰、宗海、宗鰲，宗海出嗣。女適車家泊子車門。

十七世

宗海

配林氏，蛇窩泊林得一妹。女二，長適蛇窩泊張門，次適李家泊李成全。

宗泰

配蔣氏，唐山蔣暄女，旌表節孝。

宗鰲

配王氏，唐山；副王氏，磊山後王進才女。

十三世	十四世	十五世	十六世	十七世
四適萊邑鶴山後辛巳進士、陝西中部縣知縣董延楷之孫、歲貢景瀛之子。 以下俱合葬村南祖塋。	育、命育，林出。女適黃崖底蔣得增，林出。	**率育** 字性堂。 配林氏，蛇窩泊林得才祖姑；繼林氏，西凰跳庠生林汝南姑，庠生蒲田祖姑。子四：云讓、云彥、云德、云慶。女二，長適文石林門，次適喬家喬岳。	**云讓** 缺嗣。 配林氏，文石。女適海陽古堆山王門。 **云彥** 配鄭氏，唐山；繼王氏，下步家王錦茂女。子二：宗一、宗喜。宗一出繼。女適南水頭林門。 **云德** 配于氏，韋家溝于永漢妹。子三：宗代、宗歸、宗山。女字西蔣家莊蔣門。	**宗喜** 配王氏，南半泊。子同滿，雙承。 **宗代** 配劉氏，韋家溝劉作田女。 **宗歸** 配步氏，上步家步令南女。 **宗山** 配蘇氏，萊邑譚格莊。

十三世

十四世

十五世

命育 字文卿。邑庠生，光緒乙酉科薦卷。配衣氏，前陽窩衣汭女，其孌妹。子三：云升、云和、云瑞。女適盧子泊王良。

十六世

云慶 配馬氏，蛇窩泊馬長太妹；繼林氏，林家崖後林壽山女；于氏，萊邑城裏于子漢女。嗣子宗一。

云升 字朝選，號恩溥。配宋氏，大宗疃宋連佐姑。子二：宗寶、宗齡。女二，長適前陽窩衣門，次適盧子泊王先記。

云和〔四〕 字煥齋，號德馨。配劉氏，韋家溝劉和春孫女。子四：宗奎、

十七世

宗一 配林氏，唐山。雙承子同滿。

宗寶 配王氏，官道王漢中女；繼孫氏，大柳家孫樹孟女。子德望，王出。

宗齡 配蔣氏，唐山。

宗奎 配于氏，沐浴于福海女。子二：鴻賓、雙賓。

十三世	
十四世	
十五世	
十六世	宗華、宗商、宗起。女二，長適台上孫殿英，次適李家莊李殿英。 **云瑞** 配林氏，院頭西山林賜生妹；繼管氏，肖駕夼。子三：宗管、宗拙，林出；九，管出。
十七世	**宗華** 配王氏，上步家王臣女。子二：常在、福德。 **宗商** 配林氏，文石林芝堯女；繼劉氏，柳口劉奎女。子福滿，林出。 **宗起** 字子興。高小畢業。 配位氏，石河頭位天祥女。 **宗管** 配張氏，沙窩。子汝來。 **宗拙** 配劉氏，下蒲格莊。 **九**

世代	
十八世	**德望** 高小畢業。配林氏，西凰跳。
十九世	
二十世	
二十一世	
二十二世	

【校注】

〔一〕壽柏：上文作『壽伯』，上下不一致，具體情況待考。

〔二〕配□氏：原文爲『氏』，此處缺字，應爲『配□氏』。

〔三〕葵：前文爲『揆』，前後不一致，具體情況待考。

〔四〕云和：字焕齋，號德馨。老八支八房九世五房，牟家河西村人。民國時期，曾因借閲《家譜》被燒，排除萬難，續修《棲霞名宦公牟氏譜稿》。譜序之《叙二》中這樣記叙當時修譜的過程：『殿邦欲續修之，以艱於步履，僅成其本房支譜而罷，距今歷三十年餘，其素志竟未酬也。云和竊不自量，遂冒昧而欲身任其事，時有顧云和而笑者曰：「牟氏族譜之失修，已百有餘年，支派之分析愈歧，里居之遷徙靡定，調察難矣！加以配氏子女備載，昔無今有，調察尤難！子以一人奔走其間，無乃不勝其勞。且一家衣食之計，惟子是賴，恐自顧不暇，雖有其志，亦不免於半塗廢也。」云和應之曰：「余本勞人，何憚奔走？即有身家之累，以餘力兼及，兩無妨也。至於調察之難，非有時期之限制，一弗詳，則再訪焉，再弗詳，則闕疑焉。患余志之不堅耳，儻能堅，終有成時也。」笑者乃去。余亦從事於斯。起癸亥（一九二三），訖戊寅（一九三八），閲十餘寒暑成事，乃以編纂屬殿邦，伊亦欣然許諾爲之。』殿邦公接調查稿以後，又經數載方告竣。民國三十二年（一九四三）終於在衆族人特別是上孫家牟紹周公協助下，家譜得以付梓。遂與殿邦公、紹周公成爲牟氏家族三大功德斐然者。

世代	
十三世	【曰賢子】 **萇** 配林氏，子繼聲。 【曰毅嗣子】 **嶢** 配劉氏，缺嗣。
十四世	**繼聲** 配劉氏，初家疃。子二：檜、松。
十五世	**檜** 配劉氏，韋家溝。子二：云祥、云講。 **松** 配林氏，林家崖後林發秀姊。子二：云林、云詮。俱孫如本兼承。
十六世	
十七世	

八房現在里居户數與入譜者人數

九世長房：河西十二户，大劉家十户，萊北劉家三户，駝山一户。共二十六户，一百二十四人。

九世二房：河西十户，赤山十一户，老窑溝八户，院頭窑一户，小帽頂一户，郝家莊五十五户。共八十六户，四百四十人。

九世三房：河西四十九户，柞嵐頭二户，東柳五户，陽谷二户，駝山四户，霞塢二十户。共八十二户，四百一十人。

九世五房：二十三户，九十五人。

共二百一十七户，一千零六十九人〔一〕。

【校注】

〔一〕一千零六十九人：原文爲『一千零五十九人』，有誤，應爲『一千零六十九人』。

卷七

五世分支二房

讓 居後牟家疃，下同。配□氏，子五：文昇、文廣、文剛、文學、文舉。
葬蛇窩泊東老塋。

六世

文昇 配□氏，子時賢。

文廣 缺嗣。

文剛 配□氏，子三：時英、時龍、時勤。

七世

時賢 配□氏，子道興。

時英 配劉氏，子三：道揚、道直、道通。

八世

道興 配孫氏，子錫。

道揚 配宋氏，子四：鐳、鐔、鈊、鍘。

九世

錫 配張氏，子四：永財、永廣、永發、永俊。

鐳 配孫氏，子三：永瀾、永淵、永涓。

鐔 配劉氏，子三：永濯、永和、永汶。

鈊 配欒氏，子三：永洛、永言、永湞。

鍘 配李氏，子二：永亨、永泮。

五世分支二房	
六世	**文學** 缺嗣。 **文舉** 缺嗣。
七世	**時龍** 配□氏，子道純。 **時勤** 配□氏，子道望。
八世	**道直** 配隋氏，子二：鉞、鑑。 **道通** 缺嗣。 **道純** 配□氏，子鑠。 **道望** 配于氏，子二：鏻、鏕。
九世	**鉞** 配劉氏，子永江。 **鑑** 配曲氏，子二：永泗、永沺。 **鑠** 配衣氏，子二：永渭、永汶。 **鏻** 配劉氏，繼欒氏，子二：永密、永念。 **鏕** 配郭氏，子永福。

十世	【錫長子】 **永財** 自後牟家疃遷南楡疃。 配鄒氏，子仁山。
十一世	**仁山** 遷孫家莊子，下同。 配王氏，子三：成龍、成鳳、成瀑。
十二世	**成龍** 配衣氏，子四：峯、崔、岑、嶺，峯出嗣。 **成鳳** 配王氏，嗣子峯。 **成瀑** 缺嗣。
十三世	**崔** 配潘氏，繼陳氏。子相林，陳出。 **岑** 配□氏，子相元。 **嶺** 缺嗣。 **峯** 配馮氏，缺嗣。
十四世	**相林** 配包氏，子二：德基、鄉基。女四：長適泥溝子孫門，次、三適中馬家河張門，四適院頭西山林門。 **相元** 缺嗣。 配陳氏。

十五世	十六世	十七世	十八世	十九世
德基 自孫家莊子遷禾稼莊，下同。 配林氏，院頭西山。子椿。女二，長適中馬家河張門，次適文石林門。	**椿** 配楊氏，楊家圈。子福山。			
鄉基 居孫家莊子，下同。 配張氏，中馬家河張典女。子得義。女二，長適大宗疃宋門，次適西山林門。	**得義** 配衣氏，小莊；繼馮氏，榆林子。			

十世

永廣 居孫家莊子，下同。配鄒氏，子誨。

永發 配孫氏，子詣。

永俊 配李氏，子青山。

【鐳长子】

永瀾 居後牟家疃，下同。配衣氏，子三：泰、平、景。

十一世

誨 配鄒氏，子二：曰輔、曰德。

詣 配劉氏，子二：曰茂、曰盛。

青山 配李氏，子隆周。

泰 配范氏，繼鄒氏，嗣子克恭。

十二世

曰輔 赴遼東。

曰德 赴遼東。配孫氏，子二：興日、興隆，俱缺嗣。

曰茂 嗣子成日。

曰盛 配羅氏，子成日，兼承。

隆周 缺嗣。

克恭 配王氏，子三：九貞、九鳳、九會。

十三世

成日 缺嗣。

九貞 配王氏，子三：思運、思聰、思睿。

十四世

思運 配蔣氏，子煦。女適連家莊連楷。

思聰 配鄒氏，繼李氏。

世	
十世	
十一世	**平** 配于氏，子二：曰溢、曰泳。 **景** 缺嗣。
十二世	**曰溢** 配于氏，子三：九素、九思、九齡，九齡出繼八世分八支三房後牟家疃保章名下。 **曰泳** 缺嗣。
十三世	**九鳳** 配李氏，缺嗣。 **九會** 配王氏，子思遠。 **九素** 配杜氏，子二：其型、其隆。 **九思** 配王氏，繼邵氏，子二：震乾、震坤。
十四世	子繡，雙承。 **思睿** 配劉氏，雙承子繡。 **思遠** 赴遼東。 **其型** 赴遼東。 **其隆** 赴遼東。 **震乾** 配劉氏，子任。 **震坤** 配于氏，子二：瑞、綱。

十五世

煦 居後牟家疃，下同。配林氏，子鳴琴。

繡 配隋氏，子三：鳳琴、丙琴、瑤琴。

任 配馮氏，缺嗣。

瑞 配韓氏，子二：忠恕、行恕。

十六世

鳴琴 配李氏，副張氏。子二：霽、霙，張出。

鳳琴 配譚氏，榆格莊。女二：長適西半泊王門，次適南半泊王門。

丙琴

瑤琴 俱缺嗣。

忠恕

行恕

十七世

霽 配林氏，河崖。繼子仙立。女適河崖林門。

霙 配潘氏，同里潘進財姊。子二：仙立、仙發，仙立出繼。

十八世

十九世

十五世	**綱** 配林氏，子二：逢恕、逢春。
十六世	**逢恕** **逢春** 俱缺嗣。
十七世	
十八世	
十九世	

十世

【鏴仲子】

永淵 居後牟家疃，下同。

配林氏，子櫸。

十一世

櫸

配隋氏，子四：能弟、能宏、克恭、屏，克恭出嗣。

十二世

能弟 缺嗣。

能宏

配程氏，子三：晾、坤、成玉。

屏 出外。

十三世

晾

配孫氏，子賢廷。

坤

成玉

配王氏，俱賢廷兼承。

十四世

賢廷

配徐氏，子四：玉、杲、愷、崇。

世系	
十五世	**玉** 居後牟家疃。 **杲** **愷** 俱元成兼承。 **崇** 配柳氏，子元成，兼承。
十六世	**元成** 缺嗣。
十七世	
十八世	
十九世	

世	
十世	【鑴三子】 **永涓** 自後牟家疃遷蛇窩泊，下同。 配姜氏，埠梅頭。子三：櫱、業、本。
十一世	**櫱** 配吴氏，缺嗣。 **業** 配劉氏，東宋莊劉玘龍次女。子二：曰禮、曰信。
十二世	**曰禮** 號聯芳。 配周氏，周家溝。子六：蔚、九皋、九錫、九寧、九鈴、九苞。
十三世	**蔚** 字霞亭，號岡陵。 配李氏，城南關；繼王氏、許氏。子景聖，李出。 **九皋** 字青來，號鶴林。乾隆庚戌[一]歲貢。詩載《山左詩續抄》。 配林氏，子三：光廷、文興、睹聖。
十四世	**景聖** 字山高，號仰止。 配林氏，子四：惟馨、袖海、惟和、心海。女一適泥溝子孫門，一適下張家張門，一適萊陽夏格莊于門。 **光廷** 字耀增，號翼聖。太學生，奎文閣典籍。 配于氏，繼范氏、林氏、董氏。繼子价。

十世	
十一世	
十二世	
十三世	**九錫** 字萬豐。 配王氏，西野村。子三：希聖、躋聖、法聖。女適觀泊林門。
十四世	**文興** 字映昌，號榮亭，又號雙陵，改名光忻。道光辛巳[三]恩貢。 配林氏，務滋夼林本務女；繼謝氏、于氏。子倴，于出。 **睹聖** 字遇隆。候選州同。 配張氏，繼林氏。子五：价、偉、保、傅、俊，林出。价出繼。 **希聖** 議敘六品銜。 配王氏，佔疃；繼衣氏，西柳。子四：日升、連升，王出；宏升、俊升，衣出。

十世

十一世

十二世

十三世

九寧 字萬亨。太學生。配張氏，子五：樂聖、從聖、光聖、學聖、瑞聖。

十四世

躋聖 配林氏，同里，旌表節孝，詳邑志。子貞。

法聖 配李氏，前澤頭李振清曾祖姑。子二：田、周。女四，長適爐上徐門，次適陽谷林門，三適榆格莊譚福山，四適東荆夼林門。

樂聖 配李氏，子二：琦、珩。

從聖 配戰氏，繼宋氏、王氏。子二：瑄、瑾，王出。

十世	十一世	十二世	十三世	十四世
			九鈐 配劉氏，東宋莊劉天作女。子二：啓聖、閑聖。 **九苞** 配李氏，子三：克聖、敬聖、佐聖。	**光聖** 配張氏，豹礎鋪。子二：琅、琳，琳出嗣北水頭德修名下。 **學聖** 配楊氏，子四：珍、璜、珣、瑶。 **瑞聖** 配杜氏，繼林氏。子球，杜出。 **啓聖** 配衣氏，子吉夢雙承。 **閑聖** 配王氏，雙承子吉夢。 **克聖** 配喬氏，子清、溪。 **敬聖** 缺嗣。

十世	
十一世	**本** 號務聖。
十二世	**曰信** 號誠一。配李氏，子九階。 **裁成** 原名曰成，號相輔。
十三世	**九階** 配柳氏，子三：有恒、升恒、允恒。 **九官** 字舜卿。太學生。
十四世	**佐聖** 配王氏，子源、洪。 **有恒** 字聖斯。增生。配劉氏，東宋莊劉文翰次女。子四：贇、貞、暉、贍，暉出嗣。 **升恒** 號照遠。配劉氏，副楊氏，繼子暉。 **允恒** 配尉氏，萊邑崔格莊；繼林氏、蔣氏。子四：貴，尉出；來，林出；賡、財，蔣出。 **天命** 改名昆陽，號峯一。

十世

十一世

配王氏，子二：裁成、雲鵬。女四，長適蒲格莊劉門，次適楊家圈楊門，三適撞裏衣門，四適白馬莊高門。

十二世

配尹氏，子九官。

雲鵬

原名曰億，字萬石，號欽古。武生。

配王氏，崔家寨邑庠生王成吉妹；繼劉氏，副朱氏。子四：裕安、裕寧、裕壽、裕康，劉出。女五：長適城裏李儉，次適海邑鹿吐圈范客樸，三適西凰跳林世昌，劉出；四適西凰跳林世禄母；五適萊邑趙家埠子趙彥。

十三世

配林氏，西河南。子天命。

裕安

字若素，號盤如。

配鄭氏，海陽水有蘭。子宗陽。女三，長適萊邑亭兒山魯昆，次適河南村范天福，三適海邑東劉疃李門。

裕寧

配林氏，子太陽。女適海陽榆林莊鄒門。

十四世

武生。

配李氏，萊邑水南。子三：卓東、卓立、卓雅，卓立出嗣。

宗陽

號會午。

配張氏，北馬家。繼子卓立。女適東宋莊歲貢生劉廷璧男、贊勛庠生孫鴻鈞，任本縣教育局局長。

太陽

配周氏，觀裏。子二：卓然、卓達，卓達出嗣。女二，長適石子線李門，次適萊邑紅土崖郭門。

十世	
十一世	
十二世	
十三世	**裕壽** 配林氏，子四：嶧陽、岳陽、衡陽、崧陽。 **裕康** 缺嗣。
十四世	**嶧陽** 配林氏，文石，旌表節孝，入節孝祠。子卓堂。 **岳陽** 缺嗣。 **衡陽** 配衣氏，埠梅頭。繼子卓達。女三，長適海邑安家樓底孫門，次適古宅崖譚門，三適釜甑衣門。 **崧陽** 缺嗣。

【校注】

〔一〕乾隆庚戌：乾隆五十五年，一七九〇年。

〔二〕道光辛巳：道光元年，一八二一年。

十五世

惟馨 居蛇窩泊，下同。

字竹儂。由國學選賚奏廳。

配李氏，萊邑玩底；繼林氏，荊紫埠。子宇軒，林出，雙承。女李出，適王格莊孫門男書味，列邑志卓行。

葬東塋，下同。

十六世

宇軒

字卓峯。太學生。

配史氏，小觀史濟川姑。子東牟。女三，長適集前庠生林秀翹，次適同里太學生林湮，三適張家泥都張曰怡。

十七世

東牟

字萊生，號松杲。議叙六品。

配郝氏，城裏歲貢生郝應啓女。子三：子麟、子蛟、子騆。女適西棗行庠生李彤升。

十八世

子麟

字祥呈，號書閣。從九品。

配林氏，同里庠生林之九孫女。子四：蕙圃、薌圃、蘭圃、淇圃。

十九世

蕙圃

配林氏，同里林紹武女。子二：振華、振漢，振華出嗣。女適丁家寨孫門。

薌圃

字芝臣。從九品。

配王氏，萊邑官道王永太孫女；繼趙氏，留寺莊北溝。繼子振華。

蘭圃

字浣香。

配孫氏，王格莊孫嚴女。子三：振夏、振中、振强，振强出嗣。

淇圃

字季瞻。繼子振强。

十五世	**袖海** 配林氏，荆紫埠。繼子玉軒，雙承。
十六世	
十七世	
十八世	**子蛟** 字孟宗，號蘆洲。太學生。 配郝氏，荆家郝汝欽女。子恕言。女適林家莊子李玉山。 **子騶** 配郝氏，北門裏郝景山姊。子蓮圃。
十九世	**恕言** 字行之。 配林氏，東荆夼林中枚女；繼佟氏，埠梅頭佟緒女。子四：振義、振書，林出；振得、振玉，佟出。 **蓮圃** 配魯氏，朱留歲貢生魯經復女。子二：振新、振銘。

二十世	**振漢** 配郝氏，城裏郝敬齋女。 **振華** 配劉氏，北莊子劉得民女。 **振夏** 配衣氏，東院頭。子全解。 **振强** 配林氏，河崖。 **振義** 配接氏，南務接鳳霄女。 **振書** 字仲森。 **振得** 字叔勳。 **振玉** 字季韞。
二十一世	
二十二世	
二十三世	
二十四世	

十五世

惟和 居蛇窩泊，後同。

號春熙。

配王氏，徐家店，旌表節孝，祀節孝祠。繼子金榜。

葬東塋，下同。

心海〔一〕

字瀛仙。邑庠生。著有《適情軒詩稿》。列邑志義行。

配王氏，前徐村。子二：金甌、金榜，金榜出繼。

十六世

金榜〔二〕

字仲蕊。恩榮九品。著有《適情軒文稿》，待梓。列邑志卓行。

配林氏，同里林彝倫四女。子二：朱點、長春。女適萊邑龍旺莊接門。

金甌

號雪濤。議叙六品。

配于氏，海邑郭城。子四：炳星、涵星、民星、韶星，涵星出嗣南柴八支六分福來名下。女二，長適同里林浗，次適西河南林紹顏。

十七世

朱點

配林氏，西亭。雙承子雲鶴。

長春

配周氏，馬家溝。子雲鶴，雙承。女三，長適朱留魯門，次適道宿王門，三適柳口劉門。

炳星

字虎文。耆儒。

配孫氏，東孫家孫元升女。子雲舫。女適北水頭孫門。

十八世

雲鶴 赴遼東。

雲舫〔三〕

字畫齋，號蘿頓。廩生。

配喬氏，萊邑崖東夼喬卿晏女。子三：仁堂、世晉、世純。女二，長適同里林與超，次適後泥都張可智。

十九世

世晉

配劉氏，南柴。

十五世

价
號君範。太學生。
配林氏，東荆夼。子四：仿訓、仿詠、仿譜、仿誦。

十六世

仿訓
配左氏，萊邑柳溝；繼劉氏，大帽兒頂。子二：格鈞、瑞鈞，格鈞出嗣。

十七世

民星
字兆綏。
配柳氏，西荆夼柳芝女。子鳳管。

紹星（四）
字季車。
配譚氏，宅夼譚鳳祥女。子二：雲航、雲舲。

瑞鈞
配修氏，修家蒲格莊。子三：省三、福三、銘三。

十八世

鳳管
配孫氏，萊邑窩落。子瑞庭。

雲航
配林氏，唐山。女適清江口于門。

雲舲
配譚氏，宅夼。子二：瑞祥、瑞仙。女適萊邑王家莊徐門。

十九世

瑞庭
字蓂生。中學畢業。
配郭氏，威海衛。子治平。女復新。

瑞祥
配林氏，河崖林全興女。

瑞仙
配張氏，崮上張中霖女。

十五世	**侔** 原名震長，字名嘉。太學生。 配左氏，萊邑柳溝；副宮氏，海邑葦夼。子二：仿譚、仿許，左出。
十六世	**仿詠** 配鄒氏，海邑榆林莊。繼子格鈞。女適海邑布西頭矯門。 **仿譜** 缺嗣。 **仿誦** 缺嗣。 配林氏，榆子。女適文石林門。 **仿譚** 字松房。增生。 配連氏，連家莊連霄女。子三：化鈞、和鈞、韶鈞。女四，長適萊邑東關廪生尉慶臣；次適西山叫劉子和男桂蘊，廪生，舉孝廉方正；三適榆林莊鄒門；四適榆山後林門。
十七世	**格鈞** 配王氏，萊邑崔格莊。子潤五。 **化鈞** 寄居北京。 配林氏，荊紫埠舉人東平州學正林儒珍女；繼王氏，北京人。子虎漢，王出。
十八世	**虎漢** 居北京。
十九世	

十五世

偉 號引齋。太學生。配隋氏，大咽喉。子仿詁。

保 從九品。

十六世

仿許 字仲衡，號蓮溪。配林氏，榆山後；左氏，萊邑南嵐。子三：鴻鈞、成鈞、鳳鈞。女適榆山後庠生林紹賁。俱左出。

仿詁 鄉飲耆賓。配隋氏，石角夼隋福同姑。子三：力鈞、富鈞、順鈞。

仿詮 配郝氏，公山後。子

十七世

鴻鈞 缺嗣。

成鈞 居遼東一面坡。

鳳鈞 配鞠氏，子占鰲。

力鈞 配喬氏，崖東夼。子慶南。女二，長適徐家店王門，次適下范家溝周門。

富鈞 缺嗣。

順鈞 配王氏，閻西莊。子二：進、岳齋。

德鈞 字喜山。

十八世

占鰲 配林氏，文石。

慶南 配魯氏，朱留。

十九世

十五世

配左氏，柳溝；繼張氏，萊邑張家觀；曹氏，萊邑城裏。子仿詮，張出。女二，長適東荆夼林門，次適張家觀張門，曹出。

傅

從九品。

配車氏，海邑杏村；繼張氏，張家觀。子四：仿論、仿詢，車出；仿謂、仿論，張出。女四，長適徐家店王門，次適東荆夼林門，三適徐家店劉門，四適張家觀張門。

十六世

二：德鈞、玉鈞。女四，長適萊邑東關于門，次適連家莊連文金，三適東荆夼林門，四適萊邑翔鶴李浸滋。

仿論

字子燕。工畫。

配張氏，北馬家。繼子秉鈞。女二，長適泥溝子孫門，次適埠頭米元令之子。

仿詢

配張氏，萊邑古城。子二：吉林、待福。

仿謂

配林氏，東荆夼。子四：秉鈞、國鈞、曜鈞、寰鈞，秉鈞出嗣。

十七世

繼子振國。

玉鈞

字鴻塵。

配王氏，上步家王玉女。子三：振國、振芝、振家，振國出繼。

秉鈞

吉林

待福 俱居遼東。

國鈞

字子何。

曜鈞

字浪軒。

十八世

十九世

十五世

俊
配張氏，白馬家。子二：仿訥、仿誥。

日升
配衣氏，西柳；繼劉氏，東宋莊。子四：寶須、寶仁、寶榮、寶笈，寶笈出嗣。女四，長適柳口劉門，次適崮上張門，三適東院頭衣門，四適小河北衣門。

十六世

仿論

仿訥 居遼東延吉廳。

仿誥 居遼東敦化縣。

寶須
改名宗，字恕伯。太學生。
配劉氏，柳口。子居。女適崖東夼喬卿晏。

十七世

寰鈞
字鏡海。

居
字壽增，號仁堂。鄉飲耆賓。
配孫氏，本街。子四：雲翬、雲翔、雲翼、雲漢。女二，長適同里子李得龍，次適下范家溝林文炳。

十八世

雲翬
字子飛。
配戰氏，同里戰法祥妹。子二：宗岐、宗崙。女四，長適張家泥都張門，次適朱留魯門，三適同里欒門，四適朱留魯門。

雲翔
配林氏，同里林洵女。子四：宗峘、宗岫、宗進、宗岳，宗進出嗣。

十九世

宗岐
字文周。
配衣氏，西柳衣從仁女。

宗崙
配蔣氏，唐山蔣連山女。子雙武。

十五世	**連升** 自蛇窩泊遷二十里堡。 配劉氏，東宋莊；繼林氏，二十里堡林廷桂姑。子七：宗有、宗法、
十六世	**寶仁** 配張氏，萊邑胡家莊。子屏。 **寶榮** 失考。 **宗有** 自二十里堡遷西柳，下同。 配李氏，觀裏。子箏。女二，長適史家莊史殿奎，次適前陽窩衣爲元。
十七世	**屏** 赴遼東。 **箏** 配于氏，劉家溝；繼閻氏，萊邑沐浴。子二：學海、元三，繼出。
十八世	**雲翼** 配孫氏，同里孫義孫女；繼林氏，糧食市林松女。子二：宗仁、宗華。女，林出，適同里李門。 **雲漢** 配劉氏，柳口劉福安妹。子宗嶠。 **學海** 居登州府。 配衣氏，同里衣珍女。子二：同觀、書子。女適登州府韓門。 **元三** 居登州府南門裏。
十九世	

十五世	十六世	十七世	十八世	十九世
宗清、宗來、宗福、宗成、宗桂。女二，長適解家林門，次適口子，俱繼出。	**宗法** 自西柳遷牟家疃，下同。 配李氏，丁家寨；繼馮氏，榆林子。子二：玉、鳳。女二，長適林家寨馬門，次適馬家莊劉門。 **宗清** 自西柳遷楊家圈，下同。 配李氏；繼馮氏，榆林子馮有財姊；副董氏，青州府臨朐縣董家崖。子四：訓、誥、議、點。女適楊礎邑庠生李謝臣。俱董出。	**玉** 配衣氏，衣家莊。子二：舉、永貴。 **鳳** 缺嗣。 **訓** 配林氏，林家崖後林中枝女。子三：元致、元進、元德，元致出繼。女二，長適釜甑衣默齋之子，次適西柳衣壽田之孫。	配衣氏，釜甑。 **舉** **永貴** 赴遼東。 **元進** 配呂氏，潘家嶺呂會女。 **元德**	

十五世

十六世

宗來 居西柳，下同。
配王氏，新安。子李。女二，長適門家溝子門全林，次適西柳翁衣天茂。

宗福 缺嗣。

宗成 缺嗣。

十七世

誥
配王氏，古宅崖王金女。子四：元翰、元奎、元勇、元豐。女適丁家寨衣門。

議
繼子元致。

點
配□氏，子全代。

李
配衣氏，佛落頂。子二：元海、元泉。女適前陽窩衣門。

十八世

元翰 歿於旗下。

元致
配李氏，楊礎李若悟女。

元泉
配史氏，史家寨史永奎女。

十九世

十五世

宏升 居蛇窩泊，下同。衍聖公府印。

配李氏，下范家溝。子二：寶來、寶純。女三，長適桃村孫門，次適唐山林門，三適後撞李門。

十六世

宗桂

配于氏，大疃；繼賈氏，城北口子。子四：恩、喜山、奎、云。女二，長適前陽窩衣門，次適城南坊庠生米謙之子。

寶來

配王氏，觀裏王日昌女。子二：岳東、齊東。

十七世

恩 自西柳遷城北關。

配萬氏，北泊。子三：福、好、注。女三，長適前陽窩衣門，次適柳家溝蘇門，三適釜甑衣門。

喜山 赴遼東。

奎 缺嗣。

云 居西柳。

岳東

字尊五。從九品。

配劉氏，南柴劉景陽妹。子四：奎齡、奎甲、奎典、奎士。女適馬家窑馬萬春之子。

十八世

奎齡

字香九。太學生。

配林氏，同里林植槐女。繼子宗岱。

奎甲

配王氏，觀裏王福林女；繼張氏，院頭窑。子宗崏，雙承。

十九世

宗岱

字魯山。濟南愛美中學畢業。

配李氏，代明店李昇所女。

宗崏

配王氏，南柴王孟閣女；繼鍾氏，鍾家院鍾玉君妹。子仁山。女二，

十五世	十六世	十七世	十八世	十九世
				一適馬家河，一適糧食市中學畢業林英鐸。
			奎典 字鶴齡。 配王氏，東山根王殿陽女。子二：宗岷、宗岱，宗岱出嗣。女二，長適萊邑良好泊于門，次適東院頭衣門。	**宗岷** 字景山。 配劉氏，劉家崖後劉振祥女。子自强。
			奎士 配林氏，務滋夼林春霖女。雙承子宗崐。	
		齊東 配張氏，張家泥都張福堂女。子二：如筠、如松，兼承。女二，長適河崖林門，次適掖縣孫門。	**如筠** 字竹亭。 配衣氏，東院頭衣士勤孫女。兼承子宗光。	
			如松 字壽南。	**宗光** 高中畢業。

十五世

十六世

寶純

配王氏，徐家店。子岐東。女適徐家店王門。

十七世

岐東

配衣氏，小莊。子春德。女二，長適劉家崖後劉門，次適河北衣門。

十八世

配蔣氏，唐山。子宗光，兼承。

春德

继子宗進。

十九世

配吴氏，南務吴世悟女。子僕明。

二十世	二十一世	二十二世	二十三世	二十四世
自强 字榮枝。 配慕氏，黄家莊。				

【校注】

〔一〕心海：邑庠生。字瀛仙，五世老二房七世牟時英後裔，蛇窩泊人。家境雖不富裕，却樂善好施。族人婚喪，凡缺錢糧者，有求必應。親戚斷炊，悉後必傾囊與之。道光十六年（一八三六），歲大饑，爲救苦救難，曾鬻産濟灾，收養十二歲以下小孩四十餘人。事迹載《登州府志》，被人傳爲『活菩薩』。

〔二〕金榜：名醫。字仲蕊，五世老二房七世牟時英後裔，蛇窩泊人。恩榮九品。志高尚，恥爲時文，以求取進學。除讀古文詩詞外，兼讀方書，終以醫術高明立世。平素沉默端謹，不苟言笑，若非爲人治病則不出門。所著《適情軒文稿》曾得周孟所、單伯平兩先生贊許。邑宰許桂芳、張金芝見文，知爲名宿，曾先後延至署中做教讀師，并序文稿，擬付梓，未果。

〔三〕雲舫：廪生。字畫齋，號蘿頓，五世老二房七世牟時英後裔，蛇窩泊人。仕途不佳，三考廪生皆被丁憂。晚年從教於南砦。一生關心牟氏家族，所撰牟氏家族《履歷歌》深受族人歡迎，被譽爲『牟氏家寶』。清初保定巡撫郝晉墓在南砦，民國二十五年（一九三六），郝氏爲其另立新碑時，請招遠舉人王傳撰寫碑文，最後經雲舫審定，文後有『牟雲舫頓首篆額』銘記。

〔四〕紹星：前文爲『軺星』，前後不一致，具體情況待考。

十五世

俊升 居蛇窩泊。

配宮氏，海邑宮家赤山；繼林氏，務滋夼庠生林甲女。子二：寶田，宮出；寶善，繼出。女二，長適萊邑城南村，宮出；次適寧海崖子子孫長賡，繼出。

貞

配劉氏，繼子寶笈。

十六世

寶田 居遼東瀋陽。

配史氏，史家花園。

寶善

配孫氏，孫家坡。子二：岳方、岳光。

寶笈

配楊氏，萊邑後店。

子二：展、尼。

十七世

展

鄉飲耆賓。

配蔣氏，唐山。子三：春枝、遂漢、德基。

尼

字仲山。

十八世

春枝

配欒氏，萊邑思格莊；繼許氏，同里許克文女。女適崔格莊，欒出。

遂漢 赴遼東。

德基

配李氏，同里李萬枝女。

春法

配林氏，河崖林朋女。

十九世

十五世

田

配吴氏，艾口村；繼劉氏，沙窩。子紹堂。女適石子線李門。俱劉出。

周

配林氏，觀泊。子二：紹興、紹文。女二，長適萊邑趙旺莊王門，次適本街隋門。

十六世

紹堂 赴遼東，下同。

配王氏，萊邑望格莊；繼趙氏，遼東阿西河東山。子四：岳松、岳恒，王出；芳廷、鳳廷，趙出。女適萊邑塹頭子趙允彤，王出。

紹興 缺嗣。

紹文 缺嗣。

配王氏，趙旺莊。

十七世

配王氏，子二：春法、長興。女適西凰跳林門。

岳松

岳恒

配隋氏，石角夼；繼劉氏，石河頭。子如松，兼承。

芳廷 居遼東。

鳳廷 居遼東，以軍功賞戴。

藍翎五品銜。

十八世

子二：國才、國喬。女適八田李門。

長興

配楊氏，萊邑後店。

十九世

十五世

琦
配王氏，萊邑溪渚；繼接氏，南務。子四：芳春、和春、應發、興隆，繼出。

珩
配鍾氏，鍾家院；繼徐氏，徐家崖後。子二：振春、萬春，徐出。

瑄
配隋氏，城南關。子

十六世

芳春
配吕氏，萊邑寨頭。子三：丕增、丕芝、福來。女二，長適北口子王門，次適辛家夼張門。

和春 赴遼東。

應發 赴遼東。

興隆 缺嗣。

振春
公舉耆儒。
配徐氏，寨頭。子三：來袖、福臣、祚臣。女適北張家莊杜若溥。

萬春
配郝氏，缺嗣。

喜春 赴遼東。

雪春 赴遼東。

十七世

丕增 赴遼東。

丕芝 缺嗣。

福來 缺嗣。

來袖 缺嗣。

福臣 缺嗣。

祚臣
配于氏，杜家黄口。子二：攀高、金奎。女適戰家溝戰恂之子。

十八世

金奎
配宋氏，本街。

十九世

十五世

四：喜春、雪春、福春、生春。女二，長適北張家莊，次適唐山王門。

瑾

配張氏，辛家夼。子二：金鎖、金嶺。女二，長適老樹夼朱門，次適萊邑塹頭崔門男中先。

琅

配趙氏，萊邑北榆格趙福祖姑。子書春。

十六世

福春 赴遼東。

生春 缺嗣。

金鎖 鄉飲耆賓。

配連氏，連家莊連慎女，恒修妹。子二：惠溥、恩溥。

金嶺 赴遼東。

書春 自蛇窩泊遷海邑邱格莊，下同。

配王氏，海邑古堆山王騰甲姑。子六：均、堦、墉、埬、垣、坤。女三，長適海邑曲水河王化，次適東野，三適徐家店劉明南。

十七世

惠溥

配呂氏，萊邑寨頭呂愛女。女適老樹夼朱門。

恩溥

字惠卿。

配徐氏，李格莊東疃徐晏女。子行恕、荊恕。

均 赴遼東。

配李氏，萊邑萬留；繼程氏，海邑程家溝。

堦 赴遼東。

墉

配李氏，北水頭李柏令女。子四：太元、惠元、殿元、培元。

十八世

行恕

配張氏，萊邑安兒溝。

太元

配劉氏，南柴劉漢福姊。子中進。女適榆山後唐鴻福。

十九世

十五世

十六世

十七世

埬

配馮氏，東上莊。子桂元。女三，長適西河南李壽長，次適北水頭唐門男鴻賓，三適蘇家樓底師範畢業隋啓運子。

十八世

惠元

配李氏，上牛蹄夼李欽女。女二，長適大帽兒頂劉景德子，次適海邑大窑上崔恒子。

殿元

字錦堂，號廷芳。

配連氏，連家莊連鴻山女。子二：忠全、厚全。

培元

桂元

配林氏，西河南林灝女。子六十。女三，長適北水頭唐鴻賓，次適北水頭孫合山，三適北水頭劉任同子。

十九世

十五世

珍 配李氏，院頭窑。子五：憲春、德春、靄春、迎春、海春，靄春出繼。女二，長適東荆夼林門，次適南西留武生趙海。

十六世

憲春

德春

迎春 俱缺嗣。

海春 配□氏，子寶。

十七世

垣 配李氏，大宗疃李蘭妹。子三：乾元、魁元、起元，乾元出嗣北水頭張玉名下。女二，長適三叫劉門，次適別白子溝林門。

坤 配呂氏，萊邑宮家赤山呂勝女。

寶 赴遼東。

十八世

起元 配劉氏，本疃劉起女。

十九世

十五世

璜 配李氏，繼子靄春。

珣 配潘氏，子緑春。女適東野徐門。

瑶 居後牟家疃，下同。配劉氏，埠後。子三：仲春、照春、新春。女適連家莊連桐。

十六世

靄春 缺嗣。

緑春 居後牟家疃，下同。配鄭氏，雙承子桂。女二，長適唐山，次適河崖林門。

仲春 配劉氏，南柴；繼姜氏，小街。子桂，雙承，劉出。

照春 配王氏，東夼王孟仙女、子二：奇、恕。

十七世

桂 配孫氏，台上。子二：仁興、潤興。女適杜家黄口杜門。

奇 字振玉。配周氏，周家溝周雲祥女。

恕 (一) 字敬一，又字心如。青州省立師範生，加入

十八世

十九世

十五世

球

配王氏，子二：雲春、陽春。

吉夢 居蛇窩泊，下同。

配王氏，唐山。子二：寶華、寶生。女四，長適院頭窑周門，次適崮上張門，三適下蒲格劉門，四適本街林門。

清

配李氏，澤頭。子三：希全、希和、希平。女適萊邑官道子王永皆。

十六世

新春 缺嗣。

雲春

陽春 俱缺嗣。

寶華 繼子天成。

寶生

配張氏，崮下。子三：天成、德春、德東。女適白地孫門。

希全

希和

希平 俱缺嗣。

十七世

民黨，爲黨務工作，因勞成疾卒，詳邑志卓行。

配王氏，東夼王玉昌女，夫亡以烈殉，詳邑志。

天成 〔二〕

德東

配李氏，李家莊。子二：孟純、開純。

十八世

十九世

世	
十五世	**溪** 配劉氏，子希順。女適李家莊李景爲。 **源** 缺嗣。 **洪** 配李氏，女適東院頭子馬崇德。 **賛** 配李氏，楊礎；繼李氏，楊礎。子二：德儒、珍儒。
十六世	**希順** 缺嗣。 **德儒** 配林氏，同里林廣生姊；繼鄒氏，楊礎；李氏，後撞。子二：曉、潤。女二，長適大咽喉隋門，次適唐山林門。
十七世	**曉** 配劉氏，南柴。雙承子興奎。 **潤** 配李氏，後撞。子興奎，雙承。女五，長適柳口劉門，次適海邑邱格莊王門，三適南榆疃蔣門，四適牟家疃劉門，五適崮上張門。
十八世	**興奎** 配徐氏，徐家崖後。子二：盤、同合。
十九世	

十五世	**貞** 配衣氏，繼汪氏。子二：冠儒、延儒。女三，長適朱留魯門，次適萬留李門，三適萊邑城南村趙門。
十六世	**珍儒** 配魯氏，繼李氏。子暖，魯出。 **冠儒** 配李氏，後擅。雙承子昀。女二，長適萊邑古堆山劉門，次適桃村孫門。 **延儒** 配李氏，圈裏。子二：昀、松林，昀雙承。女適桃村孫門。
十七世	**暖** 赴遼東。配呂氏，同里呂少增姊。女適萊邑姜格莊。 **昀** 配黃氏，田家。子孟福。 **松林** 赴遼東。配尉氏，萊邑崔格莊。子福開。女二，長適前陽窩衣門，次適榆子林門。
十八世	**孟福** 自蛇窩泊遷田家，下同。配張氏，東野。子四：中桂、中興、中和、雙和。 **福開** 赴遼東。
十九世	**中桂** 配丁氏，下窑溝丁彩義女。 **中興** 配王氏，高家溝王殿卿女。

十五世

贍 居蛇窩泊，下同。配陳氏，埠梅頭。子二：雅儒、英儒。女二，長適柳口劉門，次適海邑孫家秋口孫門。

瞱 居北莊子，下同。配隋氏，大咽喉；繼劉氏，大柴。子三：鴻儒、隋出；佐儒、敦儒，劉出。

十六世

雅儒 缺嗣。

英儒 配李氏，後撞。子三：雲谷、雲東、雲源。女四，長適唐家泊高門，次適連家莊連文遠，三適下范家溝李令，四適榆山後林門。

鴻儒 配修氏，萊邑紙坊；繼劉氏，蒲格莊。子二：春、君。女適崮上張門。

十七世

雲谷 配吴氏，萊邑胡家莊。子三：鴻奎、鶴奎、彦奎，鶴奎出嗣。女適本街林長德。

雲東 配牛氏，唐家泊牛日興女。女二，長適萊邑下蒲格莊劉門，次適官道王連奎子。

雲源 繼子鶴奎。

春 配蔣氏，唐山。子三：彦居、義居、仁居。

十八世

彦居 配孫氏，萊邑窩落。繼子用南。女適唐山鄭門。

義居 配蔣氏，唐山。繼子

十九世

用南 配鍾氏，萊邑鍾家院。

枝 配李氏，撞裹。

十五世

十六世

十七世

君
配李氏，楊家圈。子二：奎元、習文。

十八世

枝。女適埠門頭鄒門。

仁居
配劉氏，埠梅頭；繼劉氏，萊邑鍾家院。子三：用南、枝、福枝，用南、枝出嗣。女適盧子泊。

奎元
配隋氏，石角夼。子二：瑞南、平南。

習文
配楊氏，蛇窩泊。子四：鳳南、好南、義南、鴻南。女二，長適八田李門，次適張家泥都張門。

十九世

福枝

瑞南

平南
配鍾氏，鍾家院；繼隋氏，石角夼。

十五世

十六世

佐儒

配劉氏，巨屋。子增。女五，長適蛇窩泊林門，次適後野林門，三適爐上徐門，四適巨屋林門，五適上范家溝王門。

十七世

增

配張氏，崮上。子廣居。

十八世

廣居

配楊氏，板夼；繼林氏，河崖；林氏，河崖；隋氏，石角夼。子五：鎮南，繼林出；鏡南、鑰南、銓南、鍾南，隋出。

十九世

鎮南

字紹卿。

配劉氏，柳口；繼隋氏，石角夼。子三：登先、經先、登祥，隋出。

鏡南

配王氏，古宅崖。子二：登舟、經舟。

鑰南

配林氏，河崖。子春成。

銓南

字育才。

配隋氏，馬格莊隋明榮女。

鍾南

配劉氏，中蒲格莊。

十五世	**貴** 居遼東瀋陽。配鄒氏，埠梅頭。子三：宗儒、崇儒、頌儒。 **來** 配林氏，榆林子。 **賡** **財** 俱居遼東。
十六世	**敦儒** 配劉氏，柳口劉海姑；繼龐氏，萊邑後店。子易。女三，長適張家泥都張門，次適馬家河劉門，三適邱格莊呂門。 **宗儒** **崇儒** **頌儒** 俱赴遼東。
十七世	**易** 配林氏，西凰跳林成興姊。子二：安居、申谷。女三，長適海邑燕翹山于門，次適邱格莊王門，三適海邑槐山姜門。
十八世	**安居** 配馮氏，沙窩。子化南。 **申谷** 配曲氏，沙窩；繼王氏，磊山後。女適帽兒頂劉門。
十九世	**化南** 配林氏，蛇窩泊林桂女。女三，長適邱格莊王門，次適北水頭孫門，三適燕翹山。

十五世	十六世	十七世	十八世	十九世
卓東 居蛇窩泊，下同。 配周氏，萊邑城裏。繼子芳桂。女適石子綫李門。 **卓雅** 配柳氏；繼喬氏，萊邑崖東夼；繼鄭氏，蓬格莊。子全桂，鄭出。女二，長適萊邑汪格莊汪門，喬出；次適史家莊歲貢生史壽椿，鄭出。 **卓立** 字建亭。 配于氏，萊邑沐浴于福海祖姑；繼林氏，城東溝林賓姑。子五：丹桂、一桂、芳桂，于出；	**芳桂** 配隋氏，本街隋光謙孫女。子二：嘉榮、世榮。女適蔣家莊蔣得遂。 **丹桂** 配張氏，白馬家張波女。子二：德榮、尊榮。 **一桂** 配林氏，西凰跳林泌女。女適文口林善之子。	**嘉榮** 雙承子同喜。 **世榮** 配林氏，本街林得才姊。子同喜，雙承。		

十五世

蟾桂、芬桂，林出。芳桂出嗣。

卓然

配林氏，城東溝林賓姑。子四：亭桂、洪桂、

十六世

蟾桂

字香浦，號宮芳。從九品，以軍功賞藍翎五品，儘先補用把總。

配林氏，河崖林克己女；何氏，遼東威遠堡何殿卿女；范氏，遼東三社頓范士錦女。子二：增榮、向榮，林出。

芬桂

字子林，居遼東阿西河無及密河。

配王氏，遼東開遠縣城裏王振邦女。子鎖子。

亭桂

配李氏，下漁稼溝。子樂鑑，雙承。

十七世

向榮

配劉氏，張家泥都。子蕙羣。

鎖子 居無及密河。

樂鑑

字子卿。高小畢業。

配劉氏，南柴；繼李

十八世

十九世

十五世

寶桂、登桂。女三，長適文石林門，次適觀裏王門，三適朱留魯門。

卓堂

配李氏，釜甑河北。子三：雲桂、荊桂、荊玉。女三，長適東荊夼林門，次適文石林門，三適鍾家院劉雲卿。

十六世

洪桂

雙承子樂鑑。

寶桂

配林氏，文石。

登桂

配張氏，柳林莊。

雲桂

配林氏，文石。

荊桂

配蔣氏，唐山。女二，長適文石林門，次適西河南。

荊玉

字昆三。

配劉氏，南柴。子樂吉。

十七世

氏，撞裏李新文女。子庶民、春民。

樂坤

配隋氏，石角夼。子

十八世

十九世

十五世

卓達

配王氏，木蘭夼；繼王氏，木蘭夼；吴氏，同里吴立功姑。子三：清桂、仙桂，元配出；月桂，吴出。女適西凰跳林門。

十六世

坤。女適爐上徐門。

清桂

配譚氏，古宅崖。女二，長適海邑萬家夼王門，次適榆子林門。樂鑑雙承。

仙桂

字瀛洲。

配吴氏，吴立功姊。子堯三，兼承子樂鑑。

月桂

十七世

堯三 早卒。

字子静。高小畢業。

十八世

十九世

【校注】

〔一〕恕：字敬一，又字心如，五世老二房七世牟時英後裔，牟家疃人。生於光緒三十四年（一九〇八），卒於民國十八年（一九二九）。青州省立師範畢業，學生期間加入國民黨，民國十七年（一九二八）四月二十九日赴縣城，公開黨部組織，爲城紳所忌，欲置於死地，乘間潛逃，雖幸得脱險，然受驚成疾。是年秋，赴泰安入黨義訓練班學習。又因疲勞過度，病情增劇，翌年二月二十二日謝世。僅得年二十二歲。

〔二〕天成：底本原爲『德東』，應爲『天成』。

十世

【鐔子】

永濯

永和

永汶 俱失考。

【鈊子】

永洛 自後牟家疃遷大丁家，下同。

配姜氏，缺嗣。

永言

配林氏，子四：梗、樽、植、桄。

十一世

梗 廩膳生，康熙乙酉（二）副榜。

配林氏，子曰昕。

樽

配孫氏，子三：曰昂、曰昭、曰晟。

十二世

曰昕 庠生。

配林氏，子二：訥、藹。

曰昂

配于氏，子三：鳳鳴、雷鳴、玉鳴。

十三世

訥

配史氏，子光宗。

藹 缺嗣。

鳳鳴

兼承子名九。

雷鳴

配王氏，兼承子名九。

玉鳴

配郝氏，子名九，兼承。

十四世

光宗 缺嗣。

名九 缺嗣。

十世	
十一世	**植** 缺嗣。 **枇** 庠生。配楊氏，子四：曰昨、曰廣、曰曉、曰笥，曰笥出長房八世分支六房惇嗣。
十二世	**曰昭** 配朱氏，子特生。 **曰晟** 配王氏，子二：詩、誌。 **曰昨** 配林氏，子大新，缺嗣。 **曰廣** 配劉氏，子大信，失考。 **曰曉** 配周氏，子詠，缺嗣。
十三世	**特生** 配□氏，子光居。 **詩** 配韓氏，子二：光臣、光智。 **誌** 配周氏，子光裕。
十四世	**光居** 配馬氏。 **光臣** 配王氏，子秉信。 **光智** 配劉氏，繼衣氏。子三：大年、二年、三年，二年出繼，劉出。 **光裕** 配周氏。繼子二年，俱無後。

十世

永湞 居大丁家。

配謝氏、孫氏、王氏、林氏，缺嗣。

【鋣子】

永亨 自後牟家疃遷韋家溝，下同。

配吴氏，繼王氏。子鳳，吴生。

十一世

鳳

配姜氏，子三：憲章、雲章、順章。

十二世

憲章

配林氏，子二：蓰、蕙，蕙缺嗣。

雲章

配王氏，子二：樺、檍。

順章

配林氏，子三：榮、富、貴。

十三世

蓰

配冷氏，子二：思禮、思德。

樺

配王氏，缺嗣。

檍

配劉氏，子二：思仁、思敬。

榮

配吕氏，子利興。

十四世

思禮

配王氏，缺嗣。

思德

配張氏，缺嗣。

思仁

配楊氏，嗣子琛。

思敬

配張氏，子二：珍、琛，琛出繼。

利興

配董氏，嗣子玉。

十世	**永泮** 缺嗣。
十一世	
十二世	
十三世	**富** 配衣氏、蔣氏，缺嗣。 **貴** 配劉氏，子二：思忠、思學。
十四世	**思忠** 配史氏，子玉、元，玉出嗣。 **思學** 缺嗣。

【校注】

〔一〕康熙乙酉：康熙四十四年，一七〇五年。

十五世	**琛** 居韋家溝，下同。配姚氏，子世福。 **珍** 配張氏，子二：世桂、世化。
十六世	**世福** 配□氏，子瑞。 **世桂** 缺嗣。 **世化** 配楊氏，子四：春、奎、筍、親。
十七世	**瑞** 配衣氏，瓦屋。繼子順江。女適玉科頂門門。 **春** 配林氏，萊邑姚家溝林景雲妹。子三：順海、順江、順三，順江出嗣。女三，長適赤山王門，次適榆柳前周門，三適門家溝門門。 **奎** 赴遼東。
十八世	**順江** 配姚氏，萊邑大姚格莊；繼解氏，萊邑入成疃。子二：雲，姚出；福成，解出。女三，長適本疃劉進德次子；次適東上莊王鳳山之子，姚出；三適和尚莊李門，解出。 **順海** 缺嗣。 **順三** 配姚氏，大姚格莊姚克剪女。子光成。女適萊邑生朱家。
十九世	**雲** 配姚氏，大姚格莊姚樹本女。子進喜。 **光成** 配高氏，撞裏高慶女。

十五世

玉 配李氏，子世學。女適南柴劉門男保。

元 配周氏，缺嗣。

十六世

世學 配衣氏，小姚格莊衣起女。子二：太、封。

十七世

筍 缺嗣。

親 缺嗣。

太 配劉氏，牟家疃劉元喜女。子二：之起、之合。女二，長適解家溝王門，次適下蒲格莊劉門。

封 配劉氏，南柴劉保妹。子二：子儀、子鳳。女適玉科頂門門。

十八世

之起 自韋家溝遷城南坊。配張氏，萊邑遲家溝張同女。子三：雲漢、雙生、永生。女二，長適小莊鋪劉門，次適唐山蔣門。

之合 居韋家溝，下同。配劉氏，下蒲格莊劉財女。子三：光德、光財、光俊。女適榆格莊譚秉乾子。

子儀 居遼東。

子鳳 居遼東。

十九世

雲漢 居城南坊，下同。

永生

光德 配戰氏，東半泊子戰云生女。

光財 配蔣氏，唐山蔣運女。

光俊

十世	十一世	十二世	十三世	十四世
【鉞子】 **永江** 自後牟家疃遷北水頭，下同。缺嗣。 葬蛇窩泊西老塋外。 **【鑑子二】** **永泗** 缺嗣。 葬蛇窩泊西祖塋外。 **永洄** 遷北水頭。 配林氏，子二：果、秀。 葬蛇窩泊東老塋。	**果** 配李氏，子二：曰伸、曰仟。 葬北水頭南塋。	**曰伸** 庠生。 配周氏，子世臣。 葬同上。	**世臣** 配林氏，荆紫埠；尹氏，大莊；喬氏，崖東夼。子四：慎修，尹出；敬修、德修、仁修，喬出。	**慎修** 配宋氏，宗疃；繼楊氏，刁崖前；孫氏，桃村。子鳳林。女適老樹夼朱相運。俱孫出。 **敬修** 配王氏，萊邑張夼。子二：天來、天起。女適海邑郭城于門男令珠。

十世

十一世

秀
配宋氏，子三：曰信、曰寧、曰仔。
葬蛇窩泊東老塋。

十二世

曰仟
武生。
配姜氏。子二：世官、世元。
葬北水頭南塋。

曰信
配林氏，嗣子世禄。
葬北水頭北崵。

十三世

世官
配劉氏，徐家店。缺嗣。

世元
配朱氏，萊邑老樹夼朱樂奎祖姑；王氏，木蘭夼。子二：孟修、仲修。

世禄
配接氏，萊邑南務。子自修。女二，長適埠後劉門，次適海邑山東

十四世

德修
配王氏，海邑嵐店。嗣子琳，自蛇窩泊光聖名下嗣入。

仁修
配李氏，八田村李佩華姊。子二：天成、天福。

孟修 出外。

仲修 出外。

自修
配孫氏，磚園孫福進祖姑。子元祥。

十世	
十一世	
十二世	**曰寧** 配衣氏，子世封。葬蛇窩泊西塋外。 **曰仔** 配林氏，西凰跳林玉姑。子二：世福、世禄，世禄出嗣。葬蛇窩泊東老塋。
十三世	夼周門孫仲基。 **世封** 配孫氏，桃村。子四：芝馨、蘭馨、芳馨、桂馨，芝馨出嗣。女四，長適海邑核頭樹王門，次適東荆夼林門，三適古宅崖譚門，四適西凰跳林玉。 **世福** 原名爵。配孫氏，桃村孫樹屏祖姑。繼子芝馨。
十四世	**蘭馨** 兼承子元禮。 **芳馨** 兼承子元禮。 **桂馨** 配姜氏，萊邑菴兒。子元禮，兼承。 **芝馨** 配孫氏，桃村孫叔增姑。子元禎。女三，長適萊邑老樹夼朱相志，次適萊邑菴兒姜維賢，三適東荆夼林元彬子。

十五世

鳳林 居北水頭，下同。配劉氏，海邑求格莊劉玉姑。子振德。女二，長適陳家疃徐門，次適海邑山上村王門男壽德。

天來 配劉氏，埠後。子振奎。女適萊邑楊家莊范士榮。

十六世

振德 配高氏，海邑長沙高維周女。繼子廷全。

振奎 配范氏，范家莊范士明妹。子三：廷桂、廷全、廷保。廷全、廷保出嗣。

十七世

廷全 配高氏，長沙高元玉長女。子三：熯文、煌文、彬文。女二，長適前槐山姜福善，次適紀家莊紀永春。

廷桂 配祝氏，南水頭祝和姊。子三：和文、寶文、當文。女四，長適西五叫山孫得，次適後槐山修連奎子，三適同里呂中令，四適海邑徐家店劉慶雲。

十八世

熯文 配王氏，海邑盧頭王孟邢長女。子二：墫、坊。女適鎮上姜吉興子。

煌文

彬文 配劉氏，宅夼劉永升次女；繼張氏，馬家河張得妹。

和文 配呂氏，同里呂成訓次女。

寶文 配姜氏，即墨縣高格莊姜喜君女。子三：鎖住、關住、長春。

當文 配劉氏，水頭小莊劉

十九世

墫 字喜亭。配王氏，海邑東盧頭。

十五世

天起

配馬氏，小柳家；繼孫廷保。

琳

配李氏，柳林莊。子振玉。女二，長適河崖林魁仲子，次適黑磊子隋門。

天興

原名天成。

配姜氏，海邑上東。

十六世

振玉

鄉飲耆賓。

配李氏，城裏；繼孫乾元，自求格莊垣名下嗣入。

振賓

雙承子廷賓。

十七世

廷保

配王氏，六里堡王士信女。子三：丕文、玉堂、玉鳳。女適毛江家林鳳文。

廷賓

配劉氏，南柴劉經士妹。子得文。女適西河

十八世

克己四女。子同順。

丕文

配王氏，海邑六里堡王行之長女。

玉堂

改名紹文。

玉鳳

改名教文。

乾元

配修氏，後槐山修連奎妹。

得文

配孫氏，海邑孫家油房孫書滋女。

十九世

十五世

子振寶。女四，長適海邑蒿夼王榮子，次適石角夼隋門，三適柳連河侯中承，四適海邑韓家葦夼隋意恒。

天福

配馮氏，沙窩；繼喬氏，海邑鍾嵐。子振田，馮出。

元祥

配王氏，古堆山王太曾祖姑。子振清。女二，長適萊邑崖東夼喬吉，次適蛇窩泊隋伯祥。

十六世

振田

配蔣氏，唐山蔣得賢妹。子廷賓，雙承。女適海邑榆家莊周義祥之孫。

振清

配王氏，海邑萬家夼王法姑。子廷奎。女適西凰跳子林景盛。

十七世

南呂茂。

廷奎

配隋氏，馬格莊隋起姑。子四：憲文、昌文、明文、高文。女適海邑樓底孫門。

十八世

憲文

配劉氏，東五叫山劉德女。繼子均。女適澤頭庠生李煥文子。

昌文

字盛圃。宣講生。

配崔氏，海邑大窑上崔長吉次女。子堦。女

十九世

均

字平民，號一峯。

配李氏，海邑枳實夼李相令次女。

堦

字升堂。

配華氏，海邑華家莊華其才長女。子尚鈺。

十五世	十六世	十七世	十八世	十九世
			適海邑後槐山修連科次子。	
			明文 字焕章。宣講生。 配林氏，毛江家林清長女。子二：塘、境。女適水頭西山陳光廷。	**塘** 字池亭。 配蔣氏，海邑姜家秋口蔣永令長女。子尚志。女二，長適河崖林建邦長子，次適海邑姜家秋口蔣貴年次子。 **境** 字界亭。 配傅氏，柳連河傅紹良長女；繼王氏，海邑嵐店王廷章妹。子二：尚述、尚通，繼出。
			高文 字彩章。 配吕氏，大泊子吕富	**璽** 字印齋，號玉生。高級畢業生。

十五世	
十六世	
十七世	
十八世	女；繼劉氏，東凰跳劉雲珠次女。子二：均、璽，劉出，均出嗣。女二，長適徐家店趙乾，次適海邑台上張景典，劉出。
十九世	配林氏，西凰跳林和盛女。子尚達。

二十世	二十一世	二十二世	二十三世	二十四世
尚玉[二] 配孫氏，海邑孫家秋口孫學功女。 **尚志** 字明甫。配姜氏，前槐山姜克慶女。 **尚述** 配劉氏，卧龍溝劉進才女。 **尚達** 配于氏，清江口。				

世	
十五世	**元禮** 居北水頭，下同。配魯氏，朱留。繼孫廷杲。女適大楚留劉門。
十六世	
十七世	**廷杲** 配劉氏，大帽兒頂劉景瑞長女。子煥文。女二，長適蔣家莊杜長清，次適下閣子張代。
十八世	**煥文** 配周氏，西荊夼周元興女；繼林氏，東荊夼林作翠長女。子增。女適大埠後劉茂德子。
十九世	**增** 字益齋。宣講生。配劉氏，埠後劉茂德侄女；紀氏，海邑紀家莊紀允文長女。子三：壽山、壽福、壽貴。女四，長適邱格莊劉顯之子，次適河崖林善緒之子，三適榆山後庠生傅熙宇曾孫，四適西凰跳高小畢業林培芝。

二十世	二十一世	二十二世	二十三世	二十四世
壽山 配周氏，東凰跳周書齋侄女。子國訓。 **壽福** 配王氏，海邑王家山後王福述女。子二：民國、夢醒。 **壽貴** 字顯文。				

十五世	十六世	十七世	十八世	十九世
元禎 居北水頭，下同。 配孫氏，桃村。子振鐸。女適石疃呂冉慶。	**振鐸** 配林氏，西凰跳林成周姑。子四：廷杲、廷棫、廷杞、廷柏，廷杲出嗣。女適大埠後劉讓三。	**廷棫** 鄉飲耆賓。 配喬氏，萊邑崖東夼喬東文長女。子二：炳文、泰文。 **廷杞** 配劉氏，宅夼劉南長女。子四：煌文、烱文、光文、喜文。女二，長適海邑枳實夼李德進，次適水頭西山傅國基。	**炳文** 配于氏，清江口。子基。 **泰文** 配林氏，西凰跳林成亨次女，旌表節孝。子塎。 **煌文** 配傅氏，永頭西山傅國姊。子坤。女四，長適西小柴張勝文，次適海邑團山張雲龍，三適大宗疃鄒雲龍，四適海邑野夼堡于殿君。 **烱文** 字焕卿。 配張氏，海邑台上張中傑長女。子型。女二，	**基** 配李氏，東宗疃李照德女。子寶君、寶和。 **塎** 配呂氏，本疃呂東鴻長女。 **坤** 配劉氏，東凰跳劉鳳儀長女。子二：尚德、尚勤。女適榆山後隋光遠子。 **型** 字式之。 配周氏，西荆夼周之漢長女；繼李氏，東宗

十五世

十六世

十七世

十八世

長適白地孫廷芳，次適枳實夼李宗誥。

光文

字榮廷。

配陳氏，水頭西山陳京長女；繼林氏，西凰跳林福奎長女。子四：垚，陳出；墀、奎、壿，林出。

十九世

曈李召訓長女。子德興。

垚

字高民。

配劉氏，東凰跳劉福善妹；繼傅氏，榆山後傅興永妹。女適上牛蹄夼李春德子，劉出。

墀

字玉堂。

配林氏，東荆夼林明和女。子二：尚智、尚枝。女適燕翅山，劉出。

奎

字星五，號霞山遺人。高小畢業。

配林氏，河崖林汝鑫次妹；繼紀氏，紀家莊

十五世

十六世

十七世

廷柏

配李氏，枳實夼李得勝女；繼孫氏，桃村孫重雲妹；李氏，李家莊；管氏，肖家夼管心次女。子烱文，管出。女適東荊夼林作翠子，孫出。

十八世

喜文

字悅亭。

配劉氏，宅夼劉南孫女；繼李氏，肖家夼李興長女。子域，李出。女適毛江家林玉春子，劉出。

烱文

配隋氏，馬格莊隋興文次女。子二：壂、垙。女二，俱適西五叫山劉門。

十九世

紀章女。子尚賢。

墻

字子厚。

配李氏，上八田李曰清姊。子二：尚忠、尚仁。尚仁出繼。

域

字子静。

配王氏，邱格莊；繼王氏，萬家夼王進增女；于氏，燕翅山。子二：尚賓、尚本，繼出。

壂

配李氏，枳實夼；繼張氏，張家泥都；楊氏，海邑大窑。子二：尚純，尚樸。

垙

配馮氏，石門口馮千金長女。

二十世	二十一世	二十二世	二十三世	二十四世
寶君 配孫氏，孫家秋口孫學文女。 **寶和** 配孫氏，海邑趙家秋口孫炎東女。 **尚德** 配劉氏，大埠後。子三：常恩、瑞亭、珍亭。				

十世

【鑠長子】

永渭 自後牟家疃遷蛇窩泊。

配張氏，子四：桂、橙、榔、松。

十一世

桂 缺嗣。

橙 居蛇窩泊，下同。

配姜氏，大疃。子二：斐章、表章。

十二世

斐章

配馬氏，同里。子三：京、嵣、豐。

十三世

京

配林氏，子二：思誠、思訥。

嵣

配王氏，泥都小莊；繼趙氏，海邑趙家秋口。子四：思訓，王出；思詣、思諧、思諿，繼出。

十四世

思誠

配李氏，子二：元佐、元伯。

思訥

配劉氏，子元吉。

思訓 自蛇窩泊遷院頭窑。

配趙氏，子二：元份、元傑。

思詣 居蛇窩泊。

配王氏，子元英。

思諧

配接氏，南務接孝賓祖姑；梁氏。子三：元倫、元來、元太，接出。

十世

十一世

櫛 缺嗣。

松 配郝氏，子長興。

十二世

表章 配李氏，子三：珃、玿、玥。

長興 配邢氏，子二：塽、應。

十三世

豐 邑庠生。配慕氏，繼李氏、李氏。子思謨，繼李出。

珃 配劉氏，子思訒。

玿 配李氏，子思遠。

玥 缺嗣。

塽 配劉氏，子二：思邁、思道。思道出嗣。

應 嗣子思道。

十四世

思諿 配楊氏，同里楊合舉祖姑。子元偉。

思謨 太學生。配魯氏，繼鍾氏、趙氏。子元鵬。

思訒 配鄭氏，子二：元發、元福。元福出繼。

思遠 遷居萊邑院上村。配林氏，嗣子元福。

思邁 配徐氏，子三：元和、元仲、元樸。

思道 配胡氏，子元真。

世	
十世	【鑠仲子】 永汶 赴口外。
十一世	
十二世	
十三世	
十四世	

十五世	十六世	十七世	十八世	十九世
元佐 居蛇窩泊，下同。 配姜氏，子錫恩。	**錫恩** 失考。			
元伯 配王氏，子錫福。	**錫福** 失考。			
元佶[二] 赴遼東。				
元份 自蛇窩泊遷院頭窑。 太學生。 配羅氏，繼楊氏、唐氏。子三：錫齡、錫予、錫蘭，楊出。	**錫齡** 居院頭窑，下同。 **錫予** **錫蘭**			
元傑 赴遼東。 配王氏，子四：錫金、錫玉、錫禄、錫壽。	**錫金** **錫玉** **錫禄** **錫壽** 俱赴遼東。			
元英 配丁氏，子二：錫瑞、錫仁。女二，長適本街	**錫瑞** 缺嗣。 **錫仁** 缺嗣。			

十五世	十六世	十七世	十八世	十九世
史門曾孫文希，次適孫家秋口孫門。				
元倫 赴遼東。 配孫氏，白地孫龍姑。				
元來 配姜氏，即墨姜家祁格莊。子二：錫祚、錫增。	**錫祚** 配王氏，榆家夼王永姊。子五：埂、平、隋、宣、椿，椿兼承。女二，長適南柴劉中吉，次適下范家溝周河南。	**埂** **平** **隋** **宣** **椿** 配于氏，萊邑石河頭于楊春女；繼戰氏，萊邑戰家溝戰有東女。		
	錫增 兼承子椿。			
元太 缺嗣。				
元偉 赴遼東。				
元鵬 配王氏，木蘭夼；繼	**錫林** 配劉氏，南柴。子佐。	**佐** 配王氏，萊邑遲家溝		

十五世	林氏、管氏。子三：錫林、錫穀、錫文。 **元法**〔三〕 缺嗣。 **元福** 配林氏。 **元和** 居蛇窩泊。 配李氏，子錫壽。 **元中**〔四〕 配林氏，子四：錫福、錫德、錫禄、錫喜。
十六世	女二，長適大咽喉隋先，次適山叫劉門。 **錫穀** **錫文** 俱佐兼承。 **錫壽** 缺嗣。 **錫福** 配□氏，子均。女二，長適觀泊林合，次適白地宋求。 **錫德** **錫禄** 配劉氏，本街劉禄姑。
十七世	王坤女。子福起。 **均** 缺嗣。 **舉** 缺嗣。
十八世	
十九世	

十五世

元僕（五）配鄭氏，唐山。子四：錫桂、錫山、錫金、錫典。

元真 缺嗣。配蕭氏。

十六世

子舉。女適萊邑周格莊周門。

錫喜 缺嗣。

錫桂 缺嗣。

錫山 配寧氏，萊邑思格莊；繼王氏，萊邑赤山。子三：培、坤、殿。女適大咽喉隋門。

錫金 缺嗣。

錫典 配柳氏，西荊夼。子記。女三，長適沙窩，次適鍾家院鍾門，三適水頭小莊劉門。

十七世

培

坤 俱無後。

殿 赴遼東。

記 缺嗣。

十八世

十九世

十世	十一世	十二世	十三世	十四世
【鏻長子】 **永密** 自後牟家疃遷南榆疃，下同。 配譚氏，子二：棡、檳。	**棡** 配欒氏，子二：純仁、曰章。 **檳** 配柳氏，子五：曰敬、曰登、曰明、曰連、曰俊。	**純仁** 缺嗣。 **曰章** 配李氏，嗣曰明子丕耀。 **曰敬** 配姜氏，子丕勳。 **曰登** 配于氏，子二：丕承、丕祚。 **曰明** 配程氏，子二：丕欽、丕耀，丕耀出繼曰章名下。	**丕耀** 配馮氏，子鳳儀。 **丕勳** 配于氏，子鳳鳴。 **丕承** 配孫氏，缺嗣。 **丕祚** 配劉氏，子二：文炳、文蔚。 **丕欽** 配蔡氏，子鳳廷。	**鳳儀** 配馮氏，子德。 **鳳鳴** 配柳氏，西荆夼。子桂，雙承。 **文炳** 雙承子桂。 **文蔚** 繼子級。 **鳳廷** 太學生。 配連氏，連家莊連杲女；繼鍾氏，萊邑鍾家。子四：經、綸、緯、緝。

十世

十一世

十二世

曰連
配張氏，子丕顯。

曰俊
配林氏，西凰跳；繼于氏，海邑下格莊；崔氏，萊邑塹頭。子二：丕玉，林出；丕器，崔出。

十三世

丕顯
配王氏，旌表節孝。子夢周。

丕玉[六]
字昆生。卓行入邑志。配宋氏，萊邑譚格莊。子四：祥雲、瑞雲、連雲、淩雲。

十四世

夢周
配劉氏，繼王氏。子四：級、絡、成、絜，級出繼。

祥雲
字隼千。例貢生。配王氏，萊邑火山後；繼張氏，杏家莊。繼子昇。女二，長適文石林門，次適林家崖後林門。

瑞雲
字豐年。鄉飲耆賓。配沙氏，萊邑神山後沙鴻祥姑。子昌。女適南水頭林珠。

連雲
字海峯。配衣氏，小姚格莊；

十世	十一世	十二世	十三世	十四世
			丕器 配連氏，連家莊連迎吉女。子漢雲。	繼張氏，萊邑柏林莊。子三：昕、昆、晃，張出。女六，長適西河南林門，次適野後潘鴻塹，衣出；三適發城冷門，四適西凰跳林門，五適海邑東房屋姜鴻志，六適北水頭孫鴻鰲，張出。 **淩雲** 字騰九。鄉飲耆賓。 配連氏，連家莊連昱女。子四：昇、昂、杲、曉初，昇、昂出嗣。女適東荊夼林壽昆，旌表節孝。 **漢雲** 配劉氏，東五叫山。繼子昂。女適海邑吼山杜門。

【校注】

〔一〕尚玉：前文爲『尚鈺』，前後不一致，具體情况待考。

〔二〕元佶：前文爲『元吉』，前後不一致，具體情况待考。

〔三〕元法：前文爲『元發』，前後不一致，具體情况待考。

〔四〕元中：前文爲『元仲』，前後不一致，具體情况待考。

〔五〕元僕：前文爲『元樸』，前後不一致，具體情况待考。

〔六〕丕玉：字昆生，五世老二房七世牟時勤後裔，南榆疃人。清道光年間遇歲饑，爲貧民作保，領取官倉穀甚多。至秋後，多數人無力償還，即爲鬻産墊補，因此家境轉貧。後赴遼東謀生，一年後發財又歸，仍揚益民善舉。季子淩雲慷慨好義，有父風。光緒間充當糧差，遇歲饑，各花户虧欠糧銀，淩雲悉，代爲兑清，不追討。

十五世	十六世	十七世	十八世	十九世
德 赴遼東。 **桂** 居南楡疃。 配林氏，中楡疃。子洪信。女適楡子林門。	**洪信** 配欒氏，蛇窩泊欒田女。子二：珍、玻。	**珍** 配王氏，蛇窩泊王錫田妹。子占奎。女二，長適姜家秋口姜仲才，次適南柴劉作子。 **玻** 配劉氏，窩落。子三：賢、騰芳、元芳。	**占奎** 改名裕祥。 配于氏，萊邑王家莊于任女。子二：金池、永池。	
級 配修氏，繼林氏、林氏。子洪仁，林出。	**洪仁** 配李氏，李家莊。子二：珊、瑚。女三，長適蛇窩泊隋門，次適北窩落劉門，三適蛇窩泊隋門。	**珊** 配孫氏，邱格莊。子四：學德、學良、學三、仲貴。女適北楡疃林榮。 **瑚** 配王氏，隋家崖後。子景秀。		
經 配陳氏，繼子尚忠。	**尚忠** 配衣氏；繼劉氏，院			

十五世	十六世	十七世	十八世	十九世
女三，長適大柴，次適李家莊，三適毛江家林門。 **綸** 配林氏，榆子；繼戰氏，戰家溝。子二：尚志、尚德，尚志出嗣。女二，長適唐山蔣許，次適東河南于和，俱林出。 **緯** 配張氏，崮上。子尚智。 **緝** 配林氏，毛江家。繼子尚志。	頭窑。女四，長適東河南于門，次適朱留魯門，三適榆子王門，四適東凰跳劉門。 **尚德** 配□氏，迎門口。子雲。 **尚智** 配林氏。女二，長適北榆疃林門，次適埠梅頭戴門。 **尚志** 配林氏，中榆疃。子二：貴、合。女適馬格	**雲** 配林氏，林家崖後。子四（一）：隋順、連順、德順。 **貴** 配林氏，榆子。子之文。		

十五世

絡

配周氏，子鴻愛，雙承。女適李家莊李門。

成

配隋氏，雙承子鴻愛。女適連家莊連門。

綮

配劉氏，海邑燕翅山。子鴻文。

昇

字世平。

配孫氏，海邑孫家秋口。子四：錫南、甸南、

十六世

莊隋門。

鴻愛

配盛氏，李家莊。子寶。女適車家泊子車門。

鴻文 缺嗣。

錫南

字子純。

配林氏，西河南林鄉女；副吴氏，諸城。子

十七世

合 赴遼東。

寶

配王氏，海邑高格莊。子三：景陽、景春、景和。女適海邑劉家莊。

十八世

景陽

配林氏，榆子林桂江女。子三嫚。

景春

配朱氏，萊邑後店。子二：全盛、全齋。

景和

十九世

十五世

嶽南、汝南。女四，長適唐家泊李門，次適海邑徐家店庠生劉殿臣，三適海邑藍店武生王振清，四適蕭家夼王官南。

十六世

四：遷、夫、本善、鳳山，林出。女三，長適海邑發城王門，次適韓家葦夼韓玉山，三適海邑槐山姜門，吴出。

甸南

配林氏，西河南林長江姊；繼子湙。女適南水頭林門。

嶽南

配林氏，東荊夼；繼劉氏，徐家店。子二：雷、豐，劉出。

汝南

配林氏，東荊夼林壽昆女；繼林氏，榆子林修妹。子四：湙，元配

十七世

湙

配林氏，中榆疃。子二：榮位、榮芳。

雷

配劉氏，馬家河。子寬。

豐

配陳氏，埠梅頭。

十八世

十九世

十五世	十六世	十七世	十八世	十九世
昌（三） 配王氏，萊邑高格莊王立志姑。子四：岐南、雅南、蓬南、淮南。女二，長適海邑安家樓底庠生安珮琛，次適發城王廷琳。	出；東、留、漢五，繼出。渶出嗣。女適連家莊連文彥，繼出。 **岐南** 配張氏，張家泥都張壎女；繼張氏，栗里。子二：萓，元配出；蒓，繼出。女三，長適海邑台上張門，元配出；次適台上張門，三適東凰跳劉門，繼出。 **雅南** 字仲以。 配修氏，萊邑止鳳修桂芳女。女適海邑西坊塢張在沼。	**萓** 配丁氏，花園丁梅孫女。子二：高、龍起。 **蒓** 配孙氏，白地。		

十五世	十六世	十七世	十八世	十九世
昕 缺嗣。				
昆 配林氏，西凰跳庠生林敬熙女。雙承子棠南。女適萊邑范家莊劉敬。	**蓬南** 字一峯。配王氏，徐家店。繼子英。女適海邑發城王廷琳之子。	**英** 配王氏，李家莊。子明臣。		
	淮南 字次峯。配衣氏，城裏武生衣奎甲孫女。子三：英、勷、芸，英出繼。女二，長適海邑紀家莊劉中勤之子，次適吼山劉門。	**勷** 配孫氏，北水頭孫厚廷女。		
		芸		
	棠南 字實豐。配狄氏，南務狄仁階女。子茎。	**茎** 字茂亭。		

十五世	十六世	十七世	十八世	十九世
晃 配柳氏，西荊夼柳沛女。子棠南，雙承。女長適東房屋姜步雲。 **杲** 字曉東。耆儒。 配衣氏，城裏武生衣奎甲次女。子四：衡南、漾南、化南、指南。女適發城王榮魁。	**衡南** 配林氏，西河南。女五：長適北水頭孫佩謙之子，次適唐家泊李門，三適姜家秋口姜后菊，四適西河南林長賡，五[三]。 **漾南** 配林氏，南水頭林洪源妹。子三：景舜、景湯、景周。女適板夼劉作椿。 **化南** 字文卿。	**景舜** 配林氏，林家崖後。 **景湯** **景周** **景堯** 配李氏，楊礎。		

十五世

曉初
字署齋，原名晨，字東園。邑庠生。配林氏，文石。子二：崧南、沂南。女適萊邑野後潘克鰲。

十六世

配林氏，文石林暄耀姊。子二：景堯、景禹。

指南
字文軒。配林氏，西凰跳。

崧南
配林氏，西河南。子三：溶、漳、渥。

沂南
配林氏，西河南。女適萊邑豹礎舖張門。

十七世

景禹

溶
配連氏，連家莊連芸閣女。

漳
配王氏，孫家秋口王連英侄女。子二：隴香、隴秀。

渥
配連氏，連家莊連捷三女。

十八世

隴香
配隋氏，隋須令女。

隴秀

十九世

十五世	十六世	十七世	十八世	十九世
昂 字里千。太學生。配隋氏，蛇窩泊隋光謙女。子二：召南、瀛南。女二：長適萊邑黃崖底蔣得增之子，次適海邑塚後王宗光。	**召南** 配林氏，西河南。子二：浭、潼。 **瀛南** 配林氏，西河南林登仙姊。	**浭** 配孫氏，孫家夼孫星魁女。子二：中民、正民。 **潼** 字棲鳳。配杜氏，孫家夼杜震海女。子二：世民、忠厚。	**中民** 聘張氏，崮上。	

【校注】

〔一〕子四：底本如此，據文義，可能爲『子三』。

〔二〕昌：武生。五世老二房七世牟時勤後裔，南榆疃人。善武功。

〔三〕此處文字不完整，待考。

十世

【鏻仲子】

永念 居南榆疃，下同。
配譚氏，子四：樸、機、起、云。

十一世

樸
配高氏，子二：成章、面章。

機
配劉氏，子二：運章、賢章。

起
配修氏，子二：曰白、曰征。

十二世

成章
配高氏，子櫟。

面章
配劉氏，子長有。

運章
配劉氏，子開。

賢章
配于氏，缺嗣。

曰白
配王氏，子二：貞仁、貞義。

十三世

櫟
配陳氏，子三：夢周、世古、世元，夢周出嗣。

長有
配林氏，子二：世柯、世禄。

開
配韓氏，子興周。

貞仁
配于氏，子四：平周、純周、永周、衛周。

十四世

世古 赴遼東。
配范氏。

世元
配于氏，子二：忠、信。

世柯 缺嗣。

世禄 缺嗣。

興周
配紀氏，嗣子紹。

平周
配徐氏，萊邑青山後。子勇。

純周
配華氏，海邑華家莊。

十世

十一世

十二世

十三世

貞義

配王氏，萊邑赤山。

子作周。

十四世

子二：禮、樂，禮出嗣。

永周

配劉氏，海邑前槐山；繼宋氏，蛇窩泊宋欽姑。

子二：祝、禎，宋出。

女三，長適西荆夼柳門，次適八田李門，三適河西李門子寶仁，劉出。

衛周

配林氏，西河南；繼梁氏，萊邑巨屋。子祥，梁出。女二，長適大咽喉隋門，次適八田李門，俱梁出。

作周

配柳氏，西荆夼。繼子禮。

世系	人物
十世	
十一世	**云** 配胡氏，子鳳章。
十二世	**曰征** 配李氏，子丕亮。 **鳳章** 配胡氏，子記。
十三世	**丕亮** 配李氏；繼王氏，萊邑赤山。子繼周。 **記** 配李氏，子思温。
十四世	**繼周** 赴遼東。 **思温** 赴遼東。

十五世

忠 配姜氏，姜家秋口。子榮林。

信 缺嗣。

紹 配趙氏，子鴻進。

勇 配劉氏，北窩落劉丹祖姑。子二：長春、蓬春。女三，長適院頭窑劉門，次適西凰跳林門，三適北窩落劉福田。

十六世

榮林 配姜氏，姜家秋口。子：琪、環。

鴻進 配徐氏，海邑菜園。子二：善、寬。

長春 配李氏，張家莊李作法姑。繼子增。女適張家莊包門。

蓬春 配孫氏，台上。子三：坤、三、增，增出嗣。女二，長適北窩落劉門，次適海邑崔家窑。

十七世

琪 缺嗣。

環 赴遼東。

善 配孫氏，孫家秋口。女適蛇窩泊呂門。

寬 缺嗣。

增 配林氏，西河南。子三：文平、順卿、高恩。

坤 缺嗣。

三 配李氏，後撞李連同姊。女適萊邑鍾家院。

十八世

文平 配劉氏，徐家店劉福訓女。

十九世

十五世	十六世	十七世	十八世	十九世
欒 配劉氏，楊礎；繼林氏，文石。子逢春，李出(二)；萬春、喜林，林出。女二，長適黑磊隋門，次適北槐山李門，李出。 **祝** 配林氏，榆子林任姑。子遇春。女二，長適海邑孫家油房，次適埠梅頭陳門。	**逢春** 配劉氏，馬家河。子玉。女四，長適宅壙劉門，次適唐山蔣門，三適榆子林門，四適白地子宋門。 **萬春** **喜林** 配孫氏，趙家秋口孫珍祖姑。 **遇春** 配李氏，枳實夼李得年妹。子五：恭、寬、信、敏、惠。女適呂家黃夼呂門。	**玉** 配崔氏，海邑崔家窑。子三：天恩、鴻恩、宸恩。 **敏** 配李氏，枳實夼。子維新。	**天恩** 配崔氏，崔家窑。子仰。女適毛江家林門。 **鴻恩** 配房氏，孫家秋口。 **宸恩** 配王氏，榆子王德侄女。	

十五世

禎（二）

鄉飲耆賓。

配宋氏，前槐山；繼王氏，萊邑大山後。子三：應春、芳春、仁春。

十六世

應春

配王氏，萊邑高格莊；繼李氏，西岔河李仁興妹。子福慶。女適西荆夼柳門。

芳春

配于氏，萊邑簸箕港于國姊。子雙慶。女三，長適孫家秋口，次適小衣家莊，三適蛇窩泊隋門。

仁春

配董氏，海邑邱格莊。子二：保慶、保住。女二，長適西荆夼柳中瑞，次適埠梅頭劉門。

十七世

福慶

配楊氏，蛇窩泊楊仙女。

雙慶

配王氏，榆子。

保慶

配林氏，林秀之女。

十八世

十九世

十五世	**祥** 配董氏，萊邑磊山後。子三：玉林、茂林、花林。女三，長適西河南林門，次適南下范家溝周福，三適臺上孫門。 **禮** 配林氏，西河南；繼欒氏，萊邑思格莊欒果姊。子雲林，林出。女五，長適前槐山姜門男姜福，次適衣家泊子衣門，三適唐山蔣門男書
十六世	**玉林** 配林氏，毛江家林昌姑。子二：江、海。女三，長適白地宋門，次適鍾家院，三適東荆夼林門。 **茂林** 配張氏，柳林莊；繼李氏，萊邑西岔河。子雪，李出。 **花林** 缺嗣。 **雲林** 配林氏，中榆疃林心姑。子瑧。女適下范家溝于海。
十七世	**江** 配張氏，張家泥都。子二：得增、日增。女適海邑孫家秋口孫門。 **雪** 配劉氏，萊邑劉家崖後。子同春。 **瑧** 配潘氏，泊北頭潘元女。子四：賢增、順增、壽增、文增。女五，長適海邑北槐山李章，次適西荆夼柳丕勳之子，三適榆子王良，四適萬
十八世	**賢增** 配劉氏，萊邑鄰格莊劉仁化女。 **順增** 配王氏，榆子王均選妹。子二：炳、煥。
十九世	

十五世	林，四適榆子林門男君平，五適西河南林門男銘鑑，邑庠生。
十六世	
十七世	家夼孫門，五適榆子林君平之子。
十八世	**壽增** 配蔣氏，唐山。 **文增** 配蔣氏，唐山蔣書林女。子福記。
十九世	

十世	【鏞子】 **永福** 居南榆疃，下同。 配張氏，子三：沖、彩、欽。
十一世	**沖** 配王氏，子成榮。
十二世	**成榮** 配王氏，子三：簡、富、仁。
十三世	**簡** 配姜氏，子三：崇貴、崇福、崇文。 **富** 配韓氏，子崇德。
十四世	**崇貴** 配楊氏，萊邑崖東夼。子二：芳、英。 **崇福** 配李氏，石子綫。子二：俊、蕙，蕙出嗣。女四，長、三適觀泊，次適唐山，四適西河南林門孫庠生林銘鑑。 **崇文** 配劉氏，海邑大窑上劉保姑；繼孫氏。嗣子逢年，自河西八支四房玉振名下嗣入。 **崇德** 配隋氏，嗣子蕙。

世	人物
十世	
十一世	**彩** 配林氏，子存章。 **欽** 缺嗣。
十二世	**存章** 配趙氏，子二：殿、縝，縝出嗣。
十三世	**仁** 配王氏，子二：崇盛、崇興。 **殿** 配隋氏，子大公。
十四世	**崇盛** 缺嗣。 **崇興** 配隋氏，子苞，失考。 **大公** 缺嗣。

十五世

芳
配劉氏，南柴。繼子桂林。

英
配周氏，西馬家溝周永茂姑。子二：桂林、柏林，桂林出嗣。女三，長適下河高門男高典，次、三適下蒲格莊劉門。

十六世

桂林
配郝氏，萊邑郝家泊子。繼子玢。女適河崖林真。

柏林
配隋氏，石角夼隋太賓姑；繼劉氏，大榆家夼劉平雲姑。子四：瑞、玢，隋出；珺、瑄，劉出。玢出繼。女適萊邑下蒲格莊劉門男劉文勝。

十七世

玢
配郝氏，萊邑泊北頭；繼林氏，榆子林德法妹；劉氏，柳口。繼子月光。女二，長適萊邑小窑，林出；次適八田李門，劉出。

瑞
配劉氏，下馬家河劉樹田妹。子三：日光、月光、明光，月光出繼。女適八田李學安。

珺
配林氏，東荆夼林福廷妹。子紹光。女二，長適西河南林紹言子，次適張家莊包鴻恩。

十八世

月光
配孫氏，萊邑孫家夼孫禮妹。子勛。

日光
配劉氏，萊邑榆林夼劉弄月女。子勗。女二，適海邑王家山後王成寬子。

明光

紹光
字華屏。
配范氏，范家蒲格莊范正君女。子二：炳、炎。

十九世

勛
配王氏，萊邑王家窑王奎山女。

勗
配劉氏，萊邑芹子夼。

炳
字虎文。八中畢業。
配柳氏，西荆夼柳善女。

炎

十五世

十六世

十七世

琯

配林氏，蛇窩泊林可以妹。子二：奎光、文光。女四，長適海邑吼山王順增，次適海邑姜家山後姜紹運，三適王家山後王成聚，四適後槐山李永義。

十八世

奎光

配于氏，海邑西槐山于恒興女。子三：鑫、晶、岐。女適桃村孫毓川。

文光

配李氏，枳實夼李恒鳳女；繼于氏，海邑馬散于慶先妹。子張注。

十九世

鑫

字劍秋。鄉村師範畢業。配王氏，萊邑趙旺莊王致家女。子愛國。

晶

字仲秋。配劉氏，柳口劉世盛女。

岐

字峯秋。配李氏，孫家夼。

十五世

俊

配劉氏，東凰跳。子嵩林。

十六世

嵩林

鄉飲耆賓。

配孫氏，孫家油房。子四：瑜、璇、漢金、南金。女二，長適海邑韓家葦夼韓門男太明，次適車家泊子車門男世芳。

十七世

瑜

配姜氏，海邑發城西上東姜東盛女。子二：任世、訓世。女適榆子林若。

璇

配劉氏，徐家店；繼喬氏，崖東夼。子二：鳳山、鳳崗。女二，長適桃村孫門，次適北張家莊包門。

十八世

任世

配孫氏，海邑孫家油房孫好善女。子壽山。女二，長適萊邑下蒲格莊于鳳香子，次適海邑王家溝王振升子。

訓世

配王氏，萊邑張夼王遠思女。子二：協、鵬，鵬出繼。女二，長適河崖林堂，次適車家泊子車寶貴。

鳳山

配王氏，海邑龍旺溝。子二：海清、海元。女三，長適本村武生楊巨川之子，次適大柳家，三適白馬莊孫門。

十九世

壽山

配唐氏，榆山後唐顯榮女；繼林氏，河崖林成太女。子四：文廷、良廷、恭廷、儉廷。

協

配宋氏，萊邑房家疃；繼鍾氏，鍾家院。女適孫家夼孫門，鍾出。

海清

配劉氏，鍾家院。子三：平文、福林、福海。

海元

配劉氏，崖東夼。子福仁。

十五世

十六世

十七世

漢金
配于氏，萊邑下格莊于孟女。子二：朝棟、朝升。女適姜家山後姜筍。

南金
耆儒。
配劉氏，帽兒頂劉景瑞女；繼隋氏，黑磊子。
子五：子鳳、子和，劉

十八世

鳳崗
配劉氏，徐家店。子海周。女適榆山後唐殿榮子。

朝棟
配劉氏，鍾家院劉孟女。繼子鵬。

朝升

子鳳
配張氏，沙窩張敬女。
子三：壽先、壽光、壽德，壽光出繼。女二，長適帽兒頂劉玉慶子。

十九世

海周
配鍾氏，鍾家院鍾明和女。女適唐山林門。

鵬
字搏雲，號秀峯。
配林氏，東荆夼；繼劉氏，海邑燕翅山劉萬福侄女。子二：讓廷，林出；得廷，劉出。女適前槐山姜門。

壽先

壽德
配董氏，房家疃董成德妹。

世	
十五世	
十六世	
十七世	出；子龍、子進、子鰲，隋出。女二，長適古堆山王壽山子，次適河崖林門，隋出。
十八世	**子和** 繼子壽光。 **子龍** 配林氏，河崖林成山女。女適海邑核頭樹王門。 **子進** 配林氏，文石林曰塾女。 **子鰲** 配張氏，萊邑代明店張立女；繼張氏，蛇窩泊張玉廷女；蔣氏，唐山。子二：菊芳、受白。
十九世	**壽光** 配于氏，清江口于盛林女。子二：吉田、吉廷。

世系	
二十世	**儉廷** 配王氏，瑩盤王鳳田女。子起。 **平文** 配徐氏，萊邑寨頭。 **讓廷** 配王氏，海邑嵩夼王恒心女。
二十一世	
二十二世	
二十三世	
二十四世	

十五世

逢年 自南榆疃遷河西。

配郝氏，萊邑郝家泊子郝得富姑；繼劉氏，上劉家劉成妹。子三：桐林、棋林、椿林。女二，長適迎門口王世玉子，次適大咽喉隋雁，俱劉出。

十六世

桐林 居河西，下同。

配林氏，觀泊林有正妹。子三：許、珍、珂。女三，長適連家莊連鳳彥，次適吕家黄口吕門，三適連家莊連鳳亭。

棋林

配劉氏，海邑大窑上劉崇女。子二：瑢、玳。

十七世

許

珍

配柳氏，西荆夼。

珂

配林氏，裏泊林用姊。子三：宗會、全書、幾等。女一適磊山後王門，一適河崖林門。

瑢

配林氏，西河南林照慶妹。子全玉，雙承。

玳

配隋氏，大咽喉隋尊高妹。雙承子全玉。

十八世

宗會

配劉氏，芹子夼劉以太女。子春生。

全玉

字金衡。

配林氏，東荆夼林作民女。子二：辛未、云策。

十九世

十五世

十六世

椿林
配林氏，西河南林梅女；繼鄭氏，唐山。子三：珣、瑄、琨。

十七世

珣〔三〕
字玉亭。
配傅氏，榆山後傅紹樂姊。子五：全德、全友、全法、全福、全興。

十八世

全德
配隋氏，黑磊子。子二：玉起、英起。女適萊邑火山後喬門。

全友
字子信。
配王氏，官道王用山女。子三：洪起、振起、春芳。

全法
配郝氏，郝家泊子郝得富孫女。子二：龍起、雲亭。

全福
字子九。
配隋氏，大咽喉隋尊才女。子寶芳。

十九世

十五世

十六世

十七世

瑄

配林氏，蛇窩泊林朋女；繼周氏，大榆家曠周進財女。女適連家莊連丕文。

琨

字叔玉。

配傅氏，北水頭傅萬才女；繼林氏，西河南林長發女。子五：全順、德順、復順、全興、復興。

十八世

全興

配孫氏，孫家夼孫中訓女。

全順

配鄒氏，西河南。

德順

配李氏，西河南李明慶女。

復順

配劉氏，丹莊武生劉湘雲女。

十九世

十五世

蕙 居南榆疃，下同。

配劉氏，下蒲格莊劉義祥姑；繼周氏，西馬家溝。子四：相林、梅林，劉出；桃林、杏林，周出。女二，長適東院頭衣門，劉出；次適下范家溝李門男志，周出。

十六世

相林

配王氏，上范家溝王石茂姑。子東。女二，長適石角夼隋門，次適下范家溝李門。

梅林

配周氏，西馬家溝。子浩，雙承杏林嗣浩。女適東院頭柳心海。

十七世

東

配劉氏，下蒲格莊劉義祥女。子三：毓秀、毓桂、毓田，毓秀、毓桂俱兼承。女二，長適鍾家院鍾殿甲，次適清江口于芳齡子。

浩

配蔣氏，唐山。兼承子毓秀。女二，適宮家蔚夼宮門，適枳實夼李門。

十八世

毓秀

配王氏，海邑古堆山王元恒姊。子雲。

毓桂

配王氏，肖駕夼王進寶女。子雹。

毓田

配王氏，鍾家院王克秀妹。女適西荆夼柳門。

十九世

雲 字雨亭。

配楊氏，同里楊增女。子景世。女二，長適修家蒲格莊修先超子，次適西荆夼柳門。

雹

配王氏，萊邑小窑。子景德。

十五世	十六世	十七世	十八世	十九世
	桃林 配林氏，中榆疃林慶姊。子全。 **杏林** 配蔣氏，唐山；副史氏。子浩，史出，兼承。女五，長適海邑吼山，次適榆子王顯，三適榆子林門，蔣出；四適徐家店劉門，五適葦夼李門，史出。	**全** 繼子毓桂。		

二十世	**景世** 配王氏，木蘭夼王君女。 **景德** 配劉氏，修家蒲格莊。
二十一世	
二十二世	
二十三世	
二十四世	

【校注】

〔一〕李出：原文如此，有誤，具體情况待考。

〔二〕禎：前文爲『禎』，前後不一致，具體情况待考。

〔三〕珣：民國初年蛇窩泊鎮鎮長。字玉亭，五世老二房七世牟時勤後裔，牟家河西人。當時爲棲霞縣名人。

老二分現在里居户數與入譜者人數

七世時賢：禾稼莊一户，孫家莊一户。共二户，入譜者十人。

七世時英：後牟家疃二户，蛇窩泊三十四户，居登州府三户，居西柳一户，居城北關一户，居南坊一户，居楊家圈三户，居邱格莊五户，居田家一户，居北莊子十二户，居韋家溝三户，居北水頭二十五户。共九十一户，入譜者四百人。

七世時龍：居蛇窩泊二户，院上一户，源頭窑一户。共四户，入譜者十五人。

七世時勤：居南榆疃七十户，居河西七户。共七十七户，入譜者三百八十六人。

共計一百七十四户，入譜者八百一十一人〔一〕。

【校注】

〔一〕八百一十一人：原文爲『八百一十二人』，有誤，應爲『八百一十一人』。

卷八

體恕齋家訓（并序）

吾家自籍吾邑，蓋三百年矣。忠厚開基，垂今十世，書香相繼，綿遠悠長，皆我前人之積行，有以致之也。雖然，天道無親，常與善人，使爲之後者不克嗣前人緒，敢云永久無替哉？邇者先謨猶在，凉德漸滋，大懼薪傳不守，以貽前人羞。箴言數款，昭示後人，非曰詒我孫謀，期不失累世相傳之意云爾。

一訓敦倫　地義天經，生民固有。聖人因之，教乃不朽。施愛施敬，惟孝惟友。咨爾小子，身體力行。

一訓守身　守孰爲大，寡過省身。以參天地，以報君親。書稱思永，銘警日新。咨爾小子，檢點須頻。

一訓篤學　修德立業，史博經明。居今稽古，斯邁斯征。勿徒温飽，匪僅功名。咨爾小子，敦倫爲首。

一訓取友　他山攻玉，友重相知。擇賢與處，德重過規。毋從勢力，毋效非爲。咨爾小子，主善爲師。

一訓謙恭　學行進步，始自謙恭。滿惟招損，怠啓朋從。抑抑善下，恂恂德容。咨爾小子，傲慢無庸。

一訓祛私　養心寡欲，去妄存良。勿爲酒亂，勿作色荒。見利思義，懲忿戒狂。咨爾小子，克己用剛。

一訓啓過　人誰無過，憚改非宜。湯稱不吝，孔幸人知〔一〕。子淵〔二〕不貳〔三〕，由喜告之。咨爾小子，猛省勿遲。

一訓宜家　門内有政，身範宜家。褻狎無度，偏僻招嘩。恩情宜篤，義則靡差。咨爾小子，中立無斜。

一訓課子　箕裘〔四〕世及，子肖〔五〕家昌。愛而不教，非愛實戕。姬公〔六〕抗撻，竇氏義方〔七〕。咨爾小子，嚴課無荒。

一訓勤儉　居家善術，勤儉無憂。勤則事治，儉乃用優。無逸致戒，量入爲籌。咨爾小子，開源節流。

一訓輸課　普天率土，義重尊王。惟正有供，國典斯章。曾孫介福，乃理乃疆。咨爾小子，早效輸將。

一訓守法　國有三尺〔八〕，令甲〔九〕煌煌。以糾不義，肅若秋霜。智者勿犯，視履考祥。咨爾小子，謹凛王章。

一訓行恕　推行有道，恕可終身。嚴以律己，寬以繩人。不欲勿施，厚德乃臻。咨爾小子，愉怫思均。

一訓修睦　待人處世，惟睦斯親。宗黨族姓，閭里交鄰。接之以讓，施之以仁。咨爾小子，和氣如春。

一訓恤下〔一〇〕　小人女子〔一一〕，爲下最難。情不上達，勞苦多般。賴我生養，每病飢寒。咨爾小子，御下以寬。

一訓爲善　爲善最樂，世德堪師。濟人利物，排難扶危。矜言煢獨，衣解食推。咨爾小子，隨分施爲。

一訓服官　學思經世，志切匡王。苟有用我，慎乃官常。内思補衮，外保民康。咨爾小子，得志勿忘。

一訓作忠　思皇多士，王國之楨。家修庭獻，爲翼聽明。君恩浩大，臣誼忠貞。咨爾小子，報國惟誠。

右條皆述先人庭訓之意，我未之能有行也，將與兄弟交相勸勉，周詔來兹。噫嘻！訓戒盡此數言，而望後人善體其意者，又非言之所能盡也，子若孫尚念之哉！

首訓敦倫，以人莫重乎此也。然身爲之本，修身非學不爲功。友者，學之助也；謙恭者，德之輿也。袪私改過，則修德力學之大關鍵也。而後可以理家，而後可以教子。勤儉，居家之大務；輸課、守法，保業之良圖。以至行恕、修睦、恤下、爲善，皆忠厚之正道，立達之公心也。能是數者，可以出而仕矣，故結之以作忠。

【校注】

〔一〕孔幸人知：出自《論語·述而》：『子曰：「丘也幸，苟有過，人必知之。」』大意爲，如果我有錯，人家一定會知道，這是我的幸運。也即人應該知錯改錯，不必回避錯誤。

〔二〕子淵：指孔子最得意的弟子顔回（公元前五二一—公元前四九〇），字子淵，尊稱顔子，春秋末期魯國人。十四歲拜孔子爲師，終生師事之。不幸早逝。《論語·雍也》説他『一簞食，一瓢飲，在陋巷，人不堪其憂，回也不改其樂』。爲人謙遜好學，『不遷怒，不貳過』。他异常尊重老師，對孔子無事不從，無言不悦。以德行著稱，孔子稱贊他『賢哉，回也』，『回也，其心三月不違仁』（《論語·雍也》）。孔子對顔回稱贊最多，贊其好學、仁人。自漢代起，顔回被列爲『七十二賢』之首，孔廟四配之首。自漢高帝始，祭孔時獨以顔回配享，祀以太牢。歷代帝王對顔回封贈有加，歷代文人學士亦對顔回推尊有加。

〔三〕不貳：參見『不遷怒，不貳過』，即不會遷怒於人，不會犯兩次同樣的錯誤。據《史記·仲尼弟子列傳》記載，回年二十九，髮盡白，蚤死。孔子哭之慟，曰：『自吾有回，門人益親。』魯哀公問：『弟子孰爲好學？』孔子對曰：『有顔回者好學，不遷怒，不貳過。不幸短命死矣，今也則亡。』『不遷怒，不貳過』，可以説是常人難以企及的修養。不遷怒，就是自己有什麽不順心的事，有什麽煩惱和憤怒不發泄到别人身上去。不貳過，就是知錯就改，不犯兩次同樣的錯誤。

〔四〕箕裘：比喻祖先的事業。出自《禮記·學記》：『良冶之子，必學爲裘；良弓之子，必學爲箕；始駕馬者反之，車在馬前。君子察於此三者，可以有志於學矣。』良冶、良弓，指善於冶金、造弓的人。意謂子弟由於耳濡目染，往往繼承父兄之業。後以『箕裘』比喻祖上的事業，以『弓箕』比喻父子世代相傳的事業。

〔五〕子肖：指子孫後代孝敬父母、有德行。

〔六〕姬公：指周公姬旦，姓姬名旦，是周文王姬昌第四子，周武王姬發的弟弟，曾兩次輔佐周武王東伐紂王，并製作禮樂。因其采邑在周，爵爲上公，故稱周公。周公是西周初期杰出的政治家、軍事家、思想家、教育家，被尊爲『元聖』和儒學先驅。周公攝政七年，提出了各方面的帶根本性的典章制度，完善了宗法制度、分封制、嫡長子繼承制和井田制。周公攝政七年歸政成王，正式確立了周王朝的嫡長子繼承制。這一制度的最大特色是以宗法血緣爲紐帶，把家族和國家融合在一起，把政治和倫理融合在一起。這一制度的形成對中國封建社會産生了極大的影響，爲周族八百年的統治奠定了基礎。周公一生的功績被《尚書大傳》概括爲：『一年救亂，二年克殷，三年踐奄，四年建侯衛，五年營成周，六年製禮樂，七年致政成王。』

〔七〕竇氏義方：出自《三字經》：『竇燕山，有義方。教五子，名俱揚。』這是對竇燕山教育子女經驗的總結。竇氏，指竇燕山，原名竇禹鈞，五代時期人，籍貫薊州漁陽。漁陽屬古代的燕國，地處燕山一帶，因此，後人稱竇禹鈞爲竇燕山。竇燕山有五個兒子，家教甚嚴，建『義塾』十楹，買書數千卷，聘請文行之士爲師授業。四方有志學者，亦聽其自至。竇燕山把全部精力用在培養教育兒子身上，不僅時刻注意他們的身體，還注重他們的學習和品德修養。五個兒子聰穎早慧，在他的培養教育下，全部文行并優，先後登科及第，成爲有用之才，時人贊爲『竇氏五龍』。當時有一位叫馮道的侍郎曾賦詩一首説：『燕山竇十郎，教子有義方。靈椿一株老，丹桂五枝芳。』這裏所説的『丹桂五枝芳』，就是對竇燕山『五子登科』的評價和頌揚。説竇燕山教子『有義方』，不是説他有什麽『靈丹妙藥』『絶招兒』。『義方』并不是指具體的教育方式方法，而是行事、做人、教子所遵守的規矩法度。

〔八〕三尺：指法律。古時把法律條文寫在三尺長的竹簡上，故稱法律爲『三尺法』，簡稱『三尺』。

〔九〕令甲：第一道詔令，法令的第一篇。後用爲法令的通稱。

〔一〇〕下：指下人。封建社會在官府、權貴人家營生的人，相對於主人來説稱爲下人。

〔一一〕小人女子：出自《論語·陽貨》：『唯女子與小人爲難養也，近之則不孫，遠之則怨。』

體恕齋家訓規則（并序）

居嘗見世之膏粱子弟，幼而逸豫，長而放恣，窗下則以讀書爲迂談，遇試則以奔競爲捷徑，幸而列名黌序，志得意滿，忘所從來，幾幾乎以爲護身之符矣。逮勢窮力盡，奔競無策，則乞哀規避者有之，規避不及，則倩人代庖者有之，又其甚者，曳白遺羞，身名俱敗，始悔其力學之不早也，亦已晚矣！揆厥所由，良以父兄之教不先，遂致子弟之率不謹，初之曠學廢業，久之暴弃身心，蕩閑逾檢，胥由於此。迨至虧德辱行，當場出醜，旁觀者掩口竊笑，或致咎於積德之不厚，其罪維均，又奚可贖哉？

吾家自前人掇取科名〔一〕，詩書相繼，已非一世。而遭家不造，屢經寇亂，艱辛徧閱，荼苦備嘗，今仰承天眷，幸邀國恩，固云：先澤之遺留使然，大抵從艱難困苦中來也。夫何後生小子，未離貧賤之境，輒欲效富貴之爲？平時無求益之心，臨場有苟且之狀，兢業無聞，怠荒時見，使不設法懲戒，奪其所恃，將來習爲固然，靦不知耻，使我前人積善行仁之業及吾身而已，浸浸乎有必敗之形，咎將誰諉？良可懼也！今列爲規條，公之兄弟，僉曰宜然。

一、讀書以修德爲本，子侄中有敗德、隳行、虧體、辱親者，主前公同罰跪，重責十板，不拘長幼，每犯必懲，斷不姑恕。

一、子侄十五歲與考〔二〕者，縣府兩試〔三〕有同邑同歲名列其先者，公同罰跪，重責三板。

一、子侄十五歲與考者，正考〔四〕或有抄録幸而入泮〔五〕，不能争同類之先，每逢朔望〔六〕，公同罰跪，重責三板，三次爲止。

一、子侄十六歲以後與考者，縣府兩試不在入泮之列，公同罰跪，重責三板。

一、子侄十六歲以後與考者，正考不得入泮，公同罰跪，重責三板。

一、子侄十六歲以後與考者，正考或有抄録幸而入泮者，雖能争同類之先，每逢朔望，公同罰跪，重責三板，三次爲止，不能争先，五次爲止。

一、入泮後規避歲考〔七〕者，朔望公同罰跪，重責三板，三次爲止。

一、考四等以下者，朔望公同罰跪，重責三板，三次爲止。

一、考三等末卷，公同罰跪，重責三板。

一、入泮十七歲以後，不與科試〔八〕者，公同罰跪，重責三板。

【校注】

〔一〕科名：科舉考試中取得的功名。科名分爲生員（俗稱秀才）、舉人與進士三級，分别是通過童試、鄉試、會試三級科舉考試而取得的。

〔二〕與考：參加考試。

〔三〕縣府兩試：分别指縣試和府試。縣試爲童試中的第一場。童試是預備考試，通過才能取得秀才資格。府試是明、清兩朝科舉考試程式中童試的第二場。通過縣試後的考生纔有資格參加府試。府試在管轄本縣的府中進行，由知府主持。參加府試，報名、保結與考試的場次、内容同縣試差不多，但保結的廪生要多一名。府試通過後就可參加院試。

〔四〕正考：正式考試。

〔五〕入泮：古時學生的入學大禮。據史料記載，周諸侯的學校前有半圓形的池，名泮水，學校即稱泮宮，見《詩·魯頌·泮水》。後代學宫沿襲其形制。因此在古代，凡是新入學的生員，都需進行稱爲『入泮』的入學儀式。入泮禮的各個步驟，都是根據《禮記》和《弟子規》而定。《禮記·王制》記載：學童首先换上學服，拜筆、入泮池、跨壁橋，然後上大成殿，拜孔子，行入學禮。經歷了這樣的儀式之後，學生們正式成爲孔門弟子，從此便踏上了『路漫漫其修遠』的求學之路，因而稱入學爲入泮或游泮。明、清兩朝，州縣考試新進生員同樣須入學宫拜謁孔子。

〔六〕朔望：農歷每月的初一和十五。

〔七〕歲考：在中國古代，秀才升附生，附生升增生，增生升廪生，皆由歲考升級而來。學政到任後，第一年歲考，限一年完成學業檢查。先由各府州縣學署令各下屬之廪增附生，到學署填報姓名、年歲、籍貫、體格、三代履歷。再由學署造具生員的升降、丁優、改名、病假清册，送與學政。歲考内容，除四書文、五經文、五言六韵外，晚清有策論。考一等者，附生補增生，增生補廪生；二等無升降，廪生停米；三四等及格；五六等由藍衫改着青衫，由縣學改入社學，更有用戒尺戒板打手心，革去秀才功名。

〔八〕科試：科試是明清學校制度之一。每届鄉試之前，由各省學政巡回所屬府州舉行考試。凡欲參加鄉試之生員，要通過此種考試。考試合格者，方準應本省之鄉試。

鳳伯公遺命

吾病久年，嘗覺漸增，諒非藥餌所能效也。幸爾叔父兄弟能有相繼而起者，爾且幾幾入彀焉，孫孩繞膝，長立成童，吾門庶幾有賴。然吾之望爾甚殷，他年來又覺病加矣，一旦昏惑，恐遺亂命，豫留教言以示屬望爾曹之意，若能文具相視，永念無忘，吾瞑目無憾矣。

命曰：愚忠愚孝，儒者〔一〕羞稱，向示爾『修德力學』四字，守此所以盡孝，移此可以作忠，爲人之大端盡是矣。爾愼之。周旋吾膝下也，承顏服事，亦庶幾勉副我意，謹守吾家忠厚之傳，罔敢隕越，似可謂稍知修德矣。避居山莊，讀書得間即赴，不容稍懈，亦可謂漸知學矣，順吾心矣。但修德者，勇於克己，篤於勉善，務期此心不愧於屋漏，方爲真德行；力學者，效法古人品格，研究義理，講求經濟，務期此身不虛生於天地，方是真學問。其於此意能身體而力行之乎？吾願爾亶心以赴之也，尚得出身以加民，吾願爾推心以致之也，勉之哉！士而居鄉，當爲君子所許，不必爲世俗所畏；其出而仕也，當爲朝廷廣利賴，不必爲家室計豐盈。是故，服官以邦本爲先，養志以守身爲大。門内行或未孚，惟切省躬之戒；闈中遇而不果，彌增反已之修。迪德之要務存誠，誠身之學在立志；苟志不儕於流俗，古人可學而至也。凡我子侄，其共志之。

所有訓款開於左：

一、修己之功，袪私爲本；處世之道，容德爲先。寧守拘方，勿工巧慧。

一、打破利欲關頭，方能立品，方可成人。

一、立意不占人便宜，寧稍讓便宜於人。吾自命曰：『體恕非曰能之，願學焉。』然甚不欲徒托空談，嘗思所以實踐。爾六叔父〔二〕曰：『受天眷者，不與人争。』斯言可傳世世。

一、躬自厚三自反二，書於其中：『得一分滋味，便討一分受用。』昔吕伯恭〔三〕讀《論語》至此，平時忿恨涣然冰釋。焦漪園曰：『人惟不自反，覺自門内以至世上，在在皆屬可厭。』故『自反』二字，真是一貼清凉散。

一、情欲嗜好，性也有命；禮義廉耻，命也有性。一爲節性，安命之學。

一、爲盡性立命之學，洵非大賢〔四〕不能發此議也，然亦是徹上徹下道理，庸人皆可佩服。但以所得之多寡，見人品之優劣耳。爾外伯祖李仁宇先生曰：『千古便宜，都着聖賢占得盡。』便宜在眼前，惟人自取，何如？

一、司馬温公〔五〕平生無不可告人者；趙清獻公〔六〕晝之所爲，夜則以之告天。其光明正大何如也？彼曖昧者流，能有此等風度否？人若以此稍稍存心，亦庶幾能自慊矣。

右七款我嘗以之自勉，然平心返問，尚未得千百分之一也。子若孫能即此意進之，則大興吾門者矣，不繫乎遇不遇也。

一、德義訓家，當以爾六叔父爲法，能領受與否，則在乎子孫之賢愚耳。

一、課子讀書，不使其一日誤功，當以二叔父〔七〕爲法，永永如此，雖中材必成局面。然德訓尤切於課讀，使吾兒不明義禮，不曉天理，不近人情，雖邀一甲第〔八〕，奚益？非徒無益，懼有損焉！故曰：『德訓爲重。』

一、居家謹男女之際，嫂叔不相狎，兄妹姊弟不謔言，禮也。

一、禁用美艷之婢，以防少年血氣之未定。其貌麗之伻，尤宜禁絶。别嫌明微禮，所當謹也。

一、完納國課爲第一要務，期於麥前全完，次乃計及衣食，又次乃酌各費之輕重。

一、儉以居家，量入爲出，稍或不謹，涸可立待。語云：『千金貧漢，十金富户。』量不量异也！吾零典薄田，散之遠鄉，原無厚獲，豈盡豐年？然吾歸家來有年矣，除錢糧贍給之外，北上之資斧取之此，欠債之零償取之此，官府之交際取之此，親朋之慶吊取之此，參苓之藥價取之此，考試之盤用取之此，以至匱乏之稱貸略略融通，煢獨之矜憐稍稍周濟，典價之增益庸或有之，房舍之增修間亦恒然，其他一切日用，小小意外之需，指不勝屈。吾杜門調養，未嘗逐逐焉取資於世也，雖不能充，未至於困。使稍縱口腹之欲，安可支持？然幸或有餘，又宜素位，閑閑十畝，不更廉介之操。赫赫萬鍾，勿作守財之虜。大約自奉當嗇，公用宜豐，豐嗇酌當其可，大禹之無間可法也。

一、寬以馭下。人若能力作自勤，豈樂爲人伻婢？故此輩大抵皆惰流，一日之間，嘗使之力作六七分，休歇三四分，忙迫之時，非所論也。吾立意不使人供輾磨，以驢代之，亦願爾仿行之也。吾貴人賤畜，天理當然。粗食勿使飢，粗衣勿使寒。吾若非出身而仕，則仰吾以生者，惟此輩耳。吾幼時無知，待使童多殘，爾祖怒叱曰：『刻薄寡恩！』跪而杖之，復諄切命之曰：『主僕雖分貴賤，然肢體髮膚同爲父母所生。我以天爲天，彼即以我爲天，我不賤人之子，天亦必加佑乎我之兒，不易之理也。』爾祖命我如此。爾七叔父曰：『善使人者，揮之不去方成。』使手恩勝，何以逃？曰：『愚而自害者，又不可以常情論也。』

一、人不可全無益於世，全無益於世，與草木同腐，雖百歲亦蜉蝣耳。是故有益一門，斯爲一門之善士；有益一邑，斯爲一邑之善士。推而至於郡國、天下、後世，莫不皆然。天地間原有此數等階級，聽人之自爲位置，故士莫重乎尚志。程子〔九〕曰：『人不必待時以有爲，隨其分位所在，有以及人，皆功業也。』即如與人閑談，嘗説幾句禮義正經話，彼若一聽乎其言，則受益，益弘多矣，此教人以善之謂忠者也，加惠人一等矣。與官府講話，當從地方興除起見。

一、吾未得仕，然嘗豫矢三事：一曰盡職分。所當爲者，勉圖其事；才所不逮者，務殫吾心。二曰體恕民情。檢點稍有不到，人將有難堪者矣，故『父母』兩字，正須加意體帖。居官以愛民爲本，斯非愚忠；守身即所以事親，斯非愚孝。吾固以邦本養志，訓也。三曰臨財勿苟得。如上官交際之類，豈能不取資於地方？但擇其於理無悖、於心稍安者，寧少勿多，寧潔勿婪，寬一分則民受一分賜也。若上官相索過甚，則吾之所遇耳，必不可竭民膏以效媚，苟出而圖吾君，執此以往可也。

一、訓吾後事：卒即入木，勿令穢揚。早期歸窆，勿久停堂。勿修醮事，左道亂常。勿煩親友，力殫財傷。勿修行狀，厥德未芳。苟徒粉飾，益美非臧。戒奢從質，古道斯張。安分循禮，於我有光。

葬事一切酌準從前爲爾前母遷墓之儀，豈曰：『儉親正善，繼其志也。』昔夫子〔一○〕慟悼顔淵，寧有遺情歟？然門人厚葬夫子，傷之以復聖大賢且無厚葬，庸流可知已。今若扳成德之禮，葬乏德之親，不揣其志，乃壯其觀，不見擯於聖人乎？故命爾量力自盡，一以崇本，一以維風，且慰我心，使得安於地下也。勉强修文，即爲違命。

【校注】

〔一〕儒者：尊崇儒學、通習儒家經書的人。

〔二〕六叔父：指年国琛。

〔三〕吕伯恭：指吕祖謙，字伯恭。南宋哲學家、文學家。他年輕時性格褊急，後讀孔子『躬自厚而薄責於人』言，忽覺平時的憤怒都涣然冰釋。

〔四〕大賢：非常有道德才能的人。

〔五〕司馬温公：指司馬光，字君實，號迂叟，陝州夏縣（今山西夏縣）涑水鄉人，世稱涑水先生。北宋政治家、史學家、文學家。歷仕仁宗、英宗、神宗、哲宗四朝，卒贈太師、温國公，謚文正。爲人温良謙恭、剛正不阿，做事用功刻苦、勤奮。以『日力不足，繼之以夜』自詡，其人格堪稱儒學教化下的典範，歷來受人景仰。《宋史》評價司馬光『居處有法，動作有禮』『自少至老，語未嘗安』，事無『不可對人言者』，稱贊他堅守禮法，一輩子没説過失體的話，没做過不可告人的事。

〔六〕趙清獻公：指北宋名臣趙抃，字閲道，號知非子，衢州西安（今浙江衢州）人。景祐元年（一〇三四），趙抃登進士第，出任武安軍節度推官。歷知崇安、江原、海陵三縣，通判泗州。至和元年（一〇五四），召爲殿中侍御史。嘉祐元年（一〇五六），出任睦州知州，移梓州路轉運使，旋改益州。召爲右司諫，因論事不當出知虔州。宋英宗即位後，除天章閣待制、河北都轉運使，治平元年（一〇六四），以龍圖閣直學士再知成都。宋神宗即位後，召入知諫院，旋即擢右諫議大夫、參知政事。後歷知杭州、青州、成都、越州，復徙杭州。元豐二年（一〇七九），以太子少保致仕。元豐七年（一〇八四）逝世，年七十七歲，追贈太子少師，謚號『清獻』。趙抃在朝彈劾不避權勢，時稱『鐵面御史』。平時以一琴一鶴自隨，爲政簡易，長厚清修，日所爲事，夜必衣冠露香以告於天。著有《趙清獻公集》。

〔七〕二叔父：指牟作孚。

〔八〕一甲第：科舉制度殿試的第一等。唐時進士不分甲。宋太平興國八年（九八三）始分甲，當時一甲有數人。至元明，一甲僅限三人，即所謂狀元、榜眼、探花。

〔九〕程子：指程頤（一〇三三—一一〇七），教育家。字正叔，人稱伊川先生，北宋洛陽人，程顥之胞弟。歷官汝州團練推官、西京國子監教授。元祐元年（一〇八六）除秘書省校書郎，授崇政殿説書。與程顥共創『洛學』，爲理學奠定了基礎。幼承家學熏陶，其政治思想頗受父親的影響，推舉其父反對王安石新法乃『獨公一人』，對其兄程顥評價荆公（王安石）『意多不合，事出必論列』之説，極加稱許。二程兄弟不但學術思想相同，而且教育思想基本一致。

〔一〇〕夫子：孔門尊稱孔子爲夫子，後因以特指孔子。

樹德務滋〔一〕家訓（并叙）

康熙庚午〔二〕九月朔日，恒侄、惘兒捷音雙至。余私心驚喜，竊念皇天篤厚之意及我祖父積累之勤，夙夜冰淵，倍加危懼，因思寵綏，大則屬望者，益深垂裕者，長則責成者，必厚天心。祖德以意度之，而若相告語也，第恐吾侄、吾子骨力未足，或欠老成，學識未充，或難持久，用是兢兢滋惕。今粗爲條約，臚列於左，題曰《樹德務滋家訓》。願爾拳拳服膺，永久無替，庶乎自求多福矣。

一、孝於父母不待言矣，此外尊而且親者，莫如諸父〔三〕，宜小心翼翼，事之如父。或舉動稍乖，致諸父微現怒色，即跪而請教，怡氣和顔，從容分解，不得强辯。即諸父實有不情，亦第以怨慕處之，慎勿退有後言，以啓藐視尊長之漸。

一、兄弟少長有序，相正以德，相洽以情，勿爲田園宅舍争長較短，致成聚訟。敦宗睦族，推廣行之。

一、推父母之分，篤愛姊妹，情誼爲先，貨賄次之。更須歲時存問，患難相扶，惻惻肫肫，乃可云厚。

一、有非常之遭際，必有百倍之虚心，乃可以成大器。謙和遜讓，處處皆然。

一、尊禮公祖父母及鄉紳先達，不可干預外事，致招物議。倘親友不諒，委曲謝過，恩怨任之。

一、非奉父母之命，不許拜謁當道，更不許輕投書札。

一、事關郡邑利弊，隨緣量力，斟酌行之，使桑梓受一分好處，便自家積一分陰德。

一、勿設法謀取他人田産。

一、勿因一己私忿，陷人妻子，傾人家財。

一、稱人之富者不仁，偶爾狂談，動關他人身家性命，宜知所戒。

一、鄉黨鄰里，無論貧富貴賤，俱不可以傲氣相加。

一、郎舅〔四〕姻聯，即契厚忘形，不可戲謔過度，流於惡薄。

一、敬重道德高尚之士，疏遠貨財諛諛之人。

一、夫婦和好，勿生嫌疑，亦不可聽信婦言，致兄弟不睦。

一、非不得已，勿輕納妾，恐致縱情迷性，家道失宜。

一、勿蓄私財，放利招怨，或有兄弟子侄浪費家業者，仍以正言規之。

一、無言之教，入人〔五〕最深，一舉一動，最纖最屑之事，務端表率，以示後人。

一、教子之道，必令其實心尊敬伯父、伯叔，自然孝於爹娘。

一、崇尚儉樸，嚴禁婢僕輩僭越奢侈者，以培家道，以省煩費。

一、勿多收婢僕，其有無籍來投者，尤不可濫收，致生後悔。

一、居官事無大小，曲體情理，勿撓於衆，勿執於己，虛公詳慎，務求可以對天地，可以答君父〔六〕，可以遠禍患，可以興子孫。

右列各款，法戒昭然。有可以力爲者，有量力而後爲之者，有目前可行者，有待時而後行之者，皆因吾侄、吾子〔七〕同科〔八〕僥幸，喜出望外，心不自安，悚惕激切而爲之言，其中未能詳盡，猶待陸續增入。然率是而遵守之，亦可漸進於寡過也。勖哉！小子其敬聽之勿忽。

【校注】

〔一〕樹德務滋：意思爲向百姓施行德惠，務須力求普遍。樹，立；德，德惠；務，必須；滋，增益、加多、增加。

〔二〕康熙庚午：康熙二十九年，一六九〇年。

〔三〕諸父：指伯父和叔父。

〔四〕郎舅：姊妹的丈夫爲郎，妻的兄弟爲舅，合稱爲郎舅。

〔五〕入人：謂打動人，爲人所感受、理解。

〔六〕君父：特稱天子。

〔七〕吾侄吾子：指前面提到的「恒侄惘兒」。「侄」指的是「牟恒」，「兒」指的是「牟惘」。

〔八〕同科：科舉時代稱同榜考中，也指同榜考中者。

樹德務滋家訓題詞

余甲辰通籍，與東牟〔一〕牟子柱東爲同年，稱「莫逆交」。迨丙辰丁巳歲，視學山左，首先登郡，人文輻輳，牟氏一門尤稱濟濟。不但才華競爽，且知其父兄之教子弟之率，悉以人倫、孝友爲根柢，故其簪纓發越，累世彌昌。庚午省試有名恒、名惘者，俱以曲臺〔二〕賦鹿鳴，金昆玉友同時着鞭，鄉士大夫誇爲盛事。甲戌春，二子同赴公車，伯氏恒南宫告捷〔三〕，因出其大阮諱國琛者《家訓》數條相示。余覽其言，質而不文，簡而能括，二子誠能身體力行，豈獨涉世居官，可以挽澆風免意外，即由是以進於聖賢，寡過之學不難矣。於其歸也，貽之俾附於簡端。

康熙甲戌〔四〕立夏後三日檇李友人勞之辨〔五〕漫筆。

【校注】

〔一〕東牟：古縣名、郡名、山名。亦爲牟山别稱，位於今山東烟臺牟平區。

〔二〕曲臺：秦漢時爲天子射宫，亦指著記校書之處。後亦代指禮儀、禮制。

〔三〕南宫告捷：此處指考中進士。

〔四〕康熙甲戌：康熙三十三年，一六九四年。

〔五〕勞之辨：字書升，晚號介岩、介庵，浙江石門人。生於崇禎十二年（一六三九），卒於康熙五十三年（一七一四）。康熙三年（一六六四）進士，選庶吉士，授户部主事，遷禮部郎中。出爲山東提學道僉事，報滿，左都御史魏象樞特疏薦之，遷貴州糧驛道參議。師方下雲南，羽書旁午，之辨安設驛馬以利塘報；復以軍米運自湖南，苦累夫役，白大府停運，就地采購，供億無匱。康熙二十四年（一六八五），擢通政使參議，遷兵部督捕理事官。後連遭親喪。服闋，起故官。洊擢左副都御史，數有建白。

樹德務滋家訓跋

棲霞牟氏以科第世其家，富貴福澤爲所固有，其人多鴻碩英特，而欲然自下，無驕侈炫露之意。重季牟子〔一〕與予同年交好，因與中翰、聖基數往還，而又仲〔二〕者，聖基之叔而重季之兄也，所著有《樹德務滋家訓》，繕寫成帙，聖基出諸篋中，諷誦皆上口。予感其垂訓者殷殷，奉訓者凛凛，執謙戒滿，相得益彰，爲之喟然興嘆曰：『牟氏之綿世德而傳官譜也，有以哉。』訓中皆庸言庸行，似易而實難，幼而習之，長而不厭，老而彌篤，雖不必深求性命之旨，而不失爲聖賢之歸矣。此固不獨與顏子推之書并垂藝苑〔三〕，即孔門過庭〔四〕，詩禮爲訓，其大旨寧异歟？予欲天下胥奉此訓，以之律身而教家，牟氏其無私之也。冉覲祖〔五〕跋。

【校注】

〔一〕重季牟子：指牟國瓏。

〔二〕又仲：指牟國琛。

〔三〕藝苑：文學藝術薈萃的處所，亦泛指文學藝術界。

〔四〕孔門過庭：孔子教育孩子的故事叫作『孔門庭訓』，具體内容就是『詩禮傳家』。見《論語·季氏》：陳亢問於伯魚曰：『子亦有异聞乎？』對曰：『未也。嘗獨立，鯉趨而過庭，曰：「學《詩》乎？」對曰：「未也。」「不學《詩》，無以言。」鯉退而學《詩》。他日又獨立，鯉趨而過庭，曰：「學《禮》乎？」對曰：「未也。」「不學《禮》，無以立。」鯉退而學《禮》。聞斯二者。』陳亢退而喜曰：『問一得三，聞《詩》、聞《禮》，又聞君子之遠其子也。』

〔五〕冉覲祖：清藏書家、經學家。字永光，號蟫庵。河南中牟人，祖籍山東。十七歲中秀才，不久補考博士弟子員。順治十一年（一六五四）到衛輝（今屬河南）參加鄉試，見書販陳列大量名貴書籍，竟竭盡所有，購買了四書五經大全及著名詩文集等，回家埋頭研讀，立志於著作。康熙三十年（一六九一）進士，官翰林院檢討。潛心理學，曾主講於嵩陽書院，作《爲學大指》《天理主敬圖》以教學生。建『綸翰堂』藏書樓，寢饋萬卷之中，考辨益精博。主編有《中州通志》，著有《五經四書詳説》《性理纂要》《陽明疑案》《正蒙補訓》《尚書詳説》《四書玩注詳说》等詩文雜著二十餘種。

湖北家書

數千里外得一家書，斯亦幸矣。夫一脉相傳，情親誼切，雖數十世如一代焉。敬閱朱卷〔一〕，甲第雲連，簪纓濟濟，誠哉其爲望族也。雖原籍始祖之垂裕者遠，實棲籍祖德宗功之發祥長耳。範謹録譜牒，奉書山東省登州府棲霞縣伯叔兄弟侄孫，曰：余之先世，原籍江陵，李姓焉。元師李黼〔二〕，始祖也。生八真公，官評事，妣牟姓，封宜人。生原誠、原諒、回祖、么祖，因避亂，徙公邑〔三〕。原誠、回祖、么祖，襲母姓，姓牟。獨原諒居石首，仍姓李。後代李梅溪登鄉薦，官知府，生員李藎臣、純臣，久識宗派，子孫往來不絶。回祖、么祖入蜀。回祖後代孫牟志夔〔四〕，叙州府南溪縣籍，登萬曆甲辰〔五〕科進士，官至巡撫山西地方，提督雁門等關，都察院副都御史。萬曆乙卯〔六〕過荆州，來識宗派，範高祖廷徽延至家，會飲旬日，省視黄泥壋八真公祖塋，叙有祠堂碑文。么祖後代孫牟道行，號秉素，登天啓乙丑〔七〕進士，官吏部；弟道顯，號含素，舉人，任荆州松滋知縣。範曾祖光世，伯曾祖濟世、淑世往會，大敦族誼。又有舉人牟學成，號字水，任貴州石阡府知府。範曾祖光世，號旭若，亦任石阡府總戎，聚首多載，歡恰如故。公邑原誠祖生長庚，號永年，官評事，妣張、王氏，生福祖、敬祖。敬祖洪武三年歲貢，任棲霞主簿，因籍焉。後代孫道行，字兆可，萬曆辛卯〔八〕舉人，官同知，在京訪謁公安舉人教雪里李五桂，道其來歷，會範高祖廷徽，字紫垣，官鎮撫司，叙宗派，同住數月。又有牟鏘，號松齋，任隆平縣知縣，丁酉年有文書到公安查族人。國瓏祖隨學政到荆州，與範伯祖仁邦、叔祖寀邦相晤，公欲省墓，臨江而返。及恒伯榮歸告祖之年，祖塋構訟，範伯祖仁邦、堂兄曰俊，奔往貴府，留住數月，移文荆州知府，押遷息案。厥後，欽元祖任湖廣按察司，範堂伯愷、堂兄曰明，鄉試往謁，殷勤款洽，適升蘇松布政，以未鑒場爲恨。逮戊辰科，曰錡兄登進士，適堂兄生員曰聰來京捐納，帶有朱卷、履歷，照次刻神碑、列祖祠，則是合山、燕、蜀、楚，群聚在天之靈於一堂矣。我福祖廩生，生瑞，庠生；瑞生復全，庠生；全生五子：長昱，庠生；次昂，庠生；三易，廩生；四顯，捐貢；五冕，庠生；分爲五大支。子孫繁衍，户口衆多，難以詳載。舊譜多年，未免缺略，新譜尚未修就，俟竣，郵寄呈覽。範但將五支派次開列如左。五支分後有：崇、玉、廷、世、邦、曰、有、來、作、振、治、繼、述十四〔九〕派，通前共二十二代，根深葉茂，源遠流長，諒亦闔族諸公見之而歡暢者矣。

牟昌裕、牟應震暨闔族諸公統電。湖廣公安縣十五世孫曰範頓首。

【校注】

〔一〕朱卷：科舉試卷的名目。明、清兩代，爲防考官循私舞弊，鄉試及會試場内，應試人的原卷（即墨卷）須彌封糊名，由謄録人用朱筆謄寫一遍，送交考官批閲，稱爲『朱卷』。

〔二〕李黼：據清同治十三年《公安縣志》卷六記載：『李黼，江陵人，統兵元帥，元末，守義不屈，死。明太祖憐其義，厚葬焉。子八真，官評事，因黃羊墳罹禍，偕妻牟氏，卒長子原誠，徙公安，遂命以牟爲姓。』

〔三〕公邑：指公安縣。

〔四〕牟志夔：南溪縣人。明朝萬曆三十二年（一六〇四）進士，做過山西巡撫、都察院都御史等官。曾經爲南溪城西的桂溪橋撰寫《桂溪橋碑記》。牟志夔曾經是宦官魏忠賢的黨羽，故意扣壓詔令拖延時間，致使東林黨人、政治家趙南星晚年含冤而死。

〔五〕萬曆甲辰：明萬曆三十二年，一六〇四年。

〔六〕萬曆乙卯：明萬曆四十三年，一六一五年。

〔七〕天啓乙丑：明天啓五年，一六二五年。

〔八〕萬曆辛卯：明萬曆十九年，一五九一年。

〔九〕十四：原文如此，疑爲十三。

前譜叙傳

昔吾遠祖爲元主鐵將軍，姓李氏名黼，時人稱曰『鉄李將軍』，楚之建寧〔一〕人也。後以黃楊之變，避墜於公安，依外家姓牟氏。遷公安者曰原誠，兄弟四人。當是時分散，留石首者曰原諒，其二人奉其生母入蜀，蜀派始祖曰回祖、么祖者是也。原誠生長庚，字永年，官平事，卒葬楊爵山。

有子二人，長曰福祖，居公安；次曰敬祖，即吾始祖名宦公也。始祖歲貢生，洪武三年任棲霞主簿，時縣治毁於兵燹，制多未備，大令〔二〕相繼以事去。公建察院，創布政司行省，設社稷、山川諸壇。通省志稱：『公獨歷諸艱，才優政勤，百廢修舉。』後崇祀名宦。當罷官時不能歸楚，遂籍焉。生子聞道，聞道生進，進生慶，慶生謙、讓。謙生文德，文德生時俊，字子千，是時牟氏籍棲霞七世矣，丁少族弱。而子千公與强鄰劉氏有隙。劉富，以萬馬名，自雄其財，構公險訟，公不爲屈。怨既深，犬狺於巷，馬踶於野。劉樂聲伎，沈杯酒；公則延明師，課諸子。嘗爲句曰：『鄰家日演一部戲，兒曹每課三篇文。』子千公貌魁聲宏，口若含血，分守道見而偉之，謂劉曰：『吾觀牟某不爲人下者，非此其身，在其子孫，爾非所敵，曷平之以釋怨？』其後，劉氏貧，産業蕩，至其孫絶。子千公以子貴，敕贈文林郎、河南宜陽縣知縣。生子八：長道南，字宗洛，歲貢生，少從學於蓬萊蒲、李兩先生。學既通，課諸弟，獨以才華重濟川公，謂之曰：『吾弟才同惠連〔三〕，兄慚康樂，願早著鞭，揚眉吐氣，無令鄧禹笑人〔四〕！』後，濟川公年二十四領鄉薦；宗洛公以子貴，敕贈承德郎、河南歸德府通判；曾孫榮、檝并以孝行著當世。次道一，字仰曾，任直隸滿城尉，升滑縣丞，以子貴，敕贈文林郎、直隸隆平縣知縣。生子八，牟氏益有充閭之盛。次道明，字缺，庠生。次道遠，字缺。次道立，字允修，拔貢生，任直隸涿州州判。涿當畿路之衝，達官過其境，馳牌索馬，公曰：『竭民力以應顯宦，吾不爲也！』碎牌不與。後升徐州府通判，值兵興，理餉有功，詔加二級。次道行，號濟川，尹宜陽，後以山有翠屏，與棲霞翠屏同名也，又號『兩屏』。公以萬曆辛卯舉於鄉，數讓選而禮闈不捷，甲寅就銓得宜陽。宜陽當平原，年雖順成，民多負欠，詢之，水爲患。公完其租，且曰：『此非爲民父母興利除害之道也。』乃身歷其地，相度形勢，鑿崗陵以泄水，即引水以溉田，曰黄澗口、魚兒泉、韓城鎮、水碓頓、神後等處，由是水潦無害，民獲其利。建宜山復社，延師課士，士彬彬興。增養濟院四十餘間，按名給粟，煢獨無失所。治有聲，所司以績上，天子嘉之，褒封文林郎，贈父母如爵。宜陽民爲立生祠，歲時祭祀，所謂七賢祠也。升直隸真定府同知，卒官，年五十有一。康熙三十九年，宜陽人思慕不忘，請於朝，崇祀名宦。次道中，字缺，庠生。次道平，字缺。濟川公生鏜、周鐖。鏜字夔田，號魯臺，至性孝友，慷慨樂施，歲祲，鬻鬻以濟饑。有大度，不言家人生産作業，文不假思，援筆立就。濟川公任宜陽時，公幼壯，思先大夫政迹之宜陽，邀與其士夫詩酒談宴，歡若故交，低回留之不能去，有所哦，曰《宜陽吟》。順治己丑岁貢生，選授霑化縣訓導，未任，卒，年四十有八，以子貴，敕贈文林郎、直隸南宫縣知縣。生子八：國玠號鳳伯、作孚號麟仲、國璋號龍叔、國瓚號鵬季、國球號次伯、國琛號又仲、國瑾號再叔、國瓏號重季。鳳伯公康熙丙午舉於鄉，任長山縣教諭，壬戌成進士，不樂仕進，終身不出。順治辛卯、壬辰間，父母相繼没，諸弟少，公元配李孺人賢，撫幼弟，不知失恃之苦，故重季公著《年譜》於李孺人之卒曰：『如再失恃也。』公方爲棘人[五]，家日益落，麟仲公煢煢相對，慨然曰：『困極矣，非憤志讀書無起色！』公乃自任家政，而麟仲公攻苦以教諸弟。于亂之興也，邑無賴子構之，玉石俱焚。公兄弟被逮者七，惟麟仲公以府試免。當是時，鳳伯公年三十二，龍叔公年二十八，鵬季公年二十七，次伯公年二十五，又仲公年二十二，再叔公年二十一，重季公年十七。其明歲，赴會獄，蒙難艱貞，講學弗輟，誦讀之聲徹於圄外。臬憲〔六〕于公聞而奇之，呈兄弟所爲文，于公知其冤，爲之昭雪，已三年矣。公既不樂仕進，課子侄上述先德，下究文字，懇懇不倦，著有《體恕齋集》《家訓》《家譜》《牟氏條約》。麟仲公廪生，既教諸弟，痛父母早卒，推愛憐少子弟之意，擬父母遺命以命己，又擬父母遺命以命諸弟，有所不得於心，輒引楚自撲。公力學篤行，數奇不遇，以子貴，敕贈徵仕郎、内閣中書。子恒，號述齋，由中書成進士，官至監察御史。恩遇殊隆，賜《易經》一部。奉命大閱登鎮，一郡官吏郊迎先驅，鄉里以爲榮，述齋公恂恂如。其巡視南城，抑豪强，逐胥小及優伶〔七〕白子，以柱後惠文〔八〕彈之，中貴〔九〕關説不顧也，後以宿病乞歸。而麟仲公御史大夫贈典未請，崇祀鄉賢。龍叔公廪生，嘗開別業於亭口，券既具，業主舉契而泣。公曰：『若悔之耶，吾方思以遺子孫，豈可强人所不願？』其人曰：『非也！自吾先人創業於此，今幾世矣！至吾而不能守，上不可對先人，下無以遺子孫，故泣耳！』公乃舉價外所蓄若干金悉予之。鵬季公增生，才爲諸兄許，不年以順治辛丑冬同被于難；壬寅春，邑大疫，會病卒。次伯公廪生，性儉樸，善居室，當兄弟析爨後，與又仲公同居。公秉家政，凡器具一家所需，必置其二，不用者亦如之。又仲公增生，性情篤厚，文章真切，鳳伯公稱之曰：『又氏文章可懸國門。』麟仲公稱之曰：『安劉者必勃也〔一〇〕！』生平能決疑難，肯任事，故云。于亂之被逮也，資斧乏絶，或謀開雉盧之局。公曰：『吾兄弟横被冤獄，宜能正志，冀披雲霧見白日。若爲此，吾輩不得東歸也！』後以孫孺人賣婢寄金，始克治生。迨公歸來，孫孺人病已不起，遂卒。疾革，謂公曰：『我無子，今且死，家貧，當以敝衣歛我，留新者續娶用，勿以襄土爲也。』公悼之，作誄詞，刻以示後。康熙庚午九月朔日，子侄捷音聯至，爲訓語二十三條，名曰《樹德務滋》，著有《觀耕館集》。年五十有八。生惘、心仰、性，性出繼於再叔公。再叔公郡廩貢生，與又仲公同案游庠，及被逮，益厲志讀書爲文，赦歸食餼。重季公廩生，康熙壬子副榜，辛酉舉人，戊辰辛未進士，平生事迹詳自著《年譜》。公之任南宫也，歲或不登，西八村尤甚。公代完租課，請於上官，輕其税，村人德之，立祠祀焉。及公卒，其父老來吊於棲，見公生像，感泣也。林下時捐資修塋墻，爲本社完丁銀，刻瘧痢神方惠世。先王父號任齋，少好學，年十九舉博士弟子第一，二十一經元書升。重季公戊辰舉禮部，未赴廷對。辛未，公與述齋公從季公車如都，考授内閣中書，改歸班，徙居城内世德堂。丁丑春，先曾王父卒，憂勞成疾，先曾王母就養於安齋公。疾愈，發憤詩書，癸未不第，下帷公山，鋭意丙戌捷南宫，而乙酉抱志以卒，年三十有六。先大人凝菴公生三歲而孤，先伯父前借公方十歲。兄弟既少孤，從母氏依王母於觀耕館，同從學於郁哉公，又同從學於銀水公。前借公年十五入郡庠，凝菴公年二十三入邑庠，少時學同舍，游同方，長而塤篪之雅，邑共稱之。先王母浸疾，先大人兄弟并肩而侍，疾或惡聲，每脱屣以行，病已乃履。前借公乾隆庚午歲貢生，癸未任陽谷縣訓導，壽七十有六，以孫貴，貤贈中憲大夫、工部虞衡司主事。先伯父既司鐸陽谷，先大人携諸孫優游，杖履適意山水間。嘗出游，拄杖無語者久之，顧謂諸孫曰：『若輩度我何所思？』或以曾王母對，曰：『非也。

曾王母窀穸多年，望斷雲山，我鰥居久，兒輩繞膝，可以娱老。惟白首兄弟，天各一方，是用耿耿耳。』平生佩服『終身讓畔，不失一段；終身讓路，不枉百步』及『人有德於公子，願公子勿忘；公子有德於人，願公子忘之』，故與人無競，於己無矜。乾隆初年，官剿邪匪，或以諸生與其會，遂令各學互相保。邑柳生某家素饒，食口頗繁，學博疑焉。先大人曰：『生與柳某爲莊鄰，過其家，内外條理，訓子弟有法，往來衆人皆師徒、賓朋、客商、傭作者，敢以生家保柳生不邪也。』疑得解，至竟不使柳生知。嘗語晛曰：『吾家自高曾祖父以來，世德忠厚。我德薄，不及先人，亦未敢有忝行，皆可以庇子孫，宜有興者。吾老矣，爾兄弟又無志，所望於諸孫也。』先大人竟以諸生終，壽七十有七。生晛兄弟四人。嬛嬛小子，幼承庭訓，長無所就。丙午、丁未之間，所遭日益艱難，追念先君子之言行，與所以提命不肖者，録爲一集，名曰《明發》。當疾痛呼父母之義，遺我子孫，垂老之年，閑居多暇，思上繼先志，下啓後生，欲附前人之德行，以垂不朽，輯世譜，自名宦公籍棲霞縣始。

於維始祖，筮仕來棲。爰宅斯土，以定厥居。功在民社，名宦崇祀。克開厥後，子孫勿替。傳二世一人，三世一人，四世一人。至於五世，則有二人；長房六世一人，七世一人。卷第一。

善成先志，以興厥家。慎乃儉德，惟懷永圖。八世長房一人，其九世二人，十世八人，十一世十有七人，十二世入譜者二十有四人，十三世入譜者三十有七人，十四世入譜者五十有六人，十五世入譜者七十有七人，十六世入譜者二十有三人。卷第二。

多士翩翩，吾宗滋蕃。世闕宜繼，六支不傳。八世二房一人，其九世八人，十世入譜者二十有一人，十一世入譜者四十有三人，十二世入譜者八十有五人，十三世入譜者九十有二人，十四世入譜者一百人，十五世入譜者八十有一人，十六世入譜者二十有八人，十七世入譜者三人。卷第三。

有聲庠序，世紹前徽。胡不碩茂，興嘆式微。八世三房一人，其九世一人，十世一人，十一世五人，十二世六人，十三世入譜者三人，十四世入譜者三人，十五世入譜者二人。卷第四。

先世有忿，於彼强鄰。掎而踣之，所愾用伸。八世四房一人，其九世五人，十世十有七人，十一世入譜者二十有七人，十二世入譜者五十有四人，十三世入譜者八十有五人，十四世入譜者一百有四十人，十五世入譜者七十有九人，十六世入譜者九人。卷第五。

不竭民力，以媚貴顯。盡瘁國事，王臣蹇蹇。八世五房一人，其九世三人，十世七人，十一世入譜者十有二人，十二世入譜者三十有七人，十三世入譜者七十有七人，十四世入譜者一百有一人，十五世入譜者六十有八人，十六世入譜者三人。卷第六。

我太高祖八世，第六房也。尹於宜陽，政教修明。黄潤魚兒，興利無疆。宜陽名宦，俎豆馨香。食德服疇，宜賴永昌。其九世二人，十世九人，十一世十有六人，十二世三十人，十三世六十有一人，十四世入譜者一百有二人，十五世入譜者一百二十有七人，十六世入譜者十有九人。卷第七。

爲善獲福，俾爾戩穀。傳至於斌，昭而不穆。繼昌克家，以嗣以續。八世七房一人，其九世一人，十世一人，十一世入譜者三人，十二世入譜者六人，十三世入譜者一人，十四世自五房繼入一人。卷第八。

身修韋布，後能象賢。詩書世澤，奕祀綿綿。八世八房一人，九世五人，十世十有二人，十一世二十有二人，十二世入譜者三十有五人，十三世入譜者五十有九人，十四世入譜者九十有一人，十五世入譜者九十有四人，十六世入譜者七人。卷第九。

昔在初基，三世無支。五世始分，麥秀兩歧。椒實蕃衍，如條斯遠。無念爾祖，异枝同本。五世二房一人，其六世五人，七世四人，八世六人，九世十人，十世二十有三人，十一世入譜者三十有一人，十二世入譜者五十有七人，十三世入譜者七十有七人，十四世入譜者七十有二人，十五世入譜者二十有六人，十六世入譜者一人。卷第十。

凡我名宦公之子孫，自二世至十七世統計入譜者共二千四百八十有一人，而譜以成。天道無親，惟善是與。以今況昔，可謂蕃盛。栽者培之，其來有自。教宜先率，宜謹修德、勉學、操心、厲行。務爲顯揚，垂裕後昆。牟氏一門，保世滋大。小子不敏，自先大人志欲輯修而未逮者，遲之數十年始克成事。至於開雕，猶有待焉。丙辰〔一一〕長至〔一二〕日，十三世晛再識於長春人山館。

二世至六世叙傳略焉。夫自二世以來，家貧業農，不事詩書，祖德之不傳於後人，亦固其宜。而六世之行述，十世能稱道之，叙傳之略而弗載，抑獨何也？十世八士約編云：『高祖德望蓋鄉，人皆引重。』又云：『高祖以耆德隱，勤儉起家，善周閭里之貧者，忠厚一脉實始基之。』讀是而知歷世之積累，至六世益弘，八世而下之熾昌有自來矣。十三世冬陽公未讀八士約編，修譜時又弗參考及之，是其略也。竊增之，以補叙傳之缺。

十八世奠邦謹識。

【校注】

〔一〕建寧：位於今湖北石首市。

〔二〕大令：古時縣官多稱令，後以大令作爲對縣官的敬稱。

〔三〕惠連：指南朝時期的謝惠連。他自幼聰慧，深受族兄謝靈運的喜愛。後，詩文中常爲從弟或弟的美稱。

〔四〕鄧禹笑人：《南齊書·王融傳》載，南朝齊王融年輕時自恃才高，急於做到公卿，曾撫案而嘆：『鄧禹笑人。』東漢鄧禹輔佐光武帝得天下，二十四歲即封酇侯，官拜大司徒。後因以『鄧禹笑人』爲慨嘆功名遲暮之典。

〔五〕棘人：古人居父母喪時，自稱『棘人』。

〔六〕臬憲：舊時對按察使的敬稱。

〔七〕優伶：舊時對戲曲演員的稱謂。優是男演員，伶是女演員。又稱伶人。

〔八〕柱後惠文：冠名，是執法官、御史等所戴之冠。柱後，法冠；惠文，武冠。又爲執法官和御史的代稱。

〔九〕中貴：即中官、宦官。古代泛指皇帝寵愛的近臣。

〔一〇〕安劉者必勃也：勃，即周勃（？—前一六九），西漢開國將領、宰相。漢高祖六年（前二〇一），受封絳侯。繼因討平韓信叛亂有功，升爲太尉。劉邦死前預言『安劉氏者必勃也』。

〔一一〕丙辰：清嘉慶元年，一七九六年。

〔一二〕長至：『夏至』的別稱。

八世允修公傳（邑乘人物志·宦績）

牟道立，字允修，由拔貢知涿州。涿當天下之衝，民苦供役。時同鄉趙冢宰〔一〕過其地，使者持牌督驛馬〔二〕，道立曰：『竭民力以結顯貴，吾不忍也。』碎之，不爲應。趙聞，亦稱之。有一馬頭者，使易米藏銀以進，重懲之，群役畏服。升敘州府通判，值剿叛寇，督餉有功績，奏加升一級。比信至，已卒於官矣。櫬歸，襄資蕭然。

【校注】

〔一〕冢宰：官名。百官之長，輔佐天子之官。后世因以稱宰相。

〔二〕驛馬：特指中國古代爲國家傳遞公文、軍事情報、物資等的馬。驛馬屬皇家專有，激躍奔騰，通達天下四方。

八世濟川公傳（邑乘人物志・宦績）

牟道行，字兆可，由舉人知宜陽縣。勤民平和，政舉其要，省荒勸農，動得古法。徵催不事敲朴，鞫獄善達下情，不以威懾而賦無捕、獄無冤也。又興賢造士〔一〕報最〔二〕，仍留治宜民，益有神君父母之戴。升真定同知，没於官，祀名宦。居鄉喜施予，嘗以歲歉代輸通社丁銀。棲之邑志〔三〕經其手訂，人稱『文獻』云。

【校注】

〔一〕造士：造就學業有成就的士子。

〔二〕報最：猶舉最。舊時長官考察下屬，把政績最好的列名報告朝廷叫報最。

〔三〕邑志：縣志。

九世夔田公傳（邑乘人物志・義行）

牟鏜，字夔田，幼擅夙慧，總角〔一〕即能文。内敦孝友，慷慨樂施。遇歲祲，承母命捐施粥糧無算。樂告人以善，而規過則直言無隱，人亦諒之。不輕謁官府，惟公事則披陳利害，期於興除而後已。嚴於課子，讀書學禮外，概不及家事。生平揮金如土，竟以此貧。己丑〔二〕歲貢，未仕而卒。

【校注】

〔一〕總角：古時少兒男未冠、女未笄時的髮型。頭髮梳成左右兩個髮髻，如頭頂兩角。後代稱兒童時代。

〔二〕己丑：清順治六年，一六四九年。

十世鳳伯公傳（邑乘人物志·文學）

牟國玠，號鳳伯，祀宜陽名宦，道行孫，霑化訓導鎧子。父歿，率諸弟力學。遭于七之變〔一〕，誣繫梟獄，誦讀弗輟。大吏聞讀書聲，知其冤，釋之歸家。益刻苦自勵，卒成名儒。其學謹守程朱，自宋以後獨喜許魯齋，集薛文清公〔二〕讀書録，著有《體恕齋詩文集》，以說理爲宗，語皆純粹，允堪爲邑中文學之冠。

【校注】

〔一〕于七之變：即于七起義，明末清初膠東農民起義，其核心領袖爲于七，故名。清軍入關後執行殘暴的民族壓迫政策，激發了農民運動的萌生，在膠東一帶，于七先後兩次率衆起義抗清。于七起義是清初農民抗清鬥争中規模較大的地方性起義。

〔二〕薛文清公：指薛瑄（一三八九—一四六四），字德温，號敬軒。河津（今山西運城）人。明代著名思想家、理學家、文學家，河東學派的創始人，世稱『薛河東』。薛瑄爲永樂十九年（一四二一）進士，官至通議大夫、禮部右侍郎兼翰林院學士。天順八年（一四六四）去世，贈資善大夫、禮部尚書，謚號文清，故後世稱其爲『薛文清』。其著作集有《薛文清公全集》四十六卷。

鳳伯公暨配李、何兩孺人傳

禮部侍郎中山王之樞撰

牟公國玠，字錫韓，號鳳伯，山左棲霞人也。牟氏於棲霞爲冠族，甲第而仕宦者代不絶。而公爲人尤端愨醇謹，讀書積行世其家。年十六舉博士弟子，有聲郡邑間。二十三，父母先後不禄，以平昔未盡孝友，罪莫贖，不可以爲人，於是深自刻勵，以省其身。時昆弟八人，公爲長，仲弟亦名列膠庠，餘幼未成立，飢寒坐困〔一〕。仲弟與公煢煢相對，慨然曰：『困至此極矣，非奮志讀書，無能有起色。』公感其言，因獨以身支賦税慶吊事，而令仲氏攻苦，身先以率諸弟，寒暑晨夕無少間。公天資過人，肆應之餘，常就几案爲諸弟講授。每一追念先人，則悲慟哀傷。嘗有不得於心，引楚自樸其掌，以志儆悔。或述父母遺訓以訓諸弟，諄諄苦面命，以故諸弟皆勤惕修行，文學相繼受知於學使〔二〕。公二十八而食郡餼，重加修省，謂人不能稍踐形即虚生天地，爰作《鑒心録》以自鏡。妄念一生，則筆之於編，務朝夕觀覽，以繩愆謬。無何邑遭變，玉石俱焚，公兄弟繫獄者七，三年然後雪。雖在縲絏，日與諸弟考文藝，采史略，讀書樂道如其素。歲丙午，公遂領鄉薦，壬戌登進士。方公之領鄉薦也，儆諸弟曰：『我之幸科名，非關學問，由先世積善故，且先澤深厚矣，應必有昌而熾者。』而公之弟國瓏，侄恒、恫，相率取科名如公言。然皆父兄教子弟用爲家法，其未舉進士而秉鐸長山也。值裁俸，與同官各餘七金以食，同官某苦禄薄也，公曰：『余輩官雖卑，職司風教，任重矣。君今初莅此，我任已多年，雖食此猶曠職是懼。君但自盡其職，勿戚戚爲也。』同官以爲然。公在長山歷八載，集佐貳[三]同官，約尚德會進諸門人，講學考業，勵以名行，不徒爭詞翰工，重修學宫、殿廡及門閣之頽敗者，復造齋房十餘間。既登第，當辭任，所存錢粟，以次賑貲貧士、貧民并鰥寡孤獨、廢疾不得其養者。當是時，邑宰巨室交愧，士民争誦，甚有唏噓流涕者。瀕行，而送餞者填塞於道，馬至不得前。及歸，無復留心仕進。築書堂，令群子侄萃處，而一意訓教之。上稱先德，下究文字，亹亹講述，常夜分不寐。自幼至老好讀書，終日危坐，手不釋卷。性尚樸儉雅，不喜飲酒，非祭祀、享賓客不肉食。見里中有飾器用美衣服者，戒子孫勿效。課農桑以贍其身，非公事不履有司之庭。澹然無營，鄉國重其品。值行鄉飲酒禮，合樂三終，居西北賓位者再。所著有《體恕齋詩文集》《家訓》《家譜》及修邑乘諸書。卒年六十七，遺命十有六條，大都望子孫以希聖之意，不僅洞達死生之際而已也。公之子慎，現廪生，孫曰篤，現庠生，曰簣、曰符現俱幼，業儒。公元配李氏，性婉和，相夫子有舉案風，事翁姑以孝聞。翁姑卒，季弟瓏甫七歲，撫之極其周至，弟瓏依依左右，寸刻不能離，親之如慈母。守夫子家法惟謹，即偶有過，情相加，無幾微疾言遽色，不幸早逝。臨終眷眷，以公幼弟爲念。今逾四十年，季弟居嘗思及，泪猶涔涔下也。後婦人何氏，與公同郡人，素以恭順端淑、甘貧習儉稱閭里。迨年五十八，而公捐館，一痛幾絶，旋以身殉。嗟呼！視死如歸，致命遂義，聖賢豪杰之難事，非易責於巾幗中者，而夫人獨能之，史書所稱烈丈夫，何以過哉！

樞曰：余幼聞牟公濟川之佐我真郡也，多善政，父老歌思其德者久不諼。有孫國瓏，今復宰我郡之南宫，惠愛如其大父。何牟公世有造於我耶！惟公善承先澤而益培之爾。公爲濟川家孫，而瓏也則其弟。曩者，余一見公於燕邸，衣冠言貌甚古，私异其爲人。而瓏也出余門，因得知公行事更悉焉。其行成乎身而道訓天下，陳太丘之流亞與。六十而後超然吏隱，高卧林泉，爲聖世之逸民。《易》曰：『鴻漸於陸〔四〕，其羽可用爲儀。』公之謂矣。

【校注】

〔一〕困：原文爲『困』，應爲形似誤，故改。

〔二〕學使：即學政。清中葉以後，派往各省，按期至所屬各府、廳考試童生及生員。均從翰林院或進士出身的官吏中指派，三年一任。不論本人官階大小，在充任學政時，與巡撫、巡按等平行。

〔三〕佐貳：輔助主官的副官。明清時，凡知府、知州、知縣的輔佐官，如通判、同知、州同、縣丞、主簿等，統稱佐貳。其品級比主官略低，但并非純粹屬員性質。

〔四〕陸：原文作『逵』，誤，應爲『陸』。

十世麟仲公傳

禮部尚書前翰林修撰長洲韓菼〔一〕撰

牟公名作孚，字信萬，登州棲霞人。初名國璞，字含輝，爲邑名諸生〔二〕。以覃恩贈徵仕郎、内閣中書舍人。父鏜，男八人，先生則其仲子也。甫弱冠〔三〕，父母俱卒，日夜哭泣，自力於成，而推以勖其諸弟，常先其伯兄。時季弟未入縣學，痛親之愛憐少子之意，嘗擬親命以命己曰：『我父母若曰，辛卯歲爾母弃爾輩去，逾年，爾父又弃爾輩，不得見成立，爾父母遺憾多也。爾幼弟惟爾輩是依，有能抑其驕，制其矜，教以義，帥以正，鼓舞以作其勤，撻記以戒其惰，是惕其心者也，戚也。有緘其口，藏其舌，誘以淫佚，倡以邪説，待之如賓，加之以貌，是怠其心者也，疏也。爾尚念兹，其日誦無忘。』又擬親命以命其弟曰：『我父母若曰，爾幼，惟爾諸兄是依，爾諸兄有抑爾驕，制爾矜，教爾義，帥爾正，鼓舞以作爾勤，撻記以懲爾惰，是戚爾也，爾其敬而從之。苟反是，是疏爾也，爾其和以商之。爾尚念兹，其日誦勿忘。』伯兄國玠亦賢者也，約其義而爲詩曰：『人有百行，孝爲之首。親其往矣，孝乃在友。幼弟無成，維我之咎。先訓如在，銘心誦口。』又曰：『人有百行，孝爲之首。親其往矣，志昌厥後。身爲白丁，云胡不慟。先訓如在，銘心誦口。』今進士、中書舍人恒者，先生子也。先生常條其命兒者曰：『體親心，勿致疾，亟讀書，時努力。敬爾諸父與諸母，友爾兄弟以及於爾妹若姊。爾惟夫，夫以型於婦；婦均平，爾慈及臧婢。事罔大小，知儉知勤可長久。』又條其命婦者曰：『爾母自請其所須，必謀諸小姑，無昵於爾家，以從其夫。上堂省姑，曰惟四脱，有誚讓色以愉。無蓄私財，事無專揚，聲無高，言無誣。日侍姑側，亦無戲以渝，見私親，語無絮，而夫是俱。』先生之教如此，棲霞人稱『牟氏家法』云。嗟夫，家教之難也！往往功名震世，才氣發聞，而揆諸家人，反身之義，玷闕者衆也。先生篤於知本矣！如其訓也，可以風世。先生於世，好泊如，獨獨勇於爲義，其鄉之利病，不啻如其在己。嘗爲縣言過撥地糧之害，過撥者始縣四十六社，錢糧俱在本社，數頗均。而摧徵便自過撥法，行田與籍貿亂，税多寡不均，或社東而催徵於西，役煩民苦。又言縣熟地、歇地之别：熟地者歲耕不歇，計畝而徵；歇地者山坡川澤，或歇一年二年而一種。向逢丈量不在丈限，乞仍舊貫。由過撥之説，則經界之所以當正也。由歇地之説，則一易再易之，所以當差也。豈獨一縣爲然哉！故并著之，足爲凡司牧〔四〕者告，且以待後日史氏〔五〕之有考焉。

【校注】

〔一〕韓菼：字元少，别號慕盧，長洲（今江蘇蘇州）人。生於崇禎十年（一六三七），卒於康熙四十三年（一七〇四）。康熙十一年（一六七二）入國子監做監生。康熙十二年（一六七三）中狀元，授翰林院修撰，修《孝經衍義》百卷。歷官日講起居注官、右贊善、侍講、侍讀、禮部侍郎、吏部右侍郎，官至禮部尚書兼翰林院掌院學士。謚文懿，人稱韓文懿公。著有《滿清入關暴政》等。

〔二〕諸生：古代經考試録取而進入中央、府、州、縣各級學校，包括太學學習的生員。生員有增生、附生、廩生、例生等，統稱諸生。也指在學讀書的學生。

〔三〕弱冠：古代男子二十歲行冠禮，即戴上表示已成人的帽子，以示成年。但此時體猶未壯，還比較年少，故稱『弱』。後世泛指男子二十左右的年紀，不能用於女子。

〔四〕司牧：管理、統治。

〔五〕史氏：史家、史官。

麟仲公墓志銘

内閣中書舍人馬珽撰

東海牟氏，代有顯人，爲棲邑文獻族相傳，以詩書禮樂世其家。年祖鏜，明經秉鐸，陰行善，生子八，皆士林翹楚，一時有高陽周士之謡。仲子麟仲先生，余年伯也。因長公述齋爲余同捷南宫，與陳雷交，遂得讀年伯《家訓》與《傳》《叙》《跋》《贊》之文。其一生文學孝友，讜論訏謨，諸名公言之詳且盡矣。再爲鋪列，則蹈架屋叠床之譏。略爲披陳，懼有落錦遺珠之嘆。聊綴銘詞，以表聞風興起、高山景行之意云。敬銘曰：『驪珠在淵，其川自媚。隋璧在石，其山自潤。君子在野，其德自豐。世無真儒，瓦缶雷鳴。惟我年伯，潤山之璧，媚川之珠。孺慕情篤，南陔〔一〕可補。塤篪師友，謝草〔二〕唐竹。教宗家語〔三〕，持闔有術。清白貽謀，鳳毛式穀。二苴軒冕，蘚嘯箕瓢〔四〕。惟公乃至，邑宰〔五〕上書。原隰畇畇，則壤定賦。大經大猶，桑梓食福。富江之逸，洛社〔六〕之英。聿我年伯，何以狀之？青箱〔七〕世澤，玉樹〔八〕才名。孤松參漢，海鶴凌雲。正位是立，安宅吾居。千秋宗範，可以起予。』

【校注】

〔一〕南陔：《詩經・小雅・鹿鳴之什》的最後一篇。

〔二〕謝草：即謝池草，喻懷念弟弟。《南史・謝惠連傳》：『族兄靈運加賞之，云「每有篇章，對惠連輒得佳語」。嘗於永嘉西堂思詩，竟日不就，忽夢見惠連，即得「池塘生春草」，大以爲工。常云「此語有神功，非吾語也」。』後遂以『謝池草』爲懷念弟弟之典。

〔三〕家語：《孔子家語》的省稱。

〔四〕箕瓢：傳説許由隱居箕山之下、潁水之陽，躬耕自食，以手掬飲，人遺一瓢，挂於樹，風吹作響，以爲煩，遂弃之。因以『箕瓢』爲隱居思静之典。

〔五〕邑宰：縣邑之長，即縣令。

〔六〕洛社：北宋歐陽修、梅堯臣等在洛陽時組織的詩社。又指洛陽耆英會。

〔七〕青箱：收藏書籍字畫的箱籠。

〔八〕玉樹：神話傳説中的仙樹。南朝宋劉義慶《世説新語・言語》：『謝太傅問諸子侄：「子弟亦何預人事，而正欲使其佳？」諸人莫有言者。車騎答曰：「譬如芝蘭玉樹，欲使其生於階庭耳。」』後以『玉樹』稱美佳子弟。

麟仲公墓表

大學士池州吴璵〔一〕撰

登之棲霞，有君子儒焉，牟其姓，作孚其名，號麟仲。績學力行，爲善於鄉，顧數奇不遇，賫志以没。没而更一紀，其子恒舉進士，官内閣中書。未幾，逢覃恩，贈麟仲如恒官。甲申秋，持大宗伯長洲韓公所爲《麟仲傳》謁余而請曰：『吾先人之葬，未有刻文，莫由光泉壤示子孫。敢丐夫子一言表墓道，用垂不朽？』恒，余年家子也，又晨夕上下共事將七載，揆義不可辭。按牟氏系出楚之公安，其始祖敬祖來仕於棲，因家焉。閲數傳，麟仲之父鏜，以明經授霑化訓導，有丈夫子八，鳳伯居長，麟仲其二也。方弱冠，父母俱即世，備歷艱辛，痛厥弟幼，願弗逮趨庭〔二〕，懼無以紹先業，爰擬親命以命己及諸弟。其意勤以懇，其詞婉而肅，冀當感動，益自刻苦以有成，庶慰親於地下也。諸弟各受教惟謹，以次采芹食餼，名噪黌序中。其季弟國瓏於戊辰捷南宫，辛未成進士，與其伯兄、壬戌進士國玠後先輝映。棲人美牟氏家世者，咸嘖稱麟仲孝友不置云。麟仲少魁岸，負氣節，昂然若鶴立鷄群，見者莫不聳异。常鍵户誦讀，爲文高邁，屢試輒前茅。或動以私利，則退怯遠避如懦夫，顧勇於爲義。邑有大利害，即侃侃白諸有司，前後爲何令、吴令所器重，每折節咨訪。督學使者按部舉行優，有司兩以麟仲應，士論允服焉。久困棘闈下，惟攻苦仍自若。推其所以教弟者教子，一門內昆季子姓熙熙然，有弦誦之樂，有簪組之榮。宜其臻大耄亨期頤，以彰天道之報施善人，夫何得年五十而崦嵫忽迫，豈理可必而數不可必耶？抑天之報施不於其身，於其身後耶？昔歐陽文忠公有言：『士之爲善者，雖湮没幽鬱，其潛德隱行必有時而發。而遲速顯晦，在其子孫。』恒也，取高第而職西清，其前此矣。方今聖天子以孝治天下，所以褒寵勸勵臣子之意靡不隆且厚，恒尚勉乎哉！夙夜匪懈，卓然自樹立，用副無忝所生之訓，人將謂棲霞麟仲牟公於是乎不朽，則夫顯揚烜赫，其親者正未艾也！姑表諸阡以俟之。

【校注】

〔一〕吴琠：字伯美，山西沁州（今長治沁縣）人，清朝康熙年間一代良相。生於崇禎十年（一六三七），卒於康熙四十四年（一七〇五）。二十三歲（順治十六年）中進士，官至刑部尚書、保和殿大學士，卒謚文端。雍正年間，入祀賢良祠。

〔二〕趨庭：典出《論語·季氏》。『（孔子）嘗獨立，鯉趨而過庭。曰：「學《詩》乎？」對曰：「未也。」「不學《詩》，無以言。」鯉退而學《詩》。』鯉，即孔子之子孔鯉。後因以『趨庭』爲承受父教的代稱。

麟仲公先生贊

禮部尚書秀水杜臻〔一〕書

粤稽盛世，孝友之風，先著閭里。兹有牟公，居東海濱，篤實踐履。元耶凱耶，同氣八人，公惟仲氏。親之云亡，七在膠庠，一纔齔齒。童子何知？教迪不先，逝將跅弛。公曰嗟吁，弟也無成，時予之耻。弟惟兄依，擬父母命，爰勖諸己。兄惟弟撫，擬父母命，爰勖厥弟。三弟肄業，或荒於嬉，其忍撲捶。弟責兄陪，厥數維均，嘗膽差擬。卒就成名，茂實英聲，蟬聯鵲起。庭闈肅穆，少長内外，不愆爾止。子舍有條，是訓是行，之綱之紀。友于型于，古貌古心，嘖嘖遠爾。下帷丘園，鍵户經年，不入城市。有關利病，慷慨陳詞，篇牘絫絫。當事虚懷，亦欽德範，咨詢無已。爲言地糧，過撥之弊，聿宜痛洗。過撥伊何？糧不歸社，推彼收此。爲言清丈，熟地歇地，無容混視。熟地伊何？膏腴歲收，有穰無毁。歇地伊何？一易再易，垂諸周禮。侃侃立言，弊剔奸厘，君子用題。豈惟一鄉，凖之寰區，斯真經濟。伯兄有言，仲氏多才，我非其比。太史作傳，謂有父風，斯言良是。余聞其風，古人中求，今誰乃爾。懿行嘉言，可風斯世，可垂青史。天之報施，不於其身，則於其子。厥嗣奮迹，驤首皇塗，良不虚矣。

【校注】

〔一〕杜臻：字肇余，浙江秀水（今浙江嘉興）人。生於崇禎六年（一六三三），卒於康熙四十二年

（一七〇三）。順治十五年（一六五八）進士，歷官禮部尚書、工部尚書，是頗受康熙皇帝信任的近臣。所著《粵閩巡視紀略》爲珍貴史料。

讀牟麟仲先生年伯傳　翰林院修撰上元胡任輿〔一〕題

書云孝友，施於有政。縱未獲施，其本已正。卓哉牟公，生有至性。見義必爲，與物無競。孔孟是師，聖賢自命。憫弟早孤，代親未竟。教而兼撫，既嚴且敬。課藝傳經，立身制行。總藉薰陶，致揚名姓。門内肅雅，家規端令。約己利人，風高節勁。爰及象賢，嗣徵衍慶。雁塔飛聲，鳳綸掌柄。經濟初徵，勛猷正盛。世德作求，吉暉相映。所惜我公，席珍待聘。其志未成，其業未振。然亦可爲，世風堪爲人鏡〔二〕也已。

【校注】

〔一〕胡任輿：字孟行，號芝山。上元（今江蘇南京）人。生年不詳，卒於清康熙四十三年（一七〇四）。康熙二十年（一六八一）鄉試得第一名，後屢試不第。康熙三十三年（一六九四）獲第一甲第一名進士（狀元），授翰林院修撰，充日講官，克盡職守。康熙三十六年（一六九七）任會試同考官，取士公正。吴三桂亂湖廣，民不聊生，任輿上書請賑濟，民建『報恩院』祀之。

〔二〕人鏡：唐吴兢《貞觀政要·論任賢》：『太宗後嘗謂侍臣曰：「夫以銅爲鏡，可以正衣冠；以古爲鏡，可以知興替；以人爲鏡，可以明得失。朕常保此三鏡，以防己過。今魏徵殂逝，遂亡一鏡矣！」』後因以『人鏡』指善於諫勸、能糾正他人過失者。

牟麟仲先生行略後

賜進士出身河道總督臨清汪灝〔一〕書

牟公垂家誡，烺烺内則篇。讀之未終卷，清風吹我前。燕居儼朝儀，大丘光前編。松柏有本性，擢枝亦貞堅。令子掌絲綸，翼翼凛冰淵。早知永箕裘，奕葉歌蟬聯。薄俗安嘻嘻，駿厲久無傳。曲臺尊嚴君，家肥非徒然。因思顧氏訓，正不讓昔賢。

【校注】

〔一〕汪灝：字文漪，晚號天泉，山東臨清人。生卒年均不詳，約康熙三十九年前後在世。康熙二十四年（一六八五）進士。官至内閣學士、河南巡撫。處理公務明達有决斷，部下對他都很敬佩。曾被任命督修河道工事，積勞成疾，上書請求回鄉，後去世。

牟麟仲先生家訓詩（并序）

賜進士出身户部侍郎新安吕履恒〔一〕題

同年牟述齋出《家訓》示余，則其先公麟仲先生年伯所擬親命，及其伯父鳳伯公所爲四言詩居要焉。親命者，擬親之命以命己若弟，痛厥弟之幼且侗，弗逮趨庭而代教之，以冀有立也。其詩曰：『親其往矣，孝乃在友。幼弟無成，惟我之咎。』詞旨深厚藹惻，有韋氏、顔、徐氏之風焉。因繫以詩。

成周際太和，宇宙一以新。豈惟其君聖，亦越有良臣。詩人歌張仲〔二〕，史氏紀君陳〔三〕。卓哉棲霞公，今之初古人。昆弟如八龍，厚德軼陳荀。所絶棠棣〔四〕榮，不見萱與椿〔五〕。庭訓以思成，謦欬聞吾親。訓詞既深厚，聲詩如先民〔六〕。吾聞漢石氏，家風稱至淳。何如牟氏子，群季〔七〕皆鳳麟。事兄若嚴父，娣姒〔八〕咸彬彬。厥惟家督賢，義方命有申。須爲孝友傳，特書告青旻。

【校注】

〔一〕吕履恒：字元素，號坦庵，河南新安人。生於順治七年（一六五〇），卒於康熙五十八年（一七一九）。康熙三十三年（一六九四）進士，官至户部侍郎。工詩，著有《夢月巖詩集》二十卷，末附詩餘二十四首，《四庫總目》著録。

〔二〕張仲：周朝人，與尹吉甫共同輔佐周宣王中興。

〔三〕君陳：即周平公，本名姬陳，君是尊稱。周公姬旦的次子，魯公伯禽之弟。

〔四〕棠棣：《詩·小雅》有『常棣』篇，是一首申述兄弟應該互相友愛的詩。『常棣』也作『棠棣』，後常用以指兄弟。

〔五〕萱與椿：椿是一種多年生落葉喬木，古代傳説椿樹長壽，因此古人就把它拿來比喻父親，盼望父親像椿樹一樣長生不老。後來爲一切男性長輩祝壽，都尊稱對方爲『椿壽』。萱草是一種草本植物，古代傳説萱草可以使人忘憂。游子出門遠行的時候，常常要在母親居住的北堂的臺階下種上幾株萱草，以免母親惦念游子，同時讓母親忘記憂愁。母親的居處稱爲『萱堂』。爲女性長輩祝壽，都尊稱對方爲『萱壽』。將『椿』『萱』合稱『椿萱』即代指父母。

〔六〕先民：古代賢人。

〔七〕群季：諸弟。

〔八〕娣姒：古代同夫諸妾互稱，年長的爲姒，年幼的爲娣。又指妯娌，兄妻爲姒，弟妻爲娣。

十世龍叔公傳（邑乘人物志·卓行）

牟國璋，號龍叔，雲化訓導鏜子，廩膳生。居鄉有厚德，嘗開別業〔一〕於亭口。券既具，業主對之泣。問曰：『若悔之耶？我將還汝券。』其人曰：『非然也。以祖先創業守經數世矣，至吾身竟蕩弃，上愧見先人，下慚對子孫，故恨泣耳。』國璋以其人窮有天良，乃舉價外所蓄若干金，悉與之。

【校注】

〔一〕別業：與『舊業』或『第宅』相對而言，業主往往原有一處住宅，而後另營別墅稱爲別業。

十世又仲公傳（邑乘人物志・孝友）

牟國琛，字公寶，邑增生。爲人嚴正樸誠，岸然長者。兄弟友愛甚篤，少弟國瓏病，親調藥餌，抱持不眠者數月。于七亂興，羅織之獄，同懷八人，誣繫〔一〕梟獄者七。家人或奉新綿衣，推以與長兄，而自甘鶉結〔二〕。事平，以侄恒有异才，教之，登第爲名御史。其餘恬⿰忄雁輩皆少孤，爲代理其家務，與己子并口授詩書，人莫辨其爲侄也。臨財尤不苟〔三〕。晚著家訓，題曰《樹德務滋》，以貽子孫。

【校注】

〔一〕誣繫：捏造事實，陷人於罪。
〔二〕鶉結：形容衣服破爛不堪。
〔三〕臨財尤不苟：面對錢財不隨便求取，形容廉潔自好。

十世重季公傳（邑乘人物志・官績）

牟国瓏，字作霖，以進士知南宮縣，勤慎廉惠。南宮西逼漳河，八村被水患，國瓏至即請免正賦十之三。又逋賦積四年，室皆懸罄，瓏不忍敲樸，爲墊解一千餘兩。丙子歲祲，設粥廠，借廪食，其貧而不能償者，悉捐俸代之輸，不以困民。庚辰〔一〕解組，南宮立祠肖像以祀。歸後逍遥林泉，杜門課子。至邑有大利病必白之當道，商榷興除。嘗代輸本社丁徭凡二歲，勒石志感。癸巳〔二〕卒於家，南宮士民走吊者尚數百人。

【校注】

〔一〕庚辰：清康熙三十九年，一七〇〇年。

〔二〕癸巳：清乾隆三十八年，一七七三年。

十一世述齋公傳（邑乘人物志·宦績）

牟恒，康熙甲戌〔一〕進士，任户部，革錢局諸弊。尋擢御史，巡城理冤獄，抑豪右，一時爲之肅然。

【校注】

〔一〕康熙甲戌：清康熙三十三年，一六九四年。

述齋公傳

知棲霞縣衛蓑撰

公諱恒，字聖基，先世公安人。自九世祖敬祖公宦棲，因家焉。敬祖公有德於棲，子孫發祥，世濟其美，至公爲名御史。父作孚，以理學祀於鄉。公少穎异，工文章，十五補博士弟子員。康熙庚午鄉薦，甲戌成進士。當是時，怙恃俱失，獨弱妹一人，公對之必泣。適人後，尚爲置産，教兩甥成立。初任中書，歷户、禮二部郎，監督寶泉局。局故利藪，同官〔一〕多詿吏議，公獨以清白蒙帝眷，特賜《周易》《孝經》，旋擢監察御史。公每讀書，見古名臣諫奏興除事，輒慷慨動顔色，必見諸行事。時有鄉先達〔二〕某司空者，將私請於公，先以數百金爲壽，公力却之，遂杜其口。至人有寃抑，必抗章力救。一太守謁選〔三〕在京，人誣其不潔；同邑孫某或誣以窩留東人，將擬遣戍，皆以公救得免。比巡視南城，杖優人〔四〕之交結權貴者而遠逐之，一時豪横斂手。於是聲望赫然，無大小賢否，皆知有牟御史。奉命監視錢局，局各有所謂工頭者，多私積服飾逾侈，公嚴禁之，其人嘗持貂裘，數踵門不敢獻。終公任，無僭逾者。一日侍班〔五〕，帝嘉之曰：『真誠不欺。』尋致仕〔六〕歸，開家塾，親課諸弟子侄於學。今其家孝友、科第之盛，爲郡邑冠，皆公之教也。當公爲御史也，被紫衣綉而裏著必以布，曰：『先君子自奉儉約，終身不衣帛，余小子不敢忘也。』其立朝有年，章奏恒日數上，多見嘉納。今求其隻字不可得，得問諸耆年〔七〕嘗與公游者，則焚之矣。嗚呼，難哉！以雍正丙午卒於家，年六十有九。

【校注】

〔一〕同官：在同一官署任職的人，也稱同僚。

〔二〕先達：有德行學問的前輩。

〔三〕謁選：官吏赴吏部應選。

〔四〕優人：古代以樂舞、戲謔爲業的藝人。

〔五〕侍班：古代臣下輪流在宫内或行在隨侍君王，記事、記注起居，或處理其他事務。

〔六〕致仕：舊時指交還官職。

〔七〕耆年：老年人。古時稱六十歲爲『耆』。

十一世文哉公傳（邑乘人物志·義行）

牟樾，蛇窩社增生。于七之變，倉皇避難，妻子盡失，僅携母及弟竄邑城。尋以羅織繫獄，三年得解，而家無在者，惟一异母弟自外家求得之。身傭書〔一〕，常携以自隨，苦教之成，後亦爲庠生。

【校注】

〔一〕傭書：指受人雇傭，以抄書爲業。

十一世郁哉公傳（邑乘人物志·孝子）

牟荣，蛇窩社人。七歲入塾，聞講孝弟，即欣然樂聽。父嘗以榮議出繼，號泣數日，父乃止。家貧舌耕〔一〕，嘗奉父館百里外，晨夕歡養。一日奔父，疾趨而顛，幾成廢疾。少間，復依依膝下，蓋終身孺慕〔二〕者。

【校注】

〔一〕舌耕：舊時稱以授徒講學謀生。

〔二〕孺慕：指幼童愛慕父母之情，後來引申爲對老師、長輩的尊重和愛慕之感。

十一世謹齋公傳（山東通志·人物志·循吏）

牟慤，字謹齋，棲霞人。康熙壬辰進士，官江蘇武進知縣，治行〔一〕舉江南第一。引見〔二〕，卒於路。

【校注】

〔一〕治行：犹言政績。

〔二〕引見：舊時皇帝接見臣下或外賓，須由官員引領，叫『引見』。清制，京官在五品以下，外官在四品以下，由於初次任用、京察、保舉、學習期滿留用等，均須朝見皇帝一次，文官由吏部、武官由兵部分批引見。

謹齋公傳（邑乘人物志·宦績）

牟慤，字印宗，康熙壬辰進士。初知武進縣，有恃紳而藪盜殃民者，慤至立除之。一僧暗毒其師，獄久不決，慤一訊得實，即抵法。或報其妻縊於叔舍，慤視目不瞑，知其冤也。细睇項下銜兩痕，鞫曰：『此兩人所勒，非縊也。』其人遽吐實，而尸遂瞑。蓋與嫂共斃之，而嫁禍於叔者。人曰：『牟君真神人也。』後移宰睢寧。尋以清官第一薦，特旨召見，會道卒。命所在大吏飭獲其喪歸葬〔一〕，而家屬之在南者，亦奉旨資送回籍，賜葬金一百廿兩。縣令之榮，從無與比。

【校注】

〔一〕歸葬：人死後將尸體運回故鄉埋葬。

十一世桐齋公傳（邑乘人物志·義行）

牟協，歲貢生，泥都社人。侄曰箴與其母夏氏居别業藏家莊，距泥都百餘里。協謁嫂，嫂〔一〕

言門户零丁，緩急難恃，不如仍歸泥都，闔族環居。協慷慨出貲，於後泥都爲之起第，房屋多寡與己宅同，嫂乃徙居。曰箴受協甄陶，學日進益，後任海豐縣訓導。

【校注】

〔一〕嫂：此字疑衍。

十一世迓衡公傳（邑乘人物志·義行）

牟宸，王革社人，太學生，舉人曰笣之父也。尊師重傅，聚同异姓子弟而教之，多所成就。喜濟人緩急，投者無不立應。曰笣賦性誠慤，孝友睦姻，有父遺風。

十一世念齋公傳（邑乘人物志·孝友）

牟憧，歲貢生，任恩縣司訓。性耿介，不樂時俗，獨於骨肉甚篤。兄恬食指繁多，用不給，憧自節以佐兄。歲爲常所居，去兄五里，有异味，必携與其食，不獨嘗也。猶子三資其膏火〔一〕而教之，兩捷南宮，一登賢書〔二〕。群從子弟課業不進，則泣而笞之。牟氏近時之盛，實憧成之。

【校注】

〔一〕膏火：特指夜間讀書用的燈火，又指供學習用的津貼。

〔二〕賢書：本指舉薦賢能的文書，後世稱鄉試考中爲『登賢書』。

十一世安齋公傳（邑乘人物志·孝友）

牟心仰，蛇窩社廩生。幼失父，事母以孝聞。兄嫂没，遺幼女，撫而嫁之，妝資甚厚。姊適萊邑董氏，生子人鶴，貧而聰穎。心仰特延師，備膏火，俾人鶴卒成名士。居鄉排難解紛，人尤德之。

十一世德齋公傳（邑乘人物志·孝友）

牟惰，蛇窩社人，字德齋，庠生。家窘甚，遂習貿易，獲田千畝。與弟柏終身共爨，迄今衣食之豐，侄與子均也。當窮窘時，其奉母育弟，皆極力營辦，致豐美焉。生平濟人之急，姻族賴以成家者不可枚舉。

十一世遜齋公傳（邑乘人物志·義行）

牟悌，孝事繼母，撫孤侄，慈而有方。好義輕財，族黨中施濟無算，嘗贖其鬻女而歸之。業師〔一〕後嗣貧困不能存，資之生產。後舉孝廉，司檄下而丁内艱〔二〕矣。

【校注】

〔一〕業師：授業的老師。

〔二〕丁内艱：喪制名，凡子遭母喪或承重孫遭祖母喪，稱丁内艱。

十二世新村公傳（邑乘人物志·孝子）

牟曰箴，任海豐〔一〕訓導。四歲失母，尋喪父，事繼母夏氏五十餘年，問視無缺。

【校注】

〔一〕海豐：今山東無棣縣。

十二世度菴公傳（邑乘人物志·義行）

牟之儀，南宮令國瓏冢孫也。年十八，父恢見背〔一〕，與叔悌同居，出入禀命唯謹，如事其父云。

家居禔躬教子，肆力經史，而尤淹貫於《綱目》一書。衣食有餘，嘗推以濟貧乏。乃人情難厭，或至横逆加之，亦不校也。年未艾而卒，鄉邦〔二〕惜之。

【校注】

〔一〕見背：謂父母或長輩去世。

〔二〕鄉邦：家鄉，也指同鄉的人。

十二世震崖公傳（邑乘人物志·孝友）

牟曰第，唐山社人，牟勳之繼子也。後勳生子曰筎，未周歲而勳卒，曰第撫之成人。筎事兄猶父，子孫化之，無矜無争，三世同居。

十二世待菴公傳（邑乘人物志·孝友）

牟曰旦，蛇窩社增生。善事父母，撫孤侄遺傳如子。中年不禄，遺二藐孤，遺傳又撫之。延師督學，以嗣其先人。

十三世雪泉公傳（邑乘人物志·孝友）

牟綏，名宦敬祖十三世孫，乾隆辛卯〔一〕舉人，萊蕪縣教諭。弱冠喪父，事祖母郝孺人、母林孺人備極謹慎。郝孺人病，值綏鄉試，孺人仰天祝曰：『妖壽命〔二〕也，但願少延旦夕，待吾孫歸，足矣。』髮已斑白，欲搏林孺人歡，猶嬉嬉作小兒狀。教侄貞相、廷相，一成進士，一成名士。太守郡試，謂棲霞應試文童曰：『城北牟公孝友可敬，爾輩當效法之。』

【校注】

〔一〕乾隆辛卯：清乾隆三十六年，一七七一年。

〔二〕妖壽命：短命鬼、短命的，本意爲折壽，後來沿用爲驚嘆詞，常出現在遇到一件很嚴重的災難或事件時。

十三世品山公傳（邑乘人物志·義行）

牟品山，唐山社人，賦性純厚，不與人競。品山鮮兄弟，有堂弟二人同居，後析産，應兩大支均分。品山曰：『吾取其半，兩弟僅取其半，吾弗忍也。』乃將家産三分分之。親友稱貸〔一〕，求無不應。臨歿時，召子孫檢外欠賬目，一并焚之，曰：『諺云，無錢便覓故紙〔二〕。勉自樹立，吾不令汝輩覓故紙也。』

【校注】

〔一〕稱貸：舉債，向人告貸。
〔二〕故紙：指積年的文牘簿册。

十三世昆生公傳 十四世淩雲附（邑乘人物志·卓行）

牟丕玉，居南榆疃。際歲饑，爲貧民作保，領倉穀甚夥。至秋多不能付還，丕玉鬻産墊補，因此家貧赴遼。子淩雲，慷慨好義，有父風。光緒間充當糧差，遇饑歲，各花户虧欠糧銀，淩雲悉爲兑清，不追討。

十三世經猷公傳（邑乘人物志·義行）

牟綍，之儀子。性和平，與物無競。嘉慶間歲祲賑粟，全活甚衆。其子墨林，恪遵父訓，急公好義。墨林事詳藝文本傳、邑志義行。

十三世旭升公墓志銘

賜進士出身左副都御史清平劉眉撰

君諱暄，字温如，旭升其號。姓牟氏，先世湖廣公安人。明初有敬祖者，官棲霞主簿，兵事方殷，有功於邑，崇祀名宦祠，事載《山東通志》，子孫遂家焉。八世道行以乙榜〔一〕知河南宜陽縣，功德在民，縣有七賢祠，道行與焉，見《宜陽名宦録》。是爲君五世祖。曾祖國琛，增廣生，兄弟八人，時人比之荀氏八龍〔二〕，著有《觀耕館集》《樹德務滋家訓》。祖惆，庚午舉人，考授内閣中書。父曰箸，歲貢生，任陽谷縣訓導。自道行以下，歷世篤於孝友。君兄弟四人，於序爲仲，天性肫摯，不替家風〔三〕。尤沈毅耐艱苦，謹守規矩，絲毫不能詭。初授書，性頗鈍，顧好讀，既成誦，終身不能忘。及爲文章，則穎悟絶人，英偉有奇氣，年十八補博士弟子員。後數年，伯兄以疾卒，偕叔弟下帷攻苦，自爲師友。值歲饑，雜雜藜藿以食，而精進不少懈。盛暑挑燈夜讀，或露坐默誦，蚊蚋嘬肌膚，著蓑衣以禦之。年三十食廩餼，又八年遇庚辰恩科，與余同舉於鄉。余弟拾壹，而君名在第拾。闈卷出，余深服君文氣骨不凡。明年，相見於都門，則氣專容寂，侶深山學道人，不作一翕翕熱語。會試卷已入彀，復俛失之。會訓導公司鐸谷邑，君偕叔弟趨侍官舍，往來無間。訓導公捐館後三年，君亦膺疾病，生平僅再踏禮闈，竟不遇也。家素貧，田不足百畝，訓導公惟曠達，不屑屑家人生産，時有窘乏，君〔四〕鬻田以濟日用。又先後蓄脯脩之資，以償所負。家居則兼歷播種獲刈之事，教誨諸子誦讀之餘，均習勞苦。家徒四壁，澹如也。初，君與伯兄叔弟踔厲文壇，至叔弟亦終躓場屋，君默默憫傷。所以教兄弟之子尤至，假館授徒必携之，與己子偕飲食教誨，見者不知其孰爲子，孰爲猶子〔五〕也。其後，猶子俱有聲庠序。子昌裕亦以拔貢生舉鄉試，及庚戌成進士，選庶吉士，改工部主事，君已不及見矣。昌裕剛正，大類君而敏於事，在部甚有聲。以勤勞加四級，遇覃恩累贈君及君父如其官，晋階中憲大夫。君亦可以無憾也已。君再娶，皆林氏，皆累贈恭人，有賢名，稱德配。昌裕，原配林恭人出，繼配林恭人篤愛之，而善爲教，昌裕終其身不覺爲繼母。君可謂篤行君子教行於家者矣。生於雍正元年九月初七日午時，卒於乾隆四十六年三月初七日寅時，享年五十九。原配林恭人先君三十一年卒，繼配林恭人後君四年卒。子三人，長即昌裕，次昌倫、昌瑞，皆庠生。孫六人。君先於乾隆五十年偕兩恭人合葬祖塋之次。昌裕嘗請業於余，且謂余知君深，以掩幽之文未備，恐懿行之或湮也，以君行實乞余銘。銘曰：『金之堅，不煅不鑱，神自全也；玉之良，不沽不臧，品非常也。君乎其金玉式躬，剛健可風者乎！』

【校注】

〔一〕乙榜：科舉制度中取中舉人的别稱，亦稱一榜。榜即考試後揭曉名次的公告。乙與甲對立而言，中進士則稱甲榜或兩榜。

〔二〕荀氏八龍：東漢時期荀淑的八個兒子：荀儉、荀緄、荀靖、荀燾、荀汪、荀爽、荀肅、荀旉。荀淑品行高潔，學識淵博，鄉里稱其爲『智人』，曾徵拜郎中，再遷升當塗長，當時名士李固、李膺都曾拜他爲師，後出爲朗陵侯相。荀淑辦事明理，人稱爲『神君』。他的八個兒子并有才名，人稱『荀氏八龍』。

〔三〕不替家風：原文作『不不替家風』，衍字，故改。

〔四〕君：原作『君君』，當爲衍字，故改。

〔五〕猶子：兄弟的兒子。

旭升公墓表

賜進士出身工部主事元和陳鶴〔一〕撰

古之君子，行修於家而名成於鄉者，其心皆未能忘乎斯世者也。惟其不幸無所遇，而獨以孝友、文學稱焉，此亦未足以盡其爲人矣。而天之所以發之，又或遲之久而特鍾於其後之人，故曰：『不於其身，必於其子孫。』諒哉言乎！棲霞牟先生以乾隆二十五年舉於鄉，至四十六年三月病卒，爲國家造士二十餘年，先後僅兩試於禮部。或以爲先生固淡於仕進者，然鶴聞先生中歲得末疾〔二〕，不良於行者數載。而其子昌裕應試入都，命其以己之選期〔三〕詢諸吏部。豈非以一命之士，皆可存心利物，而平昔之讀書求志，猶有用行之志也乎！方先生未病時，訓導公已老，而伯兄先逝，季弟又累試不售〔四〕，先生則專意教兄之子、己之子、弟之子，移家田間，躬耕自給〔五〕。嘗晝出操作，早暮爲諸子口講指畫，燈下則自課爲舉子業〔六〕，往往徹夜不寐，蓋先生勤苦有若是。其後諸子漸有成，則又分携其稚弱者而教之。牟氏於棲霞爲望族，世有聞人，而先生之子及兄弟之子皆能自成立不墮其家聲者，先生教之也。先生之得末疾，訓導公已歿，而仲父猶在。每歲時節序，必令諸子扶掖往仲父所，展敬如禮，仲父數止之，弗爲懈。先生諱暄，字温如，號旭升，卒時年五十有九。昌裕承先生教，成進士，歷官監察御史，數言事皆一時至計。其始葬先生，其欲顯先生之名也，未嘗有已時，於是請故副都御史清平劉公爲志銘，刻石埋壙左矣。頃之，又以表墓之文屬之鶴。鶴自惟不足爲劉公役，特有見於先生之孝友、文學皆可施之政事，而昌裕之所以當官，亦罔非先生之教，故爲推言之如此。凡劉公文之所已詳皆不復書，庶幾考先生而論列之，亦有取乎此焉。

【校注】

〔一〕陳鶴：字鶴齡，號稽亭，江蘇元和（今蘇州）人。生卒年均不詳，約清仁宗嘉慶十五年（一八一〇）前後在世。清代著名歷史學家。生而穎悟，始能言，杜詩即朗朗上口。嘉慶元年（一七九六）進士，官工部主事。性廉潔，篤於行誼，與朋友交，侃侃直言。與牟昌裕、鄭士超有『工部三君子』之目。鶴博學工文，熟悉史事，爲錢大昕所重。所著《明紀》六十卷，手輯至五十八卷而卒，餘八卷爲其孫克家所續，傳於世。

〔二〕末疾：四肢的疾患。

〔三〕選期：古時指赴吏部報到聽候選用的日期。

〔四〕不售：指考試不中。

〔五〕躬耕自給：原爲『躬耕自給給』，衍字，故改。

〔六〕舉子業：即『舉業』，科舉時代指爲應考而準備的學業，包括應試的詩文、學業、課業、文字。明清以後也專指八股文。

十四世松巖公傳（山東通志・人物志・名臣）

牟昌裕，字啓昆，號松巖，棲霞人。乾隆五十五年進士，改庶吉士，散館授禮部主事，遷員外郎，轉御史。入臺三日，即上封章言事。翼日，特命巡視南城，一時以爲异數〔一〕。在臺言崇節儉，抑告訐〔二〕，弛關東閉糴之禁，改刑律應得之條。僉〔三〕曰：『真御史也。』南城有蠹役〔四〕，爲地方害數十年，昌裕發其罪，戍之。京察〔五〕一等，轉河南道，卒於官，祀鄉賢。

【校注】

〔一〕异數：特殊的情況、例外的情形。

〔二〕告訐：責人過失或揭人陰私、告發。

〔三〕僉：皆、全部。

〔四〕蠹役：害民的差役。

〔五〕京察：考核京官的一種制度。明代規定六年舉行一次，清代改爲三年一次，以『四格』『八法』爲升降標準。

松巖公墓志銘　賜進士出身工部主事元和陳鶴撰

中憲大夫、掌河南道監察御史牟君之歿，一二同志既走其家會哭，遂謀所以歸葬者，而徵銘於鶴。君嘗屬鶴表贈公之墓，病中又謂鶴：『吾身後之文亦以屬子。』鶴固不文，豈忍忘友之遺言乎？君諱昌裕，字啓昆，號松巖，山東棲霞人，先世詳清平劉公所撰贈公墓志中。祖曰箸，陽谷縣訓導。父暄，乾隆庚辰舉人，祖、父并贈中憲大夫、工部虞衡司主事，加四級。祖母張、母林、繼母林并贈恭人。君生有异兆，四歲喪母〔一〕，哭泣思慕逾於成人。贈公遭父喪，躬負土營封樹，君拮据贊助，事竣之日，咯血如絲縷。由增廣生選充乾隆四十二年拔貢生，遂中鄉试。五十五年成進士，選庶吉士。又三年，散館改主事，簽分禮部儀制司行走。時座主〔二〕王文端公方長禮部，而主事適有缺，故事庶吉士散館改授者，必奏留方得補。或謂君盍謁王公請之，君毅然不可。逾年選授工部虞衡司主事，勤勞職業，視公事如家事，嘗摘條例中不便者數事，請改於長官。長官亟稱之，顧弗能用。先是直省兵營各有公費，以製軍器、火藥之屬。後著令報部，而價多浮於例，遂令兵賠補。君謂：『兵丁所得錢糧尚不足贍妻子，不可令賠補。』長官多不以爲然，君争之屢，後卒如君議。工部有寶原局，以二侍郎主之，或言其弊竇多，尚書屬君往勘。君曰：『如此是不信侍郎而信主事，非政體也。』争之得已。君以久次當得員外郎，長官以屬他人，同例多不平，君恬然未嘗自言也。嘉慶五年，請假回里。越二年，補都水司主事，歷營繕司員外郎、郎中。九年，充順天鄉試同考官。嘗治一要工，實心經理，吏不忍欺，費少而事集，贏餘數千金以補佗人之未完者，又有餘則歸之於公。十年，授江南道監察御史。入臺三日，即上封章言事。翼日，特命巡視南城。君資格最淺，上越十五人而簡用之，一時以爲异數。嗣後，封事屢上。嘗言例數開於國計，實無益，欲求足用，必從節儉；又言匿名揭帖紛紛見告，應依例銷毁，則矯誣者自息；又言畿輔穀貴，請弛關東閉糴之禁；又言刑部辨理刑名，有以不足蔽辜，應行加重爲詞者；鬥殺案内有本非鬥殺，因其已有鬥争情形，即照鬥殺例定罪者；州縣爲親民之官，而犯徒流以上罪有至配所枷示者，有即於犯事地方枷示者，均應改照本律以重刑名，厲廉耻。君不爲矯激之論，而能言人所不能言。性慎密，疏草非邸鈔傳播者，未嘗輕以示人。格言至論，世不盡知，然識與不識，莫不曰：『牟君真御史也。』巡城一年，訴訟多立訊，不以屬吏，夜則單車巡歷，雖冬夜嚴冷不少懈。南城有蠹役，爲地方害數十年，君發其罪，戍之。十二年，奉命抽查通州運京漕米，得召見，温諭良久。是年京察一等，轉掌雲南道事，又轉掌河南道事。十三年五月乙丑晦卒於官，年六十二。君待人和煦，容貌、詞氣藹然，尤急人之急。從弟肥鄉知縣某卒於任所，一子所甫生，負官項累累。君遺書當道，陳虧缺之由，泪漬楮墨，肥鄉始得歸葬。同年，生葉某歿於庶常館，君經紀其喪。同年，生由某將之某縣任，卒於長興店，君馳往視其含殮，而歸其柩於家。初，君在工部也，與故監察御史黄照、甘肅蘭州道瞿曾輯、今監察御史鄭士超、員外郎陳啓文及鶴最相得。其後，黄君告歸〔三〕，瞿君亦外轉〔四〕，而四人者散而復聚，益相與爲深交。曾幾何時，而鶴乃以無能之詞銘君之墓也，悲夫！君娶王氏，封恭人。子略附貢生；次昀，年十九殤。有孫蘭孫，略所生，早慧，八歲而殤。君痛惜之，爲之小傳。鶴嘗跋之銘曰：『昔夫子言：「剛毅近仁。」又曰：「未見剛者。」蓋甚難其人。觀君生平，殆庶幾焉！國有重任，賴人以肩。在庶僚中，惟君最賢。而遽止於斯，嗚呼其天！』

【校注】

〔一〕喪母：原爲『哭母』，有誤，應爲『喪母』。

〔二〕座主：早在漢代實行察舉制的時候，被舉薦者對薦舉他的郡國長官稱『座師』，自稱『門生』。唐代科舉考試中的及第者拜主考官爲師，稱爲『座主』，結爲師徒。宋代，有鑒於唐代的黨争，把進士的最終選拔權通過殿試確定於皇帝手中，進士自稱『天子門生』，把皇帝看成座主。明清舉人、進士亦用以稱其本科主考或總裁官。

〔三〕告歸：告辭，告别回家。指舊時官吏告老回鄉或請假回家。

〔四〕外轉：舊時謂京官轉任外省同級官職，與内轉相對。

松巖年譜序

乾隆庚戌翰林吏部尚書天門蔣祥墀〔一〕撰

松巖先生與余爲庚戌〔二〕同年，同居庶常館甚久，相知最深。散館後改部轉御史，踪迹常密。蓋先生長余十五歲，德行、學問皆余所心折者。自戊辰歸道山，閲十年，令嗣略來都，携尊公年譜屬叙。余以先生居官昭昭，在人耳目，而其孝友性成，體用兼備，觀斯譜益得其詳也。先生四歲失恃，事尊人中憲公與繼母林太恭人，先意承志，備得歡心。觀太恭人之愛憐先生過於兩弟，可見也已。先生與兩弟友愛如同母。幼而担負必與分勞，長而課讀必與共處。後且寄俸餘爲薪水，并讓所受舊宅。雖京官清苦，寧自甘拮据，以遂其友于之忱，如此平生以義命自安。庶常三年，閉户讀書，未嘗求館差。有楹帖云：『事必求全，何所樂人。』非有品不能閑，蓋自箴也。初禮部主事，補授工部，歷郎中凡十二年，從不肖以留階遷干謁長官。及事關大體，長官前侃侃争論，卒如先生議。在都水司〔三〕時，前任有冗闒，要工多爲吏所侵蝕。先生接辦，詔諸吏諭以至誠，并濟以威，剋期工竣。有贏金，除補他人虧欠外，以千金繳庫，絲毫無所染，時論欽之。官御史，三年十上封事，留中者四，餘皆有關風化，力持政體，他人所不能言者。先生自部曹轉臺諫〔四〕，巡城抽查，查所至，皆先聲奪人，無敢干以私，蠹胥莫不斂迹。然究未嘗行一溪刻事，處友誼最厚，凡濟難贈賻，心所欲爲者，雖典質弗恤，與人規勸無所回護。余嘗見同年外任某寄京友書，偶及得山水之樂，先生作憂樂同民論勖之。甲子充北闈鄉試同考官，得龔聲甫編修、何仙槎侍讀、袁曉江駕部等十九人。初謁時，諸生中有容止稍疏者，先生正色以勿恃才爲誡。中有一生，將發榜丁憂〔五〕，先生往看，并製聯額爲贈。初選庶常時，有同族外任某贈以原資，却弗受。同人强叩其故，云恐其作官將累。不久某卒於官，先生猶極力維持，令無身後之患。此數事，譜中所未及也。夫先生四十後始成進士，發名亦稍遲，又享壽六十有二，故歷官僅以侍御終。然其居官行己之間，表表不群，爲今士大夫所不多見。他日采登國史，從祀鄉賢，當以先生爲首舉焉。是爲叙。

【校注】

〔一〕蔣祥墀：字盈階，一字長白，號丹林，湖北天門人。生於乾隆二十六年（一七六一），卒於道光二十年（一八四〇）。清乾隆五十五年（一七九〇）中進士，授編修。歷任浙江鄉試副主考、國子監祭酒、奉天順天府丞、通政司副使、光禄寺卿、宗人府丞等職。嘉慶二十年（一八一五），受天門縣知縣之聘，任《天門縣志》（道光元年版）編纂。晚年辭官後，主講於金臺書院。工詩文，善書法。

〔二〕庚戌：清乾隆五十五年，一七九〇年。

〔三〕都水司：原文爲『部水司』，有誤，應爲『都水司』。

〔四〕臺諫：臺官指御史大夫、御史中丞、侍御史、殿中侍御史、監察御史等，其主要職務爲糾彈官邪，是監督官吏的官員；諫官指諫議大夫、拾遺、補闕、司諫、正言等，其主要職務是侍從規諫，是諷諫君主的官員。宋代開始，臺諫合一，兩者事權相混，諫官也擁有對百官的監察權。宋代臺諫，實即御史臺、監司、諫官連稱。後世廢門下省，諫官隨之廢除。明代給事中職兼前代諫議之責，因此稱給事中爲給諫，而通稱御史爲臺諫。

〔五〕丁憂：舊指遭到父母的喪事。『丁』是遭逢、遇到的意思。根據儒家傳統的孝道觀念，朝廷官員任職期間，如若父母去世，則無論此人任何官職，從得知喪事的那一天起，必須辭官回到祖籍，爲父母守制二十七個月，稱爲丁憂。

舉鄉賢公狀　嘉慶癸酉科舉人邑人郝彰運撰

爲公舉鄉賢，懇祈牒轉事：竊惟楓宸〔一〕世選，澤及涓埃，芝室姱修，評歸月旦〔二〕。醇焉罔缺，頌聲既勒於口碑；薰者皆良，祭典宜隆於鄉社。於以驗此心此理之同，庶可昭立德立功之遠。伏見棲霞縣故宦、掌河南道監察御史牟公昌裕者，成性孝恭，存心肫篤。壹心梓道，揮暑帳而無蚊；兩庇萱陰，掘寒淵而有鯉。勖邁征則藹藹金昆，宜兄弟則邕邕玉友。而且挹之不盡，坐來一月春風；遠則有望，畏若三竿夏日。陶家之運甓何勤，蘇氏之貯筒克儉。子史則廣涉夫琅環，文章則遠紹乎關洛。此抱之爲質，群瞻山斗〔三〕之尊；而移以作忠，共許鼎臺之重者也。既而聯步花磚，蜚聲蕊榜。門排金馬，朗鳴直日之珂；錦簇黄鸝，光照凌雲之筆。鵷班簉羽，方騰達於木天〔四〕；鳳尾頒書，旋擢遷於儀部。罔行請謁，秩秩冰廳〔五〕；概謝攀援，昭昭樺燭。既歷金坡持橐之年，又當水部庀工之日。甲兵按籍增鈔，踴躍於驛亭；子母能權磨鎔，凌兢於錢府。疇市布衣而進於父，掾不忍欺；誰懷襦而遺之妻，卮無或漏。用方杜子美之著名，詎忝長孫平之稱職。於是望重獬冠，威高豹直〔六〕。抗疏陸贄，白簡〔七〕光朝；奮筆傅玄，烏臺問夜。剖析則人稱『鐵面』，鞠茂草於圜扉；巡行則躬曳綉衣，稀鳴桴於砥路。紫鞍坐鎮，三司〔八〕仰厥鷺車；赤棒前呵，九陌〔九〕避其驄馬。心關平糴之良規，力瘁治河之上策。和衷共濟，饒追古相之風；清慎爲箴，大有名臣之節。此其在國則勤勞丕著，揭日月以朗行；處家則懿範聿昭，閱風霜而莫晦。是用上陳其梗概，伏希下采乎芻蕘。則光分俎豆，迓蓉城〔一〇〕而慰九原〔一一〕；斯德及淵泉，奠芹座而傳百世。爲此上呈，祈賜核察施行。

【校注】

〔一〕楓宸：宫殿。宸，北辰所居，指帝王的殿庭。漢代宫庭旁多植楓樹，故有此稱。

〔二〕月旦：指舊曆每月初一。一年有十二個月旦。

〔三〕山斗：泰山、北斗的合稱，猶言泰斗。比喻爲世人所欽仰的人。

〔四〕木天：秘書閣的别稱，又指翰林院。

〔五〕冰廳：隋、唐時禮部有祠部曹，掌祠祀事，人稱冰廳，言其冷落清閑。亦代指冷落清閑的衙門。

〔六〕豹直：御史舊例，初入臺陪值二十五日，節假值五日，謂之『伏豹』，亦曰『豹直』。

〔七〕白簡：古時指彈劾官員的奏章。

〔八〕三司：明代各省設都司（都指揮使司）、布政司（承宣布政使司）、按察司（提刑按察使司），分主軍事、民政、司法，合稱『三司』。清末以各省之布政使司（或民政使司）、按察使司（或提法使司）、提學使司合稱『三司』。

〔九〕九陌：漢長安城中的九條大道，泛指都城大道和繁華鬧市。又指京城。

〔一〇〕蓉城：成都別稱『芙蓉城』的簡稱。相傳五代後蜀孟昶於宮苑城上遍植木芙蓉，因名成都爲芙蓉城，後簡稱蓉城或蓉。

〔一一〕九原：指九州大地，又指春秋時晉國卿大夫的墓地，後泛指墓地。

十四世盧坡傳（山東通志·人物志·儒林）

牟應震，棲霞人，乾隆四十八年舉人，歷官禹城訓導、青州教授。棄官歸里，皓首窮經〔一〕。易簀〔二〕之夕，猶呼筆硯，謂解《易》兩爻未安，改畢，撤硯而殁。著有《夏小正考》《毛詩質疑》《四書貫》《周易直解》《胡盧山人詩稿》。

【校注】

〔一〕皓首窮經：指一直到年老頭白之時還在深入鑽研經書和古籍。皓首，指老年，又稱『白首』。

〔二〕易簀：病危將死的典故，出自《禮記·檀弓上》。簀，竹席。

盧坡生前自撰墓志銘

墓志銘者，蓋仿古人用銘旌之意，固宜身没之後聽人作之，非我事也。今我自志於生前，於禮則變，而義不爲無取。何也？求志於人，人諛之，恒情皆然，不以爲怪。自志而自諛之，人大笑也。

故志於人者多虛，自爲志者多可信也。余一生懶散，無善行可書，常恐後人加我虛美。乞銘他人，將使文失其我，我愧其文，九原有知，余當汗下也。昔余年六十，有禹城于生者，爲文以壽余。余喜其言之不諛，節録之，以自志吾墓曰：『先生意狀踈散，不修邊幅，家貧不屑問生計，非分之財弗苟得。與人無畛畦，所欲言衝口而發，竟臟腑乃已。遇不平則奮髯慢罵，人以是怪先生之野。嘗言志曰：「使吾爲大將軍，專閫外〔一〕事，帥練卒與强賊對壘，乘間蹈瑕，如秋風蕩敗葉，一快也。不則爲諫官，彈擊權佞，爲天下興利除弊。下之腰纏十萬貫，任意揮霍，濟貧急難，亦足自豪。老而遁迹空山，不與世接，使後人驚嘆想像，以作收場，足吾事矣。」人以是憐先生之狂。間談性理，辨朱陸〔二〕异同，如析秋毫。久而擯之，曰：「是無用之談也！言之而得，不足治；言之不得，不足以亂。不務實業而虛談性命，朱陸已爲多事，吾輩何又多事也！」人以是疑先生之誕。亦或淪於二氏，嗜《楞嚴》《金剛》諸釋典，與道士談内外金丹、黄白飛升之術，津津不厭，人又以是笑先生之愚。先生童年失怙，率天性成，故不拘拘於尺寸繩墨。而胸次坦白，氣象磊落，籬能自固，熱不因人，獨往獨來之意氣，棲遲於寒氈冷署間。才志鬱而不伸，人皆爲先生惜，而余獨爲先生慶也。國之官人也，與以職必責以其功，先生之官職卑而功薄，易爲稱也。吾邑文運久衰矣，賴先生創興書院，立見育才之效。又考縣志，一修不再續者百三十年，憫其忠孝節義、高人畸士久將就湮，則訪故老，搜斷碑，秉笔成書，而故實燦然大備，此先生既盡厥職矣。仕優而學，言歸於正，雅意經書，卓有新解，發前人所未發，又先生不朽之業始基之矣，而其所成就方未可量也！』于生之言如此，其摘我者皆中我之病，我所不自諱也；其推我者，一節微長，不足貴也；其勉我以不朽者，則我有志焉，而未之逮也。余年五十，始能專力經書，著有《毛詩問》《毛詩古韻考》《毛詩奇句韻考》《物名考》，不盡如吾意，蓋得失相半也。讀四子書，於《中庸》得真解，淺近平實，爲孔子寫照。後儒病其通於禪機〔三〕，講家〔四〕誤之也。近又肆力於《易》矣。《易》自秦漢以來，善者不言，言者弗善，沉晦二千餘年。一旦而鬼神告之，如日之升，如撥雲霧復見青天，快心復何如哉！大業未竟，病魔迭至，一簣之虧，抱憾終古矣！

銘曰：『學統天人吾豈敢，蚍蜉何力泰山撼。冥搜幽索鬼神通，黑暗霧中電一閃。造物似恐泄其秘，病魔擾人豈無意。奪我眼睛廢我書，要以不解還天地。大沽河北齊山陽，佳城新卜吾其藏。人民懷葛時羲皇，游魂何處不徜徉！』

【校注】

〔一〕閫外：本指郭門之外，此處指軍職。

〔二〕朱陸：宋代朱熹和陸九淵的并稱。

〔三〕禪機：佛教禪宗和尚談禪説法時，用含有機要秘訣的言辭、動作或事物來暗示教義，使人得以觸機領悟。

〔四〕講家：解説經傳的儒師。

盧坡先生遺書序

先生姓牟氏，諱應震，字寅同，號盧坡，棲霞人。乾隆癸卯舉人，任禹城訓導二十餘年，升青州府教授，任五年，弃官而歸。原住河西村，晚而移居招遠之霞塢村，閉户著書，寒暑無間。耄而好學，今之世未見有斯人也。道光五年正月卒，壽八十有二。病中自作墓志銘，神明不亂，意狀從容，惟自云：『解《易》未完，抱憾終古。』易簀日，猶呼筆硯來，曰：『解《易》兩爻未安處，當改之。』改畢，使人讀而聽之，曰：『如此大得。』乃命撤研[一]，反席而没。嗚呼！死生之際，若先生可也。庭與先生爲六從兄弟，先生年長十五歲，而自少喜與庭言。每聚處，則竟夕談不倦。漸老稀得相見，時復有書來亦盈紙，而今已矣。他日無人喜與庭言矣！昔先生少失怙恃，唯兄弟二人友愛甚至。俱爲高名廪膳生，各抱不羈之才，共勖青雲之志。先生大兄也，既舉於鄉，從房師[二]寄菴先生游於新城，款留不時歸。我二兄先生在家遇寒疾，不汗而殁。家人遣信走報新城，至則先生方寒疾初汗未離床，不敢吐情，詭辭而返，但云二兄亦疾已汗也。先生疑信，恍惚其憂甚苦，扶杖而起，騎驢馳歸。七八日之路，臨歸時美髯如漆，無一莖白；比至家，白雪滿胸，無一莖黑矣。悲夫！先生至性之人，飽閲傷心之事，甚有不忍者矣。鄉非讀書樂道，亦何聊哉！先生著書三十餘年，有《夏小正》《禹城縣志》《毛詩物名考》《讀詩質疑》《詩古韻考》，皆已刊；其後未及刊者有《四書貫》《易序掛圖》《周易直解》；又有舊著《胡蘆山人詩稿》。先生胞侄宜樸惟孝友，克肖前人，於先生既没之三月，收拾遺書，率諸弟侄校録成帙，擬即付梓。此孝思也，令人感嘆，泣涕如雨。庭觀先生著述之才與年俱進，總以識力得之，而識力以老更成也。庭雖不敢有溢美之辭，要自卓然，信有可傳天下博覽之士，讀書求是，或亦將有取於此焉。

乙酉七月二十日，弟庭頓首拜題。

【校注】

〔一〕研：通『硯』。硯臺。

〔二〕房師：明清兩代科舉考試中舉人、進士對薦舉本人試卷的同考官的尊稱。鄉試、會試中分房閲卷，應考者試卷須經某一房同考官選出，加批語後推薦給主考官或總裁，方能取中，因有此稱。

十四世含章傳 十五世一樵附（山東通志·人物志·循吏）

牟貞相，字含章，號鶴崖，棲霞人。乾隆四十三年進士，授肥鄉縣〔一〕知縣，調署滿城〔二〕。邑小而僻，驛馬缺額，差派病民。貞相至，絲毫不復擾。將回肥鄉縣，百姓遮道挽留。貞相卒後，有乘其馬赴保定者，道出滿城，猶有識其馬，持之而泣者。子所，字一樵，道光十七年順天鄉試舉人。性孤傲，不妄與人交接。嗜學工書，片紙隻字，人争寶貴。尚書道州何凌漢〔三〕稱爲山東書法第一。初宗魯公，晚參魏晋，總横離奇，自成一家。以七品小京官改南河同知，卒於官。

【校注】

〔一〕肥鄉縣：清代屬直隸省廣平府。

〔二〕滿城：清代屬直隸省保定府。

〔三〕何凌漢（一七七二—一八四〇）：清代著名書法家。字雲門，号仙槎，道州（今湖南永州道縣）人。嘉慶十年（一八〇五）進士，授翰林院編修，先後典廣東、山東、福建、浙江、順天府鄉試，任順天府尹、大理寺卿、都察院左都御史、兵部右侍郎、禮部左侍郎、工部尚書、吏部尚書、户部尚書等，以及山東學政、浙江學政、經筵講官等。其長子何紹基是晚清詩人、畫家、書法家。

含章先生墓志銘　王仕撰

壬子春，余游肥鄉縣署，鶴崖與余飲酒，顧余而戲曰：『以墓志相托。』余笑之，因戲索諛墓金。鶴崖又戲：『弗予。』四月，鶴崖赴保定，感寒疾，欲還，閏四月五日卒於定州之清風店，年三十八。鶴崖諱貞相，字含章，姓牟氏，棲霞人。乾隆戊戌進士，選肥鄉縣知縣。一切獄訟，實心辦理，事關人命，報到出驗，吏不能得一錢。監生某妾縊，備多金欲饋官，終日案結，無由上獻。調署滿城，邑小而疲，驛馬缺額，雇買病民。鶴崖至，絲毫不復擾。將回肥鄉，民千百赴大憲〔一〕乞留。又具帖別鶴崖，書某村愚民拜。鶴崖持其帖三寸許，以示余曰：『自愧無德，而民有情也。』鶴崖既卒，其客有赴保定者，道出滿城之山村。村中人識其馬，是鶴崖平生時所乘者，皆望馬悲涕，遮道牽挽，繫柳陰下，或走汲寒泉飲之，或解鞍潑洗之，或持鬣尾而泣。嗚呼！鶴崖之愛滿城，人可知也。鶴崖喜讀書，篤交誼。其赴保定也，猶手録孔光《古文孝經》、《吕氏讀書紀》。與余交一日之雅，誠信莫加。今鶴崖英年，良有司〔二〕不獲登顯仕，溘然以逝。余忝衰老之年，執筆志其墓，而實其戲謔之言，其可痛也已。鶴崖一子，名所。

銘曰：『鶴崖任滿城，府委勘盜，活平民六人。兹者謁憲，又爲朱氏兒求活，未及允而鶴崖卒，朱氏兒固不可活也。鶴崖有德而不壽，豈所謂活人延年者耶？嗚呼！天與命，不可知；才之美，止於是。』

【校注】

〔一〕大憲：舊時府吏對上司的稱呼。

〔二〕有司：指主管某部門的官吏，後泛指官吏。

十四世陌人傳（山東通志·人物志·儒林）

牟庭，字陌人，棲霞人。乾隆六十年〔一〕優貢，任觀城訓導。方爲諸生時，受知於學使趙佑〔二〕。又以經學受知於儀徵阮，額其室曰『横經精舍』。其爲校官也，專以古學勵諸生。其爲學，穿穴經史，旁及諸子百家。一時名士若江南汪中〔三〕輩，多有書往來辨難。生平著作不下五十餘種，殁後，其子房纂其遺書，刻之曰《雪泥書屋雜志》。房，嘉慶十三年舉人，長清縣教諭。

【校注】

〔一〕乾隆六十年：一七九五年。

〔二〕趙佑：字啓人，號鹿泉，浙江仁和人。生於雍正五年（一七二七），卒於嘉慶五年（一八〇〇），年七十四歲。乾隆十七年（一七五二）進士，改庶吉士，散館授編修。歷充主考官、諸道監察御史，督江西、安徽、福建、順天學政。官終都察院左都御史。佑工制舉業及古文，著有《清獻堂集》傳於世。

〔三〕汪中：字容甫，江都（今屬江蘇揚州）人，生於乾隆十年（一七四五），卒於乾隆五十九年（一七九四）。清朝著名的思想家、文學家、史學家，與阮元、焦循同爲『揚州學派』的杰出代表。三十四歲爲拔貢，後絶意仕進。遍讀經史百家之書，卓然成家。能詩，工駢文，所作《哀鹽船文》，爲杭世駿所嘆賞，因此文名大顯。精於史學，曾博考先秦圖書，研究古代學制興廢。著有《述學》六卷、《廣陵通典》十卷、《容甫先生遺詩》六卷等。

默人先生傳　掖縣侯登岸〔一〕撰

先生姓牟諱庭，原名庭相，字陌人，號默人，棲霞人。幼穎异，眈經嗜古，制舉藝清刻峭折，不趨時尚。年未弱冠，補弟子員，小試冠軍者數，而棘闈顧屢躓。仁和趙鹿泉〔二〕、儀徵阮芸臺〔三〕視學山左，皆嘆賞之。芸臺題其書齋曰『横經精舍』。以優行貢國子，由是名溢宇内，無不知有『山左牟默人』者。而坎壈如故，應鄉舉者四十年無遇合，竟窮愁著書以老。先生與世寡合，人或疑其難近，及接之，殊温温有謙和之色。性沈静，兀坐一室，晴窗白日，寒夜青燈，不識楮籍外有他事也。生平不輕接豪貴，家居不見長吏，惟滇南劉寄庵先生官山左時，與先生相見，有水乳之合。蓋以道相契者深，而分相隔者頓忘也。學問則以經爲主，以子史爲輔。書無不讀，讀則必有論評、校定。所著書有《同文尚書》《尚書百篇序》《證案》《詩切》《左傳評注》《國語評注》《禮記投壺算草》《周公年表》《揚子太玄注》《繹老》《楚詞述芳詩文集》。所校正者有《晏子》《墨子》《吕氏春秋》《韓子》《淮南子》《易林參同契》，餘名自尚多不能悉書。嘉慶改元，詔舉孝廉方正，時陽湖孫淵如〔四〕觀察署臬司篆，示意縣令，欲以先生應舉，先生力辭。年逾六十選授觀城訓導，抵任後一載辭歸。孜孜鉛槧，白首不倦。晚年思注《周易》，日手一編不離。而以玆理精深，未能倉卒而成，爲興假年之嘆，年七十四疾終於家。

論曰：先生名震都下，典試者出都以必得先生爲快，而卒不遇。豈果命耶？抑所業者不能中當時繩尺耶？然使先生隨俗取富貴，則實學必不能卓卓有所樹立，如此且得志於一時，日汩没於風塵案牘中。或不居得爲之地，或有所掣肘，不能自如，將經濟無所發抒，而學問日廢，豈不兩失之哉！太史公曰：『虞卿非窮愁不能著書，以自見於後世。』吾於先生亦云。

【校注】

〔一〕侯登岸：字穆止，號瘦鶴，掖縣（今山東萊州）人。清嘉道年間東萊著名文士、地理學家。生卒年不詳。嘉慶二十三年（一八一八）恩科副貢生，終身未仕，但著作等身，留下了大量的人文地理與傳記著作。主要有《掖乘》《續掖縣志》《海岱人物志》《萊郡經籍考》《漢大司農康成鄭公年譜》《兩漢碎金》《勝國遺民録》等，受到史學界的高度評價。

〔二〕趙鹿泉：即趙佑，見前文『趙佑』條。

〔三〕阮芸臺：即阮元（一七六四—一八四九），字伯元，號芸臺，晚號怡性老人，江蘇儀徵人。乾隆五十四年（一七八九）進士，歷乾隆、嘉慶、道光三朝，官至體仁閣大學士，謚號文達。他是著作家、刊刻家、思想家，在經史、數學、天文、輿地、編纂、金石、校勘等方面都有非常高的造詣，被尊爲三朝閣老、九省疆臣、一代文宗。

〔四〕孫淵如：即孫星衍（一七五三—一八一八），清代著名藏書家、目録學家、書法家、經學家。字淵如，陽湖（今江蘇常州）人，後遷居金陵（今江蘇南京）。少年時與楊芳燦、洪亮吉、黄景仁以文學見長，袁枚稱他爲『天下奇才』。於經史、文字、音訓、諸子百家，皆通其義。輯刊《平津館叢書》《岱南閣叢書》堪稱善本。著有《周易集解》《寰宇訪碑録》《孫氏家藏書目録内外篇》《芳茂山人詩録》等多種文集。

陌人先生墓志銘

魚臺馬邦舉〔一〕撰

東海牟陌人先生，原名廷相，後改名庭，棲霞人。優貢生，觀城縣訓導，鄉飲正賓。祖之儀，增生，貤贈修職郎、萊蕪縣教諭，晉貤贈文林郎、直隸肥鄉縣知縣。考組〔二〕，庠生，敕贈文林郎、直隸肥鄉縣知縣，晉貤贈儒林郎、工部都水司七品小京官加一級；前妣林氏、妣蕭氏均敕贈孺人，晉貤贈安人。先生生於乾隆己卯〔三〕九月八日未時，道光壬辰〔四〕三月二十一日未時卒，壽七十有四，葬於城南福井西山之新阡。娶楊氏，招遠增廣生停女。子二，長扈，庠生，次房，戊寅〔五〕舉人，長清縣教諭。孫一，白圭，業儒。先生自幼以讀書爲務，性孝友，年十九補諸生，逾年食餼。仁和趙鹿泉先生爲學使，嘆爲『山左第一』。揚州阮尚書題先生書齋曰『横經精舍』。故其《登州雜詩》曰：『有士始横經〔六〕。』嘉慶丙辰〔七〕，詔舉孝廉方正。時陽湖孫觀察淵如署臬司篆，以牌行縣云：『聞縣有牟天相者，宜應是舉。』邑令彭公曉川示先生云：『臬憲故舛錯以示無私，我非不解人意者。』先生固却之，不就舉。武進臧在東庸以著書，老不遇，如先生同。孫淵如稱爲『南臧北牟』。在東每自詡，以得與先生并稱爲榮幸。先生學無不窺，經史諸子隨文定正，所著成書，曰《同文尚書》，曰《詩切》，曰《左傳評注》，曰《春秋算草》，曰《禮記投壺算草》，曰《楊文大元注》，曰《繹老》。所校正者，《晏子》《墨子》《吕氏春秋》《韓子》《淮南子》《易林參同契》等。書有《雪泥書屋文集》《雪泥書屋詩集》，刻有遺書目録五十餘種，名不盡載。先生二女，長適黄縣雲南趙州知州王立中，次適同邑太學生欒桓。孫女一，許字福山進士王延慶次男保育。

銘曰：『於乎！有清君子，誰能似之？遺稿盈函，學人采之。有子有孫，能無負之！』

【校注】

〔一〕馬邦舉：山東魚臺人。嘉慶十年乙丑（一八〇五）科第三甲進士。道光十二年（一八三二）曾任曹州府教授。著《漢石經考略》二卷、《陜志陵墓考》一卷。

〔二〕組：老八支六房小八支八房。名士牟庭之父。字篚楚，號竹溪，庠生。生於雍正九年（一七三一）二月十七日，卒於乾隆四十七年（一七八二）十月二十日，享年五十二歲。葬古鎮都村後。生三子，長貞相，進士，肥鄉縣知縣；次庭，著名學者；三家相，太學生。因子貴，贈文林郎、肥鄉縣知縣。

〔三〕乾隆己卯：一七五九年。

〔四〕道光壬辰：一八三二年。

〔五〕戊寅：清嘉慶二十三年，一八一八年。

〔六〕横經：横陳經籍。指受業或讀書。

〔七〕嘉慶丙辰：一七九六年。

舉鄉賢公狀　邑進士姜桐岡撰

爲請祀鄉賢，以昭國憲，以協輿情事：竊維禮崇祭社，潔俎豆之馨香；典重旌賢，大朝廷之激勸。是以德言，垂於不朽。春秋之食報宜隆，桑梓賴以有光。世代之觀型罔替，碩彦果彰於既往。俊英自奮於將來，欲達天聽，端資輿誦。伏見故紳鄉飲大賓、觀城縣訓導、優貢生牟廷相，陽疃名家，祝融〔一〕華胄〔二〕。幼而穎悟，神童不讓張堪〔三〕；生有异徵，國瑞〔四〕共推劉晏〔五〕。席通顯之門第，惟學董仲舒下帷；安樸素之家風，不效石季倫〔六〕鬥富。規模已具，器質尤奇。陳仲弓〔七〕孝友爲懷，李長吉〔八〕才華絶世。寢門定省，用以承觀，誕日笙歌，顧之流涕。早馳文壇之聲價，遂邀哲匠之品題。秀出班行，叔開爲茂才第一；風生黌序，文疆洵江夏無雙。名貢丁年〔九〕，業精丙舍。合《尚書》《左傳》《國語》《投壺算草》《年表》《大元》以抉其精奥，著述棟充；參《晏子》《墨子》《韓子》《吕氏春秋》《淮南》《藝林》以辨其舛訛，校核縷析。而且以語録闡理，學南北宋之絶業。堪稽本經術爲文章，東西漢之遺書必讀。春風槐市〔一〇〕，李桃盡在公〔一一〕門；暮雪寒山，松竹彌崇道岸。梁伯鸞羞膺特薦，顔延之〔一二〕怕見要人。霽月光風，周茂叔〔一三〕本大儒器宇；嚴氣正性，程明道真先哲典型。慕師德唾面自甘，效馬援戒子尤切。核其一生，品誼不愧冠裳。俟諸百世評論，允符月旦，景行共仰，明祀無慚。爲此聯名具呈，懇祈備文牒縣轉，詳紫省彙奏彤廷。俾得享烈烝嘗，傍宫墻於萬仞；庶幾恩承殿陛，光簡册於千秋。試故紳子孫并無現任九卿，亦無違礙情事，且與歿後三十年例相符。開具履歷事實，希賜核察施行。

【校注】

〔一〕祝融：三皇五帝時夏官火正的官名，與大司馬略同。歷史上有多位著名的祝融被後世祭祀爲火神、竈神。

〔二〕華胄：華夏後代。又指顯貴者的後代。

〔三〕張堪：字君游，南陽宛縣（今河南南陽）人，其家族爲南陽郡豪門大族。張堪很早就成了孤兒，他把父親留下的數百萬家産讓給堂侄。十六歲時，到長安受業學習。因品行超群，諸儒都稱他爲『聖童』。

〔四〕國瑞：古指國家的祥瑞，猶國寶。

〔五〕劉晏：字士安，曹州南華（今山東菏澤西北）人。唐代著名經濟改革家、理財家。幼年才華横溢，號稱神童，名噪京師，《三字經》有『唐劉晏，方七歲。舉神童，作正字』之語。歷任吏部尚書、同平章事等職。實施了一系列的財政改革措施，爲安史之亂後的唐朝經濟發展做出了重要的貢獻。

〔六〕石季倫：即石崇，字季倫，小名齊奴，渤海南皮（今河北南皮東北）人。西晋時期官員、富豪，『金谷二十四友』之一，以生活豪奢著稱。後世詩文中每用以喻指富豪。

〔七〕陳仲弓：本名陳寔，字仲弓，東漢潁川許縣（今河南許昌東）人。寔少爲縣吏，勤奮好學，誦讀不輟。縣令鄧邵見其聰敏過人，薦入太學讀書。學成歸里，任潁川郡西門亭長。寔德行高尚，司空黄瓊薦其任聞喜（今屬山西）長，到任月餘離職，服喪後任太丘（今河南永城西北）長，故時人稱其爲陳太丘。

〔八〕李長吉：即李賀，字長吉，福昌（今河南宜陽西）人。唐宗室鄭王李亮後裔，但家已没落。青少年時，才華出衆，名動京師。父名晋肅，因避父諱（晋、進同音），終不得登進士第。一生愁苦抑鬱，體弱多病，只做過三年奉禮郎，卒時僅二十七歲。李賀一生以詩爲業，其詩想像豐富奇特，幽深奇譎，句鍛字煉，色彩瑰麗，富有浪漫氣息。擅長短篇，《天上謡》《夢天》《帝子歌》《湘妃》等是其代表作，被稱爲『長吉體』。他多寫古詩與樂府，近體很少，借鑒了齊梁宫體詩的詞采。由於偏重雕琢，有的詩往往詞意晦澀，堆砌詞藻。李賀曾自編其集。有《昌穀集》。

〔九〕丁年：即成年、壯年。

〔一〇〕槐市：漢代長安讀書人聚會、貿易之市，因其地多槐树而得名。後借指學宫、學舍。

〔一一〕公：指年庭。

〔一二〕顔延之：字延年，南朝宋文學家。琅邪臨沂（今屬山東）人。少孤貧，居陋室，好讀書，無所不覽。文章之美，冠絶當時，與謝靈運并稱『顔謝』。

〔一三〕周茂叔：即周敦頤，字茂叔，北宋道州營道（今湖南道縣）人，世稱濂溪先生。周敦頤是北宋五子之一，是宋朝儒家理學思想的開山鼻祖，也是文學家、哲學家，著有《周元公集》《太極圖説》《通書》。所提出的無極、太極、陰陽、五行、動静、主静、至誠、無欲、順化等理學基本概念，爲後世的理學家反復討論和發揮，構成理學範疇體系中的重要内容。

默人先生著書考引言

榮成許維遹〔一〕撰

清儒筆記中論涉牟默人著述，每每褒貶參半，竊嘗疑焉。嗣獲其遺稿數帙，詳爲研閲，悉其學非僅校讎精審，而辨僞古文經其功不在禹下〔二〕。惜其著述刊行者寡，易使後儒滋疑名實，爰不揆搗昧而有著述考之作，矧藉此訪求遺書，亦藝林所樂聞與。有宋以降，辨僞之學日趨昌盛，宋之鄭樵、朱熹，明之宋濂、胡應麟，清之閻若璩、崔東壁輩，皆有辨僞專書通行於世，不煩重論。而牟氏處身寒微，遁居僻壤，與乾嘉今文學家鮮通聲聞；顧治學旨歸無不暗合，其識見卓越可思過半矣。所著《同文尚書》，初依伏生二十八篇舊目，後增多三篇，殆本《歐陽章句》。據《史記》以證百篇序非安國所傳，爲衛宏僞作。劉歆本衛宏，班固又本劉歆，遂讓成東漢古文之説，與康南海所云若同出一轍。《詩切》論毛詩有七害五迂，衛宏爲《毛詩》撰序，毛公最是巨信《南陔》六篇爲笙譜，非詩篇，援徵實論斷精核，雖魏源以《詩古微》見稱，猶不足以抗衡，惟鄭樵、朱熹、崔東壁、康南海堪與牟氏相伯仲耳。謂《儀禮》起於孝文帝時魯徐生所造，不宜依托周公以欺人。《周禮》本出劉歆之手，賊民妄非，極惡滔天，安可信也。載《禮》漢儒補綴其事，章灼《左傳》《國語》。古以左氏爲左邱明，非也。邱明既非魯人，又非與孔子同時，左氏要爲周秦間博聞之士。司馬遷博而不精，其考群書甚多荒略，故《史記》不可盡信。《爾雅》興於漢世，其書非一人所獨成，要各有所傳，援以其書無作者主名，而尊其學者，乃嫁名周公。自古傳書人陋習每有，然者，康南海辨《爾雅》爲劉歆僞作，似不若牟説得其中矣。雖未有專書論述，而散見於短篇、筆語，亦足以啓發後儒門徑，其功非淺。若辨《孫子兵法》爲《伍子胥兵法》、《焦氏易林》爲《崔氏易林》，推翻數千年之公案，而成牟氏一家之言，更非後儒所能望其項領也。竊意治學旨趣各有所嗜，難合衆議，信古者未必是，疑古者未必非，惟在學者省與不省耳。乾嘉間，樸學大師窮年宗經，孰敢置疑？牟氏毅然爲之，旁若無人，其不見容於士林，視廖季平、康南海殆有甚焉。今之學者因尚辨僞而重廖、康，豈知百年前亦有與廖、康相同者耶！聊綴數語，藉以明梗概。疑古嗜學家共必有所考鏡焉。

【校注】

〔一〕許維遹：著名語言文字學家、古籍研究專家。號駿齋，山東威海榮成人。生於光緒二十六年（一九〇〇），一九五〇年在北京病逝，卒年五十歲。一九三二年畢業於北平大學中文系，後任教於清華大學。許維遹先生儘管中年早逝，但研究範圍很廣，一生著述頗多。在語言文字、訓詁方面亦多有發明，諸如《韓詩外傳集釋》《登州方言考》《饗禮考》《古器銘對揚王休解》《釋覽》等。對《管子》《尚書》也頗有研究，出版有《管子集校》（郭沫若、聞一多、許維遹合著，科學出版社一九五六年版）。

〔二〕功不在禹下：形容功勞極大。禹，夏禹，傳説中的古代聖君，以治理洪水有功，深受人民愛戴。

十四世鐵李傳（山東通志·人物志·文苑）

牟願相，字亶夫，自號鐵李，棲霞人，邑庠生。性不諧俗〔一〕，偃仰〔二〕自若。善古文辭，著有《小解草堂文集》《小解草堂詩集》，文入《山左古文鈔》，後有作者皆莫能及。

【校注】

〔一〕諧俗：謂與時俗相合。

〔二〕偃仰：俯仰，這裏指生活悠然自得。

鐵李先生小傳

己卯翰林黄縣賈允升〔一〕撰

先生姓牟氏，名願相，字亶夫，棲霞人。先十五世爲湖廣公安人。嘗讀公安族譜云：『先世姓李，宋時爲將軍，主鐵官，時人稱之鐵李氏。』而先生小字適曰李，因自號爲『鐵李』云。先生賦性不諧於俗，而淡泊自守，與人無所忤。爲文詞沉博絶麗，光景動人，而試輒不利。體素豐偉，潔白如玉。又自貴其生不能勞役，風雨寒暑輒不出，亦以此不多應試。家無餘財，而有良田美宅，佳果垂蔭，蒔花釀酒，偃仰書窗，怡然自足。視名繮利繮中人蔑如也，然獨甚厭衣頂之榮。常不欲老，作諸生年例滿矣，不肯告，意將謂天下終當有知己者，姑徐待之。病三年猶不告，而竟服青衿以卒。卒時年五十二。所著詩、古文《小解草堂集》若干卷藏於家。先生懶似嵇中散〔二〕，喜飲酒似陶淵明〔三〕，善笑似陸士龍〔四〕，遇人無貴賤輒大笑。閲子弟詩文不工者，不怒而大笑之。既病不能言，聞人言猶大笑。既卒將葬，其友人挽之曰：『飲酒讀書皆未足，清風明月已無餘。』又曰：『慧業月明，化去還應歸佛地；逸情雲淡，生來原是住仙家。』鄉先生會葬者，諷誦嘆息，皆曰：『此鐵李像贊也。』

【校注】

〔一〕賈允升：字猷廷，號東愚、芝岩，山東黄縣人。生年不詳，卒於光緒九年（一八八三）。乾隆六十年（一七九五）乙卯科三甲第六十四名進士，授翰林院庶吉士、檢討。歷任陝西道監察御史、刑科給事中、鴻臚寺少卿、光禄寺少卿等職，官至兵部右侍郎。爲人剛正，對官場腐敗十分痛恨。關心百姓疾苦，所奏常爲民請命。

〔二〕嵇中散：原文爲『稽』，有誤，應爲『嵇』。即嵇康，字叔夜，譙郡銍（今安徽濉溪西南）人。三國時期曹魏思想家、音樂家、文學家。官至中散大夫，世稱『嵇中散』。後隱居不仕，屢拒爲官。

因得罪鍾會，遭其構陷，而被司馬昭處死，時年四十歲。嵇康與阮籍等竹林名士共倡玄學新風，主張「越名教而任自然」「審貴賤而通物情」，爲「竹林七賢」的精神領袖，袁宏稱其爲「竹林名士」之一。嵇康工詩善文，其作品風格清峻。他注重養生，曾著《養生論》。有《嵇康集》傳世。

〔三〕陶淵明：字元亮，又名潛，私謚「靖節」，世稱靖節先生，潯陽柴桑（今江西九江西南）人。東晋詩人、辭賦家。曾任江州祭酒、鎮軍參軍、彭澤令等職，后去職歸隱田園。他是中國第一位田園詩人，被稱爲「古今隱逸詩人」之宗，有《陶淵明集》。

〔四〕陸士龍：即陸雲，字士龍，吴郡吴縣華亭（今上海松江區）人，西晋官員、文學家，與其兄陸機合稱「二陸」，曾任清河内史，故世稱「陸清河」。

十四世玉丹傳（摘録《適情軒文稿》）

公諱奇珝，字玉舟，生八月而父夢祥公殁，母林氏撫之成立。公少穎异，美丰姿。五歲習禮容，時有顯官〔一〕見過，晋接之，揖讓〔二〕如成人狀。客大悦，抱而加諸膝曰：「翩翩佳公子也。」義未弱冠，補博士弟子員。赴秋闈試，母臨風懷想，眠食俱廢，以此不復應舉。就詩禮堂啓事職，義不離親也。而能詩工書，善鼓琴，名流日與之游。比母設帨〔三〕日，車馬絡繹，賓客闐門，咸入前爲壽。母顧而頷之，欣然樂也。其他事之得親歡心，概可想見矣。母年八十而殁，事終親身無稍异，宗族稱孝，公其當無愧色乎！公家素封〔四〕而慷慨好義，若性生焉。其捨施之不吝，不勝數矣。試略舉人人所習聞者：蒙師貧窶，佽助無算，師卒而養其妻；外戚某貧而無嗣，買婢以妻之；一瞽者負父而乞，公曰：『孝甚。』悉留而養之，其父死，葬以棺；一丐者好施而貧，病臥廢窑，公曰：『義甚。』命僮僕日給三餐，兼醫療之，逾月而愈。其子磐亦克紹箕裘，至今人皆稱爲善人家。

【校注】

〔一〕顯官：達官、高官。

〔二〕揖讓：指古代賓主相見的禮節。揖，舊時爲拱手行禮。揖讓之禮按尊卑分爲三種，稱爲三揖，一爲土揖，二爲時揖，三爲天揖。

〔三〕設帨：女子生辰。

〔四〕素封：無官爵封邑而富比封君的人。

十四世特出傳（邑乘人物志・義行）

牟其楹，邑庠生，泥都社人。慷慨好義。其胞伯曾祖恂，邑廩生；子曰箕、孫芷，俱庠生。家產蕩然。其曾孫四勿爲饑驅，赴遼東，無產亦無後。楹以次子容嗣四勿以奉祀，以胞伯曾祖於族爲大宗故也。

十四世定民傳（邑乘人物志·技術）

牟昌隲，字定民，廩膳生，居城北宫。精楷書，所臨《黄庭經》《樂毅論》《洛神賦十三行》，直上窺晋人堂奥〔一〕。其時，邑人習小楷書者，皆奉爲楷式，字風爲之一變。

【校注】

〔一〕堂奥：房屋的深處，又指腹地。比喻深奥的道理或境界。

十四世松野傳 甲戌翰林福山牟蔭喬〔一〕撰

公諱墨林，字松野，太學生，牟綍子也。居城北之古鎮都，善務農，餘三餘九，日益充盈。每謂人不患無財，患不善用其財。道光十六年，歲大歉，公開倉以賑，踵門者趾連而肩摩也。有阻公以後難繼者，公以爲多活一人則少死一人，吾爲吾力之所能而已。歲戊申，縣令方傳植創建書院，延邑紳謀經費，紳多詣公商行止。公曰：『是吾志也。』出制錢五百千，爲諸紳倡，聞者風起，不月而事成。咸豐十一年、同治六年，捻匪兩擾棲境，本社禦賊陣亡，各給粟五石，以恤其家。蓬萊、福山等處，被擄北歸，道經其村，留食宿日不下數十人。當捻匪未到之先，土匪滋事，人情洶懼。匪視公家爲几上肉。公令糾合莊佃，聯絡鄰疃，飲食器械皆公承辦，助餉成團，遥爲聲勢，禀官設爐，鑄造火器。匪爲膽寒，不敢動，遠近賴以無虞。又築石圩於方山西，爲離城遠者避難地，所費用殆以萬計，周圍二十餘村，老幼罔不感激。醵金泐碣〔二〕，以志不忘。卒年八十有二。易簀之夕，召諸子立床前，囑之曰：『吾生平無絲毫浪費，扶困濟厄，終身無懈，爾兄弟須繼吾志。』

【校注】

〔一〕牟蔭喬：字梓南，山東烟臺人。生年不詳，卒於光緒二十年（一八九四）。清同治元年（一八六二）通過恩科鄉試，成爲舉人。同治十三年（一八七四）通過恩科殿試考試，賜進士出身。後任翰林院編修。光緒十七年（一八九一）派任廣西柳州知府，供職約兩年。後轉任浙江道御史。爲人『敦品勵行，著述甚豐』，入祀鄉賢祠。

〔二〕泐碣：泐，同『勒』，雕刻。碣，圓頂的石碑。

十四世鵬九傳（邑乘人物志·義行）

牟相翼，從九品，南砦村人。家貧好施予，友有被牽繫官者，傾産免之，無立錐地。赴吉林經商致富，爲誤認邪教事，全活五百餘人。棲邑舊無書院，邑侯〔一〕方欲創建之，而難其地。牟氏有公置基址，相翼慨捐入官，自出房産易之。後因買得南門裏王姓宅，置弗用。今之文昌宫即其地。

【校注】

〔一〕邑侯：舊時對縣令的尊稱。因其主理一邑，故稱，如古代的諸侯。亦稱『邑宰』。

十五世雲圖公傳（邑乘人物志·宦績）

牟雯，字雲圖，嘉慶丁丑科進士，歷任陜西三水縣、邠州直隸州。每謂：安静之吏，悃愊無華〔一〕，法久弊生，去其弊補其偏可也，動輒更張，百病叢生矣；死者不能復生，刑獄尤不可率意〔二〕。任三水縣時，平反軍犯數人，其一充棲霞軍。公告退歸里〔三〕，犯逢人告語〔四〕曰：『牟公活我。』每年節，登門跪拜，問公起居。

【校注】

〔一〕悃愊無華：至誠而不虚浮。形容真心實意、毫不虚假。悃愊，至誠；華，浮誇。

〔二〕率意：隨意，輕率。

〔三〕歸里：回故鄉。

〔四〕告語：告訴、述説。

十五世農星公傳（邑乘人物志・宦績）

牟房，字農星，嘉慶戊寅科舉人。由教職保舉卓异，歷任浙江會稽、安吉等縣，拿訟師〔一〕，禁夜戲，焚小説，毁淫祠。安邑有溺女惡習，出示嚴禁，犯者罪坐家長；左右鄰出首〔二〕者賞，容隱〔三〕連坐。其風頓息，全活甚衆。兩邑紳耆〔四〕爲刻《牟公案牘》，一時爲之紙貴。髮軍猖獗，浙〔五〕省到處望風而潰。上書浙撫，自告奮勇，求卸縣事，願率所練團丁，晝數而行，馳馬從軍。病卒任所，未遂其志。

【校注】

〔一〕訟師：舊時以替打官司的人出主意、寫狀紙爲職業的人。

〔二〕出首：檢舉、告發别人的犯罪行爲。

〔三〕容隱：包庇隱瞞。

〔四〕紳耆：舊指地方上的紳士和年老有名望的人。

〔五〕浙：原文爲『淅』，有誤，應爲『浙』。

十五世懷樸傳（邑乘人物志·孝子）

牟略，附貢生，名御史[一]松巖[二]之子。松巖卒於官，宦囊蕭然，扶柩歸里，心血費盡。松巖舉鄉賢，費不貲，奔波稱貸年餘，始獲奉旨。牟氏家譜多年未修，松巖在日嘗謂其子曰：『族譜關係匪細，吾有志未逮，汝好爲。』子略念貴囑，毅然以纂輯爲己任。分支别派，手自繕寫，譜五卷，藝文二卷，而世系賴以著，而手澤賴以存。

【校注】

〔一〕御史：原作『御士』，有誤，當爲『御史』。

〔二〕松巖：牟昌裕，生於乾隆十二年（一七四七），卒於嘉慶十三年（一八〇八）。字啓昆，號松巖，老八支六房小八支六房，牟暄之子，棲霞城北宫人。清朝著名監察御史、九省軍門總漕部堂。乾隆四十二年（一七七七）拔貢，又本科舉人。五十五年（一七九〇）中進士。因學業突出，被欽點爲翰林院庶吉士。又三年，散館改主事，簽分禮部儀制司行走。逾年選授工部虞衡司主事，勤於職守，視公事如家事。後又歷任都水司主事，營繕司員外郎、郎中，順天鄉試同考官，江南道、雲南道、河南道監察御史，署理九省軍門總漕部堂等職。在任期間，不爲矯激之論，能言别人所不能言，無論認識與不認識者皆曰：『牟君真御史也。』爲宦他鄉，又重鄉情，嘉慶九年（一八〇四）署理漕運總督，暮春游白雲觀時，在丘處機畫像上端曾題詩贊頌鄉杰，落款爲：九省軍門總漕部堂、棲霞縣牟昌裕。《山東通志·人物志》録爲『名臣』。

十五世鏡清傳（邑乘人物志·義行）

牟寰，郡庠生，泥都社人。豁〔一〕達大度，能濟人緩急。設帳〔二〕别業，見有佃人年三十餘，問：『伊兄弟幾人？』曰：『家户零丁，單傳已三世矣。』問：『伊有幾子？』曰：『無妻，安得有子？』問：『何弗娶妻？』曰：『無錢娶。』寰以館穀〔三〕四十金全與之，置産成家，後生數子。

【校注】

〔一〕豁：原文爲『谿』，誤，當爲『豁』。

〔二〕設帳：指設館授徒。

〔三〕館穀：此處借指塾師的束脩。

十五世瀛仙傳（邑乘人物志·義行）

牟心海，邑庠生，蛇窩泊人。家不中貲〔一〕，好施與，族黨婚喪多賴之。聞姑斷炊，傾囊與之，不暇自爲計。道光十六年，歲大饑，鬻産濟人，收養十二歲以下小兒，全活四十餘人，至今人猶稱之。

【校注】

〔一〕中貲：謂資産達到豪富的數額，泛指富有。

十五世騰霄傳（邑乘人物志·技術）

牟騫，字騰霄，又字淩萬，號竹峯居士，居前泥都。幼業儒〔一〕，應童子試屢列前茅，而院試輒北。遂弃帖括〔二〕，習繪事。自元以來名作，靡不研究。於時輩〔三〕獨好海陽師詹道人〔四〕所作墨色花卉，偶題師詹名，雖識者莫辨。子新發，字方川，亦工畫。

【校注】

〔一〕業儒：以儒學爲業。

〔二〕帖括：泛指科舉應試文章。

〔三〕時輩：指當時有名的人物。

〔四〕師詹道人：指李承均（一七四〇—一八二七），著名畫家。李桐、李朴、李香、李承喆、李承均五人，同屬一個家族，俱爲著名畫家，時人稱爲『李氏五道人』，秀絶齊魯，蜚聲京都。李桐、李朴、李承喆、李承均四人，被時人稱爲『李氏四絶』。

十五世昌傳（邑乘人物志・技術）

牟昌，居南榆疃，習螳螂術，擅長槍、鐵鞭、短刀。咸豐辛酉，禦捻匪於招遠之畢郭鎮，與其徒石文憲深入賊隊，手持手槍、短刀潰圍出。同治六年，禦賊於老寨山前，相與交戰，賊衆，皆持長矛〔一〕，昌身上皮袴〔二〕被刺七十餘孔，以精於氣功，未致殞命。

【校注】

〔一〕矛：原文爲『茅』，應爲『矛』。

〔二〕袴：腿衣。

十五世作亭傳（邑乘人物志・卓行）

牟振，字作亭，居古鎮都。院頭窑與范家溝兩村之間山脉過峽處，泥細膩，宜陶器，歷經挖掘，山脉幾斷。振慨然於此處買地三十餘畝，保獲其地。以斯地捐作牟氏祖塋祭田〔一〕，塋中立有碑記。

【校注】

〔一〕祭田：中國古代社會中一個家族的公共田産，用來祭祀祖先、贍養族人等。

十五世仙峯傳（邑乘人物志·卓行）

牟雲山，字仙峯，居禾稼莊。父卧床不起凡十三年，定省〔一〕不懈。際歲饑，鄰里不舉火〔二〕，賴以全活者甚衆。

【校注】

〔一〕定省：子女早晚向親長問安。泛指探望問候父母或親長。

〔二〕舉火：指生火做飯。

十六世景岩傳（邑乘人物志·技術）

牟春山，字景岩，號雲石山人，居後牟家疃。與弟仲山俱以畫名。仲山工山水，深得廉州奉常奥旨。春山善畫墨梅，好用枯筆乾墨，蒼老古樸，脱盡時習。畫領毛尤生動，更善畫石，詭形怪狀，罔弗入妙，有八大山人〔一〕風骨〔二〕。蛇窩鎮有牟仿説者，號霞山閑人，亦善畫石，足稱嗣音〔三〕。仿説兼工山水。

【校注】

〔一〕八大山人：即朱耷（一六二六—一七〇五），江西南昌人，明末清初畫家，中國畫一代宗師。譜名朱統𨨗，别號雪個、八大山人、個山、人屋等。

〔二〕風骨：寫字、作畫或作文的風格有個性、有力量。

〔三〕嗣音：繼承前人的美德、聲譽。

十六世東崖〔一〕傳（邑乘人物志·孝友）

牟仲山，號東崖，太學生，後牟家疃人。八歲喪父，母多病，先意承志〔二〕，服賈奉養，出告反面〔三〕，弗少間。事兄謹，日具甘旨供母即供兄。兄少拂意，必多方以解。每慨晚近孝尚有人，弟則罕見，力挽澆風爲子孫式。

【校注】

〔一〕東崖：原文爲『東厓』，應爲『東崖』。

〔二〕先意承志：指孝子不等父母開口就能順父母的心意去做。

〔三〕出告反面：外出和返回都要禀告父母。《禮記·曲禮上》：『夫爲人子者，出必告，反必面，所游必有常，所習必有業。』

十六世芹秀傳 十七世燡附 （邑乘人物志·卓行）

牟芹秀，居埠梅頭。有同胞弟四人，其五弟葵秀出爲胞叔後。芹秀與諸弟析産時，相謂曰：『五弟出嗣，雖有應得之産，但亦父母遺體〔一〕，尤鍾愛焉。父母遺産不得分潤，親心何安？』諸弟亦各仰體親心，共議分與膏腴八畝之田。迄今〔二〕百餘年，葵秀子孫猶復指其地，亦相戒曰：『此讓田，永無鬻也。留此作當年孝友紀念。』且令世世子孫知所觀法。芹秀子燡，有父風，與兩兄分爨，自占薄田。侄星聚嗜讀，左右提携，俾列膠庠。星聚早亡，遺子子駿，讀書婚娶，悉身任之。子駿得以硯田〔三〕爲歲，燡所賜也。

【校注】

〔一〕遺體：指身體，意爲父母給予的身體。

〔二〕迄今：原文爲『乞今』，應爲『迄今』。

〔三〕硯田：指以文墨維持生計。

十六世春曦傳（邑乘人物志・孝子）

牟春曦，蛇窩社人，以孝聞。同治六年，南捻入境，闔家避難，奔山圩。時春曦年六十餘，其父年八十餘矣。至半途，憊甚，曰：『吾暫憩此，汝先送糧上山。』比春曦行，賊已至，邊馬〔一〕馳騁，春曦急回迎父。賊露刃，欲殺之。春曦泣曰：『殺我，勿殺我父。』賊曰：『孝子也，殺之不祥！』置之去。

【校注】

〔一〕邊馬：捻軍中的先鋒或偵察部隊。捻軍後期，全部成爲騎兵，出軍前，先派出數百人的精鋭馬隊偵察。一旦發現敵人大隊，立即向主力部隊報告；如遇小股敵人，即加以殲滅。

十六世方山傳（邑乘人物志・技術）

牟正，字方山，邑庠生，居河西，德平〔一〕訓導宜樸子。工書畫，書仿牟所，所於筆墨應酬，恒命正代。其真贋〔二〕，雖識者莫辨也。畫工墨色山水，題款曰『呵呵子』。

【校注】

〔一〕德平：古縣名，五代後唐改平昌縣置，治今山東德州臨邑東北德平鎮。北宋熙寧六年（一〇七三）省入安德縣。元符二年（一〇九九）復置，屬德州。明、清屬濟南府。一九五六年并入臨邑縣。

〔二〕真贋：猶真僞。

十六世雨亭傳（邑乘人物志・卓行）

牟春化，字官李，號雨亭，居前泥都，邑庠生。鄉飲大賓，鄉謚『孝安』。以親年老，里居教授，不離膝下〔一〕。性能忍，里人有無故向門肆詬詈者，閉其門，若弗聞焉，其寬弘如此。至授徒時，又甚嚴規則，學生有過失，從不稍貸。教人以躬行爲本，尤體恤寒士。族人選青、星聚以境遇所迫，幾不克卒讀，却其脩脯〔二〕，寄門墻者十數年，皆得以諸生授徒，享硯田温飽。二人亦永感其德，禮敬終身。選青與同里，居館他鄉，歸必先造門問起居而後歸其家。年七十餘矣，見猶如在塾時焉，忠敬如此。人皆以謂是不易於晚近遇之也。

【校注】

〔一〕膝下：原文爲『漆下』，應爲『膝下』。

〔二〕脩脯：即乾肉，泛指舊時給老師的禮物或酬金。

雨亭墓表　光緒庚子辛丑恩正并科舉人海陽于廉基撰

鄉飲大賓牟公諱春化，字雨亭，棲霞人。祀棲邑名宦，政績詳《通志》。敬祖公之十七世孫也。八世祖道行，萬曆辛卯舉人，宰宜陽，祀名宦，政績詳邑乘及《宜陽志》。九世祖鐙，歲進士，授霑化訓導，未仕故。十世祖國璋，廩膳生。太高祖協，附貢生。三世懿行，均詳邑乘《人物志》。高祖曰筠，太學生，有兄曰範，雍正丙午舉人，早卒。遺一子，幼，撫之，厚於己子。曾祖葶，歲進士，里居教授，時與邑名士林擢林以文相會，不求仕進。祖其棫，邑諸生，善居室。家本小康，漸稱富有，而性好施，撫恤族黨不稍吝。又好聘名師課子孫，以故采芹〔一〕食餼者，濟濟門庭。家法嚴整，子孫有過不稍貸。有子四。長寀，字執亮，游庠，弃舉子業，佐理家政，不辭勞怨。兄弟分居，有果園屬長支，及果熟，父念諸子孫不得分甘，擬將該園析爲四，長公欣然應命，蓋爲謂養志者也。執亮公生一子，即雨亭公也。公承累世家訓，兼以祖若父善爲擇師，以故初應童子試，即嶄然露頭角。府試受知於錢塘諸菊塍先生，嘗刻其文以行世。入邑庠，即錚錚然有聲於時。然以無兄弟，故唯以得親爲己任，并鄉試亦不多應。嘗授生徒於距村十五里之河北村，父一日步村外，不覺至公塾，公請所以，曰：『吾甚念汝，不知其何以至此也。』次年，公遂移帳於家，嗣後終身不離膝下。性寬厚，善養氣，遇拂意事，每退一步想。有里人子横於鄉，數踵門詬詈，公閉門若弗聞。其人以石擊門，詬益厲，或不平將懲焉，公曰：『此妄人，勿校也！』教人則文行并重，嘗曰：『讀書當求實踐，但求工文藝以獵取功名，誤人子弟，莫此爲甚。』以故及門之列膠庠者，多質行。族有星聚、選青者，家素寒，公自幼教之，却其脯修，俾均得以授徒贍其家。兩人感德，禮敬終身。選青館於他鄉，每歸，必先至公家問起居。年望八〔二〕矣，遥見公至，必肅立以待。不寧唯是，鄉黨中固尊公爲大老〔三〕，而莫不奉爲矜式也。國家禮重鄉飲，寵之以大賓之位，如公之齒德，洵足當之而無愧矣。壽八十有八。卒之年元旦，祀先，猶令子孫扶持拜跪如儀。畢，曰：『一日不死，寧不有事於祖考〔四〕。』許魯齋先生言：『吾所服膺也。』今踐之鄉，謚孝安。母海陽郭城于氏，歲進士、昌樂訓導諱廷瑞女。爲冢婦〔五〕，獨能倡率妯娌，孝事翁姑，宗族賢之。母舅瞻原公，鄉之人皆稱爲善人，而不名。鴻臚寺司儀石厓公，端方自持，動必以禮，鄉黨敬之，邑乘載之。公一生克守先儒禮家言，固有家傳使然，亦有得於外家風範也。配郝氏，恩榮八品錫彤公女，治家勤而儉。公之家政，上依祖父，中得内助，下有賢子，以故生平不問農事，而家業蒸蒸上，論者以公之境遇爲獨順云。子贇，增廣生。孫三：長翰邦，詹事府供事；次經邦，歲進士；三殿邦，增廣生。迄今，曾、玄林立，其沐公之流風遺澤，寧有窮期哉！

銘曰：『孝安之孝，無間晨昏。霞山之霞，擁護墓門。崇實行兮垂名教，横逆來兮弗與校。食舊德兮追祖迹，貽孫謀〔六〕兮以燕翼〔七〕。繞阡壟兮多佳氣，孫生孫兮競竹立。』

【校注】

〔一〕采芹：指入學，或指考中秀才成爲縣學生員。古時學宫有泮水，入學則可采水中之芹以爲菜，故稱入學爲『采芹』『入泮』。

〔二〕望八：意思是接近八十歲。望，接近、臨近。

〔三〕大老：元老。常用來稱年高、品德高尚的人。

〔四〕祖考：指祖先，也可指已故的祖父或父祖輩的人。

〔五〕冢婦：指嫡長子的正妻。

〔六〕貽孫謀：意即爲子孫的將來做好安排。

〔七〕燕翼：燕子的翅膀，代指輔佐。《詩·大雅·文王有聲》：『武王豈不仕，詒厥孫謀，以燕翼子。』《毛傳》：『燕，安；翼，敬也。』孔穎達疏：『思得澤及後人，故遺傳其所以順天下之謀，以安敬事之子孫。』後以『燕翼』謂善爲子孫後代謀劃。

十六世仲藻傳（邑乘人物志·卓行）

牟金榜，字仲藻，居蛇窩泊。志高尚，耻爲時文以干進學。爲詩古文詞，兼讀方書〔一〕，以醫學顯。其人沈默端謹，不苟言笑，非爲人治病不出里門。時人罕識其面。所著《適情軒文稿》，曾經周孟伯、單伯平兩先生之稱許，以爲有品。邑宰〔二〕許桂芬、張金芝見其文，知其爲名宿〔三〕，前後延至署中作教讀師，并序其文稿，擬付梓，未果。

【校注】

〔一〕方書：指專門記載或論述方劑的著作。

〔二〕邑宰：縣邑之長，即縣令。

〔三〕名宿：出名的老前輩。

十六世金坡傳　十七世賡附（邑乘人物志·卓行）

牟翔鑾，字金坡，廩貢生，居前泥都。胞弟祥發出胞叔嗣，蕩産幾盡，恒周濟之。侄女失恃〔一〕，攜至其家撫育之，情逾所生。子賡，字虞臣，有父遺風。叔家貧益甚，媳又寡，以良田數畝俾叔次子耕種，糧以奉叔，糧銀仍自完納，以叔老爲期。洎叔歿，又曰：『孀嫂可令凍餒死乎？』嫂歿，始收其田。

【校注】

〔一〕失恃：喪母。

金坡旌引　甲子舉人海陽姜式甫撰

先生諱翔鑾，字金坡，杏園其號也。少穎悟，沉潛好學。弱冠後五年，補博士弟子員，以優等食餼。族中負亢宗望，顧秋闈屢薦不售，知者惜之。授生徒，列門墻〔一〕，取青矜者不乏人。旋以廩貢就教職，冀邀封典〔二〕以榮先祀。延數載不果，年六旬有七而卒。先生賦質沉静，寡言語，不輕訾人過失，處人慎重，愠怒不遽形於詞色，心中涇渭分明。雖遇拂意事而能忍，遇不如人而能容，固先生質性敦厚使然，亦以涵濡於家教者深也。先生家世，詩書簪纓相繼。八世祖兆可公登賢書，宰河南宜陽，祀名宦，邑志、通省志胥載焉。九世祖夔田公，十世祖亞章公，十一世祖桐齋公，亦皆以行修光邑乘。曾祖津樹公德重一邑，隱居不仕，鍾明府額表其門『祖拔斯公』。邑諸生，治家尚嚴明，虚心隆禮，前後延請名師課子孫讀，一時援采芹，濟濟門庭。父俊才公，太學生，遵嚴命，理家事，善行稱里閭。世德繩繩，承而弗替。以故先生少禀庭訓，以事伯叔；壯奉滋闈，以樂塤篪〔三〕。其藹藹色，養承志謹雍者，非徒任不學不慮之天真，遂克無虧子職也。胞弟一人，幼相友愛，壯嗣胞叔，居雖异，親如故也。先生年至商瞿，七設帨〔四〕，未得一懸弧〔五〕，愛猶子如子，視侄女若女。後以失恃，其年尚幼，携之歸曰：『吾命多女，宜再益一也』。有乞人女，襁褓委路側，憐抱至家，哺育衣食，等於所生。後病死，作悼絶詩十餘首，情見乎詞。五旬後納小星，生子賡，有父風，人皆謂先生累世家聲常不墮矣。仁人有後，理固爾爾。夫敦行在平素，而一話一言流露尤真。

同人坐談，有及兄弟共居種種私積者，先生徐曰：『幸同托先業得免肌寒，何忍心爲此！』此可知先生之宜家。同人有秋試報罷[六]鬱鬱者，先生曰：『前輩嘗言，當此須洒落其心，如未嘗應試者。』此語非易及，然非不可勉也，此可見先生之養心。同人有問《禮記》『八十非人不暖』句義，先生曰：『誠我是言也。先祖壽登八十，冬夜苦寒，炕[七]雖極熱，寒仍不解，兄弟輩輪夜侍寢，抱而温之，須臾暖矣。』此可見先生家政孝養之敦。先生行誼如此，而内助又適足以成之。配林太君，生長德門，嫻於姆訓，凡先生老老幼幼，自外而内諸務，無一不克盡心力足成之。後先生八年而歿，壽七十有五。兹以光緒十九年九月上旬吉日合葬於海邑石岔灣新阡。親族囑余叙其行，出之尺素引其旌。而余知先生甚深，勿容辭也。

【校注】

〔一〕門墻：師門。

〔二〕封典：皇帝給予官員本身及其妻室、父母和祖先以爵位名號的榮典。

〔三〕塤篪：喻兄弟。《詩·小雅·何人斯》：『伯氏吹塤，仲氏吹篪。』塤與篪這兩件樂器形制各异，前者如梨形，後者如笛狀，但因發音原理相同，音色相近，兩者在一起演奏可以獲得音色和諧的效果。

〔四〕設帨：指生女。《禮記·内則》：『子生，男子設弧於門左，女子設帨於門右。』

〔五〕懸弧：指生子。

〔六〕報罷：科舉落第。

〔七〕炕：原作「坑」，當誤，故改。

十七世理堂傳（邑乘人物志·卓行）

牟燮，字理堂，歲貢生，居後牟家疃。父仲山以孝友稱，燮亦善事兄。兄有急需，以妻林氏所帶嫁貲私與之，不言所自來也。父以畫名，燮亦習藝事，善畫墨蘭，兼工草書。

十七世慎齋傳（邑乘人物志·卓行）

牟徽五，字慎齋，武庠生，居蛇窩泊。弟瑞五赴海外，遺子女各一。一一撫育教誨，皆至成立。鄉里有伯道〔一〕之目。

【校注】

〔一〕伯道：晋代鄧攸，字伯道，襄陵（今山西臨汾）東南人。爲了躲避戰亂，帶着兒子和侄兒一起逃難，在危難關頭，捨弃自己的兒子，保全了侄兒。

十七世硯甫傳（邑乘人物志·卓行）

牟涵星，字硯甫，邑庠生。幼居蛇窩泊，出嗣南砦。本生胞侄雲舫質美嗜學，家貧不克卒讀。涵星資其修脯膏火〔一〕，俾游庠食餼。該村不戒於火，延燒廬舍數十間，盡力勸摹〔二〕，不足時獨力資助，各灾户均銘感不忘。

【校注】

〔一〕膏火：燈火。舊時晚上讀書，需打油點燈，故用膏火指讀書的費用。

〔二〕勸摹：疑當爲『勸募』。用勸説的方法募集捐款。

十七世績卿傳（邑乘人物志·卓行）

牟丕勳，字績卿，居禾稼莊。己酉拔貢。未弱冠，即以教讀爲生，課徒之暇，自攻苦，遂成名宿。視門下士若赤子，誘掖獎勸必竭其誠。民國改造，充本縣高小、初中教員，歷十有餘年，以身作則，成績之優，士林〔一〕欽仰。性方鯁〔二〕，非公事不至公門與當道接談。除學問外，不及其他，故人有干以私者，嚴詞拒之，因與絶交。著有《稼書軒文稿》四卷。

【校注】

〔一〕士林：指文人士大夫階層、知識界。

〔二〕鯁：剛直。

十七世心如〔一〕傳（邑乘人物志·卓行）

牟恕，字心如，居後牟家疃。青州省立師範學生。加入中國國民黨，爲黨務工作，奔走無虛日。民國十七年四月二十九日，赴城公開黨部，城紳以不利於己，輒與官署私計，因欲致死地。乃際間潛逃，幸得脱險，然因此已受驚成疾。至秋赴泰安，入黨義訓練班，用心刻苦，病益增劇，於二月二十二日卒，時年二十有二。其妻王氏以身殉。王氏，東夼王玉昌女也。

【校注】

〔一〕心如：原爲『如心』，有誤，應爲『心如』。

十七世樹滋傳（邑乘人物志·技術）

牟圻，字樹滋，南河同知所〔一〕孫，居城西馬岙。父錫詁宦京師，因寄籍〔二〕順天〔三〕，考取已西科優貢生。乃祖善書，圻以克繩祖武〔四〕，撫仿所書逼肖，兼擅各體，不名一格。

【校注】

〔一〕所：指牟所。

〔二〕寄籍：指長期離開原籍居住外地而有外地籍貫，區别於『原籍』。

〔三〕順天：明、清設於京師（今北京）之府屬建制。治所在宛平、大興兩縣，轄區在清初多有變化，乾隆八年（一七四三）定爲二十四州縣。

〔四〕克繩祖武：指能像祖宗一樣。《詩·大雅·下武》：『昭兹來許，繩其祖武。』後比喻能够繼承祖先的功業。

邑乘人物志·列女

鄉官〔一〕牟道行女，庠生林正行妻。舅姑〔二〕將九旬，病卧床，氏竭力奉養，久無倦色。飲食豐潔，且聽所與，不少吝。有遺穢，或倉卒以手承之。藥親嘗，而後進。及卒，喪祭〔三〕以禮。

鄉官牟道行女，李世家妻。年十九，夫亡。上有老姑，子篤材方在抱。氏仰事俯育，備極艱辛。及姑歸葬，子游庠〔四〕，氏曰：『吾今可以死矣。』壽七十有五。

王氏，庠生牟鈺妻，庠生王之柱女。癸未城陷，自縊。

宋氏，庠生牟鑛男國縉妻。邑遭亂，氏將死之。姑徐氏勸以夫存子幼，卒不聽，與夫姊牟氏同日自縊。

牟氏，李濬妻。年二十五夫亡，孀居六載，遭亂自縊。

鄉官牟鏜女，年將及笄〔五〕，崇禎癸未值城陷，不屈，遂遇害。葬燕子壙北山之西麓，墓前有碑記。

何氏，壬戌進士牟國玠繼室，蓬萊庠生何景允女。玠卒，氏年五十八矣。一痛幾絶，誓以身殉，舉家慰釋之，終不從，曰：『我將就木，子女無自育者，向爲亡者扶持左右，今則已矣。吾亦白首相從地下耳。』乃散所有於僕婢而自盡，家人不之覺也。閣學王之樞作牟公及前後夫人合傳，詳其事。

孫氏，增生牟國琛妻。琛兄弟幽囚臬獄，氏鬻其婢女以供衣食。迨釋歸，而氏已病殞。琛兄國玠哀之，述氏之實行，立石以垂不朽。龍門衛蓑曰：『一婢所值幾何？而囹圄之中得之以生，此牟公所以深感也。深室之橐饘〔六〕，艷而傳之有以夫。』

曲氏，寧海巨室女，歸牟侍御恒爲繼室。生長宦家，其勤儉操作無異貧窶。恒歸田後病卧八年，氏常奉湯藥不倦。恒没，遺子曰⿱竹科甚幼，氏鞠育恩勤，兼有畫荻〔七〕之教，不以非己出有異視。

史氏，貢生牟恬妻。事姑至孝，每承顔意。先姑晚而脅痛，每發至不安寢，氏亦經旬〔八〕衣不解帶。有幼子病危，以奉姑不暇顧也。子三人，兩登甲科，一薦賢書，人以爲孝德之報云。

郝氏，貢生牟恢妻。孝奉姑嫜〔九〕，和於妯娌，敬夫如賓，而樛木〔一〇〕之仁，逮於諸妾。夫卒時，庶生三女，氏顧復悉如己出。生平温厚和平，爲牟氏閨閫〔一一〕之冠云。

增生牟國琛女，李泳霖妻。事舅姑，甘旨必親調。舅没，與姑同寢息，探承意旨。姑病盲，求良藥，浣洗之時，或舐以舌，後竟復明。登萊青道旌曰：『闔孝感神。』

鄉官牟國瓏女，廪生林調羹長男巒妻。年二十而寡，苦節多載，撫子毓棟爲郡庠生。

夏氏，庠生牟忱繼室。忱卒，氏年十九，撫前室子曰箴如己出，奉姑盡孝。後曰箴由歲貢任司訓，皆氏苦節〔一二〕成之。

林氏，舉人牟惆繼室。惆卒，氏年二十八，孝事孀姑，教子甚嚴，故子曰箸等皆能守身力學，不墜其家聲云。

趙氏，廪生牟心仰繼室。心仰卒，氏年二十九，撫前室子佐箸如己出。佐箸弟佳箸，氏所生也，不以孤弱寬假，皆教之，動循禮法。

王氏，增生牟性妻。性卒，氏年二十五，孝事孀姑。子曰聘，自五歲撫之，成貢生，尋亦没。遺子延緒、令緒，又撫之。與孀媳史氏苦節數十年。

王氏，牟勷妻，年二十五而寡。勷有兄弟，而家室不完，上事雙親，下理家政者，惟氏一人而已。子曰節，撫之成立。氏今六十有六。

尉氏，牟月朗繼室。月朗卒，氏年二十五。子峄方六歲，姑病而翁且失明。氏艱苦萬狀，奉事無缺，視前室子崙與崌無异。今七十餘，猶以勞逸迪子孫。

郝氏，牟作新妻，二十三而寡。苦節四十餘年，性醇厚賢良，教子屺爲增生。

張氏，牟屹妻。夫死，決意身殉，兒女繞膝亦弗顧，於第十日縊死。屹叔牟曰笏吊之曰：『抗節蹈義，鬚眉猶鮮。氏以巾幗，扶坤持乾。烈性剛腸，如火斯然。義可以取，生可以捐。婦兮從夫，漆固膠堅。追隨夜臺，含笑黃泉。』

隋氏，牟人和妻，儒士隋鏞女。幼字人和，和患股疾，膿臭汁穢不可近。遲至二十一歲成婚，入門事和，恭敬無惰容，見者無不稱道其賢。次年，和祭其母墓歸，疾大作，遂卒。氏盡出奩中物散家人。家人知其意，邏守之。氏乘間〔一三〕趨和柩前，焚香拜泣，遂投繯死。事詳本傳與墓表二文，皆載牟氏文集。

王氏，牟維和妻，王擢三女。年十九于歸〔一四〕，有賢孝名。維和力學，致疾病危，氏矢以身殉。夫卒，自經於喪次〔一五〕。事詳誄文前序，誄文載牟氏文集。

牟成業女，太學生林選繼室。年二十四于歸，越八月，夫故，翼日自縊。事詳墓碑，碑文載牟氏文集。

張氏，牟奇出妻。十九歲于歸，甫四十日夫亡。事姑以孝，先意承志。姑年九十，氏竟以疾殁。事詳邑侯蔡公所撰墓表。

宋氏，庠生牟奇翊妻，萊陽宋荔裳畹玄孫女。生長世家，素嫻閨訓。既于歸，奉姑至孝，嚴寒爇爐侍床下，盛暑則執扇驅蠅蚋。持家之暇，奉姑游小園，立池上飼魚賞花，至昃〔一六〕始歸。夫好客，每佳客至，必手自烹飪。有姊嫁而貧，飲食饋送無虛日。氏以體弱不育，为夫納妾，生五女而無子。氏焚香禱天，生子磐，愛磐逾所生。後姑年近九旬，昏瞀卧床蓐，轉側需人，氏奉飲食，納衣履，晨昏不離。值遺穢，夫抱持，氏滌除，三年如一日。

欒氏，庠生牟祇傳妻，欒浩女。十九歲于歸，秉性端莊，持躬淑慎。孝事翁姑，無違夫子姻婭〔一七〕，族里罔不稱賢。

林氏，牟思聰妻，林沂女。年十九于歸，温惠端肅，勤儉和平。家貧，躬自紡織，供親甘旨，耕讀教子，人無間言。

王氏，牟嘉勳妻，王淑孔女。年十七于歸，姑病卧床不起，醫藥不間，晝夜無懈。謹言寡笑，教子有方。母家缺嗣，每忌日，思欲思嗜，潔備供品，望空遥祭，可謂不忘所出者矣。

李氏，牟墨林妻，李承景女。性端淑，不苟言笑。事舅姑以孝聞，與夫敬順無違，待諸妾有恩。恤孤憐貧，樂善好施，遠近稱之。

庠生牟繇女，廪生孫賓田妻。性賢淑，得舅姑歡。家務躬親，不令娣姒分勞。值歲饑，舅姑甘旨無缺，家食粗糲而已，啖糠秕，舅姑見而憐之，逢人輒道其賢。夫病痰症，惛惘中時有呵譴。氏無怨言，侍奉湯藥，晝夜不懈。厥後子焱事氏以孝聞，人謂賢德之報云。

牟仲山繼室，林殿秀女。生性柔婉，幼嫻女儀。于歸後，翁殁，孀姑在堂，事奉惟謹。夫婦相敬如賓，撫前室子女若己出。持家有法，上下和睦，一門之内無詬誶聲。

姜氏，牟仁妻，姜柏女。年十七于歸，越三載，夫赴遼東。子幼，家無擔石。氏百端屏當，以事翁姑。寢膳躬視，心力俱瘁。生養死葬，人無間言。（以上舊志。）

牟肅真，監生、詩禮堂啓事牟磐長女。弟幼親老，矢志不嫁。邑宰據以上聞，賜有『孝義可風』扁額。性慈善，救灾恤鄰，有口皆碑。年七十有四，卒於家，葬祖塋。弟之子祥麟奉其祀事。

貞孝女林氏，林春芳女，字牟鎮東之子巧文。巧文赴遼東不返，女矢志以待。及鎮東妻歿，女慨然往夫家，事翁以終其身。鄉人義之，集資生息以助之。事詳本傳。

牟星聯女，幼字吕夢桂，未成婚，而夢桂久客未歸。女念舅姑年邁無依，遂至夫家，孝事雙親。後聞夫死耗，欲以身殉，繼念夫弟尚未娶，遂忍以待。及夫弟娶後，女乘間服滷死，死時年四十有八。（以上新修志。）

【校注】

〔一〕鄉官：治理一鄉事務的下級官吏。

〔二〕舅姑：古指公婆。

〔三〕喪祭：古喪禮，葬後之祭。

〔四〕游庠：就讀於府或州縣的學官。明清時，儒生經考試取入府、州、縣學爲生員，謂之『游庠』。

庠，原是周代的鄉學，後泛稱學校。

〔五〕及笄：亦作『既笄』。古代女子滿十五周歲結髮，用笄貫之，故稱。也指已到了結婚的年齡。

〔六〕橐饘：原作『囊饘』，誤，當爲『橐饘』，指衣食。

〔七〕畫荻：北宋歐陽修四歲而孤，家貧，母鄭氏以荻管畫地寫字，教其讀書。見《宋史·歐陽修傳》。後以『畫荻』爲稱頌母教之典。

〔八〕經旬：經年累月、天長日久。指很長一段時間。

〔九〕姑嫜：丈夫的母親與父親。古代妻子對公婆的稱呼。

〔一〇〕樛木：《詩·周南》篇名。詩中祝頌君子安享福禄。或謂係妻子對丈夫的祝福，以葛藟牽附樛木，借喻夫婦相愛。

〔一一〕閨閫：舊指婦女居住的地方，又借指婦女。

〔一二〕苦節：堅守節操，矢志不渝。

〔一三〕乘間：指利用機會，趁空子。

〔一四〕于歸：指女子出嫁。

〔一五〕喪次：停靈治喪的地方。

〔一六〕昃：太陽偏西。

〔一七〕姻婭：親家和連襟，泛指姻親。也作『姻亞』。

賢婦孫氏墓碑

古人有德可爲法行可爲式者，雖歷千百世，猶傳頌不衰。蓋其垂範遠，故其留遺長也。吾琛弟故婦〔一〕，邑明經、明山西令孫公以約之孫女也。其字吾家也，以九歲；其歸吾家也，以十八。秉性醇正，舉止端嚴。言歸數日，勤苦自甘，其日夕與吾琛弟言，惟期從事詩書，以無隕我先世家聲，同夢蟲飛，固其閨訓天性然也。鄉鄙宗族，群然稱之。辛丑歲，邑遭變，吾兄弟俱被逮羈省，獨我乎弟幸而獲免。吾弟婦日與我乎弟商，惟以吾兄弟在外衣食不給爲慮，日夜泣啼，憂而成疾。當此之際，亦已危矣。吾弟婦方自顧不暇，乃甘以陪嫁女婢鬻人，以供吾兄弟患難用。以是概之，男子恐不多得，不謂吾弟婦能然也。歷二載，吾兄弟歸，而弟婦乃患病不起，未幾一歲而卒。嗚呼！痛哉！吾弟婦之行誼何篤而命運何厄哉？余重傷其心之苦，而又深悼吉人不壽也。迄於今，追維曩事，回念當初偶道及吾弟婦行實，不禁揮涕徘徊，且恐言之不長也。因述實行，立石以傳。倘至人君子過其處而指之曰：『此賢婦牟門孫氏之墓也！』則吾弟婦之精心苦志，庶幾藉是不朽云。

康熙六年歲次丁未十月初九日，兄國玠、國璋、作孚、國球，弟國瑾、國瓏同識。

【校注】

〔一〕故婦：指亡妻。

爲烈婦牟隋氏請褒文

邑進士郝懿行〔一〕撰

爲懇恩褒奬以全節烈事：切蛇窩社儒童牟人和於本年四月初十日病亡，妻隋氏即於次日烈殉。氏于歸甫四月餘，而行年僅二十五也。自昔乘縣標清風之嶺，巴邱築貞婦之臺。惟期樹儀表於人倫，靡弗揚芳徽於彤史。是皆然矣，今豈异哉？氏生長儒門，幼諳女誡〔二〕。蘋蘩室牖，既嫻姆教於組紃；玉映閨房，尤絶俗情於巾幗。喜藝徐姬之燭，紡織輩均借餘光；羞工姹女〔三〕之錢，藏瓶中曾無長物。其慈惠秉心也既如彼，而幽閒爲德也又如兹。迄乎懿鳳〔四〕占祥，夭桃〔五〕協吉。但戒二三厥德，寧云九十其儀。粗粗有布，便爲行嫁之衣；札札無機，奚羨織文之錦。斯真大義之能諳，抑且細行而無忝者矣。乃若天性既端，至情尤篤。孟縶之足不良，女曰是吾良耦；少君之車既好，士言賴此好逑。方徵琴瑟之初調，詎意銀瓶之乍破。河魚腹疾，尋鞠窮麥麯〔六〕以俱無；晉豎夢驚，覓醫緩桑巫以何有。於斯時也，夫子無違，侍湯藥則先嘗維謹；婦人有事，伴篝燈〔七〕而待旦奚辭。蓋自清明上冢而後，良人〔八〕扶疾以還，輾轉床席間凡經五十餘晝夜，而氏無倦色，無惰容，以迄於致命，遂志者也。嗟乎，國士寧甘心以就死，貞姬不負義而獨生。稽彼前聞，鬚眉匪易；徵諸往籍，閨閣尤難。況乎烈風扇於青年，而節行成於弱齒者哉？初，氏年未及笄，聞鄉有以死殉夫者，慨然嘆曰：『女子當如是矣！』故知松筠〔九〕標節，原從早歲生成；蘭蕙秉心，自是芳根夙植。聽梁間燕語，一條白練繫綱常；窺鏡裏鸞飛，萬古朱顔留宇宙。正氣存而心靡轉，匪石偏堅；芳魂絶而面如生，香風不去。檢奩則粉書猶在，栖冢而鴛鳥和鳴。彼夫梁媛高行，秦婦懷清，并被表揚於曩代，用垂彪炳於今古。良以香草當前，則蕕根不茂；清波所導，斯濁水停流。固未有移風易俗之術，不寓於賢表之中者矣。矧今花縣垂仁，雉馴洋水，雷封布澤，人狎屏山。值盛事之堪傳，寧幽光之靡發。伏乞轉請上憲，俯賜衮褒，榮頒祠廟。看此日金字額邊，華户焕丹青之色；知他年銀花管下，瑶池傳冰雪之吟。

【校注】

〔一〕郝懿行：字恂九，號蘭皋，山東棲霞人。生於乾隆二十二年（一七五七），卒於道光五年（一八二五）。清嘉慶年間進士，官户部郎中。清代著名學者、經學家、訓詁學家。長於名物訓詁及考據之學，於《爾雅》研究尤深。所著有《爾雅義疏》《山海經箋疏》《易説》《書説》《春秋説略》《竹書紀年校正》等。

〔二〕女誡：《女誡》是東漢班昭撰寫的教導班家女性做人道理的私書，包括《卑弱》《夫婦》《敬慎》《婦行》《專心》《曲從》《和叔妹》七篇。由於班昭行止莊正，文采飛揚，此書被争相傳抄而風行。

〔三〕姹女：指少女、美女。

〔四〕懿鳳：懿，意指美好，多指德行。多用於贊揚婦女美德。

〔五〕夭桃：艷麗的桃花，比喻少女容顏美麗，出自《詩·周南·桃夭》：『桃之夭夭，灼灼其華。』

〔六〕麥麯：把麥子蒸過，使它發酵後再曬乾，稱爲麥麯，可用來釀酒。亦稱爲酒母、酒麯。

〔七〕篝燈：謂置燈於籠中。

〔八〕良人：古代妻子對丈夫的稱呼。

〔九〕松筠：松樹和竹子。

節孝牟張氏墓表

蘄水蔡紹洛撰

邑有節婦而不知，邑宰之過也；知之而不亟以上聞，尤邑宰之過也。雖然，古之貞孝懿烈，其膺綽楔〔一〕之榮者多矣。而其焜燿煒史，膾炙人口，率多托一二文人之載筆以傳。然則牟君奇珝之以張孺人行述屬予，其有意乎？奇翊爲孺人夫弟，行修而學贍，年力正富，以母老不能離膝下，遂絶意進取。余雅重其人，顧以蹤迹如澹臺，末由悉其家事。己丑歲封篆〔二〕後，知余將改官去，乃始以孺人節孝事實介族子牟房授余。受而讀之，不禁肅然敬、愍然悲也。按狀，孺人十九歲歸牟爲冢婦，甫四十日而寡，至六十歲以疾終，凡守節四十有一載。此四十一載中，慰亡人地下之心，體慈姑堂上之志，任勞先意，必敬必誠。今慈姑年躋九十，神明未衰，而孺人已從亡人於泉壤〔三〕矣。奇珝念艱貞之德，懷撫育之恩，故言之猶有餘哀焉。余雖覼縷述之，不能如目繫而身受者之詳明而深痛也，而況俗吏之文章又未足以傳幽人之芳烈乎！請於朝而旌其間，則固有司之事，亦將以補余過也。

【校注】

〔一〕綽楔：古時樹於正門兩旁，用以表彰孝義的木柱。

〔二〕封篆：舊時官署於歲暮年初停止辦公之稱。官印多爲篆文，停止辦公即不用印，故稱。

〔三〕泉壤：猶泉下、地下。指墓穴。

貞孝牟林氏傳代（《稼書軒文稿》）

得孝子難，得孝婦尤難，得未成婦禮而以貞孝稱者更難乎其難！棲霞百餘年竟兩得之。夏曆己未夏五月，予自烟臺來，道經北境欒家村，見路旁豐碑〔一〕屹立，大書『貞孝節烈欒常氏』，不禁肅然起敬。抵署後延見邑人士，詳詢欒常氏巔末，復有以牟林氏事告者，并屬爲文。事關風化，不獲辭。

按狀，氏林家亭林春芳女，年十二字牟家疃庠生鎮東子巧文，未及嫁，巧文赴遼東。十餘年，存亡無音耗。時姑殁，翁與氏父商請改聘，氏聞之，陳於父曰：『兒字人有年矣，夫歸則爲牟家婦，否則終爲林家女，我父其諒我乎？』父開導至再，氏不言亦不食，乘間投繯，家人覺，救之，得不死。翁常與氏父往還，氏輒以婦禮見。縫紉浣濯〔二〕，氏每任之。諗翁貧，謀諸父，奉以私蓄錢數百縎。越二年，翁益貧，氏曰：『翁老矣，今若此可奈何，吾其往翁家乎？』請於父，策蹇〔三〕去。觀者惻然，時氏年三十二歲矣。翁家壁立〔四〕，常仰屋嘆。氏曰：『婦既來，已籌所以養翁者，翁毋慮。』氏本工箴黹〔五〕，十指拮据無寧晷，翁幸享得温飽矣，而氏則飢寒備嘗也。厨下薪，氏親采，歲寒塞己竈〔六〕，日三餐皆就翁竈，炊暖則易之，歲以爲常。翁雖貧，嗜樗蒲〔七〕，恒作長夜戲，氏幾諫而憚，於數晚餐後，絮絮道家常不休。既而困，遂寢。噫，氏之心亦良苦矣！厥後，氏兩目瞽，手麻木不仁，仍摸索奉養無惰容。偶有蹉跌，輒痛自恨，泪滚滚下，然不令老人見也，如是者十餘年。鄉人憐之，舉於官前，令候君旌其門曰『貞孝』，復捐廉〔八〕倡募金錢五百串有奇，儲息按月給之。然僅足供翁用，氏之飢寒自若也。春三月，翁病且危，氏席地卧，聞呻吟即起，一夜或十數起，往往達旦不寐。久之，翁良愈，而氏之心力瘁矣。至秋，染時疫，翁一再問之，曰『無害』，恐傷老人心也。然自分無生理，急呼嗣子紅梅而諭之曰：『吾死不足惜，所恨者，大事未了耳。汝善事祖父，勿負予。』言畢氣絶，良久目不瞑。殆雖死而魂魄猶懸，懸翁之無所依歟！

論曰：『通都大邑，新理灌輸人間，婦女幾不知節烈爲何事。林氏女，一村氓〔九〕，既字人，矢不再嫁。向使投繯失救，豈不卓卓一貞烈女子哉！乃以姑殁，夫不歸，翁衰老，竟入牟氏門代子職。婦禮未成，婦道盡矣，豈得天獨厚歟？何性之篤也！』他年邑乘續修，《貞孝傳》中，欒常氏外，赫然有牟林氏在。

【校注】

〔一〕豐碑：高大的碑石。

〔二〕浣濯：洗滌。

〔三〕策蹇：騎驢。

〔四〕壁立：家中衹有四壁空立，形容非常貧困。

〔五〕箴黹：同『針黹』，指各種針綫活兒。

〔六〕竈：用土坯、磚或金屬等製成的生火做飯的設備。

〔七〕樗蒲：古代的一種博戲，像後代的擲色子。也作『摴蒱』。

〔八〕捐廉：舊謂官吏捐獻除正俸之外的養廉銀。

〔九〕村氓：泛指鄉民、農人。

張烈婦牟氏路碑（《稼書軒文稿》）

烈婦，余再從堂伯榮禧公女，性莊嚴，不苟言笑，遇事識大體，廿一歲嫁同邑泥都村張福漢爲妻。翁不仁，遇之虐，人或謂氏難於婦也。百端挫折，氏處之坦如，無怨色。歲丁酉，福漢以年荒家貧赴遼東。越一歲，染時疫卒。訃至時，氏居母家，氏兄恐氏知之過痛，無以處，囑家人不以聞。

忽忽至歲杪，氏將赴夫家，氏母不得已以實告。氏驟聞，氣結不能言，亦不能哭，如是者久之，乃呼兄，責之曰：『我夫故數閱月，鄰里間諒已周知，而予獨懵如，每逢佳節，猶袨服靚妝與諸姑姊妹輩相嬉戲，未亡人〔一〕之不義，兄陷之也。』言畢大哭，且哭且怨，并扼吭〔二〕求死。母止之曰：『我兒張氏婦也，不得死牟氏家。』氏然之。翌晨草草束裝，策蹇去。父送之村外，氏回顧曰：『父歸乎，兒不復返矣。』言之泪涔涔下，觀者惻然。時嘉平月〔三〕廿一日也。氏抵家，水漿不入口者累日，既而稍稍食。正月四日，防者疏，氏閉户，以纖帶繫窗櫺而投繯，足未離床第竟死。大奇，顏色如生。如氏者，倘所謂慷慨赴義者歟，亦從容就義者歟？余家距泥都村僅數里，聞氏死，約兄弟子侄輩十餘人往吊焉。蓋無不嘆氏死之烈，而轉悲其生之苦也。且不獨父母之黨悲之，凡習於張氏者皆知其可哀也。余與於悲者爰爲醵金立石，以志梗概云。

【校注】

〔一〕未亡人：舊時寡婦的自稱。

〔二〕扼吭：气逆於喉，指自縊。

〔三〕嘉平月：腊月的别稱。

牟節婦衣氏傳（《稼書軒文稿》）

有所謂張牟氏者，夫死以烈殉。又有所謂牟衣氏者，夫死以節守。兩氏村落皆以泥都名，南北相距僅里許。張牟氏之烈，已見於余文，而節如牟衣氏，顧忍以不文辭乎？氏釜甑村羣英女，年十九于歸，甫一載，夫毓楨遘奇疾，百藥罔效，殘廢垂八寒暑乃卒。氏無所出，又多病，夫歿自顧生理，矢必殉。而氏實賢，舅姑愛其生，惜其死也，勸之再四，乃許以守，事舅姑如平日。毓楨有同産弟二，曰毓幹，曰毓翰。氏與之共釜爨〔一〕歷十數年，無間言。嗣以食指繁分炊。不數年，毓翰卒，婦孫氏終年住母家。毓幹又别居，率妻子遷焉。時舅已殁，姑病痿痹不仁，奉食飲，侍藥粥，浣中裙厠牏，起卧溲溺〔二〕相扶持，皆氏一人爲之，如是者五六年無倦。姑瀕危，嗚咽語人曰：『吾有子男三，兩亡，一他徙。家貧老且病，非冢婦賢，吾早填溝壑矣，今雖死無憾。』而氏之事姑孝，爲鄰里所稱頌，宜哉！歲辛酉七月某日，以時疫〔三〕卒，年五十有六。距夫殁已二十有九年矣，距姑殁僅數閲月耳。然則張烈婦夫死，舅姑遇之虐，其死也勝於其生。牟節婦夫死，舅姑賴以養，其生也勝於其死。一爲牟氏女，一爲牟氏婦，請旌泐石，豐碑相望。倘所謂吾族之光，非歟！繼毓幹子書田爲之後，書田以狀來，作牟節婦傳。

【校注】

〔一〕釜鬵：古代的一種炊事用具。鬵，燒火煮飯。

〔二〕溲溺：排泄糞便，特指小便。

〔三〕時疫：指某個季節流行的傳染病。

前譜叙

叙曰：吾牟氏自始祖名宦公籍棲霞以來，四百餘年於兹矣。單傳三世，至五世始分二支。長房至八世而分八支，八世分支之二房九世又分八支，八世分支之六房十世又分八支。五世分支之二房再傳亦分五支。自是族大丁多，宜有譜以鳩之。大曾祖鳳伯公創作於康熙庚申之歲，迄今丙辰嘉慶改元百十有七年。昔之五服相屬者，今或覿面至不相識。使更遲之又久，老成凋謝，不可收拾。先大人凝菴公嘗思輯修，有志未逮。晛於家塾訓課之暇，本分則叙列之；佗分則但詳其里居，别以支派，將以授子侄，使勿忘先人，兼曉族屬。老父見之曰：『是固予未竟之志也。爾能繼之，誠善矣。』後以先大人春秋高，晛輟口授之業，服勞奉養，未暇及此。己亥十月，嚴君〔一〕捐館〔二〕，遭家不造。予集於蓼〔三〕善後之計，夙夜不遑。乙卯春，兩孫灆竽爨序，幸告無罪於前人。值侄昌裕自水部寄至公安族譜，摒擋一切，以繼志爲務。字寄各分，詳爲開示，身到面訂，手書示式。冀相與有成，俾在我後之人知吾氏所從來，祖宗之昭穆，子孫之緜簡，支分派别，一脉相聯，情誼敦睦，勿視爲陌路秦越也。自二月初吉〔四〕，遵大曾祖舊本，參以三叔燕冀父、六弟陽圃氏及侄尚友、侄本茂、寧一、孫緜等新開，叙以世家之法，而爲世表之式。自一世至五世分支，六世至八世分支，下至十七世，别爲十卷。字號或缺，諱名略備，於所不知存以俟考，後有作者，亦將有取乎此也。

昔嘉慶元年，歲在柔兆〔五〕執徐〔六〕，陽月〔七〕穀旦〔八〕，十三世晛識。

先王考〔九〕文林公輯修世譜，始於乾隆乙卯夏，成於嘉慶丙辰冬。後復歷年略有增改，而丙辰以後入譜者甚少，蓋當時命名未詳，故譜稿但叙生子數目，注明幾人缺名。六房十五世前後共紀缺名十人，已皆彙入總數可徵也。雯思采獲增入以繼先志，又亟欲刊板，遠不及事。爰於授匠之篇衍其空行，用備補益。憶雯幼時，先王考裒諸懷而告之曰：『吾牟氏以八支興，某房後分幾支，某支現居某里也。某祖以孝友持躬，某祖以勤儉起家也。夫没先人之德行而不彰，子弟之咎然；訊祖宗之世次而不知，父兄之過也。以吾先人世德流光，詩書衍澤，稱士大夫之家，而先祠弗立，世譜不修。吾有志焉未之逮也。』先王考秉性温和，篤行孝友，嚴於持己，寬以待人，樂善好生，仁及孩蟲，家貧喜賓客，情殷敦睦，不忘雅素。先曾祖年高，先王考扶持奉養，侍寢處者二十餘年。嘗言人生樂趣獨父母在時耳，而往往不自知；至親没乃知之，又不可復得。樹欲静而風不停，子欲養而親不待，良可慨也。乾隆癸丑，以雯兄弟學業未就，率居公山者四年，曰：『此爾高祖發憤之地，兒輩勉之，宜繼申先人之志也。』時雯兄弟俱從王考讀，先文林公又常至省覲，先王考怡然曰：『山静侣太古，日長如小年。吾父子、祖孫俱集於此，乃知古高士隱居之樂。』當丙辰之歲，先王考壽七十有一，秀眉挺出，白髪童顔，髯拂拂當胸，行步如年少。采輯譜稿，先文林公任其事者居多，亦或自往，不謂勞也。先文林公性端方，恬淡自適，簪紱之念泊如也。一試不售，退而躬耕，家僅自給，口不言貧。侍先王考孝謹，怡顔承志。處鄉里和而不同，犯而不校。家事煩勞，每自任之，使諸子并力於學。雯嘗苦夏，每伏日必枯瘠。先文林公見而誨之曰：『夫讀書所以養氣，今如是，其不善讀書可知。兒休矣，勿自苦爲也。』又秋夜，繩其林表伯宿吾家，先王考就寢，先文林公共客夜話，聽雯讀古文詞，謂客曰：『吾兒讀斯文，得其音節聲韵，清華可賞也。』賜詩一首。先文林公前卒，生於乾隆丁卯，卒於嘉慶癸亥，年五十有七。先王考文林公生於雍正丙午，卒於嘉慶甲戌，壽八十有九。先王考見背之四年丁丑，雯幸邀一第，君恩洪大，使膺民社替。先慈李孺人嘗愛兒，雅不欲雯爲令，而雯冒昧以就。嘉慶二十四年，逢國大慶，賜爵二代，是用惴惴，報稱不遑，又自念得禄不及以養。先王考文林公輯修世譜，欲開雕而有待者，意在斯乎，小子何敢緩焉？今工將告竣，思先王考文林公、先文林公皆不及見也，竊自悲也。復惟世譜之修，自吾曾祖、吾祖、吾父至於身，凡四閲世而始成，用自喜也。

時道光甲申〔一〇〕三月二十二日，十六世雯謹識於三水官署之屏翠東堂。

【校注】

〔一〕嚴君：父母之稱或單指父親。此指父親。

〔二〕捐館：捐弃所居之館舍，遂以爲死亡的婉辭。

〔三〕集於蓼：語出《詩·周頌·小毖》：『未堪家多難，予又集於蓼。』蓼爲草本植物，其味苦辣，古人常以之謂遭遇苦難。

〔四〕初吉：朔日，即陰曆初一日。

〔五〕柔兆：天干中丙的別稱，用以紀年。

〔六〕執徐：地支中辰的別稱，用以紀年。

〔七〕陽月：農曆十月的別稱。

〔八〕穀旦：晴朗美好的日子。源自《詩·陳風·東門之枌》：『穀旦於差，南方之原。』《毛傳》解説：『穀，善也。』舊時常用爲吉日的代稱。

〔九〕王考：對已故祖父、父親的敬稱。

〔一〇〕道光甲申：即道光四年，一八二四年。

重修譜叙

夫國以史傳，家以譜著。我家世譜，十世伯祖鳳伯公首創，墨本〔一〕藏恕館，未刊行。越百十有七年，嘉慶丙辰，從叔祖雪堂公〔二〕再續。爲之手具款樣，命宗族如式開寫其所遺支派既不少，至正副配氏，更缺有大半。雪堂公姑就宗族開寫數爲編成一册，此係稿本，非定本也。逮道光甲申，上距丙辰二十有九年，三從弟雯以原譜稿本所列各世正副配氏過少，因悉删去，僅始於一世，終十七世，漫付梓人〔三〕，印刷裝訂百餘本，分之宗族。我嘗至邑南北，竊聞族人譏正副配氏全遺，且叔侄有同世兄弟多倒置，繼子或作生子，僉曰：『是不可爲信譜也。』本歲上距甲申又八年，因敬爲重修。始孟冬月初五，至季冬月廿三日，緣宗族每户步行周問細訪，多正前譜舛訛，既盡補所遺支派，復備載各世正副配氏，兼及節烈，并各世里居。上自一世遞至十九世，經雪虐風饕，幾周三月而功始成。蓋視前刊譜雖較詳，然其中亦不免有錯失，因時恒惴惴乎其未有當也，增補厘正是所望於後有作者。

道光十一年〔四〕，十五世略謹識。

【校注】

〔一〕墨本：碑帖的拓本。

〔二〕雪堂公：即第十三世牟晛，字象懸，號冬陽，又號雪堂，邑庠生。老八支六房小八支六房，棲霞城北宫人，牟位箸長子。生於雍正四年（一七二六）六月二十日辰時，卒於嘉慶十九年（一八一四）三月十二日巳時，享壽八十九歲。曾自云：『嬛嬛小子，幼承庭訓，長無所就。』乾隆五十一年（一七八六）至五十二年（一七八七）之間，家境日艱。爲追念先父之言行，曾組織編寫《明發》一集。當疾痛呼：『父母之義，遺我子孫。』垂暮之年，閑居多暇，欲附前人之德行，上繼先志，下啓後生，遂輯《牟氏世譜》於長春人山館。卒後，以孫雯貴，敕贈文林郎、三水縣知縣。

〔三〕梓人：指書稿雕版印行人員。

〔四〕道光十一年：一八三一年。

二世祖三世祖墓考

二三世祖墓均失考，所得諸傳問者有三説焉：一説在始祖墓側，載諸四世墓碑；一説在東塋中間空處及西北隅用墻界處隙地，載諸前譜先塋墓表；一説在南榆疃東南里許，五世二房之居南榆疃者世奉春秋之祀。某爲二世，某爲三世，弗能詳也。始祖宦棲，貧不能歸，身後諒無遺産。二三世居牟家宅窠，生時自食其力，歿後反葬祖塋，實非易事。就近槀葬於村之東南，勢使然也。葬南榆疃之説，不爲無因。至於前兩説之在後塋、在東塋，謂其不離乎祖塋，似當然矣。而謂竟失所在，抑又何説？四世自牟家宅窠遷牟家疃祖塋，密邇日所習見。且春秋兩季，以時拜掃，其間未遭兵燹，未經流離遷徙。而謂始祖與四世以下諸墓巍然俱存，獨二三兩世渺無可尋，此不合於當年事實也。至按其地勢，畝則東西，阡分南北。四五六世之以次而西，爲南阡，四世所創有也。七世之葬六世以北爲北阡，七世所漸拓也。八世又北，所再拓也。則當日之安厝失序者，地所限也。至十世修塋墻時，始盡有東西塋與後老塋之全部，非二三世貧窮時固已如此。必求兩世之墓，捨榆疃東南兩壟，無從求也。但兩墓由二房專祭，二房又多失考墓。兩墓是否二三世，亦不無疑問，應俟再稽。若夫十四世玉舟公〔一〕等仿古人招魂影葬之舉，築兩墓於始祖墓之左右，亦以盡霜露之思〔二〕也。至以南榆疃東南兩墓，無墓碑可據，不敢冒認〔三〕。是但據碑以斷，兩墓非二三世也。考祖塋之立有墓碑，始長房。五世六世碑，由七世初建，十世重修。其初之不及五世以上者，想以事關兩房，不便自專；亦或以昭穆〔四〕失序，須待詳稽也。五世分居以來，祖塋之祭，長房居牟家疃祭始祖。及四世二房居南榆疃祭二世三世，無公中祭田，各就所近而自隨其便，無事乎兩分輪流，蓋已多歷年所矣。因之异説叠生，皆謂二房所祭，自是二房直系，與長房無關。二三世墓因以無着墓側墓表，諸説所由起也。而十四世玉舟公復斤斤焉專求徵信於碑記，而不復就二房失考墓以互相參考，後之人不無遺憾焉。

十八世奠邦謹識。

【校注】

〔一〕玉舟公：即第十四世牟奇羽，號玉舟，邑庠生。老八支八房九世二房，禾稼莊人。生於乾隆四十九年（一七八四）八月二十七日，卒於咸豐二年（一八五二）七月十四日，享壽六十九歲。出生八個月父即謝世，由母林氏撫育成人。少穎异，五歲習禮如成人，博客人大悦，稱『翩翩佳公子』。未弱冠，補博士弟子員。初赴秋試，因母病而未應舉，只好就『詩禮堂啓事』職，義不離親。業餘工詩畫，善鼓琴，愛與名流交往。與母同行，貼近相扶，并爲母親繫好風巾。老母享壽八十歲，從未稍怠，闔族稱孝。一生雖不富裕，却慷慨好義，捨施不吝數目。蒙師清貧，生前屢助，卒後終養師母。外戚貧而無嗣，爲之買婢爲妻。一盲人背父行乞，因稱其孝而收養，其父死，又買棺葬之。一好施淪乞者，病卧廢窑，因稱其義而命童僕日送三餐，并請醫療之，逾月而愈。後，子牟磐亦繼父風，家族百餘年來一直被人稱爲『慈善人家』。

〔二〕霜露之思：指對父母或祖先的懷念。《禮記·祭義》：『霜露既降，君子履之，必有凄愴之心，非其寒之謂也。』

〔三〕冒認：原文爲『冐認』，應爲『冒認』。輕率認定。

〔四〕昭穆：古代宗法制度。宗廟或宗廟中神主的排列次序，始祖居中，以下父子（祖、父）遞爲昭穆，左爲昭，右爲穆。又指墓地葬位的左右次序。古代祭祀時，子孫按宗法制度的規定排列行禮。

牟氏二三兩世祖墓考書後

《學記》云：『相觀而善之謂摩。』摩也者，相厲以進之謂也。昔族叔保三夫子長招遠羅峯書院，余與菽菴兄從之游。院内諸生，講解類以時文相切磋，唯兄於漢之經術、宋之理窟時或道及之，諦聽之下，頗得納約自牖之益，是則兄之摩余也。然兄不余弃，固以余有母族之親，亦借余爲他山之石也。是又余之摩兄也。回首往事，忽忽越五十年矣。客歲，兄修《棲霞縣志》成，猶與余磋商數事，而不憚捨己從人。今因續修《名宦[一]公世譜》成，特著二三兩世祖墓考，復以示余。讀之千回百轉，於諸説紛歧中，特注重榆疃東南兩塋，以他説皆於無壟處求之，範圍未免太寬也。竊窺其意，念兹在兹，釋兹在兹[二]，誠有不勝其慎重者。吾於此得追遠[三]之道焉。總計平生，吾兩人殆始終一相厲而進者也。未知吾兄以爲然否？

同學表弟于廉基拜題。

【校注】

〔一〕宦：原文爲『官』，有誤。

〔二〕念兹在兹，釋兹在兹：泛指念念不忘某一件事情。《尚書·大禹謨》：『帝念哉！念兹在兹，釋兹在兹。名言兹在兹，允出兹在兹，惟帝念功。』

〔三〕追遠：祭祀虔誠，以追念先人。亦指追念前賢。

參考文獻

一、著作

中共棲霞縣委宣傳部編：《吸血鬼牟二黑》，山東人民出版社一九六五年版。
棲霞縣政協文史資料委員會等編：《牟墨林地主莊園》，山東人民出版社一九九〇年版。
牟宗三著，鄭稼棟編：《牟宗三新儒學論著輯要：道德理想主義的重建》，中國廣播電視出版社一九九二年版。
黃克劍、林少敏編：《牟宗三集》，群言出版社一九九三年版。
周立升、顏炳罡編：《現代新儒學學案・牟宗三學案》，中國社會科學出版社一九九五年版。
顏炳罡：《整合與重鑄：當代大儒牟宗三先生思想研究》，臺灣學生書局一九九五年版。
蔡仁厚、楊祖漢主編：《牟宗三先生紀念集》，臺灣東方人文學術基金會一九九六年版。
李明輝編，蔡仁厚等著：《牟宗三先生與中國哲學之重建》，臺灣文津出版社一九九六年版。
蔡仁厚：《牟宗三先生學思年譜》，臺灣學生書局一九九六年版。

江日新主編，蔡仁厚等著：《牟宗三哲學與唐君毅哲學論》，臺灣文津出版社一九九七年版。
牟日寶、牟珍主編：《棲霞名宦公牟氏望族》，現代家教雜志社一九九七年版。
顔炳罡：《牟宗三學術思想評傳》，北京圖書館出版社一九九八年版。
沈清松：《馮友蘭·方東美·唐君毅·牟宗三》，臺灣商務印書館一九九九年版。
鄭家棟：《牟宗三》，臺灣東大圖書公司二〇〇〇年版。
崔學明：《牟氏莊園史實寫真》，新華出版社二〇〇一年版。
牟日寶、劉明久：《牟氏莊園三百年》，中國文聯出版社二〇〇二年版。
李山：《牟宗三傳》，中央民族大學出版社二〇〇二年版。
牟日寶編著：《牟氏莊園故事》，中國文聯出版社二〇〇二年版。
王海軍：《牟氏莊園的傳説》，山東美術出版社二〇〇二年版。
李明輝：《牟宗三先生著作編年目録》，臺灣聯合報系文化基金會二〇〇三年版。
陳迎年：《感應與心物——牟宗三哲學批判》，上海三聯書店二〇〇五年版。
閔仕君：《牟宗三『道德的形而上學』研究》，巴蜀書社二〇〇五年版。
楊澤波：《牟宗三三系論論衡》，復旦大學出版社二〇〇六年版。
王興國：《牟宗三哲學思想研究：從邏輯思辨到哲學架構》，人民出版社二〇〇七年版。

湯忠鋼：《德性與政治：牟宗三新儒家政治哲學研究》，中國言實出版社二〇〇八年版。
陳明彪：《牟宗三的漢代易學觀述評》，臺灣花木蘭文化出版社二〇〇九年版。
程志華：《牟宗三哲學研究：無道德的形上學之可能》，人民出版社二〇〇九年版。
林瑞生：《牟宗三評傳》，齊魯書社二〇〇九年版。
牟日寶、范寶敏編著：《牟氏佃户説莊園》，中國文聯出版社二〇〇九年版。
白欲曉編：《牟宗三哲學與文化論集》，南京大學出版社二〇一〇年版。
盛志德：《牟宗三與康德關於『智的直覺』問題的比較研究》，廣西師範大學出版社二〇一〇年版。
王興國：《大家精要：牟宗三》，雲南教育出版社二〇一一年版。
林安梧：《牟宗三前後：當代新儒家哲學思想史論》，臺灣學生書局二〇一一年版。
廖曉煒：《牟宗三、勞思光哲學比較研究：以儒學重建和文化哲學爲中心》，臺灣花木蘭文化出版社二〇一二年版。
孫效智：《牟宗三疏解儒家人性論之探討》，臺灣花木蘭文化出版社二〇一二年版。
張曉芬：《牟庭〈詩切〉研究》，臺灣花木蘭文化出版社二〇一二年版。
俞祖華、王海鵬：《清代棲霞牟氏家族文化研究》，中華書局二〇一三年版。

王海鵬：《棲霞牟氏家風》，人民出版社二〇一五年版。
王海鵬、藺騰飛：《山東棲霞牟氏家訓》，中華書局二〇二一年版。

二、碩士、博士研究生學位論文

閔仕君：《牟宗三『道德的形而上學』研究》，華東師範大學二〇〇三年博士學位論文。
郭小輝：《地主莊園的保護與旅游開發基礎研究——以山東棲霞牟氏莊園規劃整治方案爲例》，天津大學二〇〇四年碩士學位論文。
柏林：《牟宗三儒家智的直覺理論研究》，西北師範大學二〇〇七年碩士學位論文。
房鵬：《牟氏莊園的地域建築文化特性及現代啓示》，西安建築科技大學二〇〇七年碩士學位論文。
戚霄：《社會流動與封建地主莊園經濟——以棲霞牟氏莊園家族研究爲例》，山東大學二〇〇八年碩士學位論文。
盧興：《現代性視域中的牟宗三哲學》，南開大學二〇〇九年博士學位論文。
李兆禄：《清前中期〈詩經〉文學詮釋史論》，山東師範大學二〇〇九年博士學位論文。
梁霞：《〈同文尚書〉研究》，山東大學二〇〇九年碩士學位論文。

王岩松：《祈福求吉　意象表現——牟氏莊園建築裝飾中的特色造型研究》，中央美術學院二〇〇九年碩士學位論文。

三、報刊論文

耿天勤：《牟庭對古文獻整理的貢獻》，《烟臺師範學院學報（哲學社會科學版）》一九八九年第一期。
張潤武：《山東『牟氏莊園』建築特色》，《山東建築工程學院學報》一九九二年第一期。
王承略：《清中葉棲霞學者牟應震的行年和著述》，《山東圖書館季刊》一九九五年第三期。
楊海文：《略論牟宗三的儒家道統觀》，《學術研究》一九九六年第三期。
衣明國：《聞名遐邇的牟氏莊園》，《民俗研究》一九九六年第二期。
吴慶峰：《〈毛詩質疑〉標點瑣記》，《古籍整理研究學刊》一九九七年第二期。
山曼：《棲霞牟氏莊園》，《走向世界》一九九七年第六期。
林天有：《牟氏莊園的覆没》，《春秋》一九九八年第一期。
黄見德：《道德形而上學的重建與對康德哲學的融攝——評牟宗三先生會通中西哲學的導向》，《華中理工大學學報（社會科學版）》一九九八年第二期。

方祖猷：《論牟宗三先生評王畿》，《寧波大學學報（人文科學版）》一九九八年第一期。

吴慶峰：《牟應震的古韻學》，《中國語文》一九九九年第六期。

陳立勝：《牟宗三的道德形上學與海德格爾的基礎存在論互參》，《中山大學學報（社會科學版）》二〇〇〇年第二期。

馬欣、顯林、凡修：《牟氏莊園的消防特色》，《山東消防》二〇〇一年第五期。

王興國：《論牟宗三哲學中的易學研究》，《周易研究》二〇〇二年第五期。

倪梁康：《牟宗三與現象學》，《哲學研究》二〇〇二年第十期。

洪明禮、劉偉：《規模宏大的地主莊園——牟氏莊園》，《山東檔案》二〇〇一年第六期。

李政：《牟氏莊園：百年莊園之活化石》，《中國房地產》二〇〇二年第八期。

胡琴文：《牟氏莊園》，《對外大傳播》二〇〇三年第Z2期。

姜繼興：《牟氏莊園的魅力》，《城鄉建設》二〇〇四年第二期。

墨子刻：《道統的世界化：論牟宗三、鄭家棟與追求批判意識的歷程》，《〈國學論衡〉（第三輯）》，二〇〇四年。

白欲曉：《牟宗三『實踐的智慧學』探求詮論》，《現代哲學》二〇〇六年第五期。

鄧曉芒：《牟宗三對康德之誤讀舉要（之一）——關於『先驗的』》，《社會科學戰綫》二

○○六年第一期。
于法：《棲霞牟氏莊園》，《春秋》二○○六年第三期。
牛立志：《北方民居經典——牟氏莊園》，《城建檔案》二○○六年第四期。
劉明久、范玉文：《北方民居牟氏莊園的建築特色》，《中國文化報》二○○六年五月九日。
黎馨平：《牟庭〈周易注〉評介》，《周易研究》二○○七年第二期。
房鵬、高梅：《牟氏莊園地域特色探析》，《城建檔案》二○○七年第二期。
高梅、房鵬：《牟氏莊園空間布局對膠東地區新農村建設的啓示》，《第十五届中國民居學術會議論文集》，二○○七年。
王雲成：《牟氏莊園的石文化》，《中國旅游報》二○○七年一月十五日。
尤西林：《『分别説』之美與『合一説』之美——牟宗三的倫理生存美學》，《文藝研究》二○○七年第十一期。
張海燕：《牟宗三『圓善』美學思想概述》，《中南大學學報（社會科學版）》二○○七年第三期。
尤西林：《智的直覺與審美境界——牟宗三心體論的拱心石》，《陝西師範大學學報（哲學社會科學版）》二○○八年第三期。

盧興：《牟宗三與陽明學》，《思想戰綫》二〇〇八年第五期。

徐黎明、姜艷艷：《棲霞牟氏家族慈善文化淺析》，《科技信息（科學教研）》二〇〇八年第二十期。

張晚林：《牟宗三的數學哲學述評》，《自然辯證法研究》二〇〇九年第八期。

勞承萬：《真善美之『分別説』與『合一説』——牟宗三對美學學科形態的新思考》，《學術月刊》二〇〇九年第十二期。

王岩松：《古建民居中的民俗形象——以山東牟氏莊園建築裝飾爲例》，《美術》二〇〇九年第八期。

陳國安：《乾嘉二牟詩經學著述論略》，《蘇州大學學報（哲學社會科學版）》二〇〇九年第六期。

劉雪峰、李榮、高彩芹：《牟氏莊園飲食文化初步研究》，《四川烹飪高等專科學校學報》二〇〇九年第三期。

蔣玉智：《論牟宗三易學思想的演變》，《周易研究》二〇一〇年第二期。

張馭寰：《棲霞牟氏大莊園》，《中國建設報》二〇一〇年三月一日。

王海鵬：《論牟國玠對棲霞牟氏家訓的貢獻》，《齊魯文化研究（第十一輯）》，二〇一一年。
王海鵬、武蓮蓮：《論棲霞牟氏家族的族譜修撰——兼及其『尋根問祖』活動》，《魯東大學學報（哲學社會科學版）》二〇一三年第六期。
王海鵬、武蓮蓮：《儒學大師牟宗三的晚年生活》，《春秋》二〇一五年第一期。
王海鵬、劉金鳳：《論清代山東棲霞牟氏家族的家訓與家風》，《魯東大學學報（哲學社會科學版）》二〇一五年第六期。